FRENCH REVOLUTION DOCUMENTS

A

Editors: J. M. ROBERTS and JOHN HARDMAN

FRENCH REVOLUTION DOCUMENTS

VOLUME II

1792–95

by

JOHN HARDMAN

Lecturer in History, University of Edinburgh

OXFORD
BASIL BLACKWELL
1973

FIRST PRINTED 1973

ISBN 0 631 14530 3
Library of Congress Catalog Card Number 66-75393

Printed in Great Britain by
Western Printing Services Ltd, Bristol
and bound at the Kemp Hall Bindery, Oxford

FOR NORAH LITTLE

Contents

Contents

Preface

Five years have elapsed between the appearance of the first volume of *French Revolution Documents* and that of its companion-piece, covering the period of the National Convention. During that time there has been a change of Editor: Richard Cobb, feeling unable to complete the second volume, retired, bequeathing a valuable collection of material, particularly on the popular movement.

The change in Editor has necessarily resulted in a change of emphasis. Although the popular movement, in vigour and decline is given substantial coverage, the main emphasis is on political and constitutional aspects. Possibly this change in emphasis is not fundamental: in a sense all history of the revolution is political history, and indeed in the first chapter it was found impossible to isolate the various aspects: they are lumped together with no more than a chronological framework.

Nevertheless it remains true that if the book has any dominant theme it is the meaning of legality in a revolutionary context. It is their incompatibility one feels which led to the fall of the Gironde, and indeed bedevilled the life of the constitution of the Year III which was drafted by the *girondin*-dominated *Commission des Onze*. The shackling together of revolutionary and legal processes led to the *gouvernement révolutionnaire* whose history is recounted in some detail: the crucial legislation together with sufficient material to judge how thoroughly and to what ends it worked.

If there is an emphasis on political history it is on politicians of the second rank: there are probably more references to Durand-Maillane and Daunou than to Robespierre and Saint-Just. The reasons for this approach are many. Firstly this is a neglected area. Secondly men like Durand-Maillane just seem more attractive than the leaders of the revolution. His frank admission of cowardice is appealing: he stayed at home during the *appel nominal* on whether to send Marat before the Revolutionary Tribunal, and after 31 May he never spoke, thinking his duty done simply sitting on the Right; his behaviour in the Thermidorian period as a representative-on-mission is admittedly less defensible. Another reason for the inclusion of such men is that they would be remembered, by a few, had the revolution never occurred: Durand-Maillane was an eminent canon lawyer who published a five-volume dictionary on his subject in 1776 whilst Daunou was equally at home editing the works of Condorcet or writing on the temporal power of the Popes. Daunou, the draughtsman of the Constitution of the Year III, has been included partly because he was such a good stylist. But finally the coverage that a man receives in this volume depends on the quality of the memoirs he left behind.

Heavy use has been made of memoirs because apart from the facts, flavour and distortion they convey, they provide a welcome rest from the aridity of official documents and from the wearisome revolutionary style. On this latter one should compare the contemporary memoirs of the *girondins*, written during their proscription, with the nineteenth-century memoirs 'recollected in tranquillity'. Although most of the documents included in this volume are couched in the revolutionary style, a special section contains examples where the style is more pronounced. To understand it is not just a literary exercise: often it is necessary to get behind the crude paradoxes, the stock imagery and the redundant decoration to understand what is being said. For example, Saint-Just's very penetrating analysis of the economy in 1792 (no. (22)) is all but obscured by his language. How the revolutionary language developed is uncertain (some see its origins in *parlementaire* remonstrances in the 1770s and 1780s) but it would seem to be on the wane by 1795.

The plan of this volume takes the form of four chapters in chronological sequence from 10 August 1792 to 26 October 1795. These chapters are sub-divided into themes, also for the most part presented chronologically. The fifth chapter traces the course of five aspects of the revolution continuously through the period covered by the volume.

John Hardman wishes to thank John Roberts for his generous advice and encouragement throughout this project, and Judith Roberts for her hospitality during the closing stages; also the staff of the John Rylands and Bodleian libraries. Finally he would like to thank Margaret Cobb for speedy and decisive proof reading and David Reilly for imaginative advice at a difficult juncture.

September 1971

CHAPTER I

Questions of Sovereignty: 10 August 1792–2 June 1793

A. A MEDLEY OF POWERS: FROM 'DIX-AOÛT' TO THE NATIONAL CONVENTION

(1) General Assembly of the Commune, 11 August 1792

A huit heures un quart, l'assemblée générale a repris le cours de ses délibérations.

Lecture faite d'une lettre de l'assemblée générale, relative à la défense de l'Abbaye, où sont renfermés les officiers suisses dont le peuple veut tirer vengeance, l'assemblée générale arrête que M. le commandant-général donnera les ordres nécessaires pour y envoyer une force suffisante. . . .

Il est fait lecture d'une lettre de la garde nationale de Versailles, dans laquelle elle annonce qu'elle a envoyé quinze cents hommes à Saint-Cloud, où l'on prétend qu'il y a un rassemblement d'aristocrates, et proteste de son dévouement à la ville de Paris. M. Chaumette est chargé de faire réponse à cette lettre au nom de la commune.

Sur le bruit qui s'est répandu que le peuple voulait se porter sur tous les Suisses des portes,

L'assemblée générale a ordonné qu'il serait fait aussitôt une proclamation: cette proclamation est conçue en ces termes:

'Peuple souverain, suspens ta vengeance, la justice endormie reprendra aujourd'hui ses droits; tous les coupables vont périr sur l'échafaud.'

L'assemblée a arrêté que la liste des commissaires réunis serait imprimée.

On a amené un homme prévenu d'avoir volé un habit du roi. M. le maire invite le peuple qui l'a amené à le conduire devant la loi, en l'excitant à ne plus souiller ses mains du sang impur des scélérats. Tout le monde applaudit à sa proposition.

L'assemblée générale ordonne qu'il sera donné cinquante louis de la cassette de la reine aux fédérés.

Il a été proposé des remercîmens aux fédérés de Marseille;

l'assemblée a adopté cette proposition, et a nommé pour commissaires MM . . .

M. le maire vient de rendre compte de la proclamation et du triomphe de la raison sur l'esprit du peuple, de ses transports de joie et de sa protestation de ne plus faire d'exécution, de les abandonner à la loi; le discours a été fort applaudi.

L'assemblée a donné la distribution du ruban et de la cocarde nationaux, pour être portés en sautoir par les commissaires de section.

Sur la demande d'un de ses membres, l'assemblée a ordonné l'ouverture d'un portefeuille de la reine, et la lecture des pièces qu'il contient.

On y trouve une liste d'officiers de la garde nationale; l'assemblée en ordonne l'impression. . . . (Divers arrétés, portant réglement de passeport pour les envois d'argent aux armées.—Commissaires nommés pour veiller à la sûreté des prisons.—Demande aux sections de trois nouveaux commissaires qui devront faire partie du comité des prisons.—Ordre de renouveler les comités de section dans la journée.—Levée des consignes dans plusieurs ministères.) . . .

Le conseil général arrête qu'il sera nommé par les sections qui avoisinent les barrières, un commissaire civil pour chaque barrière, qui recevra la déclaration des particuliers qui entreront, s'ils entendent rester dans Paris, revenir le même jour, ou s'ils n'ont intention que de traverser Paris; que chacun desdits particuliers sera tenu de représenter, en sortant, le certificat qui lui sera délivré en entrant.

Sur les réclamations de plusieurs détenus qui demandent leur élargissement, le conseil nomme pour ses commissaires MM. Chaumette et Martin, auxquels il confère les pouvoirs les plus absolus, même de faire arrêter toutes les personnes qui leurs seraient suspectes et désignées.

L'assemblée a arrêté que les comités permanens des sections qui ne sont point en activité se rassembleront à l'instant, et que les présidens seront autorisés à faire fermer les boutiques; qu'il sera à l'instant battu le rappel, afin que les forces se rassemblent dans les corps-de-garde en cas de besoin. . . .

Sur des observations faites sur le local que doit occuper le roi au Temple, et sur le danger qu'il y aurait à l'y loger à cause des souterrains et aquéducs qui s'y trouvent, le conseil ajourne à demain pour statuer sur cet object important.

M. Thuriot, député, vient, au nom de l'assemblée nationale, faire part que l'on veut enlever le roi; qu'il n'a pas assez de garde; il demande que l'on prenne le plus promptement possible les mesures nécessaires pour éviter ce danger. . . .

L'assemblée renvoie au commandant général la dénonciation qui lui a été faite, que de fausses patrouilles sont aux environs des Feuillans; que MM. De Poix et Narbonne sont auprès du roi, et que des gardes nationales, ayant pompon blanc, sont dans l'intention d'enlever le roi cette nuit; on demande que M. Narbonne soit mis en état d'arrestation, comme ayant abandonné ses drapeaux.

Des députés de Meudon instruisent l'assemblée que des étrangers séjournent au château, et qu'il s'y est déjà fait différens vols.

Sur la dénonciation faite que beaucoup d'aristocrates séjournent à Choisy, et qu'il y en a un si grand rassemblement que les loyers sont à des prix excessifs, l'assemblée nomme des commissaires pour se rendre à Choisy et dans les environs, pour s'assurer des faits ci-dessus rapportés.

. . . L'assemblée considérant qu'une partie des maux de la France doit être attribuée au décret de la constituante qui porte que l'argent monnoyé est un objet de commerce, a arrêté qu'il serait demandé à l'assemblée nationale un décret qui ordonne que les vendeurs d'argent seront punis de mort.

M. le président lit une lettre du président de l'assemblée qui invite la commune à prendre les mesures les plus efficaces et les plus sûres, pour faire transporter à l'Abbaye, des Suisses qui se trouvent dans l'enceinte de l'assemblée nationale; l'assemblée a arrêté le renvoi de cette lettre au commandant général. . . .

Le conseil général arrête, sur la proposition d'un membre, de suspendre les juges de paix, les secrétaires-greffiers et les commissaires de police de toutes fonctions, et de confier leurs fonctions aux sections assemblées qui seront autorisées à apposer les scellés.

On arrête que chaque section nommera des commissaires pour visiter les prisons; pour connaître et faire connaître au peuple tous les prisonniers, même par affiches aux portes des prisons.

Le conseil général arrête que le département est suspendu pour la ville de Paris.

. . . Le conseil ordonne que le Château soit illuminé de terrines et charge le comité de police d'y pourvoir. . . .

Le conseil général arrête en outre que des commissaires seront nommés pour visiter les prisons, et délivrer tous les citoyens qui seraient arrêtés pour propos sur le roi, la reine et La Fayette, et de plus, qu'il sera formé un tableau de tous les ennemis de la révolution, pour être présenté au jury, commissaires, MM. Poulnot, Gomé, Bonhommet et Destroit, adjoint au comité de surveillance. . . .

Le conseil général arrête que ceux qui n'obéiront pas au commandant général seront punis suivant la rigueur des lois.

Arrêté que l'exposé historique de tout ce qui a été décrété dans la journée du 10 août serait imprimé et envoyé à toutes les communes du département.

On ordonne l'ouverture des boutiques. . . .

(*Buchez*, XVII, 45–50)

(2) Decree on the functions of the *Conseil exécutif provisoire*, 15 August 1792

L'Assemblée nationale, considérant la nécessité de fixer une formule nouvelle pour tous les actes de la puissance exécutive jusqu'à l'époque où la Convention nationale sera assemblée, décrète ce qui suit:

ARTICLE 1er.—Le Conseil exécutif provisoire, formé par les six ministres, sera chargé, en vertu du décret du 10 de ce mois, de toutes les fonctions de la puissance exécutive.

ART. 2.—Il sera chargé de faire sceller les lois du sceau de l'État, et de les faire promulguer.

ART. 3.—Chaque ministre remplira à tour de rôle, semaine par semaine, les fonctions de président du Conseil.

ART. 4.—Il sera fait deux expéditions originales de chaque loi, toutes deux signées par le président du Conseil, contresignées par le ministre de la justice, et scellées du sceau de l'État; l'une restera déposée aux archives du sceau, et l'autre sera remise aux archives de l'Assemblée nationale.

ART. 5.—La promulgation des lois sera faite dans la forme suivante; les décrets de l'Assemblée nationale seront intitulés du nom de *loi*; ils ne seront précédés d'aucune formule, et seulement terminés par la formule suivante:

'Au nom de la Nation, le Conseil exécutif provisoire mande et ordonne à tous les corps administratifs et tribunaux, que les présentes ils fassent consigner dans leurs registres, lire, publier et afficher dans leurs départements et ressorts respectifs, et exécuter comme loi. En foi de quoi nous avons signé ces présentes, auxquelles nous avons fait apposer le sceau de l'État.'

ART. 6.—Le sceau de l'État sera changé; il portera la figure de la Liberté, armée d'une pique et surmontée du bonnet de la liberté, et pour légende: *Au nom de la Nation française*. . . .

ART. 10.—Jusqu'à ce que le nouveau sceau de l'État ait été gravé, le ministre de la justice se servira de l'ancien.

ART. 11.—La formule *Au nom de la Nation* et la forme prescrite par les articles précédents seront suivies par le Conseil, par chaque ministre en particulier et par tous les agents du pouvoir exécutif, pour tous les actes, ordres ou brevets qui doivent être expédiés au nom de la puissance exécutive.

(*Mautouchet*, 144–5)

(3) Robespierre at the head of a deputation of the Commune to the Legislative Assembly, 22 August 1792

M. Robespierre. Vouz voyez une députation composée d'une partie des membres de la commune, et d'une partie des membres nommés par les sections pour remplacer ce qu'on appelait le département. Déjà nous avions déposé dans votre sein nos inquiétudes sur la formation d'un nouveau département; déjà nous croyions voir renaître les germes de division et d'aristocratie. Nous avons éclairé nos commettans; ces nuages se sont dissipés d'eux-mêmes. Les membres nommés par les sections se sont présentés à la commune; ils ont juré de n'accepter d'autre titre que celui de commission des contributions. Nous vous prions de consacrer par un décret ce grand acte de fraternité et d'union.

M. Masuyer. Sur la pétition qui vous est présentée, je demande l'ordre du jour.

M. Lacroix. Vous aviez rendu un premier décret que vous avez rapporté. Vous aviez décrété que la nouvelle administration du département continuerait ses fonctions, relatives à la simple administration, et vous aviez délivré la commune de cette surveillance qui gênait ses fonctions en matière de police. Vouz avez à prononcer si ce département, à la formation duquel ont concouru d'autres communes que celle de Paris, peut être destitué, remplacé par des représentans provisoires de cette seule commune. Passer à l'ordre du jour, ce serait éluder une question sur laquelle vous devez prononcer. Des administrateurs peuvent être suspendus par le conseil exécutif provisoire, mais ils ne peuvent être destitués que par le corps législatif. Certes; je ne crois pas que le conseil général de la commune ait pu destituer un directoire qui est au-dessus de lui.

M. Robespierre entre dans la barre et demande la parole.

Plusieurs voix. Point de discussion à la barre.

M. Lacroix. J'ai la certitude que le décret rendu en présence de l'orateur de la députation a été rapporté, et que l'assemblée a conservé les administrateurs dans leurs fonctions administratives. Il faut rappeler ce décret et maintenir les administrateurs nommés par tous les administrés. Je demande que l'assemblée renvoie cette question à son comité; car il est essentiel qu'elle prononce sur une proposition qui tend à culbuter dans un instant tous les départemens du royaume.

— Cette proposition est renvoyée à la commission extraordinaire pour en faire son rapport demain au matin.

(*Buchez*, XVII, 114–15)

(4) Decree, never executed, on the renewal of the Commune, 30 August 1792

M. Gensonné. Votre commission m'a chargé de vous rendre compte d'un fait relatif à la commune provisoire. Des hommes armés ont, par son ordre, investi l'hôtel de la guerre, et empêché que personne n'en sortît. Nous avons écrit au ministre pour lui demander des éclaircissemens; il nous a répondu que rien n'était plus vrai, et que tout cela s'était fait, sous le prétexte que l'imprimeur du *Patriote français* était dans l'hôtel.

M. Grangeneuve. Les circonstances ont fait établir à Paris une municipalité provisoire; ces circonstances sont changées; peut-être leur doit-on de la reconnaissance pour le nouvel état des choses, mais peut-être aussi conservent-ils maintenant le même esprit qu'ils avaient alors, quoique la scène soit bien changée. Je demande que l'assemblée déclare que l'ancienne municipalité reprendra ses fonctions.

M. Guadet. L'opinion de M. Grangeneuve me dispense de tout rapport. Voici le projet de la commission.

'L'assemblée nationale, considérant qu'il s'est élevé des réclamations sur les pouvoirs des commissaires provisoires de la commune de Paris, que quelques sections ont déjà révoqué leurs commissaires et demandé un nouveau mode d'organisation;

Considérant qu'il importe pour assurer la tranquillité des citoyens, le service de toutes les branches d'administration, et notamment de celle des subsistances, de fixer l'organisation du conseil général de la commune, en attendant le terme prescrit par la loi pour les réélections, décrète qu'il y a urgence.

L'assemblée nationale, après avoir décrété l'urgence, décrète ce qui suit:

Art. 1er. Les sections de Paris nommeront, dans le délai de vingt-quatre heures, chacune, deux citoyens, lesquels réunis formeront provisoirement, et jusqu'à la prochaine élection de la municipalité de Paris, le conseil général de la commune de Paris.

II. D'abord, après l'élection ordonnée par le précedent article, les commissaires nommés par les quarante-huit sections, et qui ont provisoirement remplacé depuis le 10 août le conseil général de la commune, cesseront d'en exercer les fonctions jusqu'à leur remplacement.

III. Le maire de Paris, le procureur de la commune, les membres du bureau municipal, et ceux du corps municipal continueront d'exercer leurs fonctions jusqu'à leur remplacement.

IV. Le pouvoir exécutif national est chargé de faire exécuter, sans délai, le présent décret, et d'assurer également l'exécution de la loi qui met la force publique de Paris à la seule réquisition du maire de Paris.'

Ce projet est adopté.

(*Buchez*, XVII, 160–1)

(5) Letter of Brissot to Madame Roland, after 10 August

Je souhaite bien le bonjour à la respectable Madame Roland. Je n'ai pas cru devoir imprimer sa note, parce que ma réclamation, déjà imprimée, la rend inutile.

Je ne puis avoir le plaisir de dîner avec les amis jeudi, parce que nous avons, ce jour-là, un dîner régulier, et où j'espère que l'ami Roland voudra bien venir. M. Clavière s'y rend et, ou lui ou moi, nous prendrons M. Roland demain, à quatre heures au plus tard. Je serai libre samedi, et aux ordres de Madame Roland.

Je lui envoie, pour son mari et pour Lanthenas,[1] une liste de patriotes à placer; car il doit toujours avoir une pareille liste sous les yeux. Tout aux amis.

J.-P. Brissot.

(*Brissot Corr.*, 293)

(6) Reaction in the West: Choudieu reads to the Assembly a letter from the *administrateurs* of the Deux-Sèvres *département*

Niort, 25 août 1792, l'an IV de la liberté.

'Le conseil du département vous a rendu compte, par le dernier courrier, des fâcheux événemens arrivés dans le district de Châtillon. De nouveaux renseignemens nous annoncent que l'attroupement continue, que les chefs des brigands, loin de les disperser, leur font tous les jours livrer de nouveaux combats et faire de nouvelles retraites. Le conseil cependant a pris de puissantes mesures, et il y a dans ce moment trois mille gardes nationales dans ce pays pour y établir la tranquillité.

[1] Head of a department in the Ministry of the Interior.

Nous vous apprenons avec la plus vive douleur que six patriotes ont déjà été victimes de cette troupe de scélérats; mais il y en a eu au moins quarante des leurs de tués.

Nous avions lieu d'espérer que ces rassemblemens cesseraient aussitôt l'arrivé de la force publique: nos espérances ont été trompées, cela nous cause les plus vives inquiétudes. Ayant disposé de toute la force armée qui était à notre disposition, les départemens de la Vendée, de la Loire-Inférieure, et de Maine-et-Loire, nous ont donné dans cette circonstance des preuves non équivoques de fraternité et de bon voisinage en nous fournissant des secours; et sans ces départemens ces malheureux pays seraient aujourd'hui la proie des révoltés. . . .

Nous ne pouvons vous dissimuler, messieurs, qu'il faut un exemple sévère et prompt. Déjà plusieurs de ces brigands sont arrêtés, et le conseil du département sollicite auprès de vous un décret, pour que le tribunal criminel de Niort juge cette affaire en dernier ressort. C'est le seul moyen de ramener la paix dans ces malheureux pays; et nous espérons que vous ne vous refuserez pas à cette demande.'

(*Buchez*, XVII, 138–9)

(7) Madame Roland to Bancal des Issarts, 2 September 1792

Je vous ai écrit à Clermont avant de savoir que vous fussiez passé à Riom; je vous disais que plus de 80,000 Prussiens sont entrés en France et que Longwy leur avait été indignement livré. Ils s'avancent à grands pas, Verdun est investi et ne peut tenir longtemps; leur projet est d'avancer sur Paris, et ils peuvent l'exécuter. Je ne vous parlerai pas de toutes les mesures que nous prenons; mais nous avons beau ne pas dormir et déployer une activité plus qu'humaine, il est impossible de réparer en peu d'heures l'effet de quatre années de trahison. Les ennemis ont l'avance sur nous, et nous ne pouvons nous sauver que par une sorte de miracle qu'il faut espérer pour le favoriser. Envoyez-nous des hommes tout armés, comme il en sortit autrefois de la terre et faites-les courir à grands pas. Ce qui désespère, c'est la lâcheté des municipalités; Clermont (en Argonne) vient encore d'en donner un exemple qui anéantit. Ce qui entrave tout, c'est notre folle Commune; elle lutte avec le Corps législatif, elle dérange toutes les combinaisons du pouvoir exécutif; si cela continue, nous ne pouvons manquer de finir bientôt, et ce sera peut-être par le peuple de Paris, plutôt encore que par les Prussiens.

Au moment où je vous parle, le canon d'alarme est tiré, la générale est battue, le tocsin a sonné, chacun a couru dans sa section. Quels sont les ordres? Personne n'en a donné. Mais la Commune a dit qu'il fallait se rassembler ce soir au Champ de Mars, et que 50,000 hommes devaient sortir demain de Paris, sans réfléchir qu'on ne peut seulement en faire marcher deux cents sans leur avoir assuré le logement et des vivres. Cependant des détachements du peuple ému accourent ici, demandent des armes et se croient trahis parce que le ministre n'est pas chez lui au moment où ils imaginent d'y venir.

L'Assemblée rend des décrets qui sentent la peur; la foule se porte à l'Abbaye, elle y massacre quinze personnes et parle d'aller à toutes les prisons. Le pouvoir exécutif a convoqué tous les commissaires de sections pour les raisonner, les éclairer s'il est possible, et leur dévoiler tous les maux de l'anarchie à laquelle il faudra les abandonner en se retirant, s'ils traversent ainsi ceux qui doivent faire agir. On enlève tous les chevaux, et comme cette opération est populaire, ainsi que toutes les autres, c'est le moyen d'en perdre beaucoup par le défaut d'ordre ou de soins. On a refermé les barrières, qui avaient enfin été ouvertes hier et dont la clôture retarde toutes les opérations, car les courriers mêmes du pouvoir exécutif sont souvent retenus à la Commune, malgré les passeports des ministres. Adieu. Je sense mon âme inaccessible à la crainte, et je serais très capable de suivre jusqu'au dernier instant la marche et les mesures d'une défense régulière; mon digne ami est aussi actif et plus ferme que jamais. Mais qui pourrait n'être pas contristé du chaos rembruni par des agitateurs?

Adieu; peu de jours encore jetteront de grandes lumières sur le sort de la capitale, d'où la sagesse voudrait peut-être qu'on sortît le Gouvernement; mais il est déjà trop tard pour cela même. Washington fit bien déplacer le Congrès, et ce n'était point par peur.

(*Roland*, II, 432–4)

(8) Madame Roland to Bancal, 5 September 1792

Nous sommes sous le couteau de Robespierre et de Marat; ces gens-là s'efforcent d'agiter le peuple et de le tourner contre l'Assemblée nationale et le Conseil. Ils ont fait une Chambre ardente; ils ont une petite armée qu'ils soudoient à l'aide de ce qu'ils ont trouvé ou volé dans le château et ailleurs, ou de ce que leur donne Danton qui, sous main, est le chef de cette horde. Croiriez-vous qu'ils avaient lancé un mandat d'arrêt contre Roland et Brissot, comme suspects d'intelligence avec Brunswick, et qu'ils n'ont été retenus que par une sorte de crainte? Ils s'en sont tenus à vouloir mettre les scellés sur leurs papiers, mais, dans leur recherche inquisitoriale parmi ceux de Brissot, ils ont été honteux de ne rien trouver que de contraire à leurs prétentions. Ils n'ont osé apposer les scellés, ni se rendre chez Roland et Guadet; ils se sont contentés d'emporter les lettres en anglais qu'ils n'avaient pu entendre. S'ils eussent exécuté leur mandat d'arrêt, ces deux excellents citoyens auraient été conduits à l'Abbaye et massacrés avec les autres. Nous ne sommes point sauvés, et si les départements n'envoient une garde à l'Assemblée et au Conseil, vous perdrez l'une et l'autre.

Travaillez donc rapidement à nous l'envoyer, sous le prétexte des ennemis extérieurs, au-devant desquels on fait aller les Parisiens capables de défense, et pour que toute la France concoure à la conservation des deux pouvoirs qui lui appartiennent et qui luis sont chers.

Ne perdez pas un instant si vous voulez les retrouver; adieu.

(*Roland*, II, 434–5)

(9) Brissot to a *Président de Section*, 7 September 1792

La Commission extraordinaire,[1] Monsieur, s'est concertée avec le ministre de l'Intérieur pour aller au-devant des prisonniers d'Orléans. Le courrier n'est pas encore de retour. Aussitôt qu'il le sera et que la marche des prisonniers sera connue, M. le Maire de Paris s'empressera de prévenir MM. les Présidents des sections. La Commission extraordinaire espère que voudrez bien, en attendant, préparer les moyens d'exécution que vous avez proposés hier pour maintenir la sûreté et faire respecter la loi.

Le Président de la Commission extraordinaire,

J.-P. Brissot.

(*Brissot Corr.*, 295)

(10) Extract from the memoirs of Daunou

Tandis que le parti qui n'avait plus besoin de troubles se contentait presque de n'en plus exciter, tandis que, se réservant pour la convention et ne songeant qu'à durer jusqu'au jour où elle devait s'ouvrir, il se bornait à publier quelques écrits peu lus de la multitude, et à influer par de timides correspondances sur les élections des départements, les anarchistes mettaient à profit tous les instants de ce précieux intervalle et les remplissaient de crimes. Ils essayaient sur la législature expirante les outrages qu'ils préparaient à la convention. Dès le 12 août un jacobin conseille au peuple de Paris d'aller en force déclarer sa volonté suprême aux législateurs, dont il a bien voulu prolonger de quarante jours

[1] The *Commission des Vingt-Cinq*—a precursor of the Committee of Public Safety.

les fonctions et le salaire. Le 23 Robespierre est à la barre de l'assemblée nationale: il ordonne, au nom de la commune, l'abolition la plus prompte du directoire de département, autorité jusqu'alors supérieure à la municipalité, ou du moins la transformation de cet importun directoire en une simple commission des contributions publiques. On murmure, on s'indigne, et on obéit: l'insolent discours de Robespierre obtient un décret anarchique. Le 31 les municipaux reviennent; Pétion est à leur téte, et Tallien porte la parole. 'Nous avons, dit Tallien, fait arrêter les prêtres perturbateurs, et sous peu de jours le sol de la liberté sera purgé de leur présence.' Aucun éclaircissement n'est demandé sur ce qu'on a fait, sur ce qu'on va faire; et le silence des législateurs semble sanctionner tous les attentats dont on a voulu qu'ils fussent avertis. Il existait depuis le 17 août un tribunal extraordinaire qui frappait de mort les amis du trône, mais dont la marche, encore ralentie par l'habitude des formes judiciaires, irritait l'impatience des ennemis de toute modération. Ce tribunal, que Robespierre avait refusé de présider, n'était pas destiné à juger ces prêtres, ces nobles, ces victimes de tous sexes et de toutes classes qu'on venait d'entasser dans les prisons. Mais le 2 septembre arrive; déjà le tocsin, le canon d'alarme, les proclamations des municipaux ont rassemblé à l'hôtel de ville, puis au Champ de Mars, enfin aux portes des maisons d'arrêt, une partie de la populace parisienne. Danton et ses anarchistes publièrent la prise de Verdun par l'armée prussienne, et donnèrent le signal d'un massacre qui durait encore le 8. Chaque victime était amenée devant de prétendus juges populaires, qui prononçaient à l'improviste quelques absolutions et des milliers d'arrêts de mort, qu'exécutaient à l'instant les juges mêmes ou d'autres bourreaux. Il ne circulait plus dans Paris que des bandes d'assassins et des tombereaux chargés de cadavres. Ces horribles scènes se répétaient à Versailles et dans plusieurs autres villes; elles eussent dévasté la France entière si l'on eût suivi partout l'impulsion donnée par Danton. On ne sut trop lequel de lui ou de Marat avait conçu le premier cette épouvantable idée; mais on vit Danton en commander et en prolonger l'exécution. D'Orléans admirait tant d'audace; il applaudissait à la proscription de deux classes dont il n'espérait point la faveur. Quant à Robespierre, il cherchait, en souriant, dans les listes des victimes les noms de ses ennemis personnels.

Ces forfaits, qu'on ne croirait inspirés que par la fureur, qui en paraissent même le délire, étaient considérés par les factieux comme un moyen d'accroître leur puissance, parce qu'ils prévoyaient que le parti contraire n'y opposerait qu'une résistance assez faible; qu'il attendrait pour faire éclater de l'indignation que le désastre fût consommé, et pour en poursuivre les auteurs, des circonstances que l'on pouvait prévenir. Roland fit bien placarder quelques proclamations qu'on arrachait à l'instant même; Pétion s'éloigna de la municipalité, qui ne redoutait ni sa présence ni son absence; beaucoup de législateurs jetèrent dans les comités des cris plus impuissants que ceux des victimes. Mais à la tribune nationale pas un mot, pas une plainte durant huit jours de carnage. Chacun y comprimait dans son âme une opposition que provoquaient le devoir, le sentiment et l'intérêt, qui perdait des factieux sans retour si elle eût été efficace, et qui n'avait besoin que d'être éclatante pour devenir honorable à jamais et presque populaire au moment même. Entre cette activité du crime et cette lamentable inertie des prétendus amis de l'ordre, entre deux partis, dont l'un causait tant d'effroi et l'autre si peu d'assurance, le public dut apprendre à craindre les uns bien plus qu'à estimer les autres, et s'accoutumer à chercher des garanties ailleurs que dans ceux qui avaient besoin d'en donner.

Déjà si forts par le crime et par l'impunité, les factieux se fortifiaient encore par des actes utiles à la patrie. En même temps qu'ils se baignaient dans le sang de tant de victimes, ils recomposaient les armées françaises et poussaient aux frontières des phalanges formidables. Soit terreur, soit enthousiasme, l'ebranlement fut universel, et toute la France guerrière parut se lever à leur voix; car c'était véritablement de leurs assemblées de sections, de leurs municipalités, de leurs clubs, que partait cet élan sublime, bien plus que de l'assemblée nationale ou du ministère. Les autorités publiques, qu'ils employaient pour le produire, paraissaient n'être que des instruments dont ils s'emparaient, et qu'eux seuls rendaient efficaces. Au milieu des horreurs qui seront l'effroi des siècles, ils créaient ces armées de la république qui allaient obtenir tant d'hommages; et les crimes semblaient absorbés dans le vaste et généreux mouvement dont ils étaient contemporains.

Ce qui manquait le plus à cette audacieuse faction, et ce qui s'usait le plus vite entre ses mains, c'etaient les moyens pécuniaires. Les fonds circonscrits du ministère de Danton, et les pénibles largesses d'un prince abîmé de dettes, ne pouvaient longtemps lui suffire. Il fallait une plus riche dot pour la soutenir jusqu'au moment, encore éloigné, où le trésor public serait pleinement à sa disposition. On y pourvut par le vol du Garde-Meuble; vol à tel point scandaleux et impuni, qu'on vit quelques uns des brigands en étaler orgueilleusement les fruits sur leurs personnes. C'était pendant ce débordement de crimes, et lorsque, insultée chaque jour à sa barre par les orateurs des sections et de la commune, spécialement par Robespierre, l'assemblée législative terminait, au sein des humiliations, une session sans gloire; c'était alors que dans toute la France on procédait à la nomination des députés à la convention nationale.

A Paris les assemblées primaires furent inabordables aux bons citoyens; les suffrages s'y donnèrent à voix haute, et toute l'intrigue consista dans l'audace. Les électeurs, ainsi nommés, élurent de même, dans la salle du club des Jacobins, vingt-quatre députés à la convention nationale; choix horribles, à quelques-uns près. La nomination de Thomas, citoyen estimable et peu connu, ne put être qu'une inadvertance; celle de Dusaulx, homme de lettres, d'un âge avancé et d'une probité naïve, parut destinée à couvrir et à recommander les autres; celle de Manuel enfin fut inévitable, il était encore trop populaire. Le reste des élus appartenait pleinement à la faction anarchique: on y apercevait bien quelques hommes d'un talent très-distingué, comme David, Camille Desmoulins, Fabre d'Eglantine; quelques autres, comme Legendre, plus passionnés que méchants, plutôt incultes qu'ineptes, atroces par fanatisme et bons par nature. Mais à côté de ces noms, auxquels pouvaient s'attacher au moins certains genres d'estime, combien de noms qui ne signifiaient que brigandage, ambition, crapule et froide férocité! C'étaient Robespierre, Danton, Marat, d'Orléans, et leurs plus viles créatures. Robespierre, pour signaler hautement son influence personnelle, fit nommer jusqu'à son frère; personnage presque inconnu dans la province même qu'il habitait, et dont l'existence était à peine soupçonnée la veille par les électeurs parisiens dont il obtint les suffrages.

Les élections des départements furent en général dictées par un autre esprit: l'influence de Roland domina dans la plupart des assemblées électorales. Des hommes qui s'honoraient du nom de patriotes, qui s'accoutumaient à celui de républicains mais qui repoussaient encore celui de révolutionnaires: tel fut le plus grand nombre des élus. On remarquait parmi eux cent membres de l'assemblée constituante, plus de deux cents de l'assemblée législative; entre les premiers, Siéyès, Rabaud, Lanjuinais, et plusieurs autres connus comme eux par des talents ou par des travaux utiles; entre les seconds, Condorcet, les députés de la Gironde, et presque tout leur parti. La liste des quatre cents autres offrait quelques négociants, quelques cultivateurs, mais bien plus d'hommes de lettres et encore plus d'hommes de loi, ayant exercé diverses fonctions publiques dans leurs départements; presque tous, dans ces différentes classes, propriétaires territoriaux ou vivant avec quelque aisance des fruits d'une industrie honorable. C'est trop peut-être que d'évaluer à un quart le nombre de ceux que leur ineptie, ou leur pénurie, ou leurs vices, ou leurs crimes, dévouaient à l'avance au délire démagogique. C'est trop, sans nul doute, si l'on ne tient pas compte des suppléants qui ne sont entrés que dans le cours de la session, et dont la nomination avait été l'ouvrage des seuls anarchistes, dans ces instants de lassitude ou de démembrement par lesquels les assemblées électorales ont coutume de se terminer. Quoi qu'il en soit, plus des trois quarts pour un gouvernement régulier, mais non déterminé, moins d'un quart pour la prolongation des troubles, c'étaient encore deux partis égaux. La majorité pouvait compter sur quelques bataillons fédérés, extraits de la garde nationale des départements, sur la plupart des administrations locales, et sur les vœux secrets des citoyens paisibles. La minorité, faible en talents, forte en audace, avait pour elle ses crimes et ses complices. La majorité et ses moyens couraient le risque de décroitre par le seul retard du triomphe; il suffisait presque à la minorité de n'être pas renversée au premier choc. Des deux parts on arrivait plein de confiance; mais dans la minorité c'était la confiance qui entreprend, et dans la majorité c'était beaucoup plus la confiance qui menace et se repose.

(*Daunou*, 414–18)

(11) Address of the *Section des Gravilliers* to the electors of Paris, 19 September 1792

'Citoyens,

Une grande question s'est élevée dans votre sein: jaloux de la résoudre, vous avez consulté le vœu de vos commettants.

La section des Gravilliers, toujours amie de l'ordre, toujours ferme dans ses principes, après avoir délibéré sur cette question importante, en présence de ses électeurs qui sont dans votre sein, nous a choisis nous-mêmes pour devenir auprès de vous son organe.

Citoyens, nul de vous n'ignore combien nos ennemis intérieurs font jouer de ressorts pour désorganiser et provoquer à l'insurrection un peuple qui fit serment d'être libre, tandis que, au-dehors, des globes de feu embrasent nos frontières: vous connaissez par combien de machinations perfides des faux patriotes s'efforcent de retarder la marche imposante de la Convention national; en un mot, nous savons tous par quels moyens iniques des agitateurs cruels veulent faire renaître de ses cendres cette hydre expirante que nous venons de terrasser. Au milieu de tous ces dangers, au milieu de ces agitations violentes, il est du caractère d'un peuple libre, d'un peuple souverain, mais qui jouit sans orgueil de sa souveraineté; il est, dis-je, de son caractère de céder dans ce moment de son droit, il est de sa générosité de dire à chacun de ses membres choisis pour le représenter, et pour faire ses volontés dans cette représentation: 'Nous avons sans doute le droit imprescriptible et éternel de scruter tes talents, tes intentions, ta vie toute entière. Dans ce moment surtout, où par des lois bien digérées tu dois cimenter le bonheur d'un empire régénéré, il serait de notre devoir d'épurer ta conduite; mais la patrie est en danger; nous ne réclamons point en cet instant contre le choix qu'on a fait de toi pour la sauver. Hâte-toi de voler au sanctuaire des lois où notre confiance vient de te placer, mais n'oublie jamais que, si ta patrie qui te surveille te voit, au mépris de tes serments, t'écarter de la ligne qu'elle t'a tracée, tu seras déclaré infâme et livré à la rigueur des lois.'

L'assemblée générale, consultée, a arrêté à l'unanimité que les membres élus à la Convention nationale ne seront point soumis quant à présent à l'examen épuratoire, mais que le peuple, jaloux de sa souveraineté, se réserve expressément le droit inaliénable de sanctionner tous les décrets qui émaneront d'elle, de retirer tout pouvoir à chacun de ceux qui prévariqueront. Elle a arrêté en outre que douze commissaires seront choisis dans son sein à l'effet d'émettre son vœu et d'en donner communication aux membres de l'assemblée électorale et aux quarante-sept autres sections.

Fait en assemblée générale, le 19 septembre 1792, l'an 4e de la Liberté et le 1er de l'Egalité.'

(*Markov*, 388–9)

(12) The elections to the Convention in the Bouches-du-Rhône: Extract from the memoirs of Barbaroux

Le Corps Électoral tint ses séances à Avignon. J'y fus envoyé en qualité d'électeur par la quinzième section. Après les premières formalités, l'Assemblée me nomma président à l'unanimité. Si elle s'était bornée à l'élection des députés, je n'en ferais aucune mention; mais, poussée par le malheur des temps, elle exerça de grands pouvoirs, elle me confia à moi-même une grande autorité. Je dois donc dire ce qu'elle fit, et rendre compte de ma conduite.

Dès la seconde séance on annonça des troubles à Tarrascon, où la révolution ne manquait pas d'ennemis. Des lettres successives nous apprirent l'insurrection de plusieurs villages, les excès commis dans quelques autres, la complète désorganisation d'un bataillon du département dont les compagnies s'étaient entre-tuées à Arles, et l'existence de beaucoup de manœuvres dans le département. Son directoire était sans énergie, les districts sans confiance, les municipalités sans talents. Il n'y eut qu'une voix pour s'emparer de l'autorité publique. On argumentait surtout de l'état de révolution où se trouvait la France depuis le 10 août. On faisait valoir la nécessité de comprimer les troubles par de grandes mesures. L'autorité plaît, l'Assemblée s'en empara. Elle me chargea ensuite de l'exécution de ses arrêtés; c'était m'investir du pouvoir exécutif. J'acceptai dans l'espérance d'empêcher quelque mal; mais je voulus qu'on me nommât un conseil de douze personnes. L'Assemblée m'en ayant laissé le choix, je les pris dans les divers districts et parmi les personnes les plus sages.

Qu'on se représente un assemblage de neuf cents personnes, en général ignorantes, n'écoutant qu'avec peine les gens sensés, s'abandonnant aux effervescents, et, dans cette Assemblée, une foule d'hommes avides d'argent et de places, dénonciateurs éternels, supposant les troubles ou les exagérant pour se faire donner de lucratives commissions; des intrigants habiles à semer la calomnie, des petits esprits soupçonneux, quelques hommes vertueux mais sans lumières; quelques gens éclairés mais sans courage; beaucoup de patriotes mais sans mesure, sans philosophie: tel était le corps électoral du département des Bouches-du-Rhône. Un trait le peindra mieux que ce tableau très imparfait. A la nouvelle des massacres du 2 septembre, il fit retentir la salle de ses applaudissements. Cependant, je parvins à diriger cette Assemblée; mais je dois le dire, c'est par l'ascendant immense que me donnait l'honorable opinion de Marseille.

On arrêta d'envoyer douze cents hommes à Tarascon; dans une seule nuit les réquisitions furent faites aux communes voisines, leurs contingents rassemblés, les canons, les munitions, les vivres expédiés. On n'avait pas lu le procès-verbal, et l'armée était en marche. J'eus grand soin de donner aux commissaires des instructions détaillées. Nous étions d'accord sur les moyens à employer; ils ne devaient être ni rigoureux, ni lâches; aussi la réussite en fut complète. Dans une autre expédition qu'on fit à Noves et dans des lieux voisins, j'appris que le commissaire nommé pouvait avoir le dessein d'exercer des vengeances personnelles; je lui adjoignis un électeur recommandable par sa sagesse, et l'Assemblée approuva tout. Ma correspondance avec ces commissaires était de tous les instants: il me fallait aussi donner connaissance de ces opérations au Directoire du département, aux districts, aux municipalités intéressées, aux Sociétés populaires dont il fallait ou mouvoir ou retenir le patriotisme, aux commandants des gardes nationales ou des troupes de ligne. Cette correspondance était encore accrue par celle des corps électoraux voisins, et d'une foule de communes qui nous exposaient leurs besoins ou nous consultaient. C'étaient toujours de nouveaux courriers extraordinaires qui venaient interrompre deux ou trois fois la nuit un sommeil de trois heures.

Un jour qu'on procédait aux élections, des cris tumultueux se font entendre: 'C'est un contre-révolutionnaire d'Arles; il faut le pendre!' On avait en effet arrêté sur la place un Arlésien, on l'avait amené dans l'Assemblée, et l'on descendait une lampe pour l'accrocher. Je rappelai de toutes mes forces le corps électoral à sa dignité; je déclarai que l'accusé était sous la sauvegarde de la Loi: je fis entrer la force armée pour le saisir; et me tournant vers Rèbècquy et Bertin, commissaires organisateurs des districts de Vaucluse et de l'Ouvèze, je leur dis que cet homme était leur justiciable. Ils s'en emparèrent en effet, et le conduisirent à leur hôtel pour l'interroger; je nommai quatre électeurs commissaires pour calmer sur la route les mouvements du peuple et assister à l'interrogatoire. C'était en effet un des adhérents de la Chiffonne d'Arles; mais sans moyens, il était incapable de faire aucun mal. Il paya son imprudente curiosité par quelques jours de prison.

Il se passait à Marseille des scènes bien autrement déplorables. Le tribunal populaire n'était pas organisé, et les tueurs y exerçaient encore leur puissance.

. . . Les élections étaient terminées. Pourquoi faut-il que nous ayions à nous reprocher, Rèbècquy et moi, de les avoir influencées? Mais on cabalait pour des êtres si méprisables, que nous crûmes devoir soutenir des candidats qui nous paraissaient mieux valoir. Excepté deux ou trois hommes dont la réputation n'avait besoin d'aucun appui, nous nous trompâmes cruellement sur tous les autres. Les députés furent:

Mourraille, maire de Marseille, à qui son âge et sa surdité ne permirent pas d'accepter.

Duprat, maire d'Avignon: il avait été brave soldat dans les guerres civiles, il fut magistrat impartial dans ses fonctions publiques. Aucun massacre ne souilla sa mairie dans un pays où tant d'excès avaient excité tant de haines. Son sort fut toujours d'être persécuté par les contre-révolutionnaires. Aussi a-t-il été décrété d'accusation par la Montagne.

Rèbècquy, *Barbaroux*, tous les deux proscrits.

Granet, homme de sang sous l'enveloppe d'un philosophe: celui-là a tout méconnu, patrie, amis, défenseurs; il a tout sacrifié à la Montagne. Il siégea à son sommet, applaudisant à tous ses crimes; mais refusant toute fonction dans les comités, peut-étre pour échapper au reproche de les avoir commis.

Durand-Maillane, ex-constituant estimable, mais qui n'a eu de fermeté que dans son opinion pour la réclusion de Louis XVI.

Moyse Bayle, homme inepte, mais souple, à qui toutes les opinions sont égales, tous les crimes indifférents, pourvu qu'on le paye et l'applaudisse. Il a fait imprimer, dans l'affaire du Roi, deux opinions dissemblables, l'une antérieure à l'examen de cette question, pour s'approprier quelques idées du Comité, l'autre, plus récente, pour capter la faveur des Jacobins.

Pierre Baille; j'ai rapporté un mot qui le peint. Il était proconsul à Toulon d'où il écrivait: 'Tout va bien ici, le pain manque.'

Gasparin, ci-devant officier d'infanterie, puis député aux Assemblées législative et conventionelle. Lors du fameux décret de Gensonné, qui excluait [de toutes les fonctions publiques] les députés de la Convention, pendant six ans, il donna sa démission de capitaine, ensuite il provoqua, avec tous les montagnards avides, le rapport du décret, et, l'ayant obtenu, il demanda et obtint de Pache la place d'adjutant-général. Il est aujourd'hui chef de brigade. J'ai vu les lettres également audacieuses et basses par lesquelles il demandait le premier de ses grades. J'en ai même envoyé des copies certifées a Marseille où il a depuis paru en qualité de proconsul et d'assassin.

De Perret, républicain ardent, honnête homme, bon père, bon ami; il a toutes les qualités qui doivent concilier l'estime publique, et il est décrété d'accusation!

Rovère: sa conduite pendant les guerres civiles d'Avignon nous avait donné de lui une bonne idée, mais son intérêt personnel, et non celui de la liberté, était son mobile. Il n'a servi qu'avec les soldats du Pape dans la garde du vice-légat, et il est, aujourd'hui, colonel d'une légion.

Carra: on élut celui-ci pour exclure quelques intrigants subalternes. Mais il avait accepté la nomination du département de Saône-et-Loire. Carra est un homme qui veut le bien, mais qui n'ose pas le faire. Son journal, qui pouvait si bien servir la liberté, a concouru à la perdre par sa faiblesse.

Les suppléants furent:

Dubois-Crancé. Nous nous étions opposés à la nomination de celui-ci. Nous avions dit qu'un militaire qui, dans le péril de la patrie, demandait à quitter l'armée pour passer dans le Sénat, n'était qu'un intrigant. Nous sommes-nous trompés?

Laurens Bernard. Il a remplacé Mourarille dans l'Assemblée. C'est un homme d'un âge très mûr, qui a voyagé sans acquérir des connaissances et s'est placé à la Montagne sans être méchant. Il n'a jamais rien dit ni rien fait, si ce n'est d'avoir voté constamment comme la faction.

Pellisier. Il a remplacé Carra. Il votait un jour comme la Montagne, un jour comme le côté droit. On aurait pu croire que c'était indépendance, c'était astuce et perfidie. Sans courage, il a constamment prostitué son opinion aux circonstances du moment.

Minvielle. Il a remplacé Rèbècquy, qui donna sa démission après la conjuration du 10 mars. Peu d'hommes ont aussi courageusement combattu pour la liberté, mais, dans une rixe particulière, il a donné un coup de poing au jacobin Duprat, frère et ennemi du député; il est, en conséquence, décrété d'accusation.

Tels furent les choix du corps électoral du département des Bouches-du-Rhône. Il voulut ensuite se déclarer permanent, mais les observations que je fis, et plus encore la force des choses qui rappelait chacun à ses affaires, firent rejeter cette proposition. Pourtant, avant de se séparer, il me donna bien du souci, par un arrêté que provoqua Moyse Bayle, président de l'Assemblée, pendant que j'interrogeais les officiers en garnison à Arles, sur la malheureuse rixe des compagnies de leur bataillon. Cet arrêté attribuait à chaque électeur le pouvoir de suspendre dans son canton les fonctionnaires publics, et d'ordonner des arrestations. Il me fallait lutter contre l'amour-propre de chacun. Cependant, je parvins à atténuer beaucoup cette autorité monstrueuse dans les pouvoirs que je délivrai. Aussi n'ai-je pas entendu dire qu'elle ait été funeste.

Le hasard me fournit, dans ces dernières séances, l'occasion d'énoncer des vérités trop rapidement oubliées. Un Marseillais écrivit de Paris contre Robespierre à la Société de Marseille. La Société, incertaine, s'en remit à mon opinion, et me chargea de lui dire ce que je pensais de cet homme. La lettre, adressée au président du club électoral, fut lue par les secrétaires, et l'Assemblée exigea que je lui manifestasse l'opinion dont je ferais part au Club. Je ne balançai pas; je rapportai les tentatives faites par Robespierre auprès de Rèbècquy, de Pierre Baille et de moi pour s'élever à la dictature par les Marseillais. Pouvait-on croire qu'il eût cessé d'être tourmenté de cette ambition, lorsqu'on voyait, par les nouvelles publiques, qu'à la tête de la Commune de Paris, il tendait à dominer le Corps législatif? Pourquoi ces essaims nombreux de commissaires de Paris exerçant, dans les départements, une espèce de domination [sans bornes], et surtout vantant Robespierre? Pourquoi ces calomnies déjà semées partout contre la prochaine Convention, et ces affiches de Marat qui demande ouvertement un protecteur? Etait-ce donc pour un maître ou pour la liberté, que les Marseillais avaient versé leur sang le 10 août? Etait-ce pour l'égalité des droits entre les départements, ou pour un gouvernement municipal qui les soumettrait à Paris comme les provinces à Rome? Ensuite, je traçai le caractère de Robespierre, avide de vengeances, de domination et de sang, et je prédis qu'il deviendrait le tyran de son pays, si la Convention n'avait pas le courage de le frapper. Sans doute, ce discours fit impression, puisqu'à l'instant on résolut d'envoyer un Bataillon pour sauvegarder la Convention nationale. Ce Bataillon fut levé et partit peu de jours après les députés.

Je ne restai que cinq jours à Marseille, sans cesse entouré de tous ceux qui m'étaient chers. Il fallut les quitter! Je dis adieu au peuple qui me bénissait, qui bientôt devait me proscrire, à ses magistrats, à ma mère, à mon fils, à mon Anette, à ma bonne famille, à mes amis de vingt ans. Je dis adieu à la terre qui m'avait vu naître, au beau ciel de Provence, témoin de ma vie irréprochable, à mes livres, à mes instruments de physique, à mes minéraux, objets chers à mon esprit qu'ils avaient si agréablement occupé; à la petite campagne d'une de mes tantes où j'avais si souvent retrouvé la paix qui fuit les villes, et les plaisirs innocents cachés sous ses ombrages. Hélas! qui m'aurait dit que ces adieux devaient être éternels! O mon pays, puissent les malheurs qui me poursuivent s'éloigner de toi et puissè-je expier seul, par ma mort, tes belles actions que les brigands changent en crimes, et les crimes trop réels de tes mauvais enfans!

(*Barbaroux*, 166–77)

(13) Extracts from *L'Ami du peuple*, 15 September 1792

Ce que j'ai prévu est arrivé. Dans tout les coins de l'empire, l'intrigue, la fourberie, la séduction et la vénalité[1] se sont réunies pour influencer les corps électoraux, et porter à la Convention nationale des hommes flétris par leur incivisme, des hommes reconnus pour traîtres à la patrie, des hommes pervers, l'écume de l'assemblée constituante et de l'assemblée actuelle. . . .

Français, qu'attendez-vouz d'hommes de cette trempe? Ils achèveront de tout perdre, si le petit nombre des défenseurs du peuple appelés à les combattre n'ont le dessus, et ne parviennent à les écraser;

[1] Roland, l'automate ministériel, a prodigué l'or à pleines mains pour faire nommer tous les écrivailleurs brissotins possibles. J'en donnerai la liste. [Marat's note.]

si vous ne les environnez d'un nombreux auditoire, si vous ne les dépouillez du talisman funeste de l'inviolabilité, si vous ne les livrez au glaive de la justice populaire, dès l'instant qu'ils viendront à manquer à leurs devoirs. . . .

Citoyens! qui fondez tout votre espoir sur la Convention nationale, souvenez-vous que la bonté de ses opérations dépend uniquement de l'énergie que vous montrerez pour être libres. Si vous êtes déterminés à tout braver pour le devenir, vous le serez enfin sous peu de jours: votre audace seule peut étouffer tous les complots et couper le fil de toutes les machinations tramées pour vous remettre sous le joug.

19 September

Le projet des membres gangrénés de la législature actuelle est de placer la Convention nationale dans la salle du manége des Tuileries, dont les tribunes ne contiennent que trois cents spectateurs, et qui se trouveraient toujours remplies de trois cents mouchards des pères conscrits contre-révolutionnaires et des ministres corrompus.

Il importe que la Convention nationale soit sans cesse sous les yeux du peuple, afin qu'il puisse la lapider, si elle oublie ses devoirs. Ainsi, pour la maintenir dans le chemin de la liberté, il faut indispensablement une salle dont les tribunes contiennent quatre mille spectateurs. Cette salle devrait être faite; je demande qu'on y travaille sans relâche.

(*Buchez*, XVIII, 40–2)

B. EARLY CLASHES IN THE CONVENTION

(14) Extract from Brissot's *Patriote française*, 21 September 1792

Outre l'aristocratie des titres féodaux, il y avait aussi l'aristocratie des titres bourgeois; et cette aristocratie n'est pas encore détruite. L'orgueil citadin met encore une grande différence dans ces appellations: *monsieur*, *le sieur*, *le nommé*, etc.; il y a une gradation dont les nuances n'échappent pas aux oreilles susceptibles de nos bourgeois. La Convention nationale, qui doit balayer ces misérables restes de l'ancien régime, ne souffre pas dans son sein le titre de *monsieur*; on y a substitué celui de *citoyen*. Mais c'est encore un titre qui peut aussi amener une distinction; on le donnera aux gens d'une certaine condition, d'une certaine fortune, on le refusera au laborieux manouvrier, au respectable indigent. D'ailleurs ce mot de citoyen, c'est un mot sacré; c'est un mot qu'il ne faut pas prostituer; et ne rougirait-on pas de le mettre à côté de certains noms? Certes, nous dirons avec joie le citoyen Pétion, le citoyen Condorcet; mais quel est le patriote qui pourrait dire, le citoyen Marat, le citoyen Maury?

Républicains comme les Romains, plus libres qu'eux, destinés à être aussi vertueux, imitons leur exemple, ne faisons précéder les noms d'aucun titre; disons Pétion, Condorcet, Payne, comme on disait à Rome, Caton, Cicéron, Brutus. Si cette simplicité nous semble rudesse, si elle nous semble prématurée, ajournons-la; mais ajournons aussi la République.

(*Buchez*, XIX, 165–6)

(15) Daunou's account of the first debates in the Convention

Dans la nuit du 20 au 21 septembre 1792, trois cent soixante et onze députés se réunirent dans l'une des salles du château des Tuileries. En moins de trois heures leurs pouvoirs furent vérifiés, et l'on déclara que la nation française était représentée par une convention.

Il s'éleva sur les pouvoirs des députés de Paris des murmures assez violents. On disait que les assemblées primaires de cette ville n'avaient joui d'aucune liberté; que l'assemblée électorale ouverte aux Jacobins le 2 septembre s'était montrée digne de ce local et de cette époque. On exprimait avec énergie l'indignation des départements: le temps était venu de punir une faction couverte de sang et d'opprobres; on était déterminé à venger les injures prodiguées à l'assemblée législative; on ne fléchirait pas comme elle sous la domination d'une municipalité ou d'un club; on allait déployer contre les brigands d'une commune la toute-puissance de la représentation nationale.

Ces réclamations généreuses, répétées, applaudies, et non contredites, n'amenèrent aucun résultat. Les députés de Paris furent vérifiés et reconnus comme tous les autres. On observa que ce premier examen était purement provisoire; on se promit de prononcer sous peu de jours contre des élections si révoltantes un anathème plus utile, parce qu'il serait plus solennel; et l'on se tint assuré de retrouver à volonté, par cet acte d'utilité publique, l'unanimité, le courage, la force qui venaient de se manifester. On ne voyait d'ailleurs prendre part à cette première discussion que des hommes encore obscurs. Les députés connus par des travaux antérieurs étaient absents ou gardaient un profond silence; et il manquait au moins, pour commander une résolution vigoureuse, l'autorité d'un nom célèbre.

On venait de se récrier contre les élections à voix haute: on se mit à élire à voix haute un président et des secrétaires, soit que déjà l'on cédât à l'ascendant de la faction démagogique, soit que l'on se plût à emprunter d'elle un procédé qui allait lui montrer plus à découvert le nombre et la hardiesse de ses ennemis. Presque tous les suffrages appelèrent Pétion à la présidence; Robespierre obtint six ou sept voix: il était présent, debout, isolé, muet, immobile: on dirigeait vers lui quelques gestes et beaucoup plus de regards, qu'il pouvait prendre pour des insultes.

Une seconde séance s'ouvrit le 21, dans le même local; elle était plus nombreuse. Quelqu'un proposa de voter des remercîments à l'assemblée législative. Chabot répondit que le salut de la France n'était dû qu'à la commune de Paris et aux jacobins. Lasource répliquait énergiquement; il traçait le tableau des crimes qui avaient suivi la journée du 10 août. Danton l'interrompt; il déclare qu'on est dans une étrange erreur, si l'on croit avoir le droit de prendre, dans une antichambre du palais d'un tyran, des délibérations clandestines: il proteste contre tout ce qui sera résolu ailleurs que sous les yeux du peuple. Une députation de l'assemblée législative vint terminer ces débats, en annonçant qu'elle avait clos sa session. François de Neufchâteau, qui portait la parole au nom de cette députation, parla des terribles orages que la main puissante de la convention nationale allait dissiper. Pétion répondit qu'il ne s'agissait que du conflit passager de quelques prétentions misérables, que de petites passions, qui s'en allaient, disait-il, disparaître au premier instant.

On sortit des Tuileries, et l'on s'avança vers la salle du manège, entre deux haies d'applaudisseurs. A mesure que les députés entraient deux à deux dans la salle, elle retentissait des acclamations d'une autre multitude rassemblée dans les tribunes publiques. Un seul fut applaudi avec plus de fracas que les autres; ce fut ou le duc d'Orléans, ou le nommé d'Armonville, qu'il tenait par le bras, et dont la tête était couverte d'un bonnet rouge. On commença par rejeter la proposition faite par Manuel, d'installer le président de la convention aux Tuileries, et de l'environner d'un certain éclat. Un autre voulait que pour exprimer le sentiment de sa toute-puissance la convention cassât à l'instant même toutes les autorités existantes, et les recréât aussitôt provisoirement. Chabot, ex-capucin, ne trouva point cette mesure assez innocente; il demanda qu'au contraire on reconnût une autorité que rien ne pouvait plus abolir ni suspendre, celle qu'exerçait le peuple souverain, ou par lui-même dans ses assemblées primaires, ou par ses représentants immédiats dans les municipalités. 'Je vous invite, ajouta-t-il, à ne jamais oublier que c'est par les *sans-culottes* que vous êtes envoyés ici.' Ce mot, fermement articulé dès la première discussion, applaudi avec transport par les assistants, écouté par l'assemblée avec douleur, mais sans murmure; ce mot décida la question qui s'agitait, et prépara la décision de beaucoup d'autres.

Danton se présente; il se dévoue au peuple, dont il avait été le ministre, dont il va être le mandataire. Il déclare qu'il faut que la loi soit terrible, aussi terrible que le peuple vient de l'être; et, à la suite de cette réflexion préliminaire, il invite l'assemblée à placer sous la sauvegarde de la nation les propriétés et les personnes. On ne demanda point quel était le sens, quelle serait l'efficacité d'un tel décret: on le rendit d'un air de triomphe: on était fier d'avoir si fortement garanti tous les droits individuels. Mais l'acte le plus célèbre de cette séance fut l'abolition de la royauté; Collot-d'Herbois, député de Paris, ancien comédien de province, en fit la proposition. Il se hâta de prévenir ceux auxquels il aurait convenu de la faire; il ne pouvait avoir de contradicteurs.

Les séances suivantes amenèrent de plus vifs débats: dès le 25 Rebecqui et Barbaroux, deux députés de Marseille, accusent Robespierre; ils citent des écrits de Marat et des conversations de Panis, l'un des membres de la députation parisienne. Cambon, qui dans l'assemblée législative s'était fort occupé de finances, se joint aux accusateurs: il a vu les factieux s'introduire dans les établissements publics, enlever des effets précieux sans récépissé, sans procès-verbaux; il ne doute point du projet d'asservir les quatre-vingt-trois départements sous la tyrannie d'une commune ou du chef qu'elle se donnera. Vergniaud tient en main une circulaire que Marat, Panis et d'autres ont signée: la municipalité de Paris s'y déclare investie de la plénitude de la confiance nationale; elle informe ses frères des départements que les conspirateurs entassés dans les prisons viennent d'être mis à mort, 'ce qui est, dit la lettre, non-seulement un acte de justice, que toutes les communes approuveront comme indispensable, mais un moyen utile qu'elles s'empresseront d'adopter.'

Ces faits et d'autres du même genre ne furent point démentis par les dénoncés. Danton mit au nombre des beaux jours celui qui amenait de tels débats; il les appela des explications fraternelles: d'ailleurs, il revendiqua pour Paris la gloire de la révolution, et pria de ne jamais confondre avec l'acrimonieux Marat les hommes qui avaient fait des choses fortes. Robespierres' embarrassa dans un long récit des services qu'il avait, disait-il, rendus à son pays. On l'interpella de déclarer s'il aspirait à la dictature; il ne répondit qu'en recommençant l'histoire de sa vie politique. On le trouva faible, inhabile, et plus vain qu'ambitieux. Marat prit un autre ton. 'J'ai donc, dit-il, dans cette assemblée bien des ennemis personnels!—Tous! tous! s'écrièrent en se levant plus de six cents députés.—Eh bien, reprit Marat, je vous rappelle à la pudeur et à la réflexion. C'est moi qui ai proposé un tribun du peuple, un dictateur ou des triumvirs, le nom n'y fait rien. Telles sont mes opinions, je les ai fait imprimer; et si vous n'êtes pas encore à ma hauteur, tant pis pour vous: les troubles ne sont pas finis.'

Un homme qui divulguait ainsi des idées que d'autres eussent tenues si secrètes parut un fou peu dangereux. L'indignation devint moins vive; il s'en aperçut, et, reparaissant à la tribune, il tira un pistolet, l'approcha de son front, et dit: 'Si vous m'aviez décrété d'accusation, je me serais brûlé la cervelle au milieu de vous.' L'assemblée s'émut, comme étonnée d'avoir couru un tel péril. Un hypocrite, nommé Couthon, dit qu'il fallait s'occuper de la chose publique, et non des personnes. Ce lieu commun termina le débat, et acheva de le rendre en effet inutile à la chose publique, qu'il intéressait si vivement. On décréta, comme résultat de tout ce qu'on venait d'entendre, l'indivisibilité de la république; de sorte que les dénonciations contre les anarchistes parurent n'aboutir qu'à la proscription du système fédéral, imputé aux dénonciateurs. On ordonna bien d'ailleurs l'impression de leurs discours; mais cet arrêté fut abrogé peu de jours après, dans une séance du soir, sur la demande de Panis.

Les dénonciations contre les factieux furent renouvelées plusieurs fois avec aussi peu de fruit. Si Marat, accusé de provocations séditieuses, déclarait lui-même à la tribune qu'il fallait abattre encore deux cent soixante-huit mille têtes, que c'était là son opinion politique; s'il soutenait toutes les insubordinations, même militaires, il suffisait que Danton vînt désavouer avec solennité ce qu'il appelait le tempérament de Marat: l'on passait à l'ordre du jour. Si Louvet, homme d'un esprit délicat et d'un courage indompté, signalait les desseins homicide de Robespierre, racontant ses crimes passés, prophétisant ses excès futurs; si des hommes de bien et des turbulents même, tels que Lacroix, confirmaient par les plus positifs témoignages les éloquents discours de Louvet, Robespierre préparait durant huit jours une défense que l'on ne trouvait qu'ennuyeuse, et l'on passait à l'ordre du jour. En vain la municipalité de Paris était dénoncée de toutes parts, tantôt par les tribunaux de Paris, qui se plaignaient des emprisonnements arbitraires qu'elle faisait exécuter, tantôt par les citoyens de Lyon, de Bordeaux, et des autres communes où ses commissaires fomentaient des troubles; souvent par Barbaroux, par l'Alsacien Rewbel, par Guadet et Gensonné députés de la Gironde; plus souvent encore par Cambon, qui la représentait comme détentrice de douze millions extorqués au trésor public; elle répondait en demandant d'autres millions, qu'elle obtenait, et en promettant des comptes qu'elle ne devait jamais rendre. Un homme qui ne pouvait devenir factieux que par lâcheté, Barère, s'élevait aussi contre le conseil général de la commune; il provoquait sinon la poursuite des municipaux criminels, du moins la réforme de l'intolérable organisation de la municipalité: ses conseils avaient beau être pusillanimes, ils étaient encore impuissants. Danton se vantait de la part qu'il avait prise à l'envoi des commissaires dans les départements; et ce n'était que par cet aveu et par l'exposé des dépenses du tribunal du 17 août qu'il satisfaisait à la demande souvent répétée des comptes de son ministère.

Le plus infatigable ennemi de l'anarchie était Roland, qui, quoique ministre de l'intérieur, n'avait guère d'autres moyens de la combattre que par ses fréquentes et énergiques dénonciations. Il venait faire à la convention nationale le récit des crimes de chaque jour: taxation de comestibles, pillage de subsistances, arrestations de courriers, expulsion de fonctionnaires publics, vols, assassinats, exécutions populaires, actes de la municipalité de Paris contre les décrets des législateurs. Il provoquait des lois répressives, et obtenait d'inutiles renvois à des comités. Pour l'ordinaire, c'était lui-même qui se trouvait l'accusé, et son parti était trop heureux de parvenir à le faire absoudre. S'agissait-il, par exemple, d'adresses séditieuses envoyées par la municipalité aux départements et arrêtées à la poste par le ministre: la discussion s'établissait moins sur la provocation à la révolte que sur la violation du secret des lettres; c'étaient là comme deux crimes égaux, et le premier servait à peine d'excuse au second. Les infracteurs effrénés de toutes les lois naturelles et positives invoquaient sans pudeur ce qu'on appelle les principes, contre toute mesure destinée à réprimer leurs excès les plus manifestes. Enfin, lorsque chacun voyait tant de communes, Paris, surtout, en proie au plus scandaleux brigandage, Bazire, qui, par quelques jours d'hypocrisie, avait capté les suffrages du parti modéré pour se faire placer dans le comité de sûreté générale; Bazire venait faire des rapports, au nom de ce comité, sur l'état très-satisfaisant de la capitale, et sur la tranquillité dont jouirait la république entière quand son indivisibilité serait fortement garantie contre les manœuvres du fédéralisme. . . .

(*Daunou*, 419–24)

(16) Durand-Maillane's assessment of the Girondins

En effet, si alors que le roi était au Temple et la république décrétée, la révolution n'était pas finie dans l'intérieur même de la Convention, ce n'était donc plus entre ses membres divisés qu'une guerre de parti, guerre de passions et d'aveuglement, qui ne pouvait tourner qu'à la ruine de la chose publique.

Pénétrés de cette désolante vérité, nous pressâmes, quelques-uns de mes collègues et moi, ceux du parti de Pétion, qui combattaient pour sa cause aux premiers postes, de vouloir bien sacrifier leurs goûts, leurs inclinations personnelles au bien de la paix dans la Convention. Nous les en conjurâmes au nom de la tranquillité de la France, sans laquelle la sûreté des citoyens commençait à être compromise. Nous dîmes, nous fîmes tant qu'enfin nous les engageâmes à provoquer une conférence entre les principaux acteurs des deux partis pour convenir et arrêter, s'il était possible, des points de réunion entre eux. La conférence eut lieu: Danton y allait de bonne foi et désirait l'accord; mais il n'y eut pas moyen de gagner les autres. La paix eût tué Robespierre, et il voulait vivre et régner. De sorte que le lendemain nous tous, qui attendions les meilleurs effets de ce colloque, nous fûmes bien surpris, et encore plus affligés, d'apprendre que les esprits, au lieu de s'apaiser et de s'entendre, s'étaient séparés plus aigris qu'auparavant les uns contre les autres. J'en fis mes plaintes à Barbaroux qui me dit fièrement qu'il n'était pas possible que le vice marchât jamais d'accord avec la vertu. Dans une telle prévention, il se forma entre les deux partis une lutte où le parti Pétion fut détruit par des moyens homicides dont il n'aurait jamais été lui-même capable.

Ce parti était le plus sage, le plus humain, mais ses plaintes graves, et néanmoins vagues contre l'autre, n'avaient rien que d'imprudent dans les circonstances où nous nous trouvions alors. J'en avertis vainement quelques-uns d'eux. Il était bien vrai que les massacres de septembre avaient détaché du parti Robespierre, qui les avait sourdement commandés ou conseillés, tout ce qu'il y avait d'hommes sensibles et honnêtes parmi ceux qui aimaient le plus la liberté et la révolution: mais on ne distinguait nommément aucun coupable qu'on pût faire punir. En eût-il existé de connus, les autorités auraient été compromises; enfin les crimes étaient consommés; on pouvait s'honorer en les poursuivant et en les abhorrant, mais le mal était irréparable.

Il en était de même des vols dénoncés, quoiqu'on désignât quelques coupables même parmi les membres de la Convention. Ceux-ci, députés de Paris, pouvaient tous se défendre, et par eux-mêmes, et par leurs collègues qui les auraient soutenus dans l'évidence même de leurs torts. Les traiter en coupables, sans pouvoir en venir à un jugement, c'était les aigrir à pure perte.

. . . Pour moi, vivement touché de ces honteuses scènes et plus encore des malheurs qu'elles annonçaient, je pris dès-lors le dessein de me tenir constamment à l'écart sous l'égide de mon silence et de ma nullité; mais comme, dans mon poste, je ne pouvais me rendre invisible ni même indifférent, j'avais soin de n'opiner que d'après moi seul et selon mes principes. Je n'étais ni de la société de la dame Roland ni d'aucune autre; je ne contrariais ni les goûts ni l'ambition de personne; mais pour ne pas paraître approuver les barbaries de la montagne, je siégeais tout exprès au côté droit avec des députés honnêtes, qui, comme moi, restaient immobiles aux mauvaises délibérations. Ceux du centre ne leur étaient pas toujours étrangers; ce qui leur valait une sorte d'assurance et les sauvait des injures comme des menaces auxquelles nous étions en butte, surtout après le jugement du roi dont nous ne votâmes pas la mort et dont nous voulions renvoyer la ratification au peuple.

(*Durand-Maillane*, 36–9)

(17) Madame Roland to Bancal, 14 October 1792

Voyez donc Couthon et le raisonnez; il est incroyable qu'un aussi bon esprit se soit laissé prévenir d'une manière étrange contre les meilleurs citoyens. Il parle absolument dans le sens de la faction, et la soutient aux Jacobins du poids de son intégrité.[1]

Quelle étrange manie dans cette perpétuelle accusation d'intrigue et d'ambition contre des hommes qui n'ont jamais employé leur âme et leurs talents qu'avec le plus grand dévouement à la chose publique et pour la servir uniquement!

Je ne sais si vous remarquez assez que la faction travaille et s'agite, et que les hommes purs restent épars.

(*Roland*, II, 438)

(18) Louvet accuses Robespierre of aspiring to dictatorship: from the debate in the Convention of 29 October 1792

LOUVET DE COUVRAI. Messieurs, nous voici donc à l'époque fatale: pourrai-je contenir mon indignation? Les prétendus amis du peuple ont voulu rejeter sur le peuple de Paris les horreurs dont la première

[1] Couthon had been reckoned among the Girondins but he spoke against a departmental guard for the Convention in the Jacobins on 12 October.

semaine de septembre fut souillée; ils lui ont fait le plus mortel outrage; ils l'ont indignement calomnié. Je le connais, le peuple de Paris, car je suis né, j'ai vécu au milieu de lui; il est brave; mais, comme les braves, il est bon; il est impatient, mais il est généreux; il ressent vivement une injure, mais après la victoire il est magnanime.

Je n'entends pas parler de telle ou telle portion qu'on égare, mais de l'immense majorité, quand on la laisse à son heureux naturel. (*Applaudissements.*)

Il sait combattre, le peuple de Paris; il ne sait point assassiner. (*Nouveaux applaudissements.*) Il est vrai qu'on le vit tout entier le 10 août devant le château des Tuileries; il est faux qu'on l'ai vu le 2 septembre devant les prisons. (*Applaudissements réitérés.*) Dans leur intérieur, combien les bourreaux étaient-ils? Deux cents, pas deux cents, peut-être; et au dehors, que pouvait-on compter de spectateurs attirés par une curiosité véritablement incompréhensible? Le double, tout au plus.

Un membre à l'extrême gauche interrompt.

LOUVET DE COUVRAI. Eh bien! vous niez? Qu'on interroge la vertu! Le fait que j'avance, je le tiens de Pétion; c'est Pétion qui me l'a dit. (*Applaudissements.*)

Mais, a-t-on dit, si le peuple n'a pas participé à ces meurtres, pourquoi ne les a-t-il pas empêchés?

Pourquoi? parce que l'autorité tutélaire de Pétion était enchaînée; parce que Roland parlait en vain; parce que le ministre de la justice ne parlait pas (*Applaudissements réitérés*); parce que les présidents des 48 sections, prêtes à réprimer tant d'affreux désordres, attendaient des réquisitions que le commandant général ne fit pas; parce que des officiers municipaux, couverts de leurs écharpes, présidaient à ces atroces exécutions. (*Mouvement d'horreur*). Mais l'Assemblée législative? l'Assemblée législative! Représentants du peuple, vous la vengez. L'impuissance où vos prédécesseurs étaient réduits, est, à travers tant de crimes, le plus grand de ceux dont il faut punir les forcenés que je vous dénonce.

PÉTION rend le fauteuil à GUADET, *président*.

PRÉSIDENCE DE GUADET, *président*.

LOUVET DE COUVRAI. L'Assemblée législative! elle était journellement tourmentée, méconnue, avilie par un insolent démagogue qui venait à sa barre lui ordonner des décrets; qui ne retournait au conseil général, que pour la dénoncer; qui revenait, jusques dans la commission des vingt-un, menacer du tocsin . . . (*Mouvements d'indignation.*)

BILLAUD-VARENNE. C'est faux!

Plusieurs membres: Oui, oui, rien n'est plus vrai! (*Agitation prolongée.*)

(*Tous les membres sont debout dans le mouvement d'indignation qui soulève l'Assemblée.*)

Pusieurs membres désignent du geste Robespierre.

CAMBON. Misérable! voilà (*montrant son bras*), voilà l'arrêt de mort des dictateurs!

DELACROIX. Je demande la parole pour exposer le fait que Louvet vient d'indiquer. Quelques jours après le 10 août, pendant ma présidence à l'Assemblée législative, un soir que j'avais cédé le fauteuil à Hérault de Séchelles, vice-président, Robespierre vint à la barre de l'Assemblée législative, à la tête d'une députation du conseil général de la commune, pour lui demander de confirmer l'anéantissement que ce conseil venait de prononcer du directoire du département. J'eus le courage de combattre cette proposition; et l'Assemblée législative, celui de passer à l'ordre du jour. En descendant de la tribune, je me retirai dans l'extrémité de la salle du côté gauche; alors Robespierre me dit que si l'Assemblée n'adoptait pas de bonne volonté ce qu'on lui demandait, on saurait le lui faire adopter avec le tocsin.

Un grand nombre de membres: Misérable! misérable!

(*Le tumulte s'accroît de plus en plus.*)

MAXIMILIEN ROBESPIERRE s'élance à la tribune; son frère le suit.

Plusieurs membres lui barrent le passage et le tiennent immobile en formant le cercle autour de lui.

D'autres membres veulent qu'il se place à la barre.

DELACROIX. D'après cette menace qui fut répétée par plusieurs membres du conseil de la commune et entendue par plusieurs de mes collègues, je quittai ma place et je vins à la tribune dénoncer le fait et faire cette réponse: 'La commune peut bien nous faire assassiner, mais nous faire manquer à notre devoir, jamais!' (*Applaudissements*). Plusieurs de mes collègues sont parmi nous, ils peuvent me rendre justice.

Plusieurs membres se lèvent et attestent la vérité de ce fait.

DELACROIX. Je dois à l'Assemblée législative la justice de dire que malgré ces horribles menaces elle passa une seconde fois à l'ordre du jour. Robespierre et les autres membres de la députation retournèrent ensuite à la commune dénoncer l'Assemblée nationale, et deux heures après plusieurs de mes collègues vinrent m'avertir de ne pas passer par la cour des Feuillants, parce qu'on m'y attendait pour m'égorger. (*Mouvement d'horreur.*)

MAXIMILIEN ROBESPIERRE. Je demande la parole.

Un membre: J'observe à la Convention qu'elle ne peut entendre à la tribune un homme accusé d'un pareil crime; il faut qu'il descende à la barre.

MAXIMILIEN ROBESPIERRE. J'insiste, Président, pour avoir la parole.

Plusieurs membres: Pas du tout, il faut la rendre à Louvet pour terminer son discours.

MAXIMILIEN ROBESPIERRE. C'est sur le fait dénoncé par Delacroix que je veux parler.

LE PRÉSIDENT. Robespierre, la Convention ne vous refusera pas la justice de vous entendre, après que vos accusateurs auront été entendus; mais je vous prie d'attendre que vous ayez la parole.

MAXIMILIEN ROBESPIERRE. Je n'ai qu'une observation à faire.

LE PRÉSIDENT. Eh bien, je vais consulter l'Assemblée.

(La Convention décrète que Robespierre ne sera entendu qu'après Louvet de Couvrai.)

Plusieurs membres: Recommencez la phrase qui a été interrompue.

LOUVET DE COUVRAI, *reprend.* L'assemblée législative! elle était journellement tourmentée, méconnue, avilie par un insolent démagogue qui venait à sa barre lui ordonner des décrets; qui ne retournait au conseil général, que pour la dénoncer; qui revenait, jusques dans la commission des vingt-un, menacer du tocsin; qui toujours l'injure, le mensonge et les proscriptions à la bouche, accusait les plus dignes représentants du peuple d'avoir vendu la France à Brunswick, et les accusait, la veille du jour où le glaive des assassins allait se tirer; qui, ne pouvant arracher tous les décrets, en faisait lui-même; et contre une loi formelle tenait les barrières fermées, et conservait son conseil général inutilement cassé par un décret. C'est ainsi que déjà ce despote approchait du but proposé: celui d'humilier devant les pouvoirs de la municipalité, dont il était réellement le chef, l'autorité nationale, en attendant qu'il pût l'anéantir: oui, l'anéantir; car en même temps, par ce trop célèbre comité de surveillance de la ville, des conjurés couvraient la France entière de cette lettre où toutes les communes étaient invitées à l'assassinat des individus; et, ce qui est plus horrible encore! donnez ici toute votre attention à l'ensemble de leurs forfaits; et, ce qui est plus horrible encore! à l'assassinat de la liberté, puisqu'il ne s'agissait de rien moins que d'obtenir la coalition de toutes les municipalités entre elles, et leur réunion à celle de Paris, qui devenait ainsi le centre de la représentation commune, et renversait de fond en comble la forme de votre gouvernement. Tel était assurément leur système de conjuration, que vous les voyez maintenant même poursuivant encore; tel était leur plan exécrable; et s'il peut rester quelque doute, sachez ou rappelez-vous qu'alors nos murs furent déshonorés par des placards d'un genre inconnu dans l'histoire des nations les plus féroces, c'était là qu'on lisait qu'il fallait piller, massacrer sans cesse: c'était là qu'on trouvait d'affreuses calomnies contre les patriotes les plus purs, visiblement destinés à une mort violente; c'était là que Pétion, digne lui, bien digne de sa popularité qu'au reste on s'était efforcé mille fois de lui ravir; c'était là que Pétion, dont l'inflexible vertu devenait trop gênante, était journellement attaqué; c'était là qu'on désignait comme des traîtres que la justice du peuple devait se hâter de sacrifier, les nouveaux ministres, un seul excepté, un seul, et toujours le même. . . . (*Murmures.*) Et puisses-tu, Danton, te justifier de cette exception devant la postérité! (*Vifs applaudissements.*) Enfin, c'était là qu'on osait essayer de préparer l'opinion publique à ces grands changements si ardemment désirés, à l'institution de la dictature, ou, ce qui eût mieux accordé les nouveaux despotes, à l'institution du triumvirat.

. . . Robespierre, je t'accuse d'avoir depuis longtemps calomnié les plus purs, les meilleurs patriotes; je t'en accuse, car je pense que l'honneur des bons citoyens et des représentants du peuple ne t'appartient pas!

Je t'accuse d'avoir calomnié les mêmes hommes, avec plus de fureur à l'époque des premiers jours de septembre, c'est-à-dire, dans un temps où les calomnies étaient des prosciptions!

Je t'accuse d'avoir, autant qu'il était en toi, méconnu, persécuté, avili la représentation nationale, et de l'avoir fait méconnaître, persécuter, avilir!

Je t'accuse de t'être continuellement produit comme un objet d'idolâtrie; d'avoir souffert que devant toi l'on dit que tu étais le seul homme vertueux de la France, le seul qui pût sauver la patrie, et de l'avoir vingt fois donné à entendre toi-même!

Je t'accuse d'avoir tyrannisé l'assemblée électorale de Paris par tous les moyens d'intrigue et d'effroi!

Je t'accuse d'avoir évidemment marché au suprême pouvoir; ce qui est démontré et par les faits que j'ai indiqués et par toute ta conduite qui pour t'accuser parlera plus haut que toi!

Je demande que l'examen de ta conduite soit renvoyé à un comité.

Législateurs, il est au milieu de vous un autre homme dont le nom ne souillera pas ma bouche, un homme que je n'ai pas besoin d'accuser, car il s'est accusé lui-même. Lui-même il vous a dit que son opinion était qu'il fallait faire tomber 268,000 têtes: lui-même il vous a avoué ce qu'au reste il ne pouvait nier, qu'il avait conseillé la subversion du gouvernement, qu'il avait provoqué l'établissement du tribunat, de la dictature, du triumvirat: mais quand il vous fit cet aveu, vous ne connaissiez peut être pas encore toutes les circonstances qui rendaient ce délit vraiment national; et cet homme est au milieu de vous! et la France s'en indigne, et l'Europe s'en étonne. Elles attendent que vous prononciez.

Je demande contre Marat un décret d'accusation . . . (*Murmures à l'extrême gauche; vifs applaudissements sur les autres bancs.*) et que le comité de sûreté générale soit chargé d'examiner la conduite de Robespierre et de quelques autres.

Je demande que vous ajoutiez à ces mesures générales (car frapper les principaux chefs c'est prendre), en matière de conspiration, une mesure générale, je demande que vous ajoutiez à celle que je vous propose, celle que vous commande votre situation nouvelle.

Un instant le complot fut ajourné, un instant ils ont voulu vous observer; . . . et moi aussi, je vous observe: ils ont pris votre indulgence pour faiblesse; et moi aussi, je vous observe: vous êtes forts. Vous sentirez que les prédications anarchiques faites par des patriotes qu'on dit exagérés, mais qui, dans ce sens, seraient encore des insensés, des furieux; que pour le bien public on devrait les enchaîner, que leurs prédications, dis-je, doivent être renforcées par la foule d'intrigants soldés au milieu de vous par les puissances étrangères, qui ne peuvent nous vaincre qu'en nous divisant; qui n'ont plus d'autre moyen d'abattre la République naissante que d'allumer dans son sein la guerre civile. Législateurs, vous devez donc porter vos regards sur l'anarchie, pour mettre obstacle à ses progrès. Vous devez arrêter cette faction forcenée qui se répand dans les sections, qui se répand dans les places publiques, qui se répand aux Jacobins, qui continuellement y prêche l'insurrection contre vous. (*Murmures à l'extrême gauche; vifs applaudissements sur les autres bancs.*)

Vous le devez; et après avoir porté le décret d'accusation contre Marat, qu'il n'est plus temps de différer, vous prononcerez la loi contre les monstres qui provoquent au meurtre et à l'assassinat. (*Applaudissements.*) Vous sentirez aussi qu'on doit prendre des mesures de sureté générale contre cette faction qui nous déchire, contre cette faction qui pourrait perdre Paris, mais qui, pour cela, ne perdrait pas la République. Vous devez empêcher que le sang coule dans cette ville; vous devez décréter que le pouvoir exécutif pourra, en cas d'émeute, en cas de sédition, requérir toutes les forces militaires qui sont dans le département de Paris, à la charge . . . (*Violentes interruptions à l'extrême gauche.*)

BILLAUD-VARENNE. Je demande que l'opinant soit rappelé à l'ordre pour avoir proposé de transmettre la dictature au vertueux Roland.

LOUVET DE COUVRAI. On aurait dû, avant de m'interrompre, me laisser terminer ma phrase.

Je demande que le ministre de l'intérieur soit autorisé, en cas de troubles dans Paris, à requérir la force publique qui se trouve dans le département, *à la charge d'en donner avis sur-le-champ à la Convention nationale, qui en délibérera.* Mais j'insiste surtout, afin de prévenir désormais, autant que possible, des conjurations semblables à celles que je vous dénonce, pour que vous fassiez examiner par votre comité de Constitution, la question de savoir si, pour le maintien de la liberté publique, devant lequel tout intérêt particulier doit disparaître, vous ne porterez pas, comme dans l'ancienne Grèce, une loi qui condamme au banissement tout homme qui aura fait de son nom un sujet de division entre les citoyens. (*Vifs applaudissements.*)

MAXIMILIEN ROBESPIERRE s'élance vers la tribune.

Plusieurs membres: Attendez! attendez! (*Vive agitation.*)

LOUVET DE COUVRAI. J'insiste surtout pour qu'à l'instant vous prononciez sur un homme dont les crimes sont prouvés; que si quelqu'un a le courage de le défendre, qu'il monte à la tribune (*Applaudissements*) et, croyez-moi, pour notre gloire, pour l'honneur de la patrie, ne nous séparons pas sans l'avoir jugé.

Un grand nombre de membres: Oui, oui, tout à l'heure!

LOUVET DE COUVRAI descend de la tribune au milieu des plus vifs applaudissements.

Un membre: Je demande l'impression du discours de Louvet.

(La Convention décrète l'impression du discours de Louvet de Couvrai.)

Plusieurs membres: Prononçons contre Marat; commençons par celui-là.

Un membre: Je demande que la discussion s'ouvre sur Marat, et que, quant à Robespierre, il soit mandé demain à la barre, pour rendre compte de sa conduite.

DELACROIX. J'observe que la Convention, ayant renvoyé à l'examen de son comité de sûreté générale plusieurs dénonciations contre Marat, elle ne peut rien prononcer contre lui, sans entendre le rapport que ce comité est chargé de lui faire. Je soutiens également que la Convention ne peut se dispenser d'entendre Robespierre, qui demande la parole.

Je demande donc que l'on renvoie au comité de sûreté générale ce qui concerne Marat dans la dénonciation de Louvet et que la parole soit accordée à Robespierre.

MAXIMILIEN ROBESPIERRE. Citoyens, je vous demande la parole, par un décret qui me l'assure, ou que vous rendiez contre moi un décret de proscription. (*Violents murmures.*)

MARIBON-MONTAUT. Je demande la parole pour une motion d'ordre.

LOUVET DE COUVRAI. Laissez parler Robespierre.

Un membre: Adoptons d'abord la première partie de la proposition de Delacroix; renvoyons ce qui est relatif à Marat au comité déjà chargé de l'examen de sa conduite et imposons à ce comité l'obligation de faire son rapport incessamment. Il importe, sur *cet homme trop fameux*, de fixer enfin l'opinion publique.

Un grand nombre de membres: Demain! demain!

(La Convention renvoie au comité de sûreté générale tout ce qui concerne Marat dans l'accusation portée par Louvet de Couvrai, et le charge de lui faire, dès le lendemain, un rapport sur cette affaire.)

LE PRÉSIDENT. La parole est à Robespierre.

MAXIMILIEN ROBESPIERRE. Mon intention n'est pas de répondre en ce moment à la longue diffamation préparée dès longtemps contre moi. Je me bornerai à faire une motion d'ordre que la justice nécessite, et que je juge absolument indispensable pour que vous puissiez me juger d'une manière impartiale, et décider en connaissance de cause.

Je demande un délai pour examiner les inculpations dirigées contre moi, et un jour fixe pour y répondre d'une manière satisfaisante et victorieuse.

Plusieurs members: C'est juste.

MAXIMILIEN ROBESPIERRE, Je demande que vous décrétiez purement et simplement que lundi je serai entendu.

Un grand nombre de membres: Appuyé! appuyé!

(La Convention décrète cette proposition.)

(La séance est levée à six heures.)

(*AP*, LIII, 54–8)

(19) Diversity amongst the Girondins: Extract from Louvet's memoirs

En général, il est temps de faire cette remarque que, parmi les victimes du 31 mai, on comptoit beaucoup d'hommes distingués par de rares talens, capables d'épurer la morale, de régénérer les mœurs, d'augmenter la prospérité d'une République en paix, de bien mériter de la patrie par leur conduite privée, par des vertus publiques; mais qu'il n'y en avoit pas un d'eux qui fût accoutumé au bruit des factions, propre à ces coups vigoreux par lesquels on peut abattre des conjurés; pas un même qui fût en état de soupçonner des desseins ennemis, d'embrasser d'un coup d'œil le vaste plan d'une conjuration, et, s'ils l'eussent enfin reconnu, de le vouloir combattre autrement que par des principes de morale et de pompeux discours. J'en excepte Salle, Buzot et Barbaroux qui dès le principe reconnurent bien la faction d'Orléans et se joignirent à mois pour la combattre dans toutes les occasions; mais leur pénétration ne put s'étendre bien loin, il n'y eut jamais que Salle à qui je pus persuader que l'Autriche et l'Angleterre avoient leurs principaux agens dans les Jacobins; et je me souviens que Guadet Pétion et Barbaroux même se récrioient encore dans la Gironde, six mois après le 31 mai, lorsque je disois qu'assurément Marat et sa bande étoient aux puissances. Quelquefois, dans des momens d'indignation, Guadet le disoit bien, mais c'étoit par une espèce de métaphore; et certes il n'auroit jamais voulu prendre ce qu'il appeloit cette hypothèse pour base de sa conduite dans l'Assemblée. Trop honnêtes gens, ils ne pouvoient croire à de pareils forfaits; aussi ne cessois-je de leur répéter que tôt ou tard ils en seroient les victimes.

(*Louvet*, I, 62–3)

(20) Letter of the '*Citoyens républicains du Puy*' to the Convention, 23 December 1792

En vous investissant de pouvoirs illimités, (nous nous sommes réservé) le droit d'approuver, d'improuver . . .

Représentants, nous ne pouvons douter qu'il n'existe un système d'avilir la Convention nationale, ou du moins fait-on tout ce qui est nécessaire pour y parvenir.

Il est constant qu'un parti violent, dont les principes avoués hautement sont la désorganisation, la résistance à la loi, l'assassinat même, s'agite en tout sens, tantôt à la tribune d'une société où il domine, tantôt à la Convention, par l'organe de ses coryphées;

. . . Que les tribunes exercent parfois un empire tyrannique qui révolte; . . .

. . . Qu'on a poussé l'audace jusqu'à menacer, à sa barre, la Convention d'une force armée.

Représentants, vous devez à la majesté souveraine de faire cesser ces désordres . . . Le crime siège parmi vous. . . . Éloignez de vous Marat, Danton, Robespierre, Chabot, Sergent, Tallien et tous ceux qui se sont associés à leurs manœuvres.

Enfin, si la corruption ou l'oubli de ses devoirs allait jusqu'à méconnaître la voix du souverain, il ne vous reste plus qu'à transporter ailleurs le siège de vos séances ou de vous entourer d'une force départementale. . . . Nous sommes prêts à voler à votre secours, et nous saurons faire respecter la volonté du souverain, ou nous mourrons avec honneur, en luttant contre un nouveau genre de tyrannie.

(*Wallon 31 Mai*, I, 472–3)

(21) Letter of the *Societé des Amis de la liberté* of Clermont-Ferrand to the Convention, 10 January 1793

Représentants de la République française,

L'administration de la Haute-Loire lève avec audace l'étendard de la guerre civile. Ses projets liberticides viennent de se manifester par l'arrêté qu'elle a pris le 27 décembre dernier . . .[1]

La loi punit de mort ceux qui tenteraient ou même proposeraient de rompre l'unité de la République. Appliquez la loi sur ces têtes criminelles. Donnez à la République l'exemple d'une justice prompte et sévère; alors vous couperez dans sa racine le mal qu'elle (l'administration) pourrait faire.

Les émissaires de cette administration parcourent les départements. Les partisans du monstre royal se rallient autour d'eux . . . Paris leur fait ombrage.

Frappez! nous le répétons, frappez! Que la loi venge nos frères, les défenseurs de l'unité de la République.

(*Wallon 31 Mai*, I, 473)

(22) Speech of Saint-Just in the Convention on the Economy, 29 November 1792

Citoyens,

Je ne suis point de l'avis du comité;[2] je n'aime point les lois violentes sur le commerce. On peut dire au peuple ce que disait un soldat carthaginois à Annibal: '*Vous savez vaincre, mais vous ne savez pas profiter de la victoire.*' Les hommes généreux qui ont détruit la tyrannie ignorent-ils l'art de se gouverner et de se conserver?

Tant de maux tiennent à un désordre profondément compliqué. Il en faut chercher la source dans le mauvais système de notre économie. On demande une loi sur les subsistances! Une loi positive là-dessus ne sera jamais sage.

[1] In the sense of the preceding letter.

[2] *Comité d'agriculture et de commerce.*

L'abondance est le fruit d'une bonne administration: or, la nôtre est mauvaise. Il faut qu'une bouche sincère mette aujourd'hui la vérité dans tout son jour. Je ne puis traiter utilement la matière des subsistances, sans entrer dans quelques détails sur notre économie vicieuse; j'ai besoin de développer des principes dont l'oubli nous a perdus. Le même vice a ébranlé le commerce et l'agriculture, et par la suite ébranlera toutes les lois. Si donc vous voulez que l'ordre et l'abondance renaissent, portez la lumière dans le dédale de notre économie française depuis la Révolution.

Les maux de ce grand peuple, dont la monarchie a été détruite par les vices de son régime économique, et que le goût de la philosophie et de la liberté tourmentait depuis longtemps, tiennent à la difficulté de rétablir l'économie au milieu de la vigueur et de l'independance de l'esprit public.

Mais ce qui perpétue le mal, c'est l'imprudence d'un gouvernement provisoire trop longtemps souffert, dans lequel tout est confondu; dans lequel les purs éléments de la liberté se font la guerre, comme on peint la chaos avant la nature. . . .

On ne peut se dissimuler que notre économie est altérée, en ce moment, comme le reste, faute de loi, et de justes rapports. Féraud vous a parlé d'après Smits et Montesquieu.[1] Smits et Montesquieu n'eurent jamais l'expérience de ce qui se passe chez nous. Beffroi vous a fait le tableau de beaucoup d'abus: il a enseigné des remèdes, mais n'a point calculé leur application. Roland vous a répété les conseils des économistes: mais cela ne suffit point. Il est bien vrai que la liberté du commerce est la mère de l'abondance; mais d'où viennent les entraves à cette liberté? La disette peut provenir de mille causes; et si la rareté des grains était venue en France d'une cause particulière, et que nous y voulussions appliquer un remède bon en lui-même, mais sans rapports avec le mal, il arriverait que le remède serait au moins nul, sinon pernicieux.

Voilà ce qui nous arrive. En vain nous parle-t-on de la liberté du commerce des grains, si nos malheurs ne viennent point premièrement du défaut de liberté ou plutôt si ce défaut de liberté dérive d'une cause sur laquelle on ferme les yeux.

J'ose dire qu'il ne peut exister un bon traité d'économie pratique. Chaque gouvernement a ses abus, et les maladies du corps social ne sont pas moins incalculables que celles du corps humain. Ce qui se passe en Angleterre, et partout ailleurs, n'a rien de commun avec ce qui se passe chez nous: c'est dans la nature même de nos affaires qu'il faut chercher nos maladies et nos remèdes.

[1] Smits is Adam Smith.

Ce qui a renversé en France le système du commerce des grains depuis la Révolution, c'est l'émission déréglée du signe.[1] Toutes nos richesses métalliques et territoriales sont représentées: le signe de toutes les valeurs est dans le commerce; et toutes ces valeurs sont nulles dans le commerce, parce qu'elles n'entrent pour rien dans la consommation. Nous avons beaucoup de signes, et nous avons très peu de choses.

Le législateur doit calculer tous les produits dans l'État, et faire en sorte que le signe les représente; mais si les fonds et les produits de ces fonds sont représentés, l'équilibre est perdu, et le prix de choses doit hausser de moitié: on ne doit pas représenter les fonds, on ne doit représenter que les produits.

Voici ce qui nous arrive. Le luxe est aboli; tous les métaux achetés chèrement, ou tirés des retraites où le faste les retenait, ont été convertis en signes. Il ne reste plus de métaux, ni de luxe pour l'industrie: voilà le signe doublé de moitié, et le commerce diminué de moitié. Si cela continue, le signe enfin sera sans valeur; notre change sera bouleversé, notre industrie tarie; nos ressources épuisées; il ne nous restera plus que la terre à partager et à dévorer.

Lorsque je me promène au milieu de cette grande ville, je gémis sur les maux qui l'attendent et qui attendent toutes les villes, si nous ne prévenons la ruine totale de nos finances: notre liberté aura passé comme un orage, et son triomphe comme un coup de tonnerre. Je ne parlerai pas de l'approvisionnement de Paris; c'est une affaire de police qui ne regarde pas l'économie.

Nos subsistances ont disparu à mesure que notre liberté s'est étendue, parce que nous ne sommes guère attachés qu'aux principes de la liberté et que nous avons négligé ceux du gouvernement. . . .

La cherté des subsistances et de toutes choses vient de la disproportion du signe; les papiers de confiance augmentent encore la disproportion: car les fonds d'amortissement sont en circulation; l'abîme se creuse tous les jours par les nécessités de la guerre . . . Les manufactures ne font rien, on n'achète point, le commerce ne roule guère que sur les soldats. Je ne vois plus dans le commerce que notre imprudence et notre sang: tout se change en monnaie, les produits de la terre sont accaparés ou cachés; enfin, je ne vois plus dans l'État que de la misère, de l'orgueil et du papier. Je ne sais pas de quoi vivent tant de marchands: on ne peut point s'en imposer là-dessus; ils ne peuvent plus subsister longtemps: je crois vois dans l'intérieur des maisons des familles tristes, désolées; il n'est pas possible que l'on reste longtemps dans cette

[1] i.e. *assignats.*

situation. Il faut lever le voile: personne ne se plaint, mais que de familles pleurent solitairement! Vous vous flattez en vain de faire une république, si le peuple affligé n'est point propre à la recevoir.

On dit que les journées de l'artisan augmentent en proportion du prix des denrées; mais si l'artisan n'a point d'ouvrage, qui paiera son oisiveté? Il y a dans Paris un vautour secret. Que font maintenant tant d'hommes qui vivaient des habitudes du riche. La misère a fait naître la Révolution; la misère peut la détruire. Il s'agit de savoir si une multitude qui vivait, il y a peu de temps, des superfluités, du luxe, des vices d'une autre classe, peut vivre de la simple corrélation de ses besoins particuliers. Cette situation est très dangereuse; car si l'on n'y gagne que pour ses besoins, la classe commerçante n'y peut point gagner pour ses engagements; ou le commerce étant enfin réduit à la mesure de ses modiques besoins, doit bientôt périr par le change. Ce système ruineux s'établira dans tout l'empire, Que ferons-nous de nos vaisseaux? Le commerce d'économie a pris son assiette dans l'univers, nous ne l'enlèverons point aux Hollandais, aux Anglais, aux autres peuples. D'ailleurs, n'ayant plus ni denrées à exporter, ni signe respectable chez l'étranger, nous serions enfin réduits à renoncer à tout commerce.

Nous ne nous sommes pas encore demandé quel est notre but, et quel système de commerce nous voulons nous frayer. Je ne crois pas que votre intention soit de vivre comme les Scythes et les Indiens. Nos climats et nos humeurs ne sont propres ni à la paresse ni à la vie pastorale; et cependant nous marchons sans nous en apercevoir, vers une vie pareille.

Ne croyez pas que les peuples commerçants de l'Europe s'intéressent en notre faveur à la cause des revelles et des rois qui nous font la guerre: ces peuples nous observent; notre économie, nos finances font l'objet de leurs méditations; et, dans la marche présente de nos affaires, ils se complaisent à entrevoir l'affaiblissiment prochain de notre commerce et le partage de nos dépouilles. Ces peuples sont nos ennemis; et si nous étions sages, ils nous déclareraient la guerre. Ils nous l'ont faite avec leur or.

La disproportion du signe a détruit le commerce et l'économie sous ses premiers rapports; la nature du signe a amené la disette des grains.

Autrefois le signe était moins abondant; il y en avait toujours une bonne partie thésaurisée; ce qui baissait encore le prix des choses. Dans un nombre donné d'années, on voyait, au milieu de la même abondance, varier le prix des denrées: c'est que dans ce temps donné, par certaines vicissitudes, le signe thésaurisé sortait des retraites et rentrait en circulation en plus ou moins grande quantité. Aujourd'hui, on ne thésaurise plus; nous n'avons point d'or; et il en faut dans un État: autrement, on amasse ou l'on retient les denrées, et le signe perd de plus en plus. La disette des grains ne vient point d'autre chose. Le laboureur, qui ne veut point mettre de papier dans son trésor, vend à regret ses grains. Dans tout autre commerce, il faut vendre pour vivre de ses profits. Le laboureur au contraire n'achète rien; ses besoins ne sont pas dans le commerce. Cette classe était accoutumée à thésauriser tous les ans, en espèces, une partie du produit de la terre; aujourd'hui, elle préfère de conserver ses grains à amasser du papier. Il résulte de là que le signe de l'État ne peut point se mesurer avec la partie la plus considérable des produits de la terre qui sont cachés, parce que le laboureur n'en a pas besoin, et ne met guère dans le commerce que la portion des produits nécessaires pour acquitter ses fermages.

Quelqu'un ici s'est plaint du luxe des laboureurs. Je ne décide pas si le luxe est bon en lui-même; mais si nous étions assez heureux pour que le laboureur aimât le luxe, il faudrait bien qu'il vendît son blé pour acheter les superfluités. Voilà de funestes conséquences; je les abandonne à vos méditations, vous qui faites nos lois. Il faudra du luxe dans votre République, ou des lois violentes contre le laboureur, qui perdront la République. Il y a bien des réflexions à faire sur notre situation; on n'en fait point assez. Tout le monde veut bien la République; personne ne veut de la pauvreté ni de la vertu. La liberté fait la guerre à la morale, pour ainsi dire et veut régner en dépit d'elle.

Il faut donc que le législateur fasse en sorte que le laboureur dépense ou ne répugne point à amasser le papier; que tous les produits de la terre soient dans le commerce, et balancent le signe. Il faut enfin équipoller le signe, les produits, les besoins; voilà le secret de l'administration économique.

Or, considérez, je vous prie, si les produits, les besoins et le signe sont en proportion dans la République. Les produits sont cachés, les besoins sont sortis avec la tyrannie; le signe a quadruplé positivement et relativement. On n'arrache qu'avec peine les produits des mains avares qui les resserrent. Voilà les vices du caractère public, que nous aurons à vaincre pour arriver à l'état républicain: car personne n'a d'entrailles, et la patrie est pleine de monstres et de scélérats.

Hâtez-vous de calmer ces maux, et d'en prévenir de plus grands. Ceux qui nous proposent une liberté indéfinie de commerce, nous disent une très grande vérité en thèse générale; mais il s'agit des maux d'une révolution, il s'agit de faire une république d'un peuple épars avec les débris et les crimes de la monarchie, il s'agit d'établir la confiance, il s'agit d'instruire à la vertu les hommes durs, qui ne vivent que pour eux.

Ce qu'il y a d'étonnant dans cette révolution, c'est qu'on avait une république avec des vices: faites-en des vertus; la chose n'est pas impossible.

Un peuple est conduit facilement aux idées saines. Je crois qu'on a plus tôt fait un peuple sage qu'un homme de bien. Vous qui nous préparez des lois, les vices et les vertus du peuple seront votre ouvrage. Il est une sorte de mœurs dans l'État, qui ne peut s'acquérir que par le temps. Il est des mœurs politiques qu'un peuple prend le même jour qu'il a des lois. Vous déciderez si le peuple français doit être conquérant ou commerçant; c'est ce que je n'examine point ici; mais vous pouvez en un moment lui donner une patrie; et c'est alors que l'indigent oubliera la licence, et que le riche sentira son cœur. Je ne connais presque point de remèdes provisoires aux malheurs qui naissent de l'anarchie et de la mauvaise administration: il faut une constitution excellente qui lie tous les intérêts. La liberté sans loi ne peut pas régir un État; il n'est point de mesures qui puissent remédier aux abus, lorsqu'un peuple n'a point un gouvernement prospère: c'est un corps délicat pour qui tous les aliments sont mauvais. Y protège-t-on la liberté du commerce des grains? on accapare en vertu de la liberté; contraignez-vouz les propriétaires, chassez-vous les facteurs? la terreur est l'excuse des marchands. Enfin il vous manque cette harmonie sociale que vous n'obtiendrez que par des lois.

On ne peut point faire de lois particulières contre ces abus; l'abondance est le résultat de toutes les lois ensemble.

Mais si l'on voulait donner à ce grand peuple des lois républicaines, et lier étroitement son bonheur à sa liberté, il faudrait le prendre tel qu'il est, adoucir ses maux, calmer l'incertitude du crédit public; car enfin, et je n'ose le dire, si l'empire venait à se démembrer, l'homme qui attache quelque prix à l'aisance, se demande à lui-même ce que deviendraient entre ses mains des richesses fictives dont le cours serait circonscrit. Vous avez juré de maintenir l'unité, mais la marche des événements est au-dessus de ces fortes lois, si la constitution ne les consacre pas.

Il faudrait interroger, deviner tous les cœurs et tous les maux, et ne point traiter comme un peuple sauvage, un peuple aimable, spirituel et sensible, dont le seul crime est de manquer de pain.

L'empire est ébranlé jusque dans ses fondements; la guerre a détruit les troupeaux; le partage et le défrichement des communes achèvera leur ruine, et nous n'aurons bientôt ni cuirs, ni viandes, ni toisons. Il est à remarquer que la famine s'est fait surtout sentir depuis l'édit de 1763,[1] soit qu'en diminuant les troupeaux on ait diminué les engrais, soit que l'extrême abondance ait frayé le chemin aux exportations immodérées. Vous serez forcés un jour d'encourager le laboureur à aménager ses terres, et à partager son industrie entre les grains et les troupeaux. Il ne faut pas croire qu'une portion de la terre étant mise en pâturages, l'autre portion ne suffira plus à nos besoins; on aura plus d'engrais, et la terre mieux soignée rapportera davantage. On tarira le commerce des grains; le peuple aura des troupeaux pour se nourrir et se vêtir; nous commercerions de nos cuirs et de nos laines. Il y a trente ans, la viande coûtait 4 francs la livre, le drap 10 livres, les souliers 50 sols, le pain 1 sou; les pâturages n'étoient point défrichés; ils l'ont été depuis; et pour ne point prendre l'instant de cette crise passagère pour exemple, en 1787 le drap valait 20 livres, la viande 8 sols, les souliers 5 et 6 livres, le pain 2 sous et demi. Qu'avons-nous gagné à défricher les landes et les collines? Nous avons porté notre argent en Angleterre et en Hollande, d'où nous avons tiré nos cuirs; nous avons vendu nos grains pour nous vêtir; nous n'avons travaillé que pour l'Europe. On est devenu plus avare et plus fripon; les travaux excessifs des campagnes ont produit des épidémies; les économistes ont perfectionné le mal, le gouvernement a trafiqué. Les seigneurs avaient tiercé trois fois depuis quarante ans;[2] et pour consacrer leurs entreprises par un acte de possession, ils plantaient ces tiercements en mauvais bois qui multipliaient le gibier, occasionnaient le ravage des moissons, et diminuaient les troupeaux: en sorte que la nature et le loisir n'étaient plus faits que pour les nobles et pour les bêtes, et le pauvre ne défrichait encore que pour elles. La Révolution est venue, et, comme je l'ai dit, les produits s'étant cachés le signe a perdu sa valeur.

Voilà notre situation, Nous sommes pauvres comme les Espagnols, par l'abondance de l'or ou du signe, et la rareté des denrées en circulation; nous n'avons plus ni troupeaux, ni laine, ni industrie dans le commerce. Les gens industrieux sont dans les armées, et nous ne trafiquons qu'avec le trésor public; en sorte que nous tournons sur nous-mêmes et commerçons sans intérêt. Nous consommons tout, rien ne sort pour l'étranger, et le change s'altère d'autant plus contre nous.

Si je ne me trompe, ce qui vaut aujourd'hui un écu, en supposant que

[1] This Edict favouring 'enclosures' was inspired by the physiocratic Controller-General Bertin. It went against traditional royal policy.

[2] The seigneur claimed the right to one third of the common land.

nous ne changions pas de système, vaudra 10 livres dans dix-huit mois. Il sera fabriqué environ pour 200 millions d'espèces; le signe représentatif de tous les biens des émigrés sera en émission; on remplacera l'arriéré des impôts par des émissions d'assignats et le capital des impôts sera en circulation avec le signe représentatif de l'arriéré. Le peuple alors gémira sous le portique des législatures; la misère séditieuse ébranlera vos lois; les rentes fixes seront réduites à rien; l'État même ne trouvera plus de ressources dans la création des monnaies; elles seront nulles. Nous ne pourrons pas honorablement payer nos dettes avec ces monnaies sans valeur. Alors qu'elle sera notre espérance? La tyrannie sortira vengée et victorieuse du sein des émeutes populaires. Si les droits de l'homme subsistent encore, les droits de l'homme seront écrits avec le sang du peuple sur le tombeau de la liberté. On violera l'asile du laboureur, on détruira peut-être l'espérance des moissons prochaines, et nous serons la fable de l'Europe.

Citoyens, pardonnez à ces réflexions. Tout concourt à les réaliser; mais les remèdes sont dans vos mains. Un législateur ne connait point l'effroi: il calcule avec son jugement, et non point avec sa frayeur. Travaillons enfin pour le bonheur du peuple, et que les législateurs qui doivent éclairer le monde prennent leur course d'un pied hardi comme le soleil.

Le vice de notre économie étant l'excès du signe, nous devons nous attacher à ne pas l'augmenter, pour ne pas accroître la dépréciation. Il faut décréter le moins de monnaies qu'il nous sera possible; mais, pour y parvenir, il faut diminuer les charges du trésor public, soit en donnant des terres à nos créanciers, soit en affectant des annuités à leur acquittement, sans créer de signe; car cette méthode corrompt l'économie, et comme je l'ai démontré, bouleverse la circulation et la proportion des choses. Si vous vendez, par exemple, les biens des émigrés, le prix anticipé de ces fonds, inertes par eux-mêmes, sera en circulation, et se mesurera contre les produits qui représentent trente fois moins. Comme ils seront vendus très cher, les produits renchériront proportionnellement, comme il est arrivé des biens nationaux et vous serez toujours en concurrence avec vous-mêmes.

Au contraire, les annuités étant de simples contrats qui n'entreront point comme signe dans le commerce, elles n'entreront point non plus en concurrence avec les produits; l'équilibre se rétablira peu à peu. Si vos armées conquièrent la liberté pour les peuples, il n'est point juste que vous vous épuisiez pour ces peuples; ils doivent soulager notre trésor public; et dès lors nous avons moins de dépenses à faire pour entretenir nos armées. Enfin, je pose ce principe, que le seul moyen de rétablir la confiance et la circulation des denrées, c'est de diminuer la quantité de papier en émission, et d'être avare d'en créer d'autre. Les dettes de l'État seront acquittées sans péril par ce moyen; vous attachez tous les créanciers à la fortune de la république; le paiement de la dette n'altérera point la circulation naturelle; au lieu que si vous payez par anticipation, le commerce sera tout à coup noyé, et vous préparerez la famine et la perte de la liberté par l'imprudence de l'administration.

Voilà ce que j'avais à dire sur l'économie; vous voyez que le peuple n'est point coupable; mais la marche du gouvernement n'est point sage. Il résulte de là une infinité de mauvais effets que tout le monde s'impute, de là les divisions, qui corrompent la source des lois, en séduisant la sagesse de ceux qui les font; et cependant on meurt de faim, la liberté périt, et les tendres espérances de la nature s'évanouissent. Citoyens, j'ose vous le dire, tous les abus vivront tant que le roi vivra; nous ne serons jamais d'accord, nous nous ferons la guerre. La République ne se concilie point avec la faiblesse: faisons tout pour que la haine des rois passe dans le sang du peuple; tous les yeux se tourneront alors vers la patrie.

Tout se réduit, pour l'instant, à faire en sorte que la quantité de papier n'augmente point, que le laboureur vende ses grains, ou que le gouvernement ait des greniers pour les temps les plus malheureux, et que les charges du trésor diminuent.

Je vous propose les vues suivantes dont je demande le renvoi aux Comités des finances et d'agriculture réunis:

1° Que les biens des émigrés soient vendus, que les annuités soient converties en contrats, qui serviront à rembourser la dette;

2° Que l'impôt foncier soit payé en nature, et versé dans les greniers publics; qu'on prenne des moyens pour faire payer l'arriéré;

3° Qu'il soit fait une instruction sur la libre circulation des grains, qu'elle soit affichée dans toutes les communes de la République;

4° Que la Convention nationale déclare que la circulation des grains est libre à l'intérieur, et porte la peine de mort contre l'exportation;

5° Qu'il soit fait une loi qui nous manque concernant la liberté de la navigation des rivières; et une loi populaire, qui mette la liberté du commerce sous la sauvegarde du peuple même, selon le génie de la République.

Cette dernière loi je la proposerai.

6° Que l'on consacre ce principe que les fonds ne peuvent point être représentés dans le commerce.

Telles sont les vues que je crois propres à calmer l'agitation présente; mais si le gouvernement subsiste tel qu'il est; si l'on ne fait rien pour développer le génie de la République; si l'on abandonne la liberté au torrent de toutes les imprudences, de toutes les immoralités que je vois; si la Convention nationale ne porte point un œil vigilant sur tous les abus, si l'orgueil et l'amour de notre sotte gloire ont plus de part aux affaires que la candeur et le solide amour du bien, si tous les jugements sont incertains et s'accusent, enfin si les bases de la République ne sont pas incessamment posées, dans six mois la liberté n'est plus.

(*Soboul*, 73–85)

C. THE DECLINE AND FALL OF THE GIRONDE

(23) Fraternization with the *fédérés*, 19 January 1793, related by the *Moniteur*

Le Conseil est parti à midi et demi pour se rendre au Carrousel, où se sont trouvés les fédérés de Marseille et des départements et les citoyens des sections. Tous se sont donné l'accolade civique, et ont prêté ensemble le serment. Au retour, les membres de la Commune étaient mêlés avec les fédérés, et sont entrés avec eux dans la salle du Conseil, qui ne fut jamais si remplie.

Le procureur de la Commune a requis que l'historique de cette journée soit gravé sur des pierres de la Bastille, dont une sera envoyée à chacun des quatre-vingt-quatre départements; que le procès-verbal soit imprimé et également envoyé aux quatre-vingt-quatre départements, et enfin, qu'il soit planté sur la place du Carrousel un arbre vivant, ayant pour nom: *Arbre de la fraternité*.

Ce réquisitoire a été adopté au milieu des plus vifs applaudissements.

Plusieurs fédérés ont pris alternativement la parole, et ont juré, au nom des républicains des quatre-vingt-quatre départements, union et fraternité à leurs frères les Parisiens.

Les baisers fraternels ont été renouvelés. Enfin, tous les citoyens se sont retirés, et ont, au son du tambour, dansé la *Carmagnole* sur la place de la Maison Commune.

(*Wallon 31 Mai*, I, 81)

(24) The trial of the King: extract from Barbaroux's memoirs

Le 12 août, le jeune Seimandy de Marseille, nous fit dîner au Palais-Royal, Rèbècquy, Pierre Baille, Bourdon, lui et moi. On agita, dans la conversation, la question de savoir comment on jugerait le Roi. L'un voulait que les départements nommassent des jurés et qu'on prît pour juges les présidents des tribunaux criminels qu'on aurait réduits par le sort. Un autre pensait qu'il fallait renvoyer Louis XVI au tribunal criminel de l'arrondissement des Tuilieries. L'opinion de Rèbècquy fut que le Roi devait être jugé par la Convention, et le jugement revu par les Assemblées primaires. C'est précisément la fameuse opinion de l'appel au peuple, soutenue depuis dans la Convention par les hommes les plus éclairés et le plus sincèrement attachés à leur pays. On applaudit à cette idée. Bourdon la trouvait admirable, et dans les conversations particulières il aimait à se l'attribuer, mais dans l'Assemblée il a voté différemment. Combien d'hommes, dans cette affaire, ont menti à leur conscience, entre autres Barère qui, dans les premiers jours de la réunion du Comité de constitution, soutenait fortement qu'il fallait expulser le Roi, et non le faire mourir, et qui, cependant, a voté sa mort! . . .

(*Barbaroux*, 158–9)

(25) The *appel au peuple:* extract from Durand-Maillane's memoirs

La veille du jour de l'exécution du jugement rendu contre Louis XVI, le 20 janvier 1793, Michel Le Pelletier fut assassiné chez un restaurateur du Palais-Royal par un garde-du-corps, nommé Pâris, pour avoir voté la mort du roi. Le Pelletier était, avant la révolution, président à mortier au parlement de Paris; il fut député à l'Assemblée constituante où il montra des lumières et du talent dans le rapport du Code pénal dont il fut chargé. Il était ami intime de Hérault de Séchelles qui mourut après lui de la main de Robespierre, sur le rapport insignifiant de Saint-Just. Ces deux anciens magistrats s'étaient bien trompés dans leur calcul, s'ils s'étaient popularisés pour leur salut. Tous les honneurs rendus alors à la mémoire de Le Pelletier se réduisent maintenant à un souvenir bien peu glorieux.

Cet assassinat mit l'alarme dans la Convention, je dirai même le trouble; car tous ceux qui avaient voté la mort du roi prirent dès-lors de l'ombrage ou de l'humeur contre leurs collègues qui n'avaient voté que la réclusion ou l'appel au peuple. J'avais voté l'un et l'autre, et il n'est sorte d'avanies qu'on ne m'ait fait endurer à ce double titre, sans cependant que je me sois jamais retiré du côté droit où, à la vérité, par mon silence, je ne provoquais la colère de personne au côté gauche. J'avais alors retenu avec soin dans ma mémoire l'avis que donne *Bodin* en sa *République*: 'Que quand on a de bonnes raisons pour ne pas se déclarer ouvertement pour le peuple en émotion, il est prudent, nécessaire pour son salut, de ne pas le contrarier.' L'expérience m'avait également bien convaincu de la sagesse de ce conseil à cause de l'ascendant qu'avait pris dans toute la France le peuple par ses clubs, où il eût été à souhaiter que les plus riches comme les plus instruits d'entre les bourgeois fussent allés pour le contenir et le faire marcher par d'autres chemins que ceux qu'on lui a laissé prendre de lui-même.

L'on a déjà vu que les Girondins n'avaient pas voulu que le jugement du roi précédât la constitution, sur quoi la députation de Paris, qui formait proprement elle seule tout le parti contraire, eut l'avantage. Elle l'eut aussi au jugement du roi, où les Girondins, qui professaient les mêmes principes de liberté et d'égalité, donnèrent prise sur eux à leurs adversaires en votant l'appel au peuple. . . . Les Girondins avaient voté la mort du roi; mais ils avaient voté auparavant l'appel au peuple. Dès-lors c'étaient des royalistes: comme tous les appelans au peuple en général, qu'il fallait sacrifier. Les Girondins ont péri; mais nous, appelans du côté droit, nous en avons été quittes pour la peur que nous faisaient et devaient nous faire des menaces, des motions continuelles pour notre arrestation, notre accusation, ce que, chose étonnante, Robespierre a toujours arrêté: il nous a constamment protégés contre tous les malveillans homicides le la montagne; on verra pourquoi. . . .[1]

On avait, dans ce temps-là même, une guerre très-sérieuse au dehors à soutenir. La montagne, rayonnant alors de gloire par ses victoires dans l'intérieur, avait, au nom de la liberté, mis le peuple dans un tel enthousiasme qu'elle en profita pour faire une levée de trois cent mille hommes qui s'enrôlèrent tous, comme d'eux-mêmes, sur les invitations ou les ordres des représentans, commissaires—recruteurs dans tous les départemens.

A l'occasion de ce recrutement, on commença à faire sentir l'injustice oppressive des montagnards envers ceux qui, dans le jugement du roi, avaient voté l'appel au peuple. Collot-d'Herbois fit la motion de ne comprendre, dans le choix des commissaires-recruteurs, aucun de ceux qui avaient voté l'appel au peuple. Cette motion ne fut point décrétée, mais elle fut très-exactement suivie, sous le prétexte que les appelans, au lieu de servir la république, la trahiraient en pervertissant l'esprit public. . . . Aucun député appelant au peuple ne fut donc nommé pour commissaire-recruteur dans les départemens.

(*Durand-Maillane*, 56–60)

[1] See below, no. (140).

(26) The republican Coinage[1]

(a) Silver and gold, decree of 5 February 1793

La Convention nationale, ouï le rapport de son comité des finances, décrète ce qui suit:

ART. 1. Les monnaies d'or et d'argent de la République française porteront pour empreinte une couronne de branches de chêne: la légende sera composée des mots: *République française*, avec désignation en chiffres romains; la valeur de la pièce sera inscrite au milieu de la couronne.

2. Le type adopté par le décret d'avril 1791 sera conservé sur le revers de ces monnaies; le faisceau, symbole de l'union, surmonté du bonnet de la Liberté; le coq, symbole de la vigilance, continueront d'être placés des deux côtés du type; la légende sera composée des mots: *Règne de la Loi*; l'exergue contiendra le millésime de l'année en chiffres arabes.

3. Le cordon des pièces de 6 liv. sera inscrit des deux mots: *Liberté, Égalité*. Les pièces de 24 livres continueront d'être marquées d'un simple cordon.

4. Il ne sera fabriqué provisoirement que des pièces de 6 liv. en argent, et des pièces de 24 livres en or.

(b) Copper and bronze, decree of 26 April 1793

La Convention nationale, après avoir entendu le rapport de son comité des finances, section des assignats et monnaies, décrète:

Art. 1er. Les monnaies de cuivre et de bronze de la République française porteront pour empreinte une table sur laquelle seront inscrits ces mots: *Les hommes sont égaux devant la loi*; au-dessus de cette table sera gravé un œil rayonnant; aux deux côtés seront gravés une grappe de raisin et une gerbe de blé; la légende sera composée des deux mots: *République francaise*; l'exergue désignera l'année de la République en chiffres romains.

2. Le revers de la pièce portera pour empreinte une balance dont les deux bassins sont en équilibre, jointe à une couronne civique surmontée du bonnet de la liberté; la valeur de la pièce sera gravée dans le milieu de la couronne; la légende sera composée des deux mots *Liberté, Égalité*; l'exergue contiendra le millésime de l'année en chiffres arabes.

3. Le ministre des contributions publiques donnera les ordres nécessaires pour que les divers ateliers servant à la fabrication des

[1] It is a curious fact that 8,000 *écus constitutionnels* bearing the King's head were minted with the date 1793.

monnaies de cuivre et de bronze soient promptement fournis des matrices et poinçons nécessaires pour l'exécution du présent décret, et que les anciens poinçons, matrices et carrés soient incessamment biffés et déformés.

(*Buchez*, XXIV, 251 and XXVI, 154)

(27) The ministry: extract from the memoirs of Madame Roland

Le timide Garat, aimable homme de société, homme de lettres médiocre et détestable administrateur; Garat, dont le choix pour le ministère de la Justice prouvait la disette de sujets capables, disette dont on ne se fait pas une idée, et que connaîtront seuls ceux qui occupant de grandes places ont à chercher des coopérateurs; Garat n'eut même pas l'esprit de rester dans le département où il y a le moins à faire, où sa pauvre santé, sa paresse naturelle et ses difficultés pour le travail devaient être moins sensibles; il passe à l'*Intérieur*, sans aucune des connaissances qu'exige ce département, non seulement dans la partie politique, mais relativement au commerce, aux arts, et à une foule de détails administratifs; il va remplacer, avec son ignorance et son allure paresseuse, l'homme le plus actif de la République et le mieux versé dans les connaissances de ce genre. Bientôt le relâchement de la machine produisit la dislocation de ses parties et prouva la faiblesse du régulateur; les départements s'agitèrent; la disette se fit sentir; la guerre civile s'alluma dans la Vendée; les autorités de Paris anticipèrent; les Jacobins prirent les rênes du gouvernement; le mannequin Pache, renvoyé du ministère qu'il avait désorganisé, fut porté par la cabale à la Mairie, où sa complaisance était nécessaire, et remplacé au Conseil par l'idiot Bouchotte, aussi complaisant et plus sot que lui.

(*Roland mémoires*, I, 4–5)

(28) Extract from Marat's *Journal de la République française*, dated 25 February 1793

Il est incontestable que les capitalistes, les agioteurs, les monopoleurs, les marchands de luxe, les suppôts de la chicane, les robins, les ex-nobles, etc., sont tous, à quelques-uns près, des suppôts de l'ancien régime, qui regrettent les abus dont ils profitaient pour s'enrichir des dépouilles publiques. Comment donc concourraient-ils de bonne foi à l'établissement du règne de la liberté et de l'égalité? Dans l'impossibilité de changer leur cœur, vu la vanité des moyens employés jusqu'à ce jour pour les rappeler au devoir, et désespérant de voir le législateur prendre de grandes mesures pour les y forcer, je ne vois que la destruction totale de cette engeance maudite qui puisse rendre la tranquillité à l'état, qu'ils ne cesseront point de travailler tant qu'ils seront sur pied. Aujourd'hui ils redoublent de zèle pour désoler le peuple par la hausse exorbitante du prix des denrées de première nécessité et la crainte de la famine.

En attendant que la nation, fatiguée de ces désordres révoltans, prenne elle-même le parti de purger la terre de la liberté de cette race criminelle, que ses lâches mandataires encouragent au crime par l'impunité, on ne doit pas trouver étrange que le peuple dans chaque ville, poussé au désespoir, se fasse lui-même justice. Dans tous pays où les droits du peuple ne sont pas de vains titres consignés fastueusement dans une simple déclaration, le pillage de quelques magasins, à la porte desquels on pendrait les accapareurs, mettrait bientôt fin à ces malversations, qui réduisent cinq millions d'hommes au désespoir, et qui en font périr des milliers de misère. Les députés du peuple ne sauront-ils donc jamais que bavarder sur ses maux sans en présenter jamais le remède?

Laissons là les mesures répressives des lois; il n'est que trop évident qu'elles ont toujours été et qu'elles seront toujours sans effet; les seules efficaces sont des mesures révolutionnaires. Or, je n'en connais aucune autre qui puisse s'adapter à nos faibles conceptions, si ce n'est d'investir le comité actuel de sûreté générale, tout composé de bons patriotes, du pouvoir de rechercher les principaux accapareurs et de les livrer à un tribunal d'état formé de cinq membres pris parmi les hommes connus les plus intègres et les plus sévères, pour les juger comme des traîtres à la patrie.

Je connais une autre mesure qui irait bien plus sûrement au but: ce serait que les citoyens favorisés de la fortune s'associassent pour faire venir de l'étranger les denrées de première nécessité, les donner à prix coûtant, et faire tomber de la sorte celui auquel elles sont portées aujourd'hui, jusqu'à ce qu'il fût ramené à une juste balance; mais l'exécution de ce plan suppose des vertus introuvables dans un pays où les fripons dominent et ne jouent le civisme que pour mieux tromper les sots et dépouiller le peuple. Au reste, ces désordres ne peuvent pas durer long-temps; un peu de patience, et le peuple sentira enfin cette grande vérité, qu'il doit se sauver lui-même. Les scélérats qui cherchent, pour le remettre aux fers, à le punir de s'être défait d'une poignée de traîtres, les 2, 3 et 4 septembre, qu'ils tremblent d'être mis eux-mêmes au nombre des membres pourris qu'il jugera nécessaire de retrancher du corps politique.

Infâmes tartufes, qui vous efforcez de perdre la patrie sous prétexte d'assurer le règne de la loi, montez à la tribune me dénoncer, ce numéro à la main, je suis prêt à vous confondre.

(*Buchez*, XXIV, 356–8)

(29) The 'Girondin' Constitution: extract from the memoirs of Barère

15 février 1793.—La Constitution est présentée par Condorcet et Gensonné.

Condorcet lut le discours préliminaire de notre travail; je fus chargé ensuite de remplir les fonctions de rapporteur aux débats, et je présentai successivement à la discussion les articles de la déclaration des droits. (*Moniteur* du mois de mars.)

Mais le côté gauche n'approuvait pas ce plan de constitution, qui, je l'ai déjà dit, ressemble beaucoup à celui que vient de présenter la commission des Onze,[1] sauf qu'il s'y trouvait plus d'ordre et de perfection et des formes de gouvernement plus énergiques; on le tournait déjà en ridicule le 15 février, jour de sa lecture.

Notre projet reproduisait, entre autres dispositions, le système des deux Chambres du Parlement anglais. La loi devait être l'œuvre de deux sections délibérantes. Ces sections formaient un moyen d'arrêt nécessaire dans une assemblée nationale unique, dont la délibération sans cesse improvisée fait et rapporte des lois le même jour, dans la même séance.

Il n'y avait pas un citoyen qui ne sentît le besoin d'obvier aux dangers d'une marche semblable. . . .

20 février.—Dénonciation du premier Comité de constitution. Défense du plan présenté.

Amar se plaignit de ce qu'à la page 103 de l'imprimé du projet il y eût une proposition d'établir deux Chambres dans le Corps-Législatif. Julien demanda que le Comité fût déclaré avoir trahi la confiance de la Convention. On croyait voir déjà se dresser l'ombre des Lameth et le plan de révision adopté par l'Assemblée Constituante. Le Comité était coupable de lèse-nation.

(*Barère*, II, 300–1)

[1] See below Chapter IV, Section E.

(30) Thibaudeau on the duc d'Orléans

Depuis le commencement de la révolution la famille d'Orléans avait été le prétexte de bien des accusations. Il n'était pas douteux que plusieurs fois on avait pensé sérieusement à l'élever au trône constitutionnel. Dans la Convention, à peine venait-on de décréter la république, que les partis qui la divisaient renouvelèrent l'un contre l'autre cette accusation. La Gironde, par l'organe de Louvet, avait fait la motion d'expulser du territoire de la république tous les membres de la famille royale; la montagne et surtout Robespierre l'avaient combattue: elle avait été rejetée. Au moment où l'on croyait que Dumouriez travaillait pour le duc de Chartres, dans une séance de la Convention (27 mars) où l'on discutait sur les dangers de la patrie, Robespierre, après une discussion de près d'une heure, reproduisit la proposition de Louvet qui demanda avec chaleur qu'elle fût mise aux voix. Mais la montagne s'y opposa encore, et l'ordre du jour fut adopté à une très-grande majorité. Lorsque Robespierre fut revenu de la tribune à sa place, Massieu lui demanda comment il se faisait qu'après avoir combattu, dans le temps, la motion de Louvet, il vint la reproduire aujourd'hui? Robespierre répondit: 'Je ne puis pas expliquer mes motifs à des hommes prévenus et qui sont engoués d'un individu; mais j'ai de bonnes raisons pour en agir ainsi, et j'y vois plus clair que beaucoup d'autres.' La conversation continuant sur ce sujet, Robespierre ajouta: 'Comment peut-on croire qu'Égalité (le duc d'Orléans) aime la république? Son existence est incompatible avec la liberté; tant qu'il sera en France, elle sera toujours en péril. Je vois parmi nos généraux son fils aîmé, Biron son ami, Valence, gendre de Sillery, son courtisan. Ses autres fils sont élevés par la femme de Sillery. Il feint d'être brouillé avec Égalité; mais ils sont tous les deux intimement liés avec Brissot et ses amis. Ils n'ont fait la motion d'expulser les Bourbons que parce qu'ils savaient bien qu'elle ne serait pas adoptée. Ils n'ont supposé à la montagne le projet d'élever Égalité sur le trône que pour cacher leur dessein de l'y porter ensuite.

'—Mais où sont les preuves?'

—'Des preuves! des preuves! veut-on que j'en fournisse de légales? J'ai là-dessus une conviction morale. Au surplus, les événemens prouveront si j'ai raison. Vous y viendrez. Prenez garde que ce ne soit pas trop tard.'

(*Thibaudeau*, I, 20–1)

(31) Letter of Dumouriez to the Convention, Louvain, 12 March 1793[1]

Citoyen président, le salut du peuple est la loi suprême; je viens de lui sacrifier une conquête presque assurée, en quittant la portion victorieuse de l'armée prête à entrer dans le cœur de la Hollande, pour venir au secours de celle qui vient d'essuyer un revers qu'on doit à des causes physiques et morales que je vais vous développer avec cette franchise qui est plus nécessaire que jamais, et qui eût toujours opéré le salut de la République si tous les agens qui la servent l'eussent employée dans les comptes qu'ils rendaient, et si elle eût toujours été écoutée avec plus de complaisance que la flatterie mensongère.

Vous savez, citoyens représentans, dans quel état de désorganisation et de souffrance les armées de la Belgique ont été mises par un ministre et par des bureaux qui ont conduit la France sur le penchant de sa ruine. Ce ministre et ces bureaux ont été changés; mais bien loin de les punir, Pache, Hassenfratz sont passés à la place importante de la mairie de Paris, et dès lors la capitale a vu se renouveler dans la rue des Lombards des scènes de sang et de carnage.

Je vous ai présenté, au mois de décembre, dans quatre mémoires, les griefs qu'il fallait redresser; je vous ai indiqué les seuls moyens qui pouvaient faire cesser le mal et rendre à nos armées toutes leurs forces, ainsi qu'à la cause de la nation toute la justice qui doit être son caractère. Ces mémoires ont été écartés; vous ne les connaissez pas: faites-vous-les représenter, vous y trouverez la prédiction de tout ce qui nous arrive; vous y trouverez aussi le remède aux autres dangers qui nous environnent et qui menacent notre République naissante. Les armées de la Belgique, réunies dans le pays d'Aix-la-Chapelle et de Liége, y ont souffert tous les genres de besoins sans murmurer, mais en perdant continuellement par les maladies et les escarmouches contre l'ennemi, par l'abandon de quantité d'officiers et de soldats, plus de la moitié de leur force.

Ce n'est que depuis l'entrée du général Beurnonville dans le ministère qu'on commence à s'occuper de son recrutement et de ses besoins. Mais il y a si peu de temps, que nous éprouvons encore tout le fléau désorganisateur dont nous avons été les victimes. Telle était notre situation, lorsque le 1er février vous avez cru devoir à l'honneur de la nation la déclaration de guerre contre l'Angleterre et la Hollande. Dès lors j'ai sacrifié tous mes chagrins; je n'ai plus pensé à ma démission, que vous trouverez consignée dans mes quatre mémoires; je ne me suis occupé

[1] This letter was never read to the Convention.

que des énormes dangers et du salut de ma partie. J'ai cherché à prévenir les ennemis, et cette armée souffrante a oublié tous ses maux pour attaquer la Hollande. Pendant qu'avec de nouvelles troupes arrivées de France je prenais Breda, Klunder et Gertruydenberg, me préparant à pousser plus loin ces conquêtes, l'armée de la Belgique, conduite par des généraux remplis de courage et de civisme, entreprenait le bombardement de Maestricht.

Tout manquait pour cette expédition; le nouveau régime d'administration n'était pas encore établi; l'ancien était vicieux et criminel; on regorgeait de numéraire, mais les formes nouvelles qu'on avait mises à la trésorerie nationale empêchaient qu'aucune partie du service ne reçût d'argent. Je ne puis pas encore détailler les causes de l'échec qu'ont reçu nos armées, puisque je ne fais que d'arriver: non-seulement elles ont abandonné l'espoir de prendre Maestricht, mais elles ont reculé avec confusion et avec perte; les magasins de toute espèce qu'on commençait à ramasser à Liége sont devenus la proie de l'ennemi ainsi qu'une partie de l'artillerie de campagne et des bataillons. Cette retraite nous a attiré de nouveaux ennemis, et c'est ici que je vais développer les causes de nos maux.

Il a existé de tout temps dans les événemens humains une récompense des vertus et une punition des vices. Les particuliers peuvent échapper à cette providence, qu'on appellera comme on voudra, parce que ce sont des points imperceptibles; mais parcourez l'histoire, vous y verrez que les peuples n'y échappent jamais. Tant que notre cause a été juste, nous avons vaincu l'ennemi; dès que l'avarice et l'injustice ont guidé nos pas, nous nous sommes détruits nous-mêmes, et nos ennemis en profitent.

On vous flatte, on vous trompe; je vais achever de déchirer le bandeau. On a fait éprouver aux Belges tous les genres de vexations; on a violé à leur égard les droits sacrés de la liberté; on a insulté avec impudence leurs opinions religieuses; on a profané par un brigandage très-peu lucratif les instrumens de leur culte; on vous a menti sur leur caractère et sur leurs intentions; on a opéré la réunion du Hainault à coups de sabre et à coups de fusil; celle de Bruxelles a été faite par une vingtaine d'hommes qui ne pouvaient trouver d'existence que dans le trouble, et par quelques hommes de sang qu'on a rassemblés pour intimider les citoyens. Parcourez l'histoire des Pays-Bas, vous trouverez que le peuple de la Belgique est bon, franc, brave et impatient du joug. Le duc d'Albe, le plus cruel des satellites de Philippe II, en a fait périr dix-huit mille par la main des bourreaux. Les Belges se sont vengés par trente ans de guerres civiles, et leur attachement à la religion de leurs pères a pu seul les faire rentrer sous le joug espagnol.

Vos finances étaient épuisées lorsque nous sommes entrés dans la Belgique; votre numéraire avait disparu ou s'achetait au poids de l'or. Cambon, qui peut être un honnête citoyen, mais qui certainement est au-dessous de la confiance que vous lui avez donnée pour la partie financière, n'a plus vu de remède que dans la possession des richesses de cette fertile contrée. Il vous a proposé le fatal décret du 15 décembre; vous l'avez accepté unanimement, et cependant chacun de ceux d'entre vous avec qui j'en ai parlé m'a dit qu'il le désapprouvait et que le décret était injuste. Un de mes quatre mémoires était dirigé contre ce décret; on ne l'a pas lu à l'assemblée; le même Cambon a cherché à rendre mes remontrances odieuses et criminelles en disant à la tribune que j'opposais un *veto* sur le décret de l'assemblée: vous avez confirmé ce décret par celui du 30 décembre; vous avez chargé vos commissaires de tenir la main à son exécution. D'après vos ordres, le conseil exécutif a envoyé au moins trente commissaires; le choix est très-mauvais, et, à l'exception de quelques gens, honnêtes qui sont peut-être regardés comme des citoyens douteux, parce qu'ils cherchent à mitiger l'odieux de leurs fonctions, la plupart sont ou des insensés, ou des tyrans, ou des hommes sans réflexion, qu'un zèle brutal et insolent a conduits toujours au-delà de leurs fonctions.

Les agens de la tyrannie ont été répandus sur la surface entière de la Belgique; les commandans militaires, par obéissance au décret, ont été obligés d'employer, sur leur réquisition, les forces qui leur étaient confiées; ces exacteurs ont achevé d'exaspérer l'âme des Belges. Dès lors la terreur et peut-être la haine ont remplacé cette douce fraternité qui a accompagné nos premiers pas dans la Belgique; c'est au moment de nos revers que nos agens ont déployé le plus d'injustice et de violence.

Vous avez été trompés sur la réunion à la France de plusieurs parties de la Belgique. Vous l'avez crue volontaire, parce ce qu'on vous a menti. Dès lors vous avez cru pouvoir enlever le superflu de l'argenterie des églises pour subvenir sans doute aux frais de la guerre. Vous regardiez dès lors les Belges comme Français; mais, quand même ils l'eussent été, il eût encore fallu attendre que l'abandon de cette argenterie eût été un sacrifice volontaire, sans quoi, l'enlever par force devenait à leurs yeux un sacrilége. C'est ce qui vient d'arriver. Les prêtres et les moines ont profité de cet acte impudent, et ils nous ont regardés comme des brigands qui fuient, et partout les communautés des villages s'arment contre nous. Ce n'est point ici une guerre d'aristocratie, car notre révolution favorise les habitans des campagnes, et cependant ce sont les habitans des campagnes qui s'arment contre nous, et le tocsin sonne de toutes parts. C'est pour eux une guerre sacrée; c'est pour eux une guerre criminelle. Nous sommes en ce moment environnés d'ennemis: vous le verrez par les rapports que j'envoie au ministre de la guerre; vous verrez en même temps toutes les premières mesures que la nécessité m'a forcé de prendre pour sauver l'armée française, l'honneur de la nation, de la République elle-même.

Représentans de la nation, j'invoque votre probité et vos devoirs; j'invoque les principes sacrés expliqués dans la déclaration des droits de l'homme, et j'attends avec impatience votre décision. En ce moment vous tenez dans vos mains le sort de l'empire, et je suis persuadé que la vérité et la vertu conduiront vos décisions, et que vous ne souffrirez pas que vos armées soient souillées par le crime, et en deviennent les victimes. *Le général en chef*, DUMOURIER.

(*Buchez*, XXV, 113–17)

(32) Proclamation of Dumouriez, Brussels, 11 March 1793

Comme les sociétés patriotiques ne doivent servir qu'à l'instruction des peuples, ou aux actes de bienfaisance et de fraternité, autant elles sont utiles en se renfermant dans ce principe, autant elles deviennent dangereuses en se mêlant des affaires politiques et militaires: en conséquence, il est défendu à tous les clubs patriotiques de s'immiscer aucunement dans les affaires publiques. Il est ordonné à tous les commandans militaires, administrateurs et magistrats, de tenir la main à cette défense; et si un club se permet un arrêté qui la contredise, il est ordonné de faire fermer le lieu de l'assemblée, et d'en rendre responsables personnellement le président et les secrétaires dudit club. Cette défense sera imprimée dans les deux langues, publiée et affichée.

(*Buchez*, XXV, 112–13)

(33) An anonymous address to the Convention from the provinces

Deffinition du modéré, du feuillant, de laristocrate

Enfin dela clase des Citoyens Sur lesquels on devrait pendre Le milliard qu'on doit lever dans toute la République

L'aristocrate est celui qui par mepris ou indifferance n'est pas inscrit sur le registre des gardes nationalles et na pas pretté le Serment Civique. Sur tout celui qui a manqué alun a lautel les trois fois. Celui qui par sa

Conduitte Ses activités, Ses discours ses Ecrits et ses liezons a doné des preuves Comme il regretait amairement lencien regime, et desaprouvoit la Revolution dans toutes ces parties. Celui qui par Sa Conduitte a fait presumer Comme il enverroît de largeant aux émigrés ou se Joinderoit à l'armée ennemie. Enfin comme il ne lui manquoit que les facultés de faire l'un et l'occasion de faire l'autre. Celui qui a Jamais deséspéré du triomphe de la Revolution. Celui qui a annoncé des nouvelles affligentes et Reconnues fauces. Celui qui par une Economie mal entendüe lesse des terres incultes Sans vouloir ny les donner à moitié ni les affermer, ni les vendre à leur Juste valeur. Celui qui na pas achetté des Biens nationneaux en ayant loccasion, et les facultés. Et surtout celui qui a Declaré qui n'auzeroit pas En achetté; et Conseilloit de ne pasfaire Cet acte de Civisme. Celui qui na pas fourni de louvrage aux ouvriers et Journaliers et ayant les facultés et loccasion a un prix progresif Relativement aux denrées. Celui qui na pas fait des Souscriptions pour les volontaires, et Sur tout celui na Jamais rien donné Relativement a ses facultés. Celui qui par aristocracie ne frequente pas las prettres assermentés, et Surtout celui qui a conseillé de ne pas le faire. Celui qui na pas amelioré le Sort de Lumanité indigente et patriote; en ayant Notoirement les facultés. Celui qui ne porte par mechanceté une Cocarde de trois pouces de Circonferance; Celui qui a achetté des habits autres que nationneaux, et Surtout ceux qui ne Se glorifient pas du titre et de la Coifure de Sans-Culotte.

(*Markov & Soboul*, no. 2)

(34) Durand-Maillane's attitude to the trial of Marat

Le tribunal populaire venait d'être établi.[1] Marat avait prêché le pillage le 25 février 1793, et ce même jour ce pillage avait eu lieu chez divers épiciers de Paris. Alors, et tout-à-coup, il s'éleva contre lui une clameur de *haro*, et il fut envoyé devant le nouveau tribunal. Depuis long-temps il provoquait au meurtre, à l'assassinat, dans le journal de l'*Ami du peuple*. Tout récemment encore il avait présidé la société des jacobins, dans une séance où l'on avait fait à toutes les sociétés, ses affiliées dans les départemens, une adresse des plus violentes contre la moitié de la Convention. On prit donc le parti de l'attaquer personnellement, et de demander un décret d'accusation contre lui et sa détention à l'Abbaye. Ce dernier chef de cette demande fut obtenu, mais avant d'en venir au décret d'accusation, on exigea que le comité de législation fît un rapport à ce sujet, et que, dès le lendemain, il le présentât à la

[1] 10 March 1793.

Convention, ce qui eut lieu. Le 14 avril, sur les conclusions du comité, la Convention décréta Marat d'accusation à une grande majorité. Toutefois cette résolution ne fut prise qu'après beaucoup d'opposition et d'apostrophes, selon la méthode indécente et injurieuse de la montagne contre ses adversaires.

J'étais certain que le parti Robespierre, en force par ses victoires sur les girondins, tramerait le moyen de faire acquitter Marat par le tribunal révolutionnaire. Dans cette conviction, je m'abstins de donner mon suffrage au décret d'accusation. Je ne votai pas; d'ailleurs il ne s'agissait, pour tout délit, que d'un journal fait dans le temps le plus libre pour les presses, et d'une adresse aux clubs qui n'était pas personnelle à Marat, et j'aurais voulu qu'au lieu de cette matière d'une accusation incertaine, on ne fournît pas à cet homme méprisable le sujet d'un triomphe humiliant pour toute la Convention, et surtout pour son comité de législation. En effet, Marat, sans jamais avoir mis les pieds dans l'Abbaye où on l'avait envoyé, fut acquitté par le tribunal révolutionnaire, et revint avec une couronne sur la tête, escorté du peuple jacobin, dans la salle même de la Convention où il fut reçu aux acclamations de la montagne. L'on entendit une voix s'écrier que Marat méritait plutôt la palme civique qu'une condamnation. En même temps on vit descendre plusieurs députés de la montagne, qui affectèrent de demander l'adresse aux clubs,[1] dont on avait fait un chef d'accusation contre Marat, pour la signer eux-mêmes; et après l'avoir signée, ils demandèrent que la Convention décrétât qu'elle fût envoyée aux départemens et aux armées, afin qu'on vît dans le public avec quelle rage ceux que cette adresse dénonçait étaient traités dans la Convention. L'Assemblée accéda à leur vœu sans opposition.

(*Durand-Maillane*, 81–3)

(35) The establishment of the *Comité des Douze*: from the debate of 18 May 1793

Guadet. Jusqu'à quand, citoyens, dormirez-vous ainsi sur le bord de l'abîme. . . . (On murmure.)

Plusieurs membres. Donnez la parole à Barrère. Le salut public avant tout!

Danton. Je demande la parole pour une motion d'ordre.

Guadet. Jusqu'à quand remettrez-vous au hasard le sort de la liberté? Si jusqu'à présent la fortune a fait tout pour vous, sans doute vous devez être contens d'elle; mais si vous ne faites rien pour la

[1] For this address see no. (193).

liberté, je vous le demande, serez-vous contens de vous? C'est donc des mesures vigoureuses que je vous engage à prendre afin de déjouer les complots qui vous environnent de toutes parts. Jusqu'à présent les conjurés du 10 mars sont restés impunis: il faut avoir le courage de sonder la profondeur de la plaie; le mal est dans l'anarchie, dans cette sorte d'insurrection des autorités contre la Convention; il est dans les autorités de Paris, autorités anarchiques qu'il faut. . . . (De violens murmures s'élèvent dans la partie gauche de l'assemblée; les tribunes donnent les mêmes marques d'improbation.) Oui, je le répète, le mal est dans l'existence des autorités de Paris, autorités avides à la fois d'argent et de domination.

Je propose à la Convention les trois mesures suivantes:

1° Les autorités de Paris sont cassées. (Applaudissemens d'une grande partie de l'assemblée.—Murmures de la partie gauche et des tribunes.) La municipalité sera provisoirement et dans les vingt-quatre heures, remplacée par les présidens des sections.

2° Les suppléans de l'assemblée se réuniront à Bourges, dans le plus court délai, sans cependant qu'ils puissent entrer en fonctions que sur la nouvelle certaine de la dissolution de la Convention. (Murmures.)

Danton. Je demande à répondre à Guadet.

La partie gauche de l'assemblée est très-agitée.

Collot-d'Herbois. Voilà la conspiration découverte. (Applaudissemens des citoyens.)

Guadet. Je demande en troisième lieu que ce décret soit porté par des courriers extraordinaires dans les départemens; quand ces mesures seront adoptées, nous travaillerons avec la tranquillité d'âme d'hommes qui ont mis en sûreté le dépôt sacré qui leur a été confié. (Applaudissemens d'une partie de l'assemblée.)

Barrère. Il est vrai qu'il existe à Paris, et par des ramifications dans toute la République, un mouvement préparé pour perdre la liberté. Depuis plusieurs jours je me suis présenté à cette tribune pour faire à l'assemblée, au nom du comité de salut public, un rapport sur la situation actuelle de la France; et si l'assemblée avait voulu m'entendre, elle aurait pu prendre des mesures contre les autorités constituées et les citoyens qui peuvent perdre la liberté.

Je dis qu'il existe un mouvement commencé d'abord à Marseille, et qui depuis s'est étendu jusqu'à Lyon et dans plusieurs autres départemens. Parmi nous, la peur, la vengeance et les haines personnelles ont fait attribuer aux divers côtés de l'assemblée, ce qui n'est l'ouvrage que de l'aristocratie; voilà la véritable cause de nos dissensions; et aujourd'-

hui Duhem, arrivant de la frontière du Nord, nous a donné des détails qui confirment ce que je viens de vous dire. Les étrangers ne veulent pas nous attaquer; ils espèrent tout de l'esprit de discorde qui règne parmi nous.

Je vais vous citer plusieurs faits qui vous prouveront que véritablement il y a eu un complot de formé contre la Convention. Un homme, appelé Déroland, président de la section de Jean-Jacques Rousseau, vint me trouver il y a quelques jours, et me dit qu'il revenait de la Commune, où il avait vu Chaumet et Hébert, à qui il avait fait part des intentions de sa section sur le désarmement des signataires des pétitions des vingt mille et des huit mille, et sur le bruit qui courait dans Paris de la dissolution de la Convention. Chaumet lui répondit: Cela est bon, nous les tenons. Il y a six jours que des citoyens de la section de l'Oratoire vinrent nous annoncer que quatre-vingts électeurs se rassemblaient dans une des salles de l'évêché, et qu'ils y traitaient des moyens de purger la Convention. Nous en avertîmes le maire de Paris, pour empêcher qu'à l'avenir cette réunion eût lieu. Un autre fait, auquel j'ajoute peu de foi, sur lequel cependant je demande que le ministre des affaires étrangères et celui de l'intérieur soient entendus, c'est que quelques hommes se rassemblaient dans un certain lieu où ils traitaient des meilleurs moyens d'enlever à la Convention vingt-deux têtes, et pour réussir, on devait se servir de femmes. Une pétition aurait été présentée à la Convention, pour la prier de retourner dans l'ancienne salle, et en passant au milieu du peuple, qu'on calomnie, on devait délivrer la France de ces vingt-deux citoyens. Je dis que, quoique très-invraisemblables, ces faits doivent fixer votre attention, surtout au moment où les représentans du souverain n'ont pas assez de force pour faire respecter une consigne dans l'intérieur du lieu de leurs séances. (Applaudissemens.)

Je passe maintenant aux diverses mesures proposées par Guadet, et sans inculper ses intentions, je vais les combattre.

La première, casser les autorités constituées de Paris. Citoyens, si je voulais l'anarchie, j'appuierais cette proposition. (Applaudissemens.) Vous m'avez mis à même de voir comment agissaient ces autorités. J'ai vu un département faible et pusillanime, des sections se régissant comme de petites municipalités, un conseil général de la Commune dans lequel se trouve un homme, nommé Chaumet, dont je ne connais pas le civisme, mais qui autrefois était moine; et il serait à désirer de ne voir jamais, à la tête des administrations, de moines et de ci-devant nobles: j'ai vu une commune exagérant ou commuant les lois à sa fantaisie; je l'ai vue organisant une armée révolutionnaire. Je crois que sur cet objet vous devez charger votre comité de salut public, de vous faire incessamment un rapport.

Il est une autre mesure: c'est de créer une commission de douze membres, dans laquelle les ministres de l'intérieur et des affaires étrangères, et le comité de sûreté générale seront entendus, et où l'on prendra les mesures nécessaires pour la tranquillité publique.

Quant à la mesure proposée par Guadet, de convoquer l'assemblée des suppléans à Bourges, dans la circonstance actuelle, cette mesure est mauvaise. C'est par votre courage, par votre fermeté que vous braverez les orages qui se forment contre vous. (Applaudissemens.) D'ailleurs croyez-vous que, si des scélérats venaient dissoudre la Convention, le même coup qui la frapperait, ne se ferait pas sentir à vos suppléans? Je pense donc que la question préalable doit être adoptée sur les propositions de Guadet.

Je termine par demander qu'il soit nommé une commission de douze membres chargés d'examiner les arrêtés pris par la Commune depuis un mois.

La discussion est fermée, et l'établissement de la commission demandée par Barrère est décrété.

(*Buchez*, XXVII, 129–32)

(36) Letter of Brissot, 19 May 1793

Cher compatriote,

Je vous adresse un second exemplaire,[1] que vous m'avez demandé, et j'y joins quelques autres petites choses.

Depuis deux ou trois jours, nous sommes dans une horrible tourmente. La moitié des députés ne couche pas dans leurs logis habituels. Je n'ai pas encore quitté le mien, mais j'ai plus que personne la conviction qu'on nous prépare une Saint Barthélemy. Une lettre de Dumont d'Oisemont[2] à Devaux d'Amiens, ramassée dans cette ville, dit expressément 'qu'il nous faut encore une journée du 10 août bien copieuse, et que ce ne sera pas long'. Des harangueurs de place, et je l'ai entendu, disent aussi: 'On a guillotiné assez de têtes de cuisiniers, de cochers de fiacre; ce sont des têtes conventionnelles qu'il faut guillotiner'. Et toujours celles des 22 proscrits sont les premières qu'on cite.

Voilà la terrible position où nous sommes. La dissolution de la

[1] Of one of Brissot's pamphlets. [2] A deputy.

Convention est le vœu des factieux et de nos ennemis. Nous resterons à notre poste, nous ferons une Constitution, ou il faut périr. C'est déjà quelque chose que d'avoir écarté le gouvernement municipal de Paris par notre division départementale conservée.[1]

M. de Lanier, notre ancien procureur syndic que j'ai placé hier à la séance, a été bien vivement affecté aux rugissements des tribunes à la voix de Marat nous menaçant de nous faire égorger par son peuple souverain.

J'ai l'honneur de vous présenter mes salutations et mes respects à Madame.

(*Brissot Corr.*, 338–9)

(37) Letter of Pache to the Convention, 23 May 1793

J'ai appris que le comité des Douze, dans la séance d'hier, avait annoncé que *j'avais déclaré le matin qu'il y aurait sous peu un soulèvement dans Paris*. Je n'ai point fait une pareille déclaration au comité, où je n'ai pas été hier matin, et auquel je n'ai pas écrit. On a cependant fait imprimer ce rapport avec ma lettre qui est contradictoire; je demande que la vérité soit connue. Chaque jour j'envoie au conseil exécutif, au ministre de l'intérieur, au comité de salut public, les rapports qui sont faits à l'administration de police par les préposés. Ils consistent en propos entendus dans des groupes, des cafés, et autres endroits publics. La plupart sont vagues, insignifians et n'ont aucun fondement; mais pour faire connaître l'opinion et l'état de Paris, je les envoie tels qu'ils me sont donnés. Le comité des Douze m'a fait demander un pareil extrait, et je le lui fais parvenir; c'est sans doute un des propos contenus dans cet extrait que le comité m'a attribué, et a fait passer à la Convention, comme mon sentiment et comme ma déclaration. J'attends de sa justice et de son impartialité qu'il expliquera l'erreur dans laquelle sûrement il est tombé involontairement; pour moi, je crois de mon devoir de la relever, et je tiens à l'opinion que j'ai émise dans la lettre que j'ai écrite hier; c'est qu'il n'y avait rien à craindre; j'avais tout prévu, tout examiné, et j'aurais tout arrêté s'il y avait eu quelques dangers. Je crois fermement que si quelques mesures peuvent en faire naître, ce sont celles que l'on prend d'inspirer une grande terreur, de recevoir les délations d'hommes peut-être intéressés à les faire, d'arrêter des journalistes, etc., etc. Puisse-t-on d'ailleurs par ces moyens servir la

[1] On 15 May Saint-Just, discussing the Constitution, had proposed electoral districts based on population.

République et non des haines personnelles! *Le maire de Paris*, PACHE.

L'assemblée ordonne l'impression de cette lettre.

(*Buchez*, XXVII, 250–1)

(38) Events in Marseille: Session of 25 May in the Convention

Une députation de la commune de Marseille demande l'admission à la barre.

Bourdon, de l'Oise. If faut que les commissaires[1] soient préalablement entendus.

Fermont. Il est plus naturel d'entendre d'abord la dénonciation que viennent vous apporter ces députés, et d'entendre ensuite la réponse des commissaires qui sont accusés.

La députation est introduite.

L'orateur. Législateurs, nous venons vous présenter le vœu, les plaintes des trente-deux sections de Marseille. L'adresse que nous allons vous lire est authentiquement revêtue de vingt-cinq mille signatures.

Adresse des trente-deux sections composant la commune de Marseille, à la Convention nationale.

'Représentans, la tête du despote est tombée sous le glaive des lois; les ambitieux, les traîtres, les tyrans subalternes doivent éprouver le même sort. Les Marseillais, en se levant de nouveau, leur ont porté les premiers coups. Que cet exemple salutaire se propage dans la République, dès lors elle est consolidée, et son salut n'est plus un problème. [The orator alludes to the 'revolution of the moderates' and then turns to the arrival of commissioners from the Convention.]

Vos commissaires, à leur arrivée à Marseille, ne s'entourèrent que de factieux et de désorganisateurs; faut-il s'étonner qu'égarés par de tels guides, ils n'aient été que les apôtres de l'anarchie et de la discorde?

En visitant la plupart de nos sections, ils ont dit dans quelques-unes que le dépôt de la famille des Bourbons était le triomphe le plus complet que la *montagne* ait pu remporter sur la *plaine*, et qu'il était pour les Marseillais le témoignage de confiance le plus glorieux. Dans d'autres, ils ont assuré que ce dépôt n'était qu'une pomme de discorde qu'on avait voulu jeter parmi nous, et que ce funeste lot ne nous avait été départi que par le courroux de la *plaine*. Que conclure de ces étranges contradictions, si on les rapproche de l'éloge pompeux qu'ils avaient fait de la famille Égalité, le 30 mars dernier, à la tribune de la société républicaine, époque à laquelle le décret contre cette famille

[1] i.e. *représentants en mission* in Marseille.

n'était point encore rendu? Dans toutes les sections ils ont essayé d'élever un mur de séparation, qui, en divisant les citoyens, ne pouvait produire d'autres effets que de fomenter les haines, d'allumer la guerre civile.

Ils ont souffert que Pâris, président du département, qui les accompagnait dans cette visite, prêchât en leur présence et dans leur section une croisade contre les propriétés.

Marseille ne doit qu'à la sagesse de ses citoyens, à leur respect pour les autorités, à leur défiance contre les insinuations perfides dont ils ont été trop souvent dupes, d'avoir étouffé dans son sein le germe de la discorde, que les discours incendiaires de vos commissaires tendaient à faire naître. Que n'ont-ils pas fait pour la provoquer dans la ville d'Aix, où, après avoir défendu la réunion des citoyens dans les sections, ils ont ordonné le désarmement et l'arrestation de tous les citoyens d'une section, et même, en cas de résistance, de les conduire à Marseille. Dans notre ville, un grand nombre de patriotes, victimes d'animosités personnelles, avaient été confondus avec les citoyens suspects et désarmés arbitrairement; par un abus plus inconcevable encore, ils avaient été autorisés à se réarmer aux conditions d'une contribution aussi injuste que vexatoire. Ces actes oppressifs furent dénoncés à vos commissaires, ils avaient promis le redressement de ces griefs, et, cependant, ils sont partis sans procurer aucune réparation à de bons citoyens si honteusement vexés.

Tandis qu'ils ordonnaient dans le département des Bouches-du-Rhône une levée de six mille hommes pour les placer sur les frontières des deux départemens voisins, sous prétexte de préserver le premier de dissensions intestines, ils faisaient avancer du département de la Drôme des volontaires nationaux pour la défense de nos côtes. Si cette substitution de force armée d'un département à l'autre ne cache pas des intentions perfides, au moins elle est une preuve évidente de la plus complète incapacité et d'une prodigalité inouïe et sans objets, des finances de la République.

Représentants, des commissaires sortis de votre sein avec des pouvoirs illimités doivent être responsables de toutes leurs actions, et les Marseillais ne font aucune différence entre les traîtres et les mandataires infidèles. . . .

Nous vous avons mis à portée, représentans, d'apprécier ces imputations atroces; quels que soient les événemens, les Marseillais seront inébranlables dans leurs principes. Le sang républicain qui circule dans leurs veines ne leur permettra jamais de pactiser avec la tyrannie.

L'unité, l'indivisibilité de la République, la liberté et l'égalité seront leur unique idole. Sans cesse électrisés par le plus pur patriotisme, ils ne cesseront d'opposer aux fureurs des *Catilina* modernes le zèle ardent des *Cicéron*; à l'ambition des *César*, le courage et la fermeté des *Brutus*; à la coalition armée des ennemis de la République, le dévouement des *Décius*, l'héroisme des *Scévola*; et pour punir la perfidie des traîtres, ils seront tous des *Libertas*.'

Suivent les signatures.

Le président aux députés. Une révolution s'est faite tout à coup dans Marseille; si c'était l'aristocratie qui l'eût provoquée, et qu'elle voulût la rendre funeste à la liberté, la Convention ne verrait plus dans cette cité fameuse qu'une ville rebelle que la République devrait châtier, et bientôt Marseille serait punie.

Mais s'il est vrai, comme vous nous l'assurez, que cette révolution n'a eu pour but que de lever le joug de ces hommes à faction, qui, sans mœurs et sans remords, habiles dans l'art de calomnier l'innocence et de tromper le peuple, prostituent sans cesse les noms sacrés de liberté et d'égalité; de ces despotes d'un genre nouveau, qui, prenant une tribune pour trône, leurs motions pour lois, un poignard pour sceptre, veulent régner par la terreur, s'enrichir par le pillage, s'immortaliser par le crime; si ce sont de tels dominateurs que vous avez cherché à réprimer, la nation ne doit plus voir en vous que de fiers républicains qui ont su résister à toutes les oppressions, détruire toutes les tyrannies.

La Convention nationale examinera les plaintes que vous lui adresserez, celles que ses commissaires ont portées contre vous, et elle cherchera avec soin la vérité; elle aime à croire qu'elle ne vous trouvera point répréhensibles, et que Marseille, cette antique sœur de Rome, n'a pas cessé d'aimer la liberté. . . .

(*Buchez*, XXVII, 214–19)

(39) From the debate in the Convention of 25 May 1793

Danton. Je réclame pour la députation de la Commune de Paris le même silence que pour la députation de Marseille.

L'orateur . . . Un autre objet nous amène devant vous. Les magistrats du peuple, qui ont juré d'être libres ou de mourir, ne peuvent voir sans indignation la violation la plus manifeste des droits les plus sacrés. Nous venons vous dénoncer l'attentat commis par la commission des Douze sur la personne d'Hébert, substitut du procureur de la Commune. (On entend de violens murmures dans la partie droite.) Il a été arraché du sein du conseil-général, et conduit dans les cachots de l'Abbaye. Le conseil-général défendra l'innocence jusqu'à la mort. Il demande que vous rendiez à ses fonctions un magistrat estimable par ses vertus civiques et par ses lumières. (On murmure.) Nous demandons qu'il soit promptement jugé. Les arrestations arbitraires sont pour les hommes de bien des couronnes civiques. (On applaudit dans une partie de l'assemblée et dans les tribunes.)

Le président. La Convention qui a fait une déclaration des droits de l'homme, ne souffrira pas qu'un citoyen reste dans les fers s'il n'est pas coupable; croyez que vous obtiendrez une prompte justice; mais écoutez les vérités que je vais vous dire: la France a mis dans Paris le dépôt de la représentation nationale; il faut que Paris le respecte; il faut que les autorités constituées de Paris usent de tout leur pouvoir pour lui assurer ce respect. Si jamais la Convention était avilie, si jamais par une de ces insurrections qui depuis le 10 mars se renouvellent sans cesse, et dont les magistrats n'ont jamais averti la Convention . . . (Il s'élève de violens murmures dans l'extrémité gauche.—On applaudit dans la partie opposée.—*Plusieurs voix de la partie gauche.* Ce n'est pas là une réponse.)

Fabre-d'Églantine. Je demande la parole contre vous, président.

Le président. Si par ces insurrections toujours renaissantes il arrivait qu'on portât atteinte à la représentation nationale, je vous le déclare, au nom de la France entière. . . . (*Non, non*, s'écrie-t-on dans l'extrémité gauche.—Le reste de l'assemblée se lève simultanément. *Tous les membres s'écrient:* Oui, dites au nom de la France.)

Le président. Je vous le déclare, au nom de la France entière, Paris serait anéanti. . . . (De violentes rumeurs partant de l'extrémité gauche couvrent la voix du président.—*Tous les membres de la partie opposée:* Oui, la France entière tirerait une vengeance éclatante de cet attentat.)

Marat. Descendez du fauteuil, président, vous jouez le rôle d'un trembleur. . . . Vous déshonorez l'assemblée. . . . Vous protégez les hommes d'état. . . .

Le président. Bientôt on chercherait sur les rives de la Seine si Paris a existé. . . . (Il s'élève des murmures dans la partie gauche. On applaudit dans la partie opposée.)

Danton, Dentzel, Drouet, Fabre-d'Églantine, demandent la parole.

(*Buchez*, XXVII, 224–5)

(40) The *journées* of 29–31 May at Lyon: the account of the *Journal de Lyon* for 4 June 1793

Aujourd'hui tout est calme; la loi règne. Les citoyens ont combattu avec courage un ennemi perfide, et conservant jusques dans l'ivresse du triomphe la loyauté française, ils abandonnent encore au glaive de la loi les meurtriers de leurs frères. Il faut le dire; si les sans-culottes, si les vils assassins couverts de ce nom, dont ils ont fait désormais une injure, avaient eu l'avantage, auraient-ils eu la même générosité?

Je dois ici commencer par une esquisse rapide des principaux faits arrivés dans la ville, depuis la suspension de ce journal, qui ont lentement préparé la journée sanglante du 29.

La formation avortée du tribunal *Gaillard*, les provocations aux meurtres heurlées dans les Jacobins, les outrages faits par les députés de cette société au département, tenaient les esprits en suspens, et imprimaient une terreur, qui seule retardait l'explosion, au moment où, le 12 mai, arrivent dans notre malheureuse ville, toujours victime des machinations des proconsuls, les quatre représentans, Albitte, Dubois-Crancé, Gauthiers et Nioche. Le 13, les quatre députés envoyés auprès de l'armée des Alpes, mais donnant à leurs fonctions et à leur responsabilité une plus grande latitude, se rendent aux trois corps administratifs réunis, corporation monstrueuse, qui paralyse évidemment la démarcation des pouvoirs, et la surveillance des administrations supérieures, et donnant au conseil de commune plus nombreux une majorité apparente, fortifiée encore par les juges des tribunaux, écrase les corps administratifs supérieurs, muselés d'ailleurs par des menaces. Là, une députation concertée des Jacobins demande, *pour étouffer le fanatisme*, la formation d'une armée révolutionnaire, et transforment bientôt leur pétition en dénonciation formelle contre le département, qui, trop indulgent la veille, s'était laissé impunément outrager par leur députation. Aussitôt des vociférations indécentes font retentir les voûtes; on perd de vue l'ordre du jour, et les administrateurs enferrés dans le piége cherchent par le silence à fatiguer la bande. La séance est ajournée au lendemain.

Le mardi 14, en présence des représentans du peuple, la même scène se renouvelle, mais avec plus d'indécence. Gaillard et Challier menacent ouvertement le procureur-général-syndic, il offre sa démission, on la refuse; il n'obtient sa grace qu'en brûlant lui-même les journaux patriotes, dont les lignes ne sont pas tracées en caractère de sang. L'assemblée les condamne au feu, et le procureur-syndic exécute l'arrêt . . .

Voici les résultats de la séance.

Formation d'un corps d'armée révolutionnaire de six mille quatre cents hommes dans l'étendue du district de Lyon. Levée de six millions pour le soutien de cette force. Le comité de salut public chargé d'indiquer par réquisition les citoyens devant composer l'armée, et de taxer, dans le délai de vingt-quatre heures, les riches qui devaient payer les six millions. L'assemblée des Jacobins *cadottée* d'une nouvelle salle, et meublée *aux frais du département*, en considération *des services importans qu'elle rend à la chose publique*; voilà les bases de l'arrêté!!! Deux députés sont nommés, Gaillard et Gravier, pour le porter à la Convention nationale, *chargés* en même temps *de lui manifester le vœu pour l'approbation du tribunal révolutionnaire, ainsi qu'il apert par une adresse rédigée à cet effet.* Les quatre représentans du peuple sanctionnent et signent cet arrêté aussi ridicule qu'effrayant; ils partent, crèvent un des plus beaux chevaux d'artillerie, et laissent au comité de salut public *le soin d'entretenir avec eux une correspondance journalière, et de les instruire exactement de la situation de la cité et du département.*

Bientôt les mandats impératifs sont lancés; les réquisitions personnelles sont distribuées, et le corps révolutionnaire se forme volontairement de trois à quatre cents hommes *dévoués*.

Cependant la Convention proscrit le tribunal *Gaillard*, menace de mort celui qui le proposera, et permet aux citoyens d'y résister par la force. Ce nouveau revers n'abat pas les tueurs; ils tentent de nouveaux moyens. Le comité de salut public se présente un soir à neuf heures à la société populaire de la Croizette, assemblée *paisiblement et sans armes*; la force armée dissout les membres; le président et le secrétaire sont incarcérés, les papiers saisis et la porte de la salle fermée. Je l'ai dit ailleurs. Soumise à la loi, animée du républicanisme le plus pur, cette société vraiment populaire offrait à des prévaricateurs un germe redoutable d'esprit public.

Un nouveau coup leur est porté. La Convention défend à tout corps administratif d'imposer des taxes, et se réserve la détermination du mode à employer pour la levée de la taxe sur les riches. Mais une délibération *du conseil-général de la commune de Lyon*, et non pas même des trois corps administratifs, autorise de nouveau le comité de salut public à continuer ses mandats impératifs, sauf aux citoyens à présenter leurs réclamations lorsque le mode aurait été décrété, clause dérisoire et dont on sent la nullité!

Cependant les sections avaient été convoquées aux termes de la loi, pour la formation des comités de surveillance. La municipalité en avait devancé l'institution. Ceux que sa *prévoyance active* avait élus, devaient sans doute être déchus, et remettre leurs fonctions aux délégués choisis par les sections. Mais les premiers étaient des hommes *sûrs*. Les sections veulent investir leurs élus de toutes les fonctions déférées aux premiers. Le département intervient, prononce en faveur des sections, les autorise *aux termes de la loi*, à la permanence. Le lendemain la municipalité arrache à l'administration une explication de son premier arrêté.

Une insurrection s'élève dans la rue de la Barre. La cause ou le prétexte au moins était un accaparement de beurre. On a su depuis que cet approvisionnement était destiné à l'armée, où on craignait que la viande ne manquât, et ces cuves de beurre avaient été fondues par ordre du commissaire ordonnateur. Le peuple indigné s'y portait en foule, et vendait le beurre à dix sous. Cependant que faisait la municipalité pour fomenter des troubles dont elle était jalouse de profiter et qui pouvaient au moins distraire les esprits? Elle reste vingt-quatre heures sans publier le vrai motif de cet accaparement. Ce n'est que le lendemain qu'une proclamation avertit le peuple de son erreur, et qu'une force armée respectable parvient à dissiper le rassemblement.

La permanence avait toujours lieu. Nous vous dissoudrons avec du sang, répondait Bertrand aux députations des sections. Une d'elles, celle de rue Neuve, avait été assaillie et dissoute à coups de pierre, sa députation insultée et frappée, dans les cours mêmes de l'hôtel commun; et lorsque les citoyens indignés avaient couru aux armes, la cavalerie les avait chargés, et les avait forcés de se dissoudre.

Tel était à peu près l'état des choses, lorsque le mardi 28 mai, arrivèrent dans la ville les représentans Gauthier et Nioche, deux des quatre envoyés auprès de l'armée des Alpes. Avec eux était arrivé un adjudant-général de l'armée des Alpes, deux bataillons d'infanterie, deux escadrons de cavalerie, devaient les suivre. L'indignation l'emporte sur la crainte. Sommes-nous donc en contre-révolution, se demandent les citoyens? Les présidens de sections se rendent chez les députés à l'hôtel de Milan, et là, avec une franchise républicaine, les requièrent d'exhiber leurs pouvoirs, et de déclarer s'ils en avaient pour Lyon. Comme députés aux armées, répondent-ils, nous sommes responsables de la tranquillité des départemens limitrophes, et nous devons surtout veiller à l'approvisionnement des armées et à la tenue des magasins.

Ce n'est pas pour du beurre fondu que vous êtes venus ici; au reste, il est vendu, et les citoyens ont conçu à votre arrivée de justes alarmes. Les deux représentans calment de leur mieux les craintes qu'on leur témoigne: on se retire. Le même soir les sections s'assemblent. Un vœu unanime déclare que le conseil-général de la commune a perdu la confiance publique. Un citoyen de la section de Saint-Nizier dénonce que Challier a dit à la tribune du club central: 'nous ferons un faisceau des présidens de sections, et le glaive des sans-culottes exterminera les factieux.' Beaucoup d'autres provocations publiques motivaient encore la juste crainte des citoyens. Le bataillon s'assemble, et pour empêcher tout atteinte à la tranquillité publique, se résout à passer la nuit sur sa place d'armes. Un officier de l'état-major se présente et lui enjoint de se dissoudre. Un municipal veut parler après lui: nous ne reconnaissons plus le conseil-général, s'écrie-t-on, il a perdu notre confiance. Après de longs pourparlers, la députation se retire. Le bataillon reçoit une réquisition du département, et aussitôt se dissout! Voilà la conduite des factieux!

Le lendemain matin les sections s'assemblent. Un comité central, composé d'un député de chaque section, se rend dans la salle de la bibliothèque des ci-devant Jacobins. Le citoyen Fréminville est nommé président. On apprend que la cavalerie est sur pied; que des canons braqués environnent l'hôtel commun; que plusieurs quartiers sont convoqués sur la place des Terreaux et de la Comédie; que là on leur distribue du vin et des vivres; qu'une patrouille nombreuse du bataillon de Saint-Vincent a été désarmée pendant la nuit, et que trente-deux des soldats-citoyens qui la composaient, ont été incarcérés. Aussitôt, d'un mouvement spontané, les assemblées se dissolvent; on court aux armes, on se rassemble sur la place de la Fédération; le bataillon de Port-du-Temple se porte à l'arsenal, et plusieurs autres le suivent.

L'assemblée des commissaires de sections s'était formée aux Jacobins. Le président, au nom des sections, avait juré de maintenir la liberté et l'égalité, la République une et indivisible, et la représentation nationale; de sauver la cité, ou de mourir à son poste. On propose à l'assemblée de se rendre à l'arsenal, où, du sein de la force armée, ils pourront délibérer plus tranquillement. Les commissaires des sections s'y transportent, et dans le logement d'un des directeurs d'artillerie, s'établit le comité d'insurrection.

Cependant l'administration du département avait été repoussée du lieu ordinaire de sa séance; l'entrée de la maison commune avait été refusée aux administrateurs; un seul avait pu y parvenir. Repoussés, menacés, frappés, les autres s'étaient réunis chez le citoyen Dubost, président de l'administration, et sur l'invitation du district de la campagne, s'étaient réunis dans ce dernier, conjointement avec les membres du district de la ville. Plusieurs députations les pressent de faire droit aux griefs des citoyens, et de prononcer la suspension de la municipalité. On les invite à se transporter à l'arsenal, où ils pourraient délibérer avec plus de tranquillité. Les administrateurs réunis du département, des deux districts de la campagne et de la ville, se forment en assemblée dans une des salles de l'arsenal. Une force armée imposante protége leurs délibérations.

Les bataillons en armes occupaient toutes les avenues jusqu'à la place de la Fédération. Le bataillon du Rhône, requis par la municipalité, se forme sur la place Léyiste, en face des bataillons des permanens. Le bataillon des sans-culottes du Rhône fait sur les postes avancés des autres une légère fusillade: on ne riposte pas; il part, et marche vers l'hôtel commun.

L'armée s'organise; les commissaires des sections nomment pour commandant-général provisoire, le citoyen Madinier, qui se choisit quelques adjoints. Les directeurs d'artillerie sont requis de donner des armes de toute espèce et des munitions. Une partie des canonniers avait obéi aux ordres de la municipalité, qui les avait appelés auprès d'elle au point du jour.

Un détachement de guides hussards et de dragons s'avance, et se présente au front de la colonne de la rue de l'Arsenal. Les chefs se détachent, protestent aux citoyens de leur dévouement à la bonne cause, et leur détachement occupe la tête. La Croix-Rousse, Vaize, la Guillotière, viennent renforcer l'armée citoyenne, et le département requiert aussitôt la garde nationale de tous les environs.

Sur les midi, le citoyen Nioche, l'un des représentans du peuple, se présente à l'arsenal avec l'adjudant-général qu'il avait amené pour commander les troupes. On le conduit à la commission centrale des sections. Là il cherche à calmer les craintes des citoyens. On lui expose les griefs. Il répond qu'il ne connait encore aucun fait qui puisse justifier la défiance envers le conseil-général de la commune; qu'au surplus il promet, sur sa *parole d'honneur*, de faire droit sur ceux qui seraient établis; ajoute que l'assemblée devait montrer son obéissance à la loi, et s'en rapporter aux représentans du peuple du soin de maintenir la tranquillité publique.

Le président Fréminville, avec le calme de l'homme sage, mais avec la fermenté de l'homme libre, lui répond au nom des sections: 'Nous ne voulons, lui dit-il, nous ne voulons tous que le règne de la loi, la liberté, l'égalité, la sureté des propriétés et des personnes, le respect de la représentation nationale, la République une et indivisible. Nous en répétons le serment en votre présence, pour que vous ne puissiez pas douter des véritables sentimens qui nous animent. Mais des républicains ne pouvaient pas supporter plus longtemps le joug de l'oppression municipale, et laisser subsister l'anarchie qui désolait la cité. Vous ne devez pas ignorer les complots liberticides de la municipalité, ajoute le citoyen Fréminville.' Il fait lecture au représentant du peuple de la délibération d'une des sections, ou ils étaient plus spécialement énoncés. 'Votre conduite, comme représentant du peuple, ajoute-t-il, devait augmenter nos défiances. Vous avez signé l'arrêté de la municipalité pour la formation d'un tribunal de sang; vous avez refusé d'écouter le vœu des sections pour faire retirer de la ville la force etrangère qui s'approchait par vos ordres; vous avez refusé de vous rendre hier soir à l'administration du département, où les commissaires des sections s'étaient rendus, pour concerter les mesures qui pouvaient sauver la cité; vous ne pouviez pas ignorer que l'administration du département avait été éloignée, par la force, du lieu de ses séances, et vous n'avez rien fait pour la rétablir. Nous ne sommes réunis que pour résister à l'oppression. La seule mesure efficace à adopter par les représentans du peuple est: 1^0 de faire retirer la force armée, et disparaître les canons qui alarment les citoyens; 2^0 de suspendre de ses fonctions le conseil-général de la commune.'

Le représentant désavoue sa signature portée au bas de l'arrêté du 14 mai, et dit expressément que cet arrêté n'était pas tel alors. Il balbutie quelques mots en faveur du conseil, sur les bornes de ses pouvoirs . . .

On entend une décharge de mousqueterie. Abandonnons ces parlementages perfides, et reportons-nous sur la scène sanglante qui vit les premiers crimes des magistrats du peuple dans cette affreuse journée. [There follows an account of the battle culminating in the capture of the *hôtel commun* by the 'moderates'.]

On arrête que le procès-verbal des événemens qui s'étaient passés, serait imprimé et porté à la Convention nationale, au pouvoir exécutif, aux sections de Paris, de Bordeaux, de Marseille, par des députés extraordinaires, de demander à la Convention un décret qui confirme la destitution du conseil-général de la commune, et autorise les citoyens à en élire un autre, de dénoncer à la Convention les citoyens Gauthier et Nioche, qui paraissent évidemment complices du conseil-général de la commune de Lyon, et sont responsables du sang que l'on a versé; et de demander que la Convention leur retire les pouvoirs dont elle les a investis.

Des arrestations nombreuses étaient inséparables du succès. Une grande responsabilité pèse sur tous les membres de la commune. Plusieurs des plus coupables furent arrêtés dans le premier moment d'effervescence, et tous ont été remis à la rigueur de la loi, sans qu'aucune atteinte ait été portée pour satisfaire une vengeance excusable. La loi, la loi, criaient de tous côtés les citoyens vainqueurs, en conduisant les meurtriers de leurs frères. Quel eût été leur sort, si ceux qu'ils combattaient avaient été victorieux! les massacres, le pillage! . . .

Les représentans du peuple étaient toujours dans le sein des administrations réunies. Ils avait demandé le soir à se retirer; mais autour des portes, des cris d'indignation se faisaient entendre. L'un venait de perdre un frère, l'autre ses deux fils, et une voix unanime accusait les représentans d'avoir trahi les citoyens, et d'être la cause de ces meurtres; les administrations et le comité des sections les invitèrent à rester dans leur sein, et ils y passèrent la nuit.

A dix heures et demie du matin, les deux représentans du peuple, les administrations réunies, et les commissaires des sections, précédés d'un détachement de cavalerie et d'infanterie, se rendent à l'hôtel commun. Les bataillons des campagnes couvraient la place. L'air retentissait des cris de vive la loi, vive la République, et le chapeau placé sur la longue pique, le robuste agriculteur applaudissait au courage des habitans de Lyon, dont il n'avait pas pu seconder les efforts.

Réinstallé dans sa salle, le département avec les administrations réunies, se forment en séance publique. Là, les deux représentans renouvellent leur profession de foi, félicitent les citoyens de Lyon de leur courage, de leur patriotisme, de leur triomphe. Ils reconnaissent que jusqu'à ce jour *ils avaient été abusés*, que l'esprit public hautement manifesté dans la ville, la conduite ferme et républicaine des citoyens avaient enfin dissipé tous les nuages, et qu'ils allaient se hâter de l'annoncer, non-seulement à la Convention nationale, mais encore à toute l'Europe entière, afin que les tyrans qui nous menacent, et qui ont pu concevoir l'idée affreuse de diviser la France, et de semer le désordre dans son sein, apprennent qu'une des principales cités de la République s'est levée tout entière pour anéantir l'anarchie et faire triompher la liberté, qu'ils reconnaissent la force de leurs espérances et la honte de leur cause: ils se rendent à l'hôtel de Milan, accompagnés d'une députation du département qui protége leur passage, et les garantit de l'indignation générale.

(*Buchez*, XXVII, 224–43)

(41) Extraordinary session of the Commune, 31 May 1793

. . . Il est 3 heures du matin, le tocsin sonne à Notre-Dame.

. . . Le 31 mai, à six heures et demie du matin, les commissaires de la majorité des sections se présentent au Conseil général. Leur président, le citoyen Dobsent, . . . annonce . . . que les pouvoirs de toutes les autorités constituées sont annullés.

. . . Le conseil, qui vient d'être cassé, se retire au milieu des cris unanimes de *vive la République*.

. . . Le conseil réintégré prête le serment civique aux acclamations de tous les citoyens des comités révolutionnaires des 48 sections et des citoyens des tribunes.

Le vice-président proclame, au nom des 48 sections, Henriot, commandant de la section des Sans-Culottes, en qualité de commandant général provisoire de la force armée de Paris.

. . . La séance est toujours permanente, il est une heure après-midi.

. . . Chenaux, Pâris, Jacques Roux et Roure sont nommés commissaires, à l'effet de rédiger l'historique de la révolution qui s'opère en ce moment.

. . . La section du Finistère fait part d'un arrêté qu'elle a pris pour demander aux autorités constituées et à la Convention nationale l'arrestation du comité révolutionnaire; le Conseil général témoigne la plus vive indignation. Le député de la section déclare qu'elle était dans une ignorance absolue des faits, qu'elle recevait à chaque instant des ordres contradictoires qui ne lui permettaient pas d'avoir une idée bien prononcée sur la création de cette nouvelle commission, mais qu'il ne doute nullement que lorsqu'elle aura connaissance des événements actuels, elle ne s'empresse de se réunir aux autres sections et de fraterniser avec elles pour le bonheur commun.

Le conseil arrête qu'il sera fait mention au procès-verbal de la réponse du citoyen député, et que deux de ses membres, Jacques Roux et Dangé, se rendront à cette section pour lui donner tous les renseignements qu'elle pourra désirer.

. . . Une députation des citoyennes de la société républicaine révolutionnaire se présente au conseil, et demande à être admise à délibérer avec le comité révolutionnaire des hommes.

Le conseil félicite ces citoyennes de leur zèle républicain, et leur témoigne tous ses regrets de ne pouvoir les admettre au comité révolutionnaire des hommes. Il leur observe que ce comité n'est point une société réunie en club, mais qu'il est composé des députés des 48 sections. Les citoyennes sont invitées à assister à la séance.

Il est deux heures et demie après-midi . . .

. . . le conseil adjoint six commissaires au comité révolutionnaire.

Les commissaires envoyés à la section du Finistère font leur rapport.

L'esprit républicain n'y domine pas, disent-ils, et jusqu'ici les patriotes n'ont pas le dessus.

. . . Le citoyen Rouy propose de faire arrêter tous les prêtres réfractaires, les ex-nobles, les signataires de pétitions anti-civiques, et autres gens suspects.—Renvoyé au comité révolutionnaire.

. . . Le conseil adjoint le citoyen Ricordon au citoyen Henriot, commandant général provisoire.

. . . Un des commissaires chargés de porter à la Convention nationale l'adresse rédigée ce matin, rend compte de sa mission. Il annonce que cette adresse a été accueillie assez froidement, que le président de la Convention n'a fait qu'une réponse vague et dilatoire, et que le côté droit disait hautement qu'il appellerait aux départements. Il fait part aussi de l'accueil qu'il a reçu de la Montagne; mais il déclare que la majorité de la Convention est incapable de sauver la chose publique, que le peuple n'a de ressources que dans lui-même. Il invite le conseil à faire connaître les motifs des grandes mesures qu'il se dispose à prendre.

. . . Un citoyen monte à la tribune et propose de prendre des mesures les plus promptes et les plus sûres, de ne pas consumer en longs discours un temps qui ne doit être employé qu'en actions. Le procureur de la Commune, en applaudissant au zèle et au patriotisme de l'orateur, observe qu'il faut joindre la prudence à la grandeur des mesures; que les aristocrates ne demanderaient pas mieux que de voir les citoyens de Paris dirigés en sens contraire, s'agiter tumultueusement sans savoir ni où ils vont ni où ils tendent.

Le préopinant insiste sur les mesures qu'il a proposées, accuse de faiblesse le procureur de la Commune et s'offre pour présider le conseil et diriger les opérations révolutionnaires.

Le substitut du procureur de la Commune prend la parole, et parlant dans le même sens que le citoyen Chaumette, il invite les citoyens à se rendre dans leurs sections et y exposer ingénument les raisons qui ont fait manquer les mesures de cette grande journée. Il accuse l'impétuosité des personnes qui en ont médité le plan; il pense qu'il serait temps d'exécuter demain ce que l'on se proposait d'exécuter aujourd'hui.

Un citoyen à qui ces mesures paraissent pusillanimes, offre de se mettre à la tête des bataillons de Paris et de se porter à la Convention.

Le Conseil général témoigne toute son indignation, toute son horreur pour une telle proposition.

. . . Le citoyen maire prend la parole à cette occasion. Il fait connaître que le peuple de Paris sait distinguer ses vrais amis des énergumènes et des imbéciles qui cherchent à l'égarer, et qui veulent l'engager dans de fausses démarches.

. . . Les commissaires envoyés ce matin à la Convention font leur rapport. Ils observent qu'elle ne paraît pas approuver les mesures prises par le conseil.

. . . Jacques Roux donne lecture d'une nouvelle adresse à la Convention.

. . . Un membre demande que les membres de la Convention, dénoncés à l'opinion publique, soient mis en arrestation.

Le procureur de la Commune s'élève avec indignation contre cette proposition représentée pour la troisième fois. Il dit que, si quelqu'un ose encore la renouveler, il le dénoncera à ce même peuple, qui applaudit sans savoir qu'il applaudit à sa ruine.

. . . Une membre de la commission révolutionnaire fait son rapport sur les mesures qu'elle a prises. Il divise ces mesures en deux espèces; les mesures cachées, et les mesures qui peuvent être rendues publiques. Il entre dans le détail de ces dernières, parmi lesquelles se trouve la mesure d'arrestation de toutes les personnes qui ont donné lieu aux mouvements contre-révolutionnaires qui ont existé depuis quelque temps.

Quatre nouveaux commissaires sont adjoints au comité révolutionnaire.

. . . Il est trois heures moins un quart du matin.—Le conseil interrompt sa séance.

(*Markov*, 461–4)

(42) Address to the Convention of the general assembly of the *Section des Sans-Culottes*, 31 May 1793

Mandataires du peuple,

Assez et trop longtemps des familles entières de nos frères languissent et périssent de besoin, assez et trop longtemps la cherté des denrées de première nécessité prive une foule de citoyens de leur subsistance, il faut enfin mettre un frein à la cupidité insatiable de ces infâmes égoistes qui trafiquent du sang des malheureux et font de la misère publique la base de leurs fortunes particulières.

Puisqu'il est vrai que ces monopoleurs ne sont émus ni par la vue des maux de leurs semblables, ni par les cris de l'indigence, ni par les gémissemens de leurs victimes, puisque rien ne peut ébranler ces coeurs de bronze, Mandataires du peuple, faites éclater la justice nationale, et mettez des bornes à leurs forfaits.

Nous vous demandons pour mettre fin à nos maux, et pour accorder la nécessité de manger pour vivre avec la possibilité, Nous vous demandons de taxer les denrées de première nécessité, d'en proportionner le prix à celui du travail de chacun, et de manière que chacun puisse y atteindre facilement. Nous vous demandons que cette loi bienfaisante s'étende à toute la république.

Si dans le moment même où le peuple se lève notre section vient encore de s'adresser à vous, c'est dans l'espoir qu'en vous deposant de nouveau ses armes, et en vous rendant l'exercice de sa souveraineté, vous allez en faire usage pour le bonheur du peuple; écoutez donc sa voix et prévenez les malheureux excès dont le désespoir et la rage peuvent la rendre avec vous la première victime. . . .

(*Markov & Soboul*, no. 11)

(43) Notes for Vergniaud's defence before the Revolutionary Tribunal

J'AI ÉTÉ D'UNE FACTION. IL Y A EU UNE CONSPIRATION.

Relations d'estime, jamais coalitions d'opinions.

J'ai connu B[rissot] aux Jacobins. Inconnus les uns aux autres: comment coalisés?

Diversité de nos opinions dans diverses circonstances.

Appel au peuple.—La mort.—Sursis.—Assemblées primaires.

. . . Leur crime, et ma consolation, de m'avoir aimé.

S'il faut le sang d'un Girondin, que le mien suffise.

Ils pourront réparer par leurs talents et leurs services . . . d'ailleurs ils sont pères, époux.

Quant à moi, élevé dans l'infortune . . .

Ma mort ne fera pas un malheureux. (*Wallon*, I, 480–1)

(44) Thibaudeau on the extinction of parliamentary life after 31 May

Tout ce qui parlait d'ordre était flétri comme royaliste; tout ce qui parlait de lois était ridiculisé comme *homme d'État*; une dénomination honorable devint une injure et un titre de proscription. On préluda par des outrages et des accusations réciproques, et l'on finit par les proscriptions. La gironde fut la dernière limite entre les lumières et les ténèbres. Quand elle fut renversée on tomba dans le chaos.

Cette révolution s'était consommée à Paris depuis le 10 août. L'autorité y était arrivée dans les mains des démagogues; le 31 mai la leur livra dans toute la France. . . . on avança toujours, parce qu'on n'osait plus reculer et qu'on ne voyait plus d'issue pour en sortir. Car Camille-Desmoulins et Danton, l'un fameux par la hardiesse de ses pensées et le sel de ses pamphlets, l'autre par ses formes athlétiques et son éloquence populaire, périrent pour avoir parlé de modération; et Robespierre, lorsqu'il fut attaqué par des hommes bien plus occupés de leur salut que de celui de la France, se préparait à rejeter sur eux les crimes de la terreur.

Ce furent les résistances des ennemis intérieurs et extérieurs de la révolution qui amenèrent peu à peu la terreur. Elles firent naître l'exagération du patriotisme. Elle commença dans les classes supérieures par la chaleur et la violence des discours, et finit dans les basses classes par l'atrocité des actions. Quand le tiers-état eut renversé les priviléges, il prit aux yeux du peuple la place de l'aristocratie; et lorsque le peuple eut fait la guerre aux défenseurs de ses droits, il chercha dans son propre sein des victimes obscures pour alimenter la terreur, comme on voit des esclaves briser leurs chaînes, exterminer leurs tyrans et leurs libérateurs, et s'égorger ensuite entre eux, enivrés de sang et aveuglés par leurs victoires. Alors il semblait que pour échapper à la prison ou à l'échafaud, il n'y avait plus d'autre moyen que d'y conduire les autres. Quelques individus dénonçaient et proscrivaient par haine et par vengeance; mais le plus grand nombre croyait faire une action louable et bien mériter de la patrie.

Autant on cherche, dans les temps ordinaires à s'élever, autant on s'efforçait dans ce temps de calamité de se rabaisser pour se faire oublier, ou de se dégrader soi-même pour se faire pardonner sa supériorité. On déguisait non-seulement sa naissance et sa fortune, mais tous les avantages, plus légitimes encore que donne la nature ou l'éducation. Tout se rapetissait pour passer sous le niveau populaire. Tout se faisait peuple, tout était confondu. On abjurait costume, manières, élégance, propreté, commodités de la vie, politesse et bienséance, pour ne pas exciter l'envie de ceux à qui tout cela était étranger.

La Convention nationale ne fut plus elle-même qu'une représentation nominale, qu'un instrument passif de la terreur. Sur les ruines de son indépendance, s'éleva cette monstrueuse dictature devenue si fameuse sous le nom de *comité de salut public*. La terreur isolait et frappait de stupeur les représentans comme les simples citoyens. En entrant dans l'assemblée, chaque membre plein de défiance observait ses démarches et ses paroles dans la crainte qu'on ne lui en fît un crime. En effet rien n'était indifférent, la place où l'on s'asseyait, un geste, un regard, un murmure, un sourire. Le sommet de la montagne, passant pour le plus haut degré du républicanisme, tout y refluait, le côté droit était désert depuis que la gironde en avait été arrachée; ceux qui y avaient siégé avec elle, ayant trop de conscience ou de pudeur pour se faire montagnards, se réfugiaient dans *le ventre* toujours prêt à recevoir les hommes qui cherchaient leur salut dans sa complaisance ou sa nullité. Des personnages encore plus pusillanimes ne prenaient pied nulle part, et pendant la séance changeaient souvent de place, croyant ainsi tromper l'espion, et, en se donnant une couleur mixte, ne se mettre mal avec personne. Les plus prudens faisaient encore mieux; dans la crainte de se souiller et surtout de se compromettre, ils nc s'asseyaient jamais, ils restaient hors des bancs au pied de la tribune; et dans les occasions éclatantes où ils avaient de la répugnance à voter pour une proposition et où il pouvait y avoir du danger à voter contre, ils se glissaient furtivement hors de la salle.

La majorité de la Convention n'était pas plus terroriste que la majorté de la nation. Elle ne commanda ni les noyades de Nantes, ni les mitraillades de Lyon. Mais ne pouvant, ou n'osant plus désapprouver tout haut ce qu'elle improuvait intérieurement, elle gardait un morne silence. Les séances autre-fois si longues et si orageuses, étaient la plupart calmes, froides et ne duraient qu'une ou deux heures. Elle ne pouvait user de l'ombre de liberté qui lui restait que sur des objets de peu d'importance, et dans les matières graves elle attendait l'initiative du comité de salut public et suivait docilement son impulsion. Ses membres, son rapporteur, se faisaient attendre comme les chefs de l'État et les dépositaires du pouvoir souverain; lorsqu'ils s'acheminaient vers la salle des séances, ils étaient précédés d'une poignée de vils courtisans qui semblaient annoncer les maîtres du monde. On cherchait à lire sur leurs visages s'ils apportaient un décret de proscription ou la nouvelle d'une victoire. Le rapporteur montait à la tribune au milieu du plus profond silence, et lorsqu'il avait parlé, si l'on prenait la parole après lui, ce n'était que pour renchérir encore sur ce qu'il avait dit, et ses conclusions étaient toujours adoptées plutôt tacitement que par un vote ostensible et formel. Quand il annonçait, par exemple, le triomphe des armées, son attitude insolente semblait dire: Ce n'est ni vous, ni le peuple, ni l'armée qui ont vaincu, c'est le comité de salut public. Il s'était en effet emparé de tous les pouvoirs, de la législation et du gouvernement, de la pensée et de l'exécution. Il avait fini par enlever les proscriptions au comité de sûreté générale qui fut bientôt réduit à l'odieuse attribution de les préparer.

(*Thibaudeau*, I, 36 and 46–9)

D. EARLY MANIFESTATIONS OF THE 'GOUVERNEMENT RÉVOLUTIONNAIRE'

(45) Circular letter of the *Comité de surveillance* of the Commune to the provincial municipalities, 3 September 1792

Frères et amis,

Un affreux complot tramé par la cour pour égorger tous les patriotes de l'empire français; complot dans lequel un grand nombre de membres de l'assemblée nationale se trouvent compromis, ayant réduit, le 9 du mois dernier, la Commune de Paris à la cruelle nécessité de se ressaisir de la puissance du peuple, pour sauver la nation, elle n'a rien négligé pour bien mériter de la patrie; témoignage honorable que vient de lui donner l'assemblée nationale elle-même. L'eût-on pensé! dès-lors de nouveaux complots, non moins atroces, se sont tramés dans le silence; ils éclataient au moment où l'assemblée nationale, oubliant qu'elle venait de déclarer que la Commune de Paris avait sauvé la patrie, s'empressait de la destituer pour prix de son brûlant civisme. A cette nouvelle, les clameurs publiques, élevées de toutes parts, ont fait sentir à l'assemblée nationale la nécessité urgente de s'unir au peuple, et de rendre à la Commune, par le rapport du décret de destitution, les pouvoirs dont il l'avait investie.

Fière de jouir de toute la plénitude de la confiance nationale, qu'elle s'efforcera toujours de mériter de plus en plus, placée au foyer de toutes les conspirations, et déterminée de s'immoler pour le salut public, elle ne se glorifiera d'avoir pleinement rempli ses devoirs, que lorsqu'elle aura obtenu votre approbation, objet de tous ses vœux, et dont elle ne sera certaine qu'après que tous les départemens auront sanctionné ses mesures pour sauver la chose publique.

Professant les principes de la plus parfaite égalité, n'ambitionnant d'autres priviléges que celui de se présenter la première à la brèche, elle s'empressera de se remettre au niveau de la commune la moins nombreuse de l'état, dès l'instant que la patrie n'aura plus rien à redouter des nuées de satellites féroces qui s'avancent contre la capitale.

La Commune de Paris se hâte d'informer ses frères de tous les départemens qu'une partie des conspirateurs féroces détenus dans les prisons a été mise à mort par le peuple; actes de justice qui lui ont paru indispensables pour retenir, par la terreur, ces légions de traîtres cachés dans ses murs, au moment où il allait marcher à l'ennemi; et sans doute la nation entière, après la longue suite de trahisons qui l'ont conduite sur les bords de l'abîme, s'empressera d'adopter ce moyen si nécessaire de salut public, et tous les Français s'écrieront comme les Parisiens: Nous marchons à l'ennemi; mais nous ne laisserons pas derrière nous des brigands, pour égorger nos enfans et nos femmes.

Frères et amis, nous nous attendons qu'une partie d'entre vous va voler à notre secours, et nous aider à repousser les légions innombrables de satellites des despotes conjurés à la perte des Français. Nous allons ensemble sauver la patrie, et nous vous devrons la gloire de l'avoir retirée de l'abîme.

Les administrateurs du comité de *salut public* et les administrateurs adjoints réunis.

Signé, Pierre Duplain, Panis, Sergent, Lenfant, Jourdeuil, Marat, l'ami du peuple, Deforgues, Leclerc, Dufort, Cally, constitués par la Commune et séans à la mairie.

Paris, 3 septembre, 1792.

N.B. Nos frères sont invités à remettre cette lettre sous presse et à la faire passer à toutes les municipalités de leur arrondissement.

(*Thompson*, 201–3)

(46) From the session of the Jacobin Club of 9 October 1792

Après la lecture du procès-verbal, *Dufourny* monte à la tribune et rend compte de la mission dont il avait été chargé dans le département de la Seine-Inférieure.

'Républicains, dit-il, lorsqu'un de vos compagnons d'armes disparaît quelque temps d'au milieu de vous, quand il revient, il vous doit compte de ce qu'il a fait pour la chose publique, dont l'intérêt nous est cher à tous. A peine l'Assemblée nationale eut-elle ordonné une levée de trente mille hommes que je fus nommé commissaire du pouvoir exécutif pour les départements que devait également parcourir Albitte en qualité de commissaire du corps législatif; j'avais Saintex pour adjoint, Saintex, fondateur de la Société des droits de l'homme et membre des Cordeliers. Nous avons remarqué partout d'excellentes dispositions chez ce qu'on appelait ci-devant les non-privilégiés; il ne manque à ces braves gens que l'instruction pour devenir les défenseurs les plus ardents de la liberté; c'est dans leurs âmes que le feu du patriotisme est le plus vif; nous avons aussi observé que les communes moyennes, soit par l'étendue, soit par les richesses, sont celles qui donnent le plus d'espérances à la patrie. Dans les grandes villes, dans les cités opulentes, comme Rouen et le Havre, on ne trouve presque

que des hommes corrompus et lâches, le luxe y a amolli toutes les âmes. Je crois donc devoir vous faire part de quelques traits dont nous avons été les témoins, et qui semblent, par leur caractère républicain, transporter l'imagination chez les peuples les plus célèbres de l'antiquité. . . .

A Bolbec, un compagnon boulanger nous demande si la loi ordonne le tirage; on lui répond que les enrôlements doivent être volontaires: il se fait enrôler le premier. Cette ville est moitié catholique, moitié protestante; cependant la concorde y règne d'une manière parfaite, et, s'il y a quelque rivalité entre les citoyens, c'est pour se devancer l'un l'autre en amour pour la patrie.

En général, dans les petites villes, nous avons trouvé constamment vingt, trente, quarante et jusqu'à cinquante défenseurs de la République, et dix ou douze milles livres en offrandes patriotiques.

La ville de Rouen, lorsque nous y sommes arrivés, venait d'être agitée par des troubles; le drapeau rouge flottait sur la maison commune, nous l'avons fait disparaître; un grand nombre de personnes nous témoignèrent la terreur que leur inspiraient les piques: nous avons provoqué la fabrication de cette arme républicaine. Il nous a paru que des mauvais citoyens, même dans les corps administratifs, attendaient le roi le 10 août; on voulait accaparer les grains, puis soulever le peuple, enfin créer un parti au roi en ouvrant tous les greniers immédiatement après son arrivée. Ce complot a été exécuté en partie, car il s'est fait des accaparements, et l'on exhortait les fermiers à ne point vendre les blés pour des assignats. . . .

A Blangy, les citoyens me pressèrent d'appeler au serment les religieuses qui sont chargées de l'instruction. Après avoir commandé le plus grand respect pour ces religieuses, je les fit venir, escortées par un détachement; je les interpellai de prêter le serment; elles refusèrent: je les destituai, et j'ai pourvu à leur remplacement par des citoyennes. Ici, je ne dois pas omettre un fait remarquable: dans une assemblée, je m'adressai aux femmes et je leur dis: "Citoyennes, vous avez bien mérité de la patrie, et comme mères et comme épouses; l'Assemblée constituante vous en donna un témoignage insigne lorsqu'elle confia à vos tendres sollicitudes le dépôt sacré de la liberté; vous pouvez en ce moment servir utilement la République: vouez le plus profond mépris aux hommes qui ne partiraient pas pour la défendre." Ce conseil fut suivi d'un cri unanime d'approbation qui fit la plus salutaire impression sur le reste de l'assemblée.

Cependant j'ai été affligé de voir qu'à mesure que nous faisions des progrès tout conspirait à notre détriment. Lors de mon départ, Roland me semblait pur; mais depuis il a expédié des lettres et des ordres qui méritent attention, et même improbation. Si Roland envoie dans les départements des bons ouvrages, tous les bons ouvrages n'y sont pas envoyés. A Neufchâtel nous avons trouvé sa fameuse lettre contre les commissaires du pouvoir exécutif; on nous opposait à tout moment cette lettre, et nous étions exposés à de mauvais traitements. Sans doute l'événement du 2 septembre a frappé d'étonnement tous les ennemis de la révolution du 10 août, et même les patriotes tièdes des départements; mais nulle part je n'ai entendu blâmer cette action, qui, lors même qu'elle ne serait pas utile, n'a été commise que par un petit nombre d'hommes. Je demande formellement qu'il soit adressé aux Sociétés affiliées une lettre pour les prier de ranimer leur correspondance et de surveiller les ouvrages qui sont envoyés dans les différentes communes.'

Dufourny a été vivement applaudi.

C . . . —J'appuie de toutes mes forces la motion que vous venez d'entendre. J'arrive du département de l'Allier; je vais dire ce qui s'y passe. Nous, gens de départements, patriotes purs comme les rayons du soleil, nous croyions que c'étaient Brissot, Guadet, la faction de la Gironde, qui avaient conduit la révolution du 10 août: nous le croyions bonnement, et pourquoi? C'est que nous ne recevions que le *Patriote français*, la *Chronique de Paris*. Je demande qu'on détrompe les patriotes de cette erreur funeste, qu'on leur dise que ce sont les vrais Jacobins qui ont fait la révolution. Pour moi, je ne cesserai de le proclamer. Nous avons applaudi, n'en déplaise à quelques consciences timorées, à l'événement du 2 septembre: de grandes crises sont nécessaires pour purifier un corps gangrené; il faut couper des membres pour sauver le corps. Tant que nous aurons de mauvais chefs de file, nous pourrons être égarés; mais lorsque nous saurons quels sont les vrais Jacobins, ils seront nos guides: nous nous rallierons à Danton, à Robespierre, et nous sauverons l'État. (*Vifs applaudissements.*)

Dufourny ajoute au récit de sa mission plusieurs faits importants: il a exterminé trois journaux qui, dans le département de la Seine-Inférieure, égaraient le patriotisme. Au Havre, ville qui contient trente millionnaires, le plus riche citoyen n'a donné que cent écus. Dufourny leur a remontré qu'on ne pouvait à la fois posséder des nègres esclaves et remplir des fonctions publiques sans être parjure aux droits de l'homme. . . .

(*Aulard*, IV, 368–72)

(47) Ministerial responsibility: letter of Roland to the Convention, 9 January 1793

. . . Je crois devoir à la Convention nationale des observations qui me semblent importantes sur le décret qu'elle vient de rendre. Son objet, sans doute, en demandant au conseil exécutif un compte général de la République et des divers départemens du ministère, est de bien connaître notre situation, nos rapports, nos forces et nos moyens. J'ignore si elle a cru mieux s'assurer cette connaissance en exigeant que le compte qu'elle attend soit signé de tous les ministres; je ne puis penser que personne ait eu l'idée, en faisant adopter cette mesure, d'enchaîner les six ministres aux erreurs de l'un d'entre eux; mais je lui déclare que le mode est infaillible pour avoir un compte imparfait; car si tous les ministres le signent, ce sera dans le cas où le compte ne renfermera que des objets également connus de tous, et dont l'exactitude soit démontrée à chacun: or cela n'est ainsi que d'un petit nombre.

Je déclare, quant à mois, que je suis entièrement étranger aux opérations des bureaux de la guerre; que la marche des troupes, quelques lettres des généraux, et autres choses semblables, ont été seules soumises au conseil; mais que l'état des armées, leurs fournitures, etc., me sont inconnus, et que jamais je ne signerai rien de ce qui leur serait relatif, parce que je ne saurais rien attester à cet égard. C'est depuis peu de jours seulement qu'il a été remis au conseil un état des subsistances et achats de ce genre pour le département de la guerre: encore présente-t-il des parties confuses et incertaines.

La Convention connaît les motifs pour lesquels je me suis séparé du directoire général des vivres: je les lui ai exposés; elle sait que, réuni aux deux autres ministres qui ont à s'occuper de subsistances, afin de leur donner des renseignemens utiles, je n'ai pu établir ma confiance dans leurs agens, et me suis hâté de me retirer; je ne saurais rien signer des résultats de leurs opérations. Sans doute, d'après les communications régulières faites au conseil par le ministre des affaires étrangères, son mémoire sur nos relations extérieures pourra offrir un ensemble dont tout le conseil attesterait l'authenticité. Il peut en être ainsi de quelques autres départemens; mais la *marine*, ainsi que la *guerre*, renferment une foule d'opérations administratives importantes, auxquelles tiennent les résultats, et dont l'ordonnateur peut et doit seul répondre. J'ose dire que la Convention elle-même ne saurait exiger le contraire: car elle ne peut vouloir exercer sur chacun que la responsabilité qui lui a été imposée; et certes, elle est assez étendue pour ne pas l'aggraver encore, fût-ce même indirectement. Les ministres n'ont point été, d'après l'organisation qui détermine leur existence, constitués solidaires; et, en faisant une loi pour les rendre tels, on ne pourrait donner à cette loi un effet rétroactif. Je déclare encore, avec cette franchise qui ne connaît point de ménagemens, lorsque le bien public exige qu'on la déploie, que jamais la Convention n'obtiendra collectivement du conseil exécutif un compte exact et sévère, qu'autant qu'elle ordonnera que sur les objets importans, le secrétaire du conseil écrive *les opinions* des ministres. On n'inscrit que les délibérations, méthode insuffisante, puisqu'elle ne fait pas connaître les raisons, et n'établit point pour chacun un caractère *moral* et *politique*, sur lequel il faut juger l'homme d'état, autant que sur ses opérations. . . .

P.S. Je prie instamment la Convention de vouloir bien remarquer que je n'entends pas me soustraire à la responsabilité solidaire des mesures générales du conseil, prises par déliberations, lorsque les opinions de chacun sont relatées dans la délibération même; responsabilité que refusaient injustement les anciens ministres qu'on a cités; mais on doit distinguer ces mesures générales des moyens d'exécution. Par exemple (car il importe, je crois, de bien éclairer ce point), les ministres répondent solidairement de la délibération prise de poster une armée sur telle frontière, comme sur celle d'Espagne; mais de l'état de cette armée et de ses moyens d'agir, l'ordonnateur du département de la guerre peut seul répondre; car tout autre ministre ne pourrait connaître l'intérieur de ce département, pas plus qu'en choisir les agens, et surveiller leurs opérations. Voilà pourquoi un compte collectif n'offrira que des généralités; voilà pourquoi j'insiste si fortement sur la nécessité d'inscrire les opinions, puisqu'il y aurait encore de l'injustice à faire un crime à un homme, d'une déliberation passée contre son avis, et qu'il n'aurait signée que pour se soumettre à la majorité. Le registre du conseil devrait être la base de la responsabilité du pouvoir exécutif, et le monument historique de ses opérations; il ne sera tel qu'avec des formes exactes, et qu'en présentant le procès-verbal de chaque séance.

J'observe que l'envoi de cette lettre à la Convention a été retardé d'un jour, dans l'idée de devoir communiquer de son objet avec mes collègues. Je l'ai fait. Il leur aurait été difficile de penser différemment de moi; ils n'ont rien pu arrêter sur la manière de se conformer littéralement au décret, bien moins sur l'époque à fixer pour en réaliser le vœu. Je n'en ai été que plus confirmé dans la nécessité de donner à mes mémoires leurs cours naturels. Ils sont très-particuliers à l'administration qui m'est confiée. Ils nécessitent en plus grande partie des décisions promptes; car les subsistances, les secours de charité, les travaux publics, les routes surtout qui sont dans un état de délabrement épouvantable, l'état des biens des émigrés, quant au séquestre, l'esprit public enfin, par lequel tout se modifie, sont des objets si importans et si pressés, que tout délai de ma part serait un crime. Je puis croire qu'il mettrait la chose publique en péril.

(*Buchez*, XXIII, 16–20)

(48) Despair: letter of Jeanbon Saint-André to Barère, member of the *Comité de défense générale*, Moissac, 26 March 1793

Il est temps enfin, citoyen collègue, de sonder la profondeur de l'abîme dans lequel nous sommes rapidement entraînés. La chose publique, nous le disons expressément, est prête à périr, et nous avons presque la certitude qu'il n'y a que les remèdes les plus prompts et les plus violents qui puissent la sauver.

Quand on annonça pour la première fois au sein de la Convention cette vérité salutaire que nous étions une assemblée révolutionnaire, on eut la douleur de la voir maladroitement ou perfidement méconnue. Des hommes que nous n'avons pas besoin d'inculper, surtout dans l'intimité d'une correspondance confidentielle, nous demandaient alors: 'Où voulez-vous donc nous mener? Que reste-t-il à détruire? La Révolution est achevée et l'instrument révolutionnaire doit être brisé.' L'expérience prouve maintenant que la Révolution n'est point faite, et il faut bien dire aujourd'hui à la Convention nationale: 'Vous êtes une assemblée révolutionnaire.'

Mais il ne suffit pas, citoyen collègue, de reconnaître (peut-être, hélas! trop tard) cette utile vérité; il faut en tirer les conséquences pratiques qu'exige le salut public. Nous sommes liés de la manière la plus intime au sort de la Révolution, nous qui avons voulu la consommer. Vous l'êtes, vous qui avez déterminé le grand coup qui devait nous rendre libres, s'il avait été frappé plus tôt et si nos mesures avaient été analogues à cet acte éclatant de justice. On ne pardonnera ni à vous ni à nous d'avoir voulu la liberté pure et sans mélange, et nous devons conduire au port le vaisseau de l'État, ou périr avec lui.

Ne nous dissimulons pas les dangers de notre position; elle est telle que, si notre courage ne fait pas naître quelqu'une de ces occasions extraordinaires qui remontent l'esprit public en France et lui donnent une nouvelle force, il n'y a plus d'espérance. Les troubles de la Vendée et des départements voisins sont inquiétants sans doute, mais ils ne sont vraiment dangereux que parce que le saint enthousiasme de la liberté est étouffé dans tous les cœurs. Partout l'on est fatigué de la Révolution. Les riches la détestent, les pauvres manquent de pain, et on leur persuade que c'est à nous qu'ils doivent s'en prendre. Les journalistes ont entièrement égaré, perverti l'opinion publique. Les sociétés populaires elles-mêmes ont entièrement perdu leur énergie.

Ces faits sont affligeants, mais ils sont vrais. Et observez, citoyen collègue, que nous écrivons du sein d'un département qu'on peut regarder comme un des meilleurs de la République, et cependant nous y acquérons chaque jour la triste certitude de la force de nos ennemis et de notre faiblesse. Encore une fois, ils sont bien coupables ces hommes qui ont détruit la confiance par la calomnie; ils sont les vrais auteurs de nos maux, et si la liberté périt, ce sont eux qui en seront l'unique cause.

Nous faisons bien tous nos efforts pour redonner aux âmes un peu de ressort, mais nous parlons à des cadavres. Il y a plus: tout ce qu'on appelait ci-devant modérés, qui faisaient en quelque sorte une cause avec les patriotes et qui tout au moins voulaient une révolution quelconque, n'en veulent plus aujourd'hui. Ils aspirent à la faire rétrograder; disons le mot, ils veulent la contre-révolution, et ils sont liés à cœur, d'intention, de volonté, et bientôt ils le seront de fait et d'action avec les aristocrates. Croyez-en des collègues qui cherchent la vérité de bonne foi, qui aiment sincèrement la patrie. Nous ne connaissons en ce moment que deux partis en France: celui des amis et celui des ennemis de la liberté. Ce dernier, grossi de tous les adhérents d'un certain parti qui, peut-être, n'avait pas le dessein de conduire les choses à cette extrémité, mais qui nous a perdus pourtant; l'autre, faible, qui décroît chaque jour, que le malheur du temps et la chute des subsistances vont bientôt rendre nul. Que nous restera-t-il alors? A envelopper nos têtes dans nos manteaux et à recevoir le coup qui menace nos têtes.

Voyez avec quelle audace on se révolte contre le nouvel ordre de choses. Nous, vos commissaires, avons été insultés en passant à Orléans, et, avec moins de prudence, nous aurions subi le sort qu'a éprouvé notre collègue Bourdon. Vous voulez punir cette ville rebelle. Se soumettra-t-elle à vos décrets? Ou aurez-vous la force de les faire exécuter? Si là votre impuissance est reconnue, la Convention nationale est avilie, et, déjà chargée de tous les opprobes dont ses propres ennemis l'ont couverte, elle ne peut rien faire de bon.

Prendra-t-on le parti d'en appeler une autre? Ou le peuple français refusera de la nommer, ou il en nommera une entièrement opposée aux principes de la liberté. Ce qui nous le prouve, c'est que partout les municipalités, qui sont du choix immédiat du peuple, sont faibles ou corrompues; nous les avons au moins trouvées telles dans tous les lieux que nous avons parcourus. La gangrène a donc infecté la masse, et, si l'on veut la sauver, il faut commencer par la régénérer.

Quelles mesures prendre pour cela? Il faut qu'elles soient grandes et rigoureuses. Les demi-partis nous ont perdus; peut-être des partis plus courageux ne remédieront pas au mal, mais au moins, s'il faut périr, nous périrons avec gloire. Barère, vous avez la confiance d'une grande partie de l'Assemblée; c'est un honneur sans doute, mais il ne vous impose que des devoirs plus grands; croyez-en la franchise austère de deux collègues qui osent se flatter d'avoir des droits à votre estime. C'est en versant des larmes sur le sort de la patrie qu'ils vous invitent à travailler de toutes vos forces à combler le précipice creusé sous nos pas. D'autres ont commencé par rendre des services à la cause du peuple pour l'assassiner ensuite plus sûrement sous le masque du patriotisme. Vous, ne voyez que le bien public et songez qu'il n'y a de gloire durable que celle que donne la vertu.

Nous avons rempli un devoir; notre cœur, en vous parlant, s'est déchargé d'une partie du poids qui l'oppresse. Nous attendrons votre réponse avec impatience; adressez-la par duplicata à Périgueux et à Montauban. Qu'elle soit courte, car vous devez être accablé de travaux, mais que ce soit le cœur de Barère qui la dicte. Adieu.

P.S.—Le pauvre n'a pas de pain et les grains ne manquent pas, mais ils sont resserrés, et tous les administrateurs que nous avons vus nous ont affirmé ce fait. Il faut très impérieusement faire vivre le pauvre, si vous voulez qu'il vous aide à achever la Révolution. Dans les cas extraordinaires, il ne faut voir que la grande loi du salut public. Nous pensons qu'un décret qui ordonnerait un recrutement général de tous les grains serait très utile, surtout si l'on y ajoutait une disposition qui établît des greniers publics formés du superflu des particuliers, en payant comme il est juste au propriétaire la valeur de la denrée. Les districts doivent être chargés de ce soin de préférence aux municipalités, parce que les districts valent mieux que les municipalités. Ils pourraient être autorisés à nommer des commissaires pour faire ce recrutement. Nous vous soumettons cette idée, que nous croyens bonne, parce qu'elle est analogue aux circonstances.

Les commissaires de la Convention nationale aux départements du Lot et de la Dordogne,

JEANBON SAINT-ANDRÉ, Élie LACOSTE

(*RF*, 17, 355–9)

(49) Decree Creating the Committee of Public Safety, 6 April 1793

La Convention nationale décrète:

ARTICLE 1er.—Il sera formé par appel nominal un *Comité de salut public*, composé de neuf membres de la Convention nationale.

ART. 2.—Ce Comité délibérera en secret. Il sera chargé de surveiller et d'accélérer l'action de l'administration confiée au Conseil exécutif provisoire, dont il pourra même suspendre les arrêtés, lorsqu'il les croira contraires à l'intérêt national, à la charge d'en informer sans délai la Convention.

ART. 3.—Il est autorisé à prendre, dans les circonstances urgentes, des mesures de défense générale extérieure et intérieure, et les arrêtés, signés de la majorité de ses membres délibérants, qui ne pourront être au-dessous des deux tiers, seront exécutés sans délai par le Conseil exécutif provisoire. Il ne pourra en aucun cas décerner des mandats d'amener ou d'arrêt, si ce n'est contre des agents d'exécution et à la charge d'en rendre compte sans délai à la Convention.

ART. 4.—La Trésorerie nationale tiendra à la disposition du Comité de salut public jusqu'à concurrence de 100.000 livres pour dépenses secrètes, qui seront délivrées par le Comité et payées sur les ordonnances qui seront signées comme les arrêtés.

ART. 5.—Il fera chaque semaine un rapport général et par écrit de ses opérations et de la situation de la République.

ART. 6.—Il sera tenu registre de toutes les délibérations.

ART. 7.—Ce Comité n'est établi que pour un mois.

ART. 8.—La Trésorerie nationale demeurera indépendante du Comité d'exécution et soumise à la surveillance immédiate de la Convention, suivant le mode fixé par les décrets.

(*Mautouchet*, 173–4)

(50) Instructions for the *Commisaires observateurs* created by an *arrêté* of the *Conseil exécutif* on 3 May and approved by the Committee of Public Safety

(a) for Paris

Cette honorable mission consiste à se porter alternativement, et le plus souvent qu'il sera possible, dans tous les lieux où se rassemblent les citoyens, pour y étudier l'esprit public et les projets qui s'y développent, à faire une note exacte des principaux faits, discussions, arrêtés et délibérations, et à les envoyer sur-le-champ au ministre de l'Intérieur.

Ainsi les commissaires doivent surtout se trouver aux assemblées du département, de la commune, des sections et des sociétés populaires; ils doivent également paraître dans les cafés, aux promenades, sur les places au milieu des groupes, et, s'ils s'aperçoivent de quelque fermentation ou projet tendant à compromettre la tranquillité publique, il faut qu'ils en préviennent avec célérité le ministre de l'Intérieur.

Ils ne doivent pas négliger les auditoires de justice; c'est là où l'on peut saisir plus sûrement l'opinion publique sur les juges et sur les individus et les causes soumises à leur jugement.

Il est aussi intéressant d'assister dans les temples, aux moments où il y a des prédications, pour connaître dans quel sens les fonctionnaires ecclésiastiques instruient leur auditoire.

Lorsqu'on donne des pièces nouvelles, il est bon que les commissaires assistent aux premières représentations pour juger de la pièce et de l'effet qu'elle produit sur les spectateurs.

En recueillant avec soin tous ces renseignements, le Pouvoir exécutif pourra par lui-même, ou en instruisant la Convention nationale, prévenir tous les mouvements désordonnés et séditieux, éclairer à propos les citoyens sur leurs vrais intérêts et maintenir la paix dans cette immense cité; il pourra, au moyen des avis et des vues que communiqueraient les commissaires sur les comestibles, combustibles, les travaux à entreprendre, veiller aux approvisionnements de Paris et procurer de l'occupation à la classe indigente et oisive.

Ainsi tout ce qui peut intéresser la prospérité de cette ville est confié aux lumières et à la prudence des commissaires. Ils ne regarderont pas comme étranger à leur mission le soin de s'informer du prix des grains farines, viandes, poissons, épiceries, foins, pailles, bois, draps, cuirs, et généralement ce qui sert aux besoins particuliers des citoyens. Ils porteront également un œil extrêmement attentif sur les ouvrages nouveaux qui se vendent chez les libraires, ou se distribuent dans les rues, sur les placards, sur les journaux, sur l'avidité plus ou moins grande du public à acheter, à lire et à louer ces écrits. Ce chapitre du compte à rendre par le commissaire sera l'un des plus intéressants, surtout en ayant l'attention de recueillir tout ce que ces diverses productions ont de nouveau, de piquant, d'extraordinaire.

(b) for the *départements*

Les commissaires observateurs sont spécialement chargés de porter leur attention sur tout ce qui peut intéresser la tranquillité et l'ordre des départements qu'ils auront à parcourir, sur les causes qui nuisent à la tranquillité, sur les moyens de la rétablir et d'exciter le patriotisme et l'amour de la Révolution. Il ne faut pas qu'une campagne, qu'un hameau échappent à leurs remarques. Pourtant il faut saisir l'esprit public et l'état des choses. Prendre des notes exactes sur la partie religieuse, politique, commerciale et rurale de chaque endroit, envoyer au ministre des observations au fur et à mesure qu'elles seront faites. Ainsi l'examen des commissaires portera sur les objets suivants:

Prêtres, religion. Combien y a-t-il de prêtres dans chaque paroisse? Les habitants suivent-ils leur curé constitutionnel, se rendent-ils à ses offices? Quel est son âge? était-il fonctionnaire avant la Révolution? lit-il les lois et les papiers patriotiques à ses paroissiens, leur fait-il aimer la Constitution républicaine? exécute-t-il la loi du 20 septembre sur les naissances, mariages et décès? ne prend-il aucune part au gouvernement politique de sa paroisse? est-il marié? Y a-t-il des prêtres réfractaires? ont-ils des sectateurs? etc., etc.

Corps administratifs, municipalités. Sont-ils patriotes? veillent-ils soigneusement à l'exécution des lois? les contributions de 1791 sont-elles acquittées? celles de 1792 sont-elles en recouvrement? se plaint-on de surtaxe? Quelle est la proportion du revenu avec les contributions? Exécute-t-on soigneusement la loi contre les émigrés? Reste-t-il encore beaucoup de biens nationaux à vendre? etc.

Quelle est la population de telle ville, telle commune? combien a-t-elle fourni d'individus aux armées? Y révère-t-on la Constitution? y abhorre-t-on l'ancien gouvernement? Quelles sont les lois qu'on aime le plus, quelles sont celles dont on désire la révocation ou modification?

. . . *Moral.* Quel est le caractère des habitants, quels seraient les moyens de l'améliorer? Y a-t-il des ressources locales pour l'instruction? Les habitants sont-ils portés à s'instruire? Connaissent-ils avec quelque détail l'histoire de notre Révolution? Les bonnes mœurs y sont-elles vénérées, les propriétés protégées?

Les emigrés?—Biens faciles à vendre?—Les assignats, les routes, les postes; quels arts ont gagné ou perdu à la Révolution?

Quels sont les établissements de charité et leur administration? Y a-t-il des mendiants? La gendarmerie nationale remplit-elle ses devoirs avec exactitude? Les grandes routes sont-elles sûres? Le service de la garde nationale se fait-il régulièrement et avec plaisir? Les corps administratifs, municipalités et autres autorités constituées jouissent-ils de l'estime et de la confiance publiques? En un mot, quel est l'état des choses et quels seraient les moyens de l'améliorer pour porter la prospérité publique au plus haut degré?

Nota. En rendant compte des villes, les commissaires observateurs auront attention de dire ce qu'elles ont souffert ou gagné par la Révolution, et ils voudront bien ne pas perdre de vue que le sort de la France est dans leurs mains, et qu'en remplissant cette mission honorable comme il faut, ils acquerront des droits sacrés à la reconnaissance et à l'estime publiques.

Supplément aux instructions données aux Commissaires observateurs.

Les commissaires sont spécialement chargés de prendre des notes exactes sur l'administration des villes, bourgs et villages qu'ils auront à parcourir; ces notes consisteront à dire si les corps administratifs et municipaux sont patriotes, s'ils veillent soigneusement à l'exécution des lois; si les contributions de 1791 sont acquittées, si celles de 1792 sont en recouvrement, si on se plaint de surtaxe; quelle est la proportion des revenus avec les contributions; si on exécute soigneusement la loi contre les émigrés; si on vend avec exactitude les biens nationaux; s'il y a des coalitions et des intelligences frauduleuses entre les acquéreurs; si les membres des corps administratifs et municipaux jouissent de la confiance publique; s'ils font goûter leur administration; s'ils sont économes; si on aime la Révolution; si on abhorre l'ancien gouvernement; si les procès se terminent avec rapidité ou négligence dans les tribunaux; si les juges sont d'anciens magistrats ou hommes de lois; si les avoués abondent; si les détours et les maux de l'ancienne chicane existent encore; si le peuple ne préférerait pas de terminer ses différends par la voie de l'arbitrage; s'il y a des prêtres réfractaires; s'ils ont des sectateurs; si les habitants suivent leur curé constitutionnel; s'ils se rendent à ses offices; si le fanatisme fait encore des ravages; quels seraient les moyens de les arrêter.

(*Wallon 31 Mai*, I, 488–91)

(51) Misunderstandings: letter of the Committee of Public Safety to the *représentants* with the *armée du Nord*, 28 May 1793

Citoyens nos collègues,

Nous ne devons pas ressembler aux généraux et aux ministres des monarchies, qui, dans les revers, s'imputent réciproquement les fautes des particuliers et les malheurs communs. On s'aigrit, et les fautes se multiplient.

Vous observez que l'incertitude des administrations sur les limites de leurs pouvoirs les rend d'une circonspection très nuisible dans les temps de crises.

La Convention nationale leur a donné tous les pouvoirs nécessaires au développement de leurs forces, de leurs moyens et de leur énergie, puisqu'elle les a encouragées et invitées à employer toutes les mesures de salut public qui seront en leur pouvoir, en vous les présentant, et à la charge d'obtenir votre approbation.

Il est vrai que nous applaudissons à la vigueur de leurs mesures et que nous les prions de ne pas contrarier les opérations de l'administration générale ou du Conseil exécutif.

Ne faut-il pas que tous les mouvements particuliers se coordonnent dans le mouvement général? Ne faut-il pas que toutes les forces particulières reçoivent une direction uniforme?

Vous vous plaignez de ne savoir vous-mêmes à quoi vous en tenir et quel parti prendre; nous vous recommandons, dites-vous, de ne pas vous mêler d'administration ni d'opérations militaires, mais vous ajoutez que nous devons pour cela faire marcher les généraux et les ministres; vous nous dites de faire que les soldats ne vous assiègent pas de plaintes évidemment légitimes.

Citoyens, que pouvons-nous faire de plus que ce que nous avons proposé pour vous investir d'une grande autorité et d'une haute considération?

Tout est soumis à votre pouvoir: tous les fonctionnaires civils et militaires vous doivent compte de leur conduite et sont soumis à votre surveillance.

Vous avez le pouvoir de suspendre provisoirement tous les agents, lorsque vous jugez qu'ils n'ont pas rempli leurs devoirs ou qu'ils ne méritent pas la confiance publique.

Le Comité de salut public avait proposé de vous déléguer le pouvoir de destituer les agents; la Convention nationale a décidé que le pouvoir de prononcer la suspension était suffisant et remplissait le même objet.

Veuillez bien, citoyens nos collègues, relire le plan de surveillance et de correspondance que nous avons présenté à la Convention nationale et qu'elle a adopté.

Vous observerez que nous ne confondons pas l'administration et les opérations militaires; vous avez une influence nécessaire, immédiate et très active sur toutes les parties de l'administration.

Il vous est recommandé d'observer, de surveiller les opérations militaires. Le général est le principal objet de votre surveillance, mais c'est à son occasion que nous avons dit et que nous croyons toujours devoir dire que le général doit être libre dans ses conceptions, qu'il ne doit pas être influencé, qu'il doit toujours être l'agent responsable et qu'il cesserait de l'être si les représentants du peuple décidaient les attaques et les batailles.

Mais vous ne devez pas perdre de vue qu'un général qui voudrait trahir sa patrie, qui ne serait pas digne de la confiance publique et dont les talents ne répondraient pas à ce que la nation en doit attendre, est, comme tous les autres fonctionnaires civils ou militaires, soumis à l'exercise de l'autorité dont vous êtes investis.

Un général digne de commander l'armée doit jouir d'une haute considération, mais il faut le frapper de la suspension dès qu'on s'aperçoit que l'intérêt de la République l'exige.

Vous êtes à l'armée un Conseil d'état; vos fonctions consistent à placer à côté du général et de l'armée tous les moyens nécessaires pour assurer le succès des opérations militaires, à dispenser du recours à la Convention nationale dans tout ce qui exige de la célérité; vous êtes les représentants de la nation et un grand Conseil exécutif pour mettre l'armée et le général en état d'exécuter toutes leurs opérations.

Vous devez les laisser agir librement, mais vous devez suspendre tous les fonctionnaires suspects.

Quant à l'administration, vos pouvoirs embrassent tout: l'administration civile, l'administration militaire, les commissaires des guerres, les payeurs des armées, les administrateurs des départements vous doivent compte de l'exercice de leurs fonctions.

Vous devez juger toutes les mesures que l'on vous propose, en autoriser ou en défendre l'exécution.

La Convention nationale veut que l'on prenne dans les départements tous les grains, toutes les denrées, toutes les marchandises et tous les effets nécessaires à la subsistance, à l'habillement, à l'armement, au campement des troupes de la République.

La compagnie centrale des subsistances et de l'habillement de Paris ne fournira que ce que vous ne pourrez pas vous procurer dans les départements de votre arrondissement.

Vous êtes autorisés d'encourager les manufactures, d'assurer aux fabricants, aux manufacturiers, des débouchés pour la vente de tout ce qui peut sortir de leurs fabriques et servir à l'armée.

Vous nous aviez annoncé qu'il conviendrait de faire faire dans le département du Nord tous les ouvrages de charonnage; nous nous sommes empressés de seconder vos vues, et vous avez tous les pouvoirs que vous pouviez désirer.

Vous avez éprouvé des difficultés pour les paiements; vous n'en éprouverez certainement plus: nous avons pourvu à tout. Nous avons assuré tous les paiements et tous les genres de services. Lorsque vous prévoyez que vous ne trouverez pas de fonds pour des dépenses ordonnées, vous devez en faire dresser un état, l'envoyer au Comité des finances et à la Trésorerie nationale; on n'exige qu'un avertissement qui précède de huit jours les besoins, pour faire parvenir les fonds à leur destination ou pour faire payer à Paris les ordonnances que vous viserez; nos instructions contiennent tous les détails nécessaires. Vous remarquerez que nous nous sommes moins appliqués à limiter vos pouvoirs qu'à régler la manière de les exercer, afin que l'exécution soit toujours sûre et uniforme.

C'est dans les grandes circonstances, citoyens, que nous devons nous tenir unis et serrés. Que les événements n'altèrent jamais notre union . . .

(*Mautouchet*, 221–3)

CHAPTER II

The Crisis of the Revolution, 2 June 1793–14 frimaire an II

A. CIVIL WAR

(52) The general situation: from the debate in the Jacobin Club on 23 June 1793

JEANBON SAINT-ANDRÉ.—En réfléchissant sur la situation de la République, il est facile de se convaincre que le système de fédéralisme existe réellement et qu'on s'efforce de le réaliser.

C'est surtout dans les départements du midi qu'on veut fédéraliser la République et la partager en plusieurs états. Lyon, Marseille, Toulouse, Arles paraissent seconder ces projets criminels, et jouer le plus grand rôle dans ce système de division. Le mal est grand sans doute, mais il n'est pas impossible d'y apporter remède; nous voyons que dans le midi le peuple commence à s'éclairer. Soit nécessité, soit raison, Nantes est revenu de son égarement. Le département de Lot, qui avoisine celui de Haute-Garonne, commence à ouvrir les yeux; leur égarement fut prompt, mais leur retour est franc et sincère. Nous avons des moyens de régénération, il faut les employer; les uns appartiennent à la Société, d'autres à la Convention nationale.

Les autorités constituées de Toulouse demandent à transiger; cela provient de ce qu'elles ont peur. Il faut Soutenir Société populaire de cette ville, qui en était opprimée, mais qui commence à relever le front. On leur écrira de ne pas se décourager et de persister dans les bons principes.

Plusieurs Sociétés populaires sont fidèles à la cause de la liberté.

On vous a dit que plusieurs membres de la Société populaire de Toulouse avaient cédé à des propositions d'accommodement faites par les autorités constituées. Il faut écrire à nos frères de Toulouse que l'accommodement qu'ils ont fait avec des contre-révolutionnaires exige de sérieuses réflexions. Il faut leur dire qu'entre le vice et la vertu, entre le patriotisme et le feuillantisme, il n'y a ni trêve, ni accommodement. Par là vous encouragerez le zèle de cette Société et vous lui communiquerez cette énergie qui doit sauver la liberté.

Il faut porter un regard sévère sur les administrateurs contre-révolutionnaires, qui nous retracent le moment où ils étaient à genoux devant les valets d'un tyran. Il faut adopter une mesure générale; il faut les détruire, ces administrateurs. (*Applaudi.*) . . .

Vadier.—Le préopinant a oublié plusieurs faits essentiels. Le plus grand crime qu'aient commis les autorités constituées de Toulouse, c'est d'avoir empêché la réunion des membres de la Société populaire, c'est d'avoir cherché à diffamer Chabot, d'avoir méconnu l'autorité de la Convention et fait arrêter les commissaires, etc.

Chabot avait envoyé à la Commune de Toulouse des membres de la Société populaire de Bordeaux; mais les tribunes, garnies de clercs de procureurs, les huèrent. On leur donna ordre de partir dans vingt-quatre heures, et leur vie fut exposée.

L'orateur se plaint qu'on ait rappelé Baudot et Chaudron-Roussau, excellents patriotes, tandis qu'on envoie dans la Vendée des conspirateurs.

'Il y a, s'est-il écrié, dans ce rappel, un dessous de cartes. Il y a dans le Comité de salut public des endormeurs, des gens qui soufflent le froid et le chaud, et qui viennent comme des porteurs d'eau. (*Applaudi.*)

Lacuée, homme suspect d'incivisme, est dans cette ville (Toulouse). Les autorités constituées l'ont porté en triomphe et lui ont dit qu'il resterait malgré le Comité de salut public, qui avait lancé contre lui un mandat d'arrêt, dont ils se moquaient, ainsi que de la Convention.'

Il demande sa destitution et son arrestation, ainsi que celle de Douziet, commandant de la garde soldée de cette ville, singe en tout de La Fayette, dont il imite jusqu'au cheval blanc; celle encore de Lombet, qui n'emploie les 300,000 livres que lui a données la Convention qu'à pervertir le peuple.

[*Duprat* demande que la Société envoie une députation au Comité de salut public pour lui demander d'expédier sur le champ un courrier à Avignon, afin d'ordonner à la municipalité de cette ville de prendre parti contre les Marseillais. La proposition est adoptée: les commissaires sont Saintex, Gaillard, Blanchet et Terasson.—*Une députation de la ville de Nantes* annonce qu'elle vient présenter à la Convention une demande de secours contre les rebelles. La Société nomme quatre commissaires pour accompagner cette députation dans les quarante-huit sections de Paris.—Après la lecture d'une lettre de Tours, datée du

22 juin, la Société arrête qu'elle enverra une députation pour demander au Comité de salut public la mise en accusation de Carra, qui, au lieu de diriger la résistance contre les rebelles, s'occupe d'organiser une force départementale à Niort et prend ainsi part à la rébellion fédéraliste.

(*Aulard*, V, 271–3)

(53) The state of Bordeaux at the time of 31 May: Lebrun, foreign minister, reports an interview with Biron to Cambon, *président* of the Committee of Public Safety

'Il en résulte, dit-il, que la ville de Bordeaux et tout le département de la Gironde sont à surveiller, et il n'y a pas de temps à perdre après ce qui vient de se passer: "Ménagez Bordeaux, a dit le général, tenez-y quelqu'un en qui on ait confiance, qui calme, qui assure que l'on ne veut pas troubler leur repos, et vous contiendrez cette ville. Les têtes y sont plus décidées qu'échauffées. On m'y a paru bien déterminé à ne pas se mêler des affaires de Paris, mais plus déterminé encore à conserver liberté, propriété et opulence. Leur confiance dans leur députation parait très grande et générale. Un parti violent n'est le vœu de personne; mais, s'il se prenait contre Bordeaux quelque parti sévère, il y aurait une grande explosion. Ils *demanderaient du secours à qui pourrait en donner; et on ne leur en refuserait pas*. . . . Ils ne veulent pas de roi, mais une république riche et tranquille. Je vous ferai part de tout ce que je saurai et je tâcherai d'être bien informé par des gens qui, comme moi, veulent la République une et indivisible. *Bordeaux n'est pas maintenant notre petit danger*. Avec de la sagesse on le conservera, on en pourra tirer d'immenses ressources; des imprudences peuvent avoir des suites désastreuses et incalculables."

Je n'ai fait que rapporter les propres expressions du général, laissant au Comité le soin de les interpréter, d'en étendre le sens. J'ajouterai seulement que le général a donné à entendre que la ville de Bordeaux pourrait, en se déclarant indépendante, demander d'être traitée à l'instar des villes anséatiques et se faire appuyer par les Anglais, qui ne demandent pas mieux. Ceci est de la plus sérieuse importance et l'on ne peut trop se hâter de le prévenir.

Le général Biron a une autre opinion de Marseille; il assure que cette ville ne songe nullement à se séparer de la République et qu'il n'y existe aucune espèce de complot contre la majorité de la Convention.'

(*Wallon 31 Mai*, II, 452–3)

(54) *Arrêté* of the *département du Finistère*, 12 June 1793

Art. 1er. Les départements des Côtes-du-Nord, Morbihan, Ille-et-Vilaine, Loire-Inférieure, Vendée, Maine-et-Loire, Manche, Deux-Sèvres, Calvados, Orne, Indre-et-Loire, Vienne, Eure-et-Loir, Loir-et-Cher, Eure, Seine-Inférieure et Indre sont invités à nommer chacun un député qui se rendra sur-le-champ à Laval, pour y former un comité de correspondance.

Art. 3. Les autres départements sont invités à former de pareils comités qui correspondront avec celui de Laval.

Art. 4. Se concerter pour organiser des bataillons de fédérés.

Art. 7. Si la dissolution de la Convention devient inévitable, le comité concertera les moyens de réunir promptement à Bourges les députés suppléants, pour y former une représentation nationale provisoire, ou de provoquer, sans ce préalable, les assemblées électorales pour nommer une représentation complète et définitive.

(*Wallon 31 Mai*, I, 512)

(55) Jullien to Robespierre, Lorient 25 October 1793

La Bretagne est encroutée d'aristocratie. Jullien demande l'envoi par Bouchotte de bulletins et bons journaux aux soldats; les campagnes sont infectées de prêtres; le fanatisme y règne et le fédéralisme ou plutôt le royalisme dans les villes. Il propose au Comité:

1° D'enjoindre aux administrations renouvelées des départements d'Ille-et-Vilaine, Finistère, Morbihan, Loire-Inférieure de faire traduire en bas-breton et circuler dans les campagnes les lois nouvelles, les bulletins et écrits républicains;

2° D'inviter les sociétés populaires de détacher un membre possédant l'idiome des campagnes pour y former l'esprit public et développer au peuple les bienfaits de la révolution;

3° De faire établir dans les chefs-lieux de canton des maîtres de langue française afin que la génération naissante ne soit point séparée des autres citoyens de la République par une différence de langage qui entraînerait une différence d'opinions et de sentiments. La langue doit être une comme la République.

(*Robespierre*, CCXXXV)

(56) Girondin Sections in Paris: from the *procès-verbal* of the Commune, 12 July 1793

. . . Le conseil-général, après avoir entendu le procureur de la Commune, casse et annule l'arrêté pris par l'assemblée générale de la section de Fraternité, du 11 du présent mois, et arrête qu'il sera dénoncé au département.

Arrête en outre que ledit arrêté sera envoyé à l'administration de police, à l'effet de poursuivre, par-devant le tribunal révolutionnaire, les auteurs et signataires dudit arrêté, comme tendant à propager les principes du fédéralisme, ensemble les complices et fauteurs de la distribution d'une proclamation signée par Wimpfen, mis en état d'accusation et déclaré rebelle par la Convention nationale; charge en même temps ladite administration de poursuivre par-devant ce même tribunal, tout ceux qui cherchent à empêcher ou à éloigner la levée de la force armée destinée pour le département de l'Eure;

Arrête enfin que l'administration de police rendra compte du résultat de ses poursuites dans le plus court délai.

Le conseil entend lecture de l'arrêté suivant du comité civil de la section de Molière et La Fontaine, et en ordonne mention civique au procès-verbal.

'Nous, soussignés, membres du comité civil de la section de Molière et La Fontaine, attestons tous, et chacun individuellement, que c'est avec une profonde douleur que, lors du rapport fait hier à l'assemblée générale de notre section, par les commissaires qu'elle avait envoyés dans le département de l'Eure, plusieurs citoyens, malheureusement en trop grand nombre, ont *applaudi* d'une manière insultante pour les patriotes, à des détails dont tout bon citoyen ne peut que gémir; tels que le manifeste de Wimpfen, et l'assurance d'une coalition de soixante-neuf départemens pour marcher contre Paris; qu'en conséquence nous déclarons ne prendre aucune part à ces *applaudissemens*, que même nous en blâmons hautement les auteurs, et qu'enfin cette profession de foi de notre part, sera envoyée aux comités de salut public et de surveillance de la Convention nationale, à celui de salut public du département de Paris, au conseil-général de la Commune, et aux quarante-sept autres sections. A Paris, le 11 juillet 1793, l'an 2 de la République française une et indivisible. REGNAUDET-RONZIÈRE, *président*; CIVET, *vice-président*; MAISONCELLE, *commissaire de police*; JOBERT, VERNEAU, DESPRÉAUX, MACQUET, CLAUDE, BERTOUT, *tous commissaires civils*.'

(*Buchez*, XXVIII, 306–7)

(57) From Pétion's account of the rising in Normandy

Ce qui me frappa beaucoup, c'est que ces sociétés[1] étaient toujours désertes, qu'il y avait vingt femmes contre un homme, que les femmes

[1] i.e. *Sociétés populaires*

montraient beaucoup plus d'énergie et de patriotisme que les hommes. Ce qui ne me frappa pas moins, c'est que je n'aperçus aucun des jeunes gens de la ville dans ces sociétés. Elles étaient composées d'artisans, d'hommes qui par leur mise annonçaient la pauvreté.

J'appris depuis que tous ces petits messieurs étaient très-aristocrates. Nous ne reçûmes pas non plus de visites d'aucune de ces personnes qu'on appelait jadis *comme il faut*.

Il était facile de voir que l'esprit public de la masse des citoyens était mauvais. Caen penchait évidemment pour le royalisme.

Cette idée nous donne la clef d'une énigme que nous nous étudions à deviner. Ceux de nos collègues qui étaient les premiers arrivés avaient été très-bien accueillis dans plusieurs maisons riches, dans la bonne bourgeoisie. Les aristocrates mêmes paraissaient les voir avec plaisir. On était persuadé que les proscrits étaient des royalistes, dédaignant cette classe du peuple connue sous le nom grossier et bas de *sansculottes*. Comme ces calomnies et ces sottises étaient répétées chaque jour dans les papiers publics, comme la Montagne affichait la popularité, il n'était pas surprenant qu'au loin hors le lieu de la scène, on eût porté ces faux jugements. Mais quand tous ces gens *comme il faut* virent que les proscrits détestaient la royauté, qu'ils voulaient sincèrement la république, ils s'éloignèrent d'eux et leur tournèrent le dos; ils détestaient bien cordialement la Montagne, mais ils n'aimaient pas non plus les républicains. . . .

Nous attendions l'arrivée des forces départementales. On nous fit espérer d'abord que les départements de la Normandie qui ne s'étaient pas encore prononcés allaient le faire. Celui de la Seine-Inférieure était le plus important; son adhésion aurait déterminé celle des départements qui balançaient pour se déclarer. Rouen pouvait fournir un contingent considérable. Les gardes nationales étaient bien armées, bien exercées. Rouen tint une conduite équivoque, et on se trouva heureux d'obtenir sa neutralité. . . .

L'Orne, qui s'était bien montré d'abord, se rétracta par la suite.

Ainsi, des cinq départements établis dans la ci-devant province de Normandie, deux seuls entrèrent dans l'union, l'Eure et le Calvados; encore on peut réduire ces deux départements à deux villes: Évreux et Caen, car les autres endroits de ces départements ne fournirent pas d'hommes, à l'exception de Vire.

L'Eure et le Calvados ne mirent pas sur pied plus de huit cents hommes. La Bretagne leva plus de troupes et déploya plus d'énergie.

L'Ille-et-Vilaine envoya cinq cents hommes, le Finistère près de six cents, dont cinquante de cavalerie.

Le Morbihan deux cents.

Mayenne à peu près autant.

Il faut joindre à cette faible troupe, qu'on ne peut pas appeler une armée, trois à quatre cents hommes de dragons de la Manche.

Les Côtes-du-Nord firent passer, mais trop tard, une centaine d'hommes qui furent arrêtés dans leur marche à Dôle.

On avait sollicité les Bretons de se détourner de leur route ordinaire pour passer par Caen, qui était le lieu de rendez-vous général; ils s'y déterminèrent en allongeant beaucoup leur chemin. Ils étaient persuadés qu'ils allaient trouver vingt mille hommes sous les armes; ils furent excessivement mécontents lorsqu'ils virent que la Normandie fournissait à peine deux bataillons; ils se plaignirent amèrement de ce qu'on les avait trompés et témoignèrent leur mécontentement.

On fit diverses tentatives pour exciter le zèle des habitants de Caen; elles furent inutiles. Il y eut une circonstance entre autres où leur mauvaise disposition fut extrêmement choquante. On fit mettre la garde nationale sous les armes, en présence du bataillon du Finistère qu'on passait en revue. Là, Wimphen exhorta tous les membres de la garde nationale qui voulaient marcher à venir s'inscrire sur un registre; il n'y eut pas plus de vingt signatures.

Les Finistériens furent si indignés, qu'ils parlaient de retourner chez eux. On eut beaucoup de peine à les apaiser et à empêcher qu'il n'y eût des querelles particulières entre les Bretons et les Canais.

Telle était l'armée dont on faisant tant de bruit au loin, qu'on annonçait être de soixante mille hommes, qui faisait trembler tout Paris. Il est vrai qu'on voyait à sa tête un général expérimenté qui s'était couvert de gloire dans la défense de Thionville; il est vrai que ce général avait annoncé qu'il se rendrait à Paris à la tête de quarante mille hommes; il est vrai qu'il avait un état-major monté comme pour une grande armée.

On avait calculé d'après le premier mouvement d'effervescence, et on ne l'avait pas saisi; on avait cru très-facilement que l'enthousiasme qui s'était emparé de tous les cœurs se soutiendrait. On avait négligé alors d'enrôler sous les drapeaux les hommes de bonne volonté qui se présentaient en foule, et on s'aperçut mais trop tard, qu'on avait laissé échapper l'occasion.

En faisant les plus grands efforts, en usant de toutes les ressources, il était impossible de se procurer plus de quatre à cinq mille hommes.

Ces forces peuvent paraître bien faibles; elles étaient cependant plus que suffisantes pour parvenir au but qu'on se proposait. Avec ces forces, en s'avançant jusque auprès de Paris, on eût frappé les scélérats de terreur, et les bons citoyens en plus grand nombre, mais faibles, mais lâches, qui n'attendaient qu'un point d'appui pour se relever, se seraient joints avec transport à ce noyau d'armée, et la contre-anarchie était faite dans Paris.

Il n'était pas même nécessaire d'attendre le Midi pour opérer cette heureuse révolution, elle se faisait indubitablement.

Ce qui a beaucoup nui au succès de cette entreprise, c'est qu'on se faisait une très-fausse idée des moyens d'exécution nécessaires. On croyait toujours qu'il s'agissait de faire un siège en règle, de combattre tout Paris; dès lors on mettait tout en œuvre pour lever de grandes armées. Rien n'était plus absurde. Deux, trois mille hommes aux portes de Paris, huit jours après le 2 juin, et les anarchistes étaient à bas. Tous les délais qu'on leur a donnés leur ont été favorables, ils s'en sont servis pour diviser et corrompre.

Les départements, ayant autant tardé à venir, pouvaient employer une autre force qui n'était pas moins puissante, c'était celle d'inertie; s'ils avaient refusé l'exécution des décrets, l'empire des scélérats finissait, et il fallait nommer une convention nouvelle; la punition des traîtres était une suite inévitable de cette marche.

Mais revenons à la petite armée de Bretons et de Normands. On la faisait filer successivement à Évreux; déjà un bataillon de Canais, celui d'Ille-et-Vilaine, s'y était rendu; ils étaient réunis à la garde nationale d'Évreux et à cent cinquante ou deux cents dragons de la Manche. Le Morbihan et Mayenne arrivaient, et le Finistère les suivait.

Dans cette position, Wimphen envoie Puisaye, son maréchal de camp et son ami, en avant. Puisaye avait-il des ordres de Wimphen? voulut-il de son chef tenter l'opération ou la faire avorter? c'est ce qu'on ignore, mais il prit la détermination d'agir avec les seules troupes qui étaient alors rendues à Évreux. Il fit occuper le poste avantageux de Pacy, qui est à quatre lieues de cette ville. On annonça dans Paris que trente mille hommes s'étaient emparés de Pacy, malgré la résistance vigoureuse de ses habitants. On observera qu'il n'y avait point eu de résistance et que les habitants étaient hors d'état d'en faire; on observera que Pacy est une bourgade et que soixante hommes suffisaient pour s'en emparer; on observera que Puisaye au lieu de trente mille hommes en avait envoyé deux cents.

Mais les meneurs voulaient, d'après leurs expressions favorites, faire lever Paris en masse.

Pour échauffer de plus en plus l'esprit des Parisiens, il n'y avait sorte de calomnies qu'ils ne répandissent.

Pour donner à l'armée vraiment républicaine l'air d'une troupe de factieux, ils l'appelaient l'armée Buzot, l'armée Barbaroux; ils la disaient commandée par eux. Ils l'appelaient quelquefois aussi l'armée des révoltés; ceux qui la composaient étaient en effet bien révoltés contre les scélérats qui pillaient et opprimaient la France.

Ils l'appelaient tout à la fois l'armée du Royalisme et du Fédéralisme, comme les fanatiques appellent Athées et Déistes tout ensemble ceux qui ne pensent pas comme eux.

Ils publiaient que cette armée voulait faire périr Paris par la famine, qu'elle arrêtait les grains destinés à son approvisionnement, lorsqu'elle n'en avait pas retenu un seul sac, lorsqu'elle était elle-même dans la disette de vivres, et lorsqu'on avait annoncé à la barre de l'Assemblée que Paris en avait pour six mois.

Paris, malgré ces déclamations, ces prédications de guerre civile, ne se levait pas. Des sections qui ne gémirent pas sous le joug du Maratisme envoyaient au contraire des députés à Évreux pour resserrer les liens de l'union et de la fraternité entre tous les sincères amis de la république. La position était donc extrêmement favorable. Il était évident que les meneurs ne pouvaient pas faire sortir de Paris une force capable de résister à celle qui s'avançait.

Ils avaient tenté une dernière ressource: ils avaient voulu lever tant d'hommes par compagnie; ils n'avaient pas mieux réussi.

Puisaye, dans ce moment même, et sans attendre les bataillons qui étaient en marche, hasarde une entreprise sur Vernon.

Vernon était la ville où le peu de forces que les Maratistes avaient pu réunir se trouvaient. Il marche sur Vernon. A une lieue à peu près de distance, il fait faire halte à sa troupe; il la laisse abandonnée à elle-même, boire, manger, se disperser, ne place aucun poste pour éclairer l'ennemi; les canonniers quittaient leurs pièces, les rangeant à la suite les unes des autres le long du mur.

Au moment où on y pensait le moins, une colonne ennemie paraît; personne n'était à son poste, on court en désordre, quelques coups de feu lâchés l'augmentent. Sans un canonnier plus surveillant et qui retarda la marche de cette colonne en tirant trois ou quatre coups qui portèrent très-juste, on se fût précipité les uns sur les autres, et l'ennemi, quoiqu'en nombre inférieur, eût eu une victoire complète et facile.

On eut le temps de se former tant bien que mal en bataille. La cavalerie se mit pendant quelques minutes en avant, elle se retira ensuite avec une précipitation qui effraya un peu l'infanterie, et avec une confusion qui y mit le désordre.

L'ennemi lâcha trois coups de canon à mitraille; il les pointa si haut qu'ils n'atteignirent personne; mais il n'en fallut pas davantage pour que les Canais prissent la fuite en abandonnant leurs canons.

Les hommes d'Ille-et-Vilaine firent bonne contenance, ramenèrent les canons, dont les traits qui les conduisaient étaient coupés, en les remplaçant par leurs mouchoirs. Au bruit de quelques coups de canon et de décharges de mousqueterie, la colonne ennemie prit également la fuite, de sorte que le champ de bataille ne resta à personne, car des deux côtés on eut peur, des deux côtés on lâcha pied.

Il est certain que les forces de l'ennemi étaient moins considérables que les forces départementales; il est certain qu'avec un général qui eût su maintenir sa troupe et bien la conduire, Vernon eût été pris; il est certain que la prudence voulait qu'on attendit pour agir la réunion prochaine de tous les bataillons.

Les suites du combat furent plus funestes encore que le combat lui-même, puisqu'il n'y eut personne de blessé ni fait prisonnier.

(*Pétion*, 147–55)

(58) Wimpfen on the Girondins in the Calvados

Les Girondins marquans qui sont venus dans le Calvados, après la journée du 31 mai, vous sont connus aussi bien qu'à moi. *Pétion Buzot*, *Gorsas*, *Louvet*, *Barbaroux*, *Guadet*, *Salles*, *Valady* (marquis, ancien officier des gardes-françaises), *Duchatel* (ci-devant), *Bergoeing*; ils étaient au nombre de vingt-sept. Mais ceux que je ne nomme pas n'ont rien d'intéressant pour la postérité; ils ressemblent à tout le monde, et pouvaient appartenir à un parti aussi bien qu'à un autre; ce sont des circonstances, des rencontres, des hasards de société qui les ont placés. *Pétion* et *Buzot* avaient un but déterminé; une nouvelle dynastie sous laquelle ils eussent été les maîtres. Il serait possible que *Pitt* et *Cobourg*, que la Montagne et le Marais s'entrejetaient sans cesse, ne fussent pas des personnages étrangers ou indifférens aux deux vétérans de la révolution. Il arriva un jour à *Pétion* de dire au club des Cabarots de Caen, qu'une preuve que la Montagne voulait rétablir la royauté, c'était qu'elle laissait vivre le petit dauphin, dont la *figure et les charmes* étaient *des crimes d'état dignes de mort*. . . . *Gorsas*, au contraire, penchait pour le petit dauphin; mais bien entendu que l'on n'en viendrait là qu'à la dernière extrémité. *Louvet*, *Barbaroux*, *Guadet*, eussent transigé, si l'on eût voulu leur céder la partie de la France méridionale, de l'autre côté de la Loire, pour en faire une république à leur mode. Ils comptaient beaucoup sur les petites puissances de l'Italie, avec lesquelles ils feraient des traités offensifs et défensifs: ce qui vous prouve combien ces messieurs étaient hommes d'état. *Salles* faisait des brochures que ses collègues appelaient *des Provinciales*, le comparant ainsi à *Pascal*, et cela lui faisait tant de plaisir, qu'il ne doutait plus de l'effet de ses brochures. C'étaient *des batteries qui feraient écrouler la colossale Montagne. Valady* s'était fait révolutionnaire par haine de M. *Duchâtelet*; il eût bien voulu découvrir un moyen de se retirer de l'abîme. *Duchâtel* était une ame douce qui s'est laissé entraîner, comme tant d'autres, par le chimère d'une régénération. Comme il ne s'était jamais souillé d'une mauvaise action, il eût donné sa vie pour le rétablissement de la monarchie. Le franc et loyal *Kervélégan* n'était d'aucun parti que de celui des *indignés*, de tout ce qu'ils avaient vu faire. *Bergoeing* paraissait républicain enragé, et son caractère appartenait à toutes les circonstances. Le crève-cœur de tous était le triomphe de la Montagne, et leur ambition toujours saillante, la vengeance. Excepté *Duchâtel*, il n'en est pas un seul qui ne se fût enrôlé dans le parti victorieux, s'il l'avait pu; ce que *Louvet* et *Bergoeing* ont bien prouvé après leur retour . . .

J'avais logé tous ces réfugiés à l'Intendance, parce que tous réunis je pouvais mieux les faire observer. Je m'aperçus bientôt qu'il ne régnait pas entre eux une parfaite intelligence; que *Pétion* et *Buzot* avaient des secrets, et que tous, sans exception, se défiaient de *Valady* et de *Duchâtel*. . . .

(*Buchez*, XXVIII, 358–9)

(59) The Committee of Public Safety to the *représentants* with the army at Lyon, 12 October 1793

La Convention nationale, citoyens collègues, voit avec plaisir votre entrée dans Lyon; mais sa joie n'a pu être complète quand elle a vu que vous cédiez aux premiers mouvements d'une sensibilité trop peu politique. Vous avez paru vous abandonner à un peuple qui flatte ses vainqueurs, et la manière dont vous parlez d'une si grande quantité de traîtres, de leur évasion, que l'on croirait avoir été militairement protégée, de la punition d'un trop petit nombre et du départ de presque tous, a dû alarmer les patriotes, qui sont indignés de voir tant de scélérats s'échapper par une trouée et se porter sur la Lozère et principalement sur Toulon. Nous ne vous félicitons donc point sur vos succès, avant que vous ayez rempli tout ce que vous devez à la patrie. Les républiques sont exigeantes; il n'est de reconnaissance nationale que pour ceux qui la méritent tout entière. Nous vous envoyons le décret que la Convention a rendu ce matin sur le rapport du Comité. Elle a proportionné la vigeur de ses mesures à vos premiers récits. Elle ne restera jamais au-dessous de ce qu'attendent d'elle la République et la liberté.

HÉRAULT, ROBESPIERRE. . . .

(*Robespierre*, CCXVII)

(60) The *représentants* Goupilleau and Jard-Panvillier to the Committee of Public Safety on the state of the republican armies in the Vendée, Niort, 18 June 1793

Citoyens nos collègues,

Il importe à la chose publique que vous ayez une idée juste de la portion de l'armée des côtes de la Rochelle qui se trouve maintenant à Niort, pour juger de ce qu'elle peut faire et pour que vous vous réunissiez à nous pour la mettre à même de remplir les grandes destinées qui lui sont réservées celles de sauver la République.

La force armée qui se trouve maintenant dans l'enceinte de la ville de Niort, ou qui campe à peu de distance de ses murs, est composée de trois classes d'hommes. Les uns sortent des ci-devant régiments de ligne, ou des anciens bataillons; les autres proviennent du recrutement des 300,000 hommes; les troisièmes sont des gardes nationales requises. Ceux de la première classe nous viennent de l'armée du Nord; ils sont arrivés très fatigués, assez bien armés, mais presque nus, sans chemises, sans habits et sans souliers. Sur toute la route, depuis Saint-Denis, ils avaient demandé ce qui leur manquait. Mais partout on les avait renvoyés à la ville voisine, de telle manière que, leurs besoins augmentant à mesure qu'ils avançaient, leurs réclamations devenaient plus pressantes et leur mécontentement plus difficile à calmer. Jugez de l'embarras où nous nous sommes trouvés, dans une ville où rien n'était préparé pour recevoir une armée, où l'on n'avait monté aucun magasin. Aux demandes qui nous étaient faites, nous n'avons d'abord répondu que par des promesses. Mais nous n'avons pas perdu un seul instant pour nous mettre à même de répondre d'une manière plus satisfaisante, en donnant des chemises et des habits à nos braves frères qui viennent nous donner leur sang. Des commissaires actifs et intelligents ont été nommés pour acheter des toiles; des ouvriers ont été requis pour les mettre en œuvre. Nous avons donné les ordres les plus précis pour monter un atelier pour des habits, et nous voyons avec la plus grande satisfaction que les administrateurs, qui ont été chargés de cette dernière partie, sont disposés à seconder nos vues et notre sollicitude par les soins les plus assidus. Mais nous n'avons des étoffes que pour cinq cents habits tout au plus. C'est ici que nous devons observer qu'il est inconcevable qu'au moment où le ministre donnait ses ordres pour former une armée des côtes de la Rochelle, il n'en ait pas aussi donné pour établir à sa suite les administrations sans lesquelles elle ne peut pas exister. Nous trouvons à chaque pas des commissaires du Conseil exécutif. Mais leur mission est purement morale, et pas un d'entre eux n'a d'autorisation suffisante pour fournir aux troupes ce qui leur est nécessaire, et monter un service en règle. Il est bon sans doute d'envoyer des hommes dans l'intention de former l'esprit du soldat au républicanisme et de les attacher plus fortement à la liberté. Mais il ne faudrait pas pour cela oublier de les habiller et de les nourrir. Nous devons vous le dire, on égorge avec raison la sentinelle qui se laisse emporter par le sommeil. Dans un ministre, la négligence est un crime puisqu'elle en produit les effets. Celui qui ne pourvoit pas aux besoins des soldats lorsqu'il en est chargé et qu'il en a les moyens, est aussi coupable que celui qui le corrompt. L'homme pressé par les besoins devient naturellement insubordonné. Il n'écoute plus ses chefs et devient injuste. C'est ce que nous voyons. Des officiers ont été menacés d'être égorgés, s'ils ne procuraient pas presque sur-le-champ ce qu'on leur demandait. Nous vous laissons à juger si le mal est pressant et s'il importe d'y porter le plus prompt remède.

Les soldats venant du Nord réclamaient avec raison des habits, des chemises et des souliers. Quelques-uns de leurs officiers ont fait des demandes d'un autre genre. Ils ont observé que, suivant les ordres qu'ils avaient reçus, leur départ a été si précipité qu'ils ont été contraints, par la manière dont on les a fait voyager, d'abandonner leurs effets et leurs chevaux, ou de les donner à vil prix. Ils en concluent que la République leur doit une indemnité. Nous vous avons écrit à ce sujet, mais nous vous invitons à provoquer sans délai une décision: elle est on ne peut pas plus instante. Nous faisons chaque jour la trop malheureuse expérience de cette vérité que le patriotisme et le désir de battre les ennemis de la République n'excluent pas un caractère très exigeant et très avide. Ces officiers ont aussi pensé qu'en passant du Nord au Midi, il leur était dû une gratification de campagne. Ils l'ont demandée, et nous n'avons pas voulu l'accorder. Il sera bon que la Convention nationale s'explique à ce sujet. . . .

Les hommes provenant du recrutement sont en général mal armés:

ils n'ont pas tous des fusils de guerre. Leur habillement n'est pas complet: il en est un assez grand nombre qui manquent de guêtres. Et cet état de dénûment n'est point une preuve de négligence contre les administrateurs. On a travaillé avec la plus grande activité. Mais les souliers, par exemple, qui avaient été destinés aux volontaires, ont été partiellement distribués à ceux qui arrivaient et à qui il était impossible d'en refuser. Il en a été de même de plusieurs autres effets d'habillement. Lorsque la ville de Niort se trouva menacée, il s'y rendit un assez grand nombre de recrues des départements voisins. Si, au moment de leur arrivée, nous avions eu des cadres pour les y placer, la loi eût été exécutée sans difficulté, et déjà les volontaires encadrés pourraient être d'un très grand service. Mais il n'en est pas ainsi. Des troupes sans chef arrivaient, ne connaissant aucune règle, aucune discipline. L'ennemi était à nos portes. Il fallait bien ordonner une organisation provisoire pour que les généraux sussent à qui ils devaient transmettre leurs ordres, et que chacun sût qui devait commander et qui devait obéir. Qu'est-il arrivé? C'est que cette organisation provisoire, que les circonstances commandaient impérieusement, a pris trop de consistance. Les uns ont pris l'habitude de commander, les autres ont déjà placé exclusivement leur confiance dans ceux qu'ils se sont choisis. Il en résulte qu'aujourd'hui que nous voulons, conformément à l'un de vos arrêtés approuvés par la Convention nationale, doubler les compagnies qui viennent de l'armée du Nord, nous éprouvons les plus grandes difficultés. Les officiers, jaloux de conserver une autorité qui leur échapperait si leur troupe était encadrée, ont travaillé l'esprit de leurs soldats. Il ne leur ont pas dit que le seul désir de conserver leurs épaulettes et leurs appointements les animait. Mais ils leur ont fait entendre que, confondus avec les soldats de ligne, ils seraient vexés par eux et qu'ils éprouveraient toutes sortes de mauvais traitements. Les bons habitants des campagnes, dont l'intelligence malheureuse n'égale pas le patriotisme, les ont crus, et leur entêtement à ne pas vouloir être encadrés nous met dans la cruelle alternative d'user de sévérité ou de laisser la loi sans exécution. Ce matin, un ou deux bataillons étaient assemblés sur la place. On a donné des ordres pour qu'une partie se réunît à tel corps et le reste à tel autre. Ça été en vain. On a éprouvé la résistance la plus formelle, et l'adjudant général Dufour a été forcé de faire mettre en prison tous les officiers. Cette mesure, qu'on croyait devoir produire quelque effet, a été inutile. Enfin, il nous a fallu commander le régiment de hussards et la gendarmerie, et que nous nous rendissions sur la place. Cette précaution, réunie à nos exhortations et à notre fermeté, a eu le succès que nous en attendions: la loi a eu son exécution. Mais nous avons vu avec peine que, pour la faire triompher, il fallait employer de pareils moyens. Nous ne devons pas vous cacher que, dans une autre circonstance, deux de nos collègues s'étaient en vain présentés aux mutins.

Nous vous devons quelques réflexions sur la disposition de votre arrêté du. . . . qui porte qu'aux compagnies des hommes tirés des armées du Nord, il sera ajouté un égal nombre de compagnies de recrues, et qui dit ensuite que les premiers après la fin de la malheureuse guerre qui nous occupe, rentreront dans les corps respectifs dont ils ont été tirés. Mais alors que deviendront les hommes du recrutement qui leur auront été joints? La question n'est pas sans difficulté. Nous vous prions de la méditer et de la résoudre. La réunion que nous faisons n'est pas véritablement un encadrement. Ce n'est encore qu'une sorte d'organisation provisoire, et vous sentirez facilement tous les inconvénients qu'elle peut entraîner. Rien n'est plus propre à dégouter les militaires les plus attachés à leur métier que l'incertitude de leur sort. Ne négligez pas, nous vous en prions, de nous communiquer les réflexions que vous ferez à ce sujet, et de nous instruire des décisions que pourra rendre la Convention nationale. . . .

Nous passons maintenant aux gardes nationales en réquisition. Les brigands avaient eu l'audace d'annoncer que tel jour ils seraient sous les murs de Niort. . . . A cette époque, les bataillons de Paris, les troupes tirées de l'armée du Nord commençaient à arriver .Les paysans qui, pour nous servir de leurs expressions, n'étaient venus que pour secourir la ville de Niort et donner un coup de main, ne tardèrent pas à demander la permission de se retirer, en alléguant que la saison de labourer les vignes et de récolter les foins était arrivée. D'abord on la leur refusa. Mais on s'aperçut que ce serait en vain qu'on essayerait de les retenir. Ils commencèrent à déserter et les chemins en furent bientôt couverts. . . .

Nous venons de vous donner séparément une idée rapide, mais exacte, des anciens corps, des hommes de recrutement et des gardes nationales requises. Maintenant nous allons vous communiquer des réflexions qui s'appliquent également à ces trois classes. On se plaint généralement, dans toute l'armée, de la plus grande insubordination, que rien ne peut justifier, et qui, jusqu'à présent, il faut le dire, a causé nos défaites. . . . Le mal est grand. Nous en avons cherché la cause. Nous avons cru l'apercevoir dans les longueurs des formes qui doivent être observées pour punir les coupables, et dans la dépendance où la loi tient l'officier qui désire d'être choisi devant le soldat qui doit faire le choix. Ce qui se passe sous nous yeux est si funeste que nous ne craignons pas de vous dire que, si l'on ne retrouve pas le moyen de rendre l'officier tout à fait indépendant des soldats, il faut que vous renonciez à avoir des armées. Bientôt elles ne seraient plus qu'un ramas confus d'hommes qui, ne reconnaissant pas d'autre loi que la force, jetteraient le plus grand trouble dans la République. Les formes du Code pénal sont trop longues. D'un autre côté, la peine de la prison est ridicule lorsqu'on est en marche, et elle est parfaitement du goût des lâches la veille d'un combat. Il faut d'autres mesures. Les réflexions froides d'un cabinet ne valent rien pour diriger les armées. La légion de Westermann est regrettée partout où elle passe; chaque ville voudrait la garder, à cause de son exacte discipline. Eh bien! cette discipline n'a été établie et elle ne se conserve que par les *corrections de circonstance* que le chef et l'officier savent appliquer à propos. Cette légion ajoutera de grands services à ceux qu'elle a déjà rendus à la République. . . .

Nous vous avons parlé de l'insubordination des troupes. Nous devons revenir sur la négligence qu'a mise le ministre de la guerre à faire préparer ce qui leur était nécessaire. Nous vous les ferons connaître en deux mots. Aucune des administrations qui doivent être à la suite d'une armée ne se trouvant pour celle des côtes de la Rochelle, celle des subsistances est la seule qui commence à s'établir, et nous avons été plusieurs jours dans la crainte de manquer de pain. Le citoyen Logrey est venu seul et paraît avoir mis un peu d'ordre dans cette partie si essentielle. Cependant elle a encore besoin d'être perfectionnée. On nous dit que le service n'est pas aussi actif qu'il devrait l'être, parce qu'on manque de chariots pour les transporter; ce qui retombe encore sur le ministre qui ne nous a pas encore donné, si je puis m'exprimer ainsi, l'ombre d'une administration des convois; et cependant plusieurs commissaires du Conseil exécutif, les généraux lui ont écrit à ce sujet; mais toujours en vain. Il est temps qu'un tel désordre cesse, ou qu'on déclare qu'on ne peut pas y apporter de remède. Sachez que l'armée de Niort se serait déjà portée sur les brigands, qu'on aurait pu les surprendre avec le plus grand avantage, lorsqu'ils étaient du côté de Saumur, si nous avions eu une administration des convois pour transporter des subsistances. Nous avons bien requis toutes les charrettes du pays, toutes celles des départements voisins. Mais, outre que ces réquisitions font connaître des projets qui auraient dû rester secrets, elles ne peuvent que produire très peu d'effet dans un pays où les charrettes, très lourdes, ne sont trainées que par des bœufs. Les brigands ont eu le temps de respirer, de rassembler de nouvelles forces. Nous avons été dans l'impossibilité de les défaire en les suivant. Ils gagnent l'avantage que nous avons perdu. Ils nous attaqueront peut-être lorsque nous aurions dû les attaquer. Et, si nous éprouvons encore un échec, il sera l'ouvrage du ministre. Dites-lui donc ces cruelles vérités; qu'il frémisse du mal que sa négligence ou celle de ses agents pourra faire, et qu'il se hâte de le réparer. Vous, nos collègues, ne perdez pas un seul instant: le salut de la République en dépend.

Les administrations ne sont pas les seules choses qui nous manquent. Nous n'avons, pour l'armée de Niort, que trois commissaires des guerres, dont un porte le titre d'ordonnateur, mais que nous croyons incapable d'en remplir les fonctions. Il est impossible qu'il puisse faire tout le travail. On nous avait assuré qu'il y avait à Tours des commissaires inutiles. Nous les avions demandés. Mais nous n'en avons point eu de nouvelles. Les revues prescrites par la loi ne se font point, et il en résulte de grandes dilapidations en tout genre. Nous aurions bien nommé quelques citoyens, pour exercer provisoirement ces fonctions; mais, comme nous en attendions de Tours, nous n'avons pas cru devoir prendre ce parti. Et, il faut en convenir, il n'est pas facile de trouver à volonté un homme qui ait l'intelligence et l'instruction indispensables pour un commissaire des guerres. Veuillez donc presser le ministre pour qu'il nous en envoie au moins deux; mais surtout qu'ils sachent leur métier, et que nous ne soyons pas obligés de leur apprendre ce qu'on ne peut ignorer avec le plus simple sens commun. . . .

Nous devons encore vous faire part d'un avertissement qui nous a été donné par le général Biron. On lui a rapporté que des hommes pervers s'étaient glissés dans l'armée et cherchaient à y mettre le désordre, *tant dans un sens que dans un autre*, ce sont ses termes. Nous avons monté un service d'observation qui, nous l'espérons, arrêtera les funestes projets des désorganisateurs. Notre surveillance sera infatigable; et, si tout ce que des hommes peuvent prendre de soins, et si le travail le plus assidu peuvent sauver la République, elle triomphera de ses ennemis. . . .

Des rapports, qui nous ont été faits depuis trois jours et ce matin encore, semblent nous annoncer que les brigands de toutes parts peuvent nous attaquer. De trois hommes, ils en forcent deux à marcher. Ils disent qu'ils veulent fondre sur nous au nombre de 100,000 hommes. Nous ne les redoutons point. Jusqu'ici notre fermeté a suppléé à tout ce dont le coupable ministre de la guerre nous a laissé manquer. Elle ne nous abandonnera pas, pourvu que vous fassiez marcher ceux qui sont chargés de faire exécuter la loi, et que vous fassiez punir ceux qui ont si évidemment compromis la République par son inexécution.

(*RF*, 21, 455–66)

(61) Extract from Desmoulins' *Histoire des Brissotins*

Hâtons-nous d'ouvrir des écoles primaires; c'est un des crimes de la Convention, qu'elles ne soient pas encore établies. S'il y avoit eu dans les campagnes, sur le fauteuil du curé un instituteur national, qui commentât le droit de l'homme et l'almanach du Père Gérard, déjà seroient tombés des têtes des Bas-Bretons la première croûte de la superstition, cette galle de l'esprit humain; et nous n'aurions pas, au milieu des lumières du siècle et de la nation, ce phénomène de ténèbres dans la Vendée, le Quimpercorentin et le pays de Lanjuinais, où des paysans disent à vos commissaires: faites-moi donc bien vîte guillotiner, afin que je ressuscite dans trois jours. De tels hommes déshonorent la guillotine, comme autrefois la potence étoit déshonorée par ces chiens qu'on avoit pris en contrebande, et qui étoient pendus avec leurs maîtres. Je ne conçois pas comment on peut condamner à mort sérieusement ces animaux à face humaine; on ne peut que leur courir sus, non pas comme dans une guerre, mais comme dans une chasse. . . .

(*Desmoulins*, 72–3)

(62) Thibaudeau on the Vendée

Les insurgés de la Vendée avaient eu de grands succès. La Convention envoya des représentans du peuple dans les départemens qui étaient le théâtre de la guerre et dans les départemens environnans, pour mettre en mouvement toutes les forces et tirer parti de toutes les ressources locales. Ces représentans étaient des députés de ces mêmes départemens. Par décret du 10 mai 1793, je fus donc, avec mon collègue Pascal Creuzé, envoyé à l'armée appelée alors *des côtes de la Rochelle*. Il eût mieux valu y envoyer des députés étrangers au pays; car, si d'une part nous le connaissions et y étions connus, de l'autre nous courions le risque de nous trouver à chaque instant placés entre nos devoirs et nos affections, ainsi que cela arrive ordinairement dans les guerres civiles.

On a fait grand bruit de l'étalage et de la magnificence des représentans en mission. Je ne sais ce qui en est pour les autres; quant à moi je partis par la diligence de Paris pour me rendre à ma destination; je fis toutes mes courses sur un cheval que j'empruntai dans ma famille, et je revins à Paris dans une voiture que me fournit l'administration du département de la Vienne, et que je remis à celle du département de la Seine. Mes frais de mission s'élevèrent à environ quinze cents francs assignats. Voilà qui peut donner une idée du luxe asiatique d'un proconsul de ce temps-là. . . .

La mission dont j'étais revêtu était à la fois civile et militaire. Je ne fis point usage de tous mes pouvoirs. Personne n'eut à me reprocher d'avoir porté atteinte à sa fortune ou à sa liberté.

Je ne fus pas long-temps à m'apercevoir qu'avec les moyens qu'on employait, on ne parviendrait point à terminer la guerre. Il n'y avait point assez d'unité dans le commandement, il y avait trop de déliberations dans les conseils, il manquait d'ensemble dans les vues et dans les résolutions. Quinze ou vingt représentans du peuple, qui devaient agir de concert, étaient divisés d'opinions et ne pouvaient pas s'accorder. Ils avaient transporté en face d'un ennemi qui était très-uni, les fatales discussions qui déchirient la Convention. L'armée se ressentit nécessairement de ces divisions; des généraux *sans-culottes* dénonçaient journellement ceux qui ne l'étaient pas; l'insubordination gagnait jusqu'aux simples soldats, et l'ignorance ou la lâcheté criait continuellement à la trahison.

Nous étions un jour réunis à Niort en conseil avec le général en chef Biron, après la défaite d'un corps de l'armée républicaine à Thouars. Le général Ronsin força, pour ainsi dire, la porte et s'écria avec fureur et grossièreté: 'Les républicains ont été trahis, et je viens vous déclarer en leur nom que nous ne marcherons plus contre l'ennemi que lorsque nous connaîtrons sa véritable force.' Le général Biron détacha son sabre et dit avec le plus grand sang-froid: 'Représentans, je dépose mon commandement entre vos mains, plutôt que de commander à des officiers de cette espèce, à des lâches . . .' Une partie de nous voulut faire arrêter sur-le-champ Ronsin, l'autre l'excusa et le défendit comme *patriote*. Il resta impuni. J'entrevis dès-lors dans cette funeste partialité l'arrêt de mort du général Biron.

Il n'était pas le seul noble qui eût un commandement dans cette armée. C'est là que je fis la connaissance du général Menou, et que nous contractâmes cette amitié qui a duré jusqu'à sa mort.

(*Thibaudeau*, I, 24–7)

B. THE POPULAR MOVEMENT IN PARIS AT ITS HEIGHT

(63) The organization of sectional activity: from the deliberations of the *section de la Halle-aux-Bleds*, 4 June 1793

Un membre a dit: Le peuple de Paris vient de renverser, pour la troisième fois le despotisme contre-révolutionnaire, et c'est par l'union des Sections qu'il a détruit les projets des traîtres qui vouloient diviser la République afin de la livrer plus facilement à ses ennemis. Tant que les Sections seront unies, le peuple sera invincible, et le calme régnera dans Paris. Si les Sections sont divisées, la guerre civile est allumée. Voici ce que je propose pour affermir et conserver cette union qui fait notre force, et qui peut seule assurer notre tranquillité.

[His propositions are embodied in the following *arrêtés* of the *Assemblé générale*:]

1°. Que le Comité central révolutionnaire, séant à la Commune, sera composé d'un Membre de chaque Section.

2°. Que ce membre sera choisi parmi ceux qui forment le comité de surveillance de la Section.

3°. Que ce membre rendra compte chaque jour de ce qui aura été délibéré la veille dans le comité central révolutionnaire séant à la Commune.

4°. Que le compte sera rendu au comité de surveillance de la section, qui le présentera à l'assemblée générale.

5°. Que le comité de surveillance mettra la plus grande exactitude à demander ce compte, et dans le cas où le commissaire aura négligé de le rendre, que le Comité en instruira l'assemblée générale.

6°. Que le commissaire délégué pourra être changé toutes les fois que la section le croira nécessaire.

L'assemblée générale a aussi arrêté que ces arrêtés provisoires seront imprimés et communiqués à toutes les sections qui seront invitées à y donner leur adhésion, et à nommer un commissaire muni de pouvoirs illimités, qui se rendra jeudi prochain à l'évêché [à 10 heur] où les commissaires réunis viseront leurs pouvoirs et procèderont à l'installation du nouveau comité central révolutionnaire, dès qu'ils auront la majorité des sections.

(*Markov & Soboul*, no. 13)

(64) Cordelier Club, 22 June 1793

On fait lecture du *Journal du Soir*, au seul mot du titre dans lequel on parle d'une motion qui a été faite de sonner le tocsin, le lecteur interrompt et s'écrie: Oui, oui, il faut sonner le tocsin; mais, il faut que cela soit promptement pour le coup, je le jure, sur mon honneur, nous ferons sauter les intrigants.

Le grand ordre du jour était les remèdes aux dangers qui nous menacent. Jacques Roux se plaint amèrement de ce que la Commune a passé à l'ordre du jour sur la motion qu'il a précédemment faite de faire punir de mort tous les agioteurs. Si cet article n'est pas dans la constitution, dit-il, nous pouvons dire à la Montagne; Vous n'avez rien fait pour les sans-culottes, car ce n'est pas pour les riches qu'ils combattent, c'est pour la liberté; si les sangsues de ce bon peuple peuvent toujours boire son sang goutte à goutte à l'ombre de la loi, la liberté ressemble à *une belle femme qui est borgne*. J'invite le club des Cordeliers à présenter eux-mêmes demain cette pétition à la Convention et de faire consacrer ce principe, avant de voter des remerciements à la Sainte Montagne; que tout le peuple entoure la Convention, et lui crie d'une voix unanime: Nous adorons la liberté, mais nous ne voulons pas mourir de faim; réprimez l'agiotage et nous n'avons plus rien à demander.

La proposition de Jacques Roux est adoptée et 12 commissaires sont nommés pour présenter cette pétition: Varlet, Roussillon, Leclerc et Duret sont du nombre. Mais ce dernier refuse d'être de la mission, en disant avec colère: Je suis indigné qu'on parle de pétitions, quand il faut s'armer de canons et de poignards . . . Levons-nous donc et si nous *n'avons fait que de l'eau claire* dans les journées du 31 mai, que cette nouvelle insurrection soit écrite dans les annales de l'histoire en caractères de sang; il faut un 10 août, il faut que la tête des scélérats tombe. (Très longs et très bruyants applaudissements.)

Je m'inscris pour me lever *le premier contre le commandant feuillantin qu'on veut donner à la garde nationale de Paris. Je lui demanderai, s'il veut renoncer à sa place, ou si non . . . Je sais ce que j'ai à faire.* A ces mots, plusieurs membres promettent de s'inscrire pour la même cause, et la salle retentit d'applaudissements.

Varlet obtient la parole; il parle avec feu et dit: Je connais le peuple depuis quatre ans, je suis dans les groupes; les sans-culottes de Paris, de Lyon, de Marseille et de Bordeaux sont les mêmes; *eux seuls composent le peuple*; il faut donc établir une ligne de démarcation entre le boutiquier, l'aristocrate et l'artisan; il faut désarmer les deux premières classes; il faut que le peuple de Paris, au nom de tous les départements, donne demain un *mandat* à la Convention; il faut que sous vingt-quatre heures, elle décrète que tous les nobles seront destitués de toutes les places qui n'appartiennent qu'aux sans-culottes; c'est demain que le peuple doit triompher, c'est demain qu'il faut achever notre ouvrage. (Applaudi, adopté.)

La société arrête que les commissaires qu'elle a nommés pour rédiger une pétition où tous ces articles sont énoncés, passeront la nuit pour avancer la besogne.

Leclerc met le dernier coup de main à l'entreprise, et il ne veut plus qu'on fasse de grâce aux modérés. Legendre, dit-il, commence à regagner mon estime, depuis qu'il a fait la motion de sonner le tocsin; mais il ne faut pas user le grand moyen de sauver la patrie, sans frapper de grands coups . . . Vous m'entendez! (On applaudit.) . . .

(*Markov*, 474–5)

(65) *Certificats de Civisme:* from the minutes of the *Comité révolutionnaire* of the Panthéon Section, 28 June 1793

Proposition faite par un membre du Comité Revolutionnaire et qui a eté arreté, de faire les interpellations Suivantes tant aux demandeurs en Certificats de Civisme qu'aux temoins.

Avant de vous présenter ici pour Repondre du Civisme du Citoyen . . . avez vous bien Reflechy que vous vous exposiés a une Responsabilité terrible envers vos Concitoyens, vous y présentez vous fort de votre Conscience Envers vous meme? avez vous Constament donné des preuves de votre Civisme depuis le 14 juillet 1789 en Montant voter garde personnellement en assistant Constament aux assemblées dela Section, en vous Rendant sous les armes toutes les fois que la Sureté des personnes et des propriétés etoit en danger et que la tranquillité publique lexigeoit?

depuis quel tems Connoissez vous le Citoyen?

Etes vous parent, allié, domestique ou locataire du demandeur, ne lui avez vous pas quelqu'obligation particuliere, qui vous ont forcé de lui accorder un temoignage que dans toute autre circonstance, votre Coeur Repousseroit, Si vous Neussiez pas dependu delui, d'apres la demande qu'il vous afaite de lui Servir de temoin.

Quel age avez vous? quelle est votre profession, où demeuréz vous? quels sont vos moyens de subsistances?

N'avez vous jamais été d'aucun club anticivique?

N'avez vous jamais Signé de petition Contraire aux droits du peuple.

vous declarés donc formellement en votre ame et Conscience que le Citoyen . . . a Comme vous Servi detout son pouvoir la Revolution depuis le 14 juillet 89 jusqu'à ce jour en ami dela liberté, delegalité et en bon Republicain, qu'il a monté Sa garde personnellement, qu'il a pris les armes toutes les fois qu'il en a été Requis pour le Salut public, vous attesté aussi que les officiers de Sa Compagnie sont prets de le Certifier s'ils en etoient Requis par Nous.

Le Comité arrete que Copie dela presente Sera inscrit sur le Registre des procês verbaux et Envoyée au Comité Revolutionnaire, chef lieu de chaque division.

(*Markov & Soboul*, No. 18)

(66) Decree on *accaparament*, 26 July 1793

La Convention nationale, considérant tous les maux que les accapareurs font à la société par des spéculations meurtrières sur les plus pressans besoins de la vie et sur la misère publique, décrète ce qui suit:

ART. Ier. L'accaparement est un crime capital.

II. Sont déclarés coupables d'accaparement ceux qui dérobent à la circulation des marchandises ou denrées de première nécessité, qu'ils altèrent et tiennent enfermées dans un lieu quelconque, sans les mettre en vente journellement et publiquement.

III. Sont également déclarés accapareurs ceux qui font périr ou laissent périr volontairement les denrées et marchandises de première nécessité.

IV. Les marchandises de première nécessité sont, le pain, la viande, le vin, les grains, farines, légumes, fruits, le buerre, le vinaigre, le cidre, l'eau-de-vie, le charbon, le suif, le bois, l'huile, la soude, le savon, le sel, les viandes et poissons secs, fumés, salés ou marinés, le miel, le sucre, le papier, le chanvre, les laines ouvrées et non ouvrées, les cuirs, le fer et l'acier, le cuivre, les draps, la toile, et généralement toutes les étoffes, ainsi que les matières premières qui servent à leur fabrication, les soieries exceptées.

V. Pendant les huit jours qui suivront la proclamation de la présente loi, ceux qui tiennent en dépôt, en quelque lieu que ce soit de la République, quelques-unes des marchandises ou denrées désignées dans l'article précédent, seront tenus d'en faire la déclaration à la municipalité ou section dans laquelle sera situé le dépôt desdites denrées ou marchandises; la municipalité ou section en fera vérifier l'existence, ainsi que la nature et la quantité des objets qui y sont contenus, par un commissaire qu'elle nommera à cet effet; la municipalité ou section étant autorisée à lui attribuer une indemnité relative aux opérations dont il sera chargé, laquelle indemnité sera fixée par une délibération prise dans une assemblée générale de la municipalité ou section.

VI. La vérification étant finie, le propriétaire des denrées ou marchandises déclarera au commissaire, sur l'interpellation qui lui en sera faite et consignée par écrit, s'il veut mettre lesdites denrées ou marchandises en vente, à petits lots et à tout venant, trois jours au plus tard après sa déclaration; s'il y consent, la vente sera effectuée de cette manière sans interruption et sans délai, sous l'inspection d'un commissaire nommé par la municipalité ou section.

VII. Si le propriétaire ne veut pas ou ne peut pas effectuer ladite vente, il sera tenu de remettre à la municipalité ou section copie des factures ou marchés relatifs aux marchandises vérifiées existantes dans le dépôt; la municipalité ou section lui en passera reconnaissance, et chargera de suite un commissaire d'en opérer la vente, suivant le mode ci-dessus indiqué, en fixant les prix de manière que le propriétaire obtienne, s'il est possible, un bénéfice commercial d'après les factures communiquées; cependant si le haut prix des factures rendait ce bénéfice impossible, la vente n'en aurait pas moins lieu sans interruption au prix courant desdites marchandises; elle aurait lieu de la même manière, si le propriétaire ne pouvait livrer aucune facture. Les sommes résultantes du produit de cette vente lui seront remises dès qu'elle sera terminée, les frais qu'elle aura occasionnés étant préalablement retenus sur ledit produit.

VIII. Huit jours après la publication et proclamation de la présente loi, ceux qui n'auront pas fait les déclarations qu'elle prescrit, seront réputés accapareurs, et comme tels, punis de mort; leurs biens seront confisqués, et les denrées ou marchandises qui en feront partie, seront mises en vente, ainsi qu'il est indiqué dans les articles précédens.

IX. Seront punis de mort également ceux qui seront convaincus d'avoir fait de fausses déclarations ou de s'être prêtés à des suppositions de noms, de personnes ou de propriétés, relativement aux entrepôts et marchandises. Les fonctionnaires publics, ainsi que les commissaires nommés pour suivre les ventes, qui seraient convaincus d'avoir abusé de leurs fonctions pour favoriser les accapareurs, seront aussi punis de mort.

X. Les négocians qui tiennent des marchandises en gros, sous corde, en balle ou en tonneau, et les marchands débiteurs en détail connus pour avoir des magasins, boutiques ou entrepôts ouverts journellement aux acheteurs, seront tenus, huit jours après la publication de la présente loi, de mettre à l'extérieur de chacun de ces magasins, entrepôts ou boutiques, une inscription qui annonce la nature et la quantité de marchandises et denrées de première nécessité qui pourraient y être déposées, ainsi que le nom du propriétaire; faute de quoi ils seront réputés accapareurs. Les fabricans seront obligés, sous la même peine, de déclarer la nature et la quantité des matières premières qu'ils ont dans leurs ateliers, et d'en justifier l'emploi.

XI. Les fournisseurs des armées, autres que les négocians et marchands cités dans l'article précédent, produiront à leurs municipalités ou sections des extraits des marchés qu'ils ont passés avec la République; ils indiqueront les achats qu'ils ont faits en conséquence, ainsi que les magasins ou entrepôts qu'ils auraient établis.

S'il était prouvé que lesdits entrepôts ou magasins ne sont pas nécessités par la teneur des marchés, et que les denrées ou marchandises de première nécessité qui y sont déposées ne sont pas destinées aux armées, ceux qui auraient établi ces magasins ou dépots seraient traités comme accapareurs.

XII. Tout citoyen qui dénoncera des accaparemens ou des contraventions quelconques à la présente loi, aura le tiers du produit des marchandises et denrées sujettes à la confiscation; un autre tiers sera distribué aux citoyens indigens de la municipalité dans l'enceinte de laquelle se trouveront les objets dénoncés, le dernier tiers appartiendra à la république.

Celui qui dénoncera des marchandises ou denrées détruites volontairement, recevra une gratification proportionnée à la gravité de la dénonciation.

Le produit de toutes les autres marchandises et denrées confisquées en vertu de la présente loi, sera partagé par moitié entre les citoyens indigens de la municipalité qui aura procédé auxdites confiscations, et la République.

XII. Les jugemens rendus par les tribunaux criminels en vertu de la présente loi, ne seront pas sujets à l'appel. Un décret particulier de la convention nationale ou du corps législatif annoncera l'époque où cette loi cessera d'être en vigeur.

XIV. Dès que la présente loi sera parvenue aux autorités constituées, elles en ordonneront la lecture dans leurs séances publiques, et la feront afficher et proclamer au son de la caisse, afin que personne ne puisse en prétexter l'ignorance.

(*Thompson*, 252–5)

(67) Jacobin Club, 5 August 1793

. . . Vincent lave le ministre de la guerre des inculpations dirigées contre lui au sujet de diverses nominations. Il en cite une antérieure (du ci-devant duc du Châtelet) à son avènement, qu'il a révoquée, parce qu'elle lui était suspecte.

Il reproche à Danton, à Delacroix le décret qu'ils ont provoqué, de faire du comité de Salut public un comité de gouvernement. Il le regarde comme attentatoire à la souveraineté du peuple, comme contraire à la constitution, comme émané de conspirateurs. Après avoir démontré que le comité de Salut public, accaparant tous les pouvoirs, devenait lui-même un pouvoir monstrueux, Vincent veut qu'on s'occupe des moyens d'empêcher qu'un tel décret ne puisse jamais avoir lieu.

Bourdon assure que le soin des assemblées populaires n'est pas de nommer aux places, mais de surveiller ceux qui les occupent. Il ne veut pas que les Jacobins en sollicitent pour eux ni pour leurs amis, mais bien qu'ils se réservent le droit de faire passer au creuset de leur examen le choix des ministres.

Vincent soutient que les Jacobins doivent faire des listes de candidats des hommes qu'ils croient en état d'occuper des places et les présenter au ministre.

Robespierre dit que des hommes nouveaux, des patriotes d'un jour veulent perdre dans le peuple ses plus anciens amis.

Il cite pour exemple Danton, qu'on calomnie; Danton, sur lequel personne n'a le droit d'élever le plus léger reproche; Danton, qu'on ne discréditera qu'après avoir prouvé qu'on a plus d'énergie, de talents ou d'amour de la patrie.

'Je ne prétends pas ici m'identifier avec lui pour nous faire valoir tous deux, je le cite seulement comme exemple.

Deux hommes, salariés par les ennemis du peuple, deux hommes que Marat dénonça, ont succédé, ou cru succéder à cet écrivain patriote. C'est par leurs moyens que les ennemis de l'Etat se sont persuadés qu'ils nous entameraient encore. L'acharnement avec lequel ils distillent le venin de leur calomnie, au moment où les fédérés nous arrivent de toutes parts, d'autres rapprochements que l'on pourrait faire encore, démontrent leur complicité.

Il faut vous les nommer: le premier est un prêtre, homme seulement connu par deux actions horribles: la première, d'avoir voulu faire assassiner les marchands, les boutiquiers, parce que, disait-il, ils vendaient trop cher; l'autre, d'avoir voulu faire rejeter au peuple la constitution, sous prétexte qu'elle était défectueuse.

Le second est un jeune homme qui prouve que le corruption peut entrer dans un jeune cœur. Il a des apparences séduisantes, un talent séducteur, c'est Leclerc, un ci-devant, le fils d'un noble. Il était à Lyon, où il jouait le patriote, lorsqu'on y égorgea l'infortuné Chalier. Il fut en grande partie cause de sa mort. Parti de là, où sa conduite l'avait rendu exécrable à tous les patriotes, il vint à Paris, intriguer, mentir à la Convention; il vint ici, suivi de quelques hommes imposteurs comme lui, qu'il sut rendre intéressants et qui sont maintenant dispersés; il est associé à Jacques Roux; et ces deux hommes, dénoncés par Marat comme deux intrigants, deux émissaires de Cobourg ou de Pitt, qui, pour mieux empoisonner les sources de la crédulité populaire, ont pris pour le séduire le nom de Marat. Ils ne manquent jamais de dénoncer un ennemi bien reconnu du peuple; ainsi Custine a été dénoncé par eux. Avec des phrases bien patriotiques, bien fort et énergiquement prononcées, ils parviennent à faire croire au peuple que ses nouveaux amis sont plus zélés que les autres. De grandes louanges à Marat pour pouvoir tomber sur les patriotes actuels. Qu'importe de louer un mort, pourvu qu'on puisse calomnier les vivants?'

(*Markov*, 533–4)

(68) Decree on the *armée révolutionnaire*, 5 September 1793

La Convention nationale, après avoir entendu le rapport de son Comité de salut public, décrète:

ARTICLE 1er.—Il y aura à Paris une force armée, soldée par le Trésor public, composée de 6.000 hommes et 1.200 canonniers, destinée à comprimer les contre-révolutionnaires, à exécuter, partout où besoin sera, les lois révolutionnaires et les mesures de salut public qui seront décrétées par la Convention nationale, et à protéger les subsistances.

ART. 2.—Cette force armée sera organisée dans le jour, selon le mode prescrit par la loi. La municipalité de Paris et le commandant général se concerteront sur-le-champ avec deux membres du Comité de salut public, pour la formation de cette force.

ART. 3.—La solde de cette force révolutionnaire sera la même que celle de la gendarmerie nationale de Paris.

[Barère writes as a Commentary (mémoires, II, 375 note):

Ce fut Carnot qui heureusement fut chargé de cette organisation au Comité de salut public, et qui donna au moins à cette armée les formes militaires. Nous l'assujettîmes ensuite par un décret à toutes les lois militaires; nous évitâmes par là les grands excès dont cette armée devait être l'instrument, dans le vœu des dictateurs qui la proposèrent et qui la firent décréter.

And as a note to p. 374:

C'est en vain que les députations des Jacobins, les Ronsin et autres membres de l'état-major de l'armée révolutionnaire, insistèrent auprès du Comité de salut public pour avoir un tribunal révolutionnaire et des guillotines. Carnot et tous les autres membres s'y opposèrent fortement. Robespierre seul les voulait; il les demanda depuis aux Jacobins dans la séance du . . . ; mais Robespierre et ses satellites furent éconduits par le Comité.]

(*Mautouchet*, 191)

(69) Barère on the *journée* of 5 September 1793

Une partie des citoyens attroupés s'étaient répandus autour et dans les salles du Comité de salut public; c'était un coup monté d'obtenir ou plutôt d'arracher à la Convention le décret de formation de l'armée révolutionnaire, avec ses tribunaux et ses accessoires. Les plus ardents révolutionnaires étaient entrés au Comité, et nous forçaient à délibérer sur les mêmes mesures que leurs camarades proposaient à la barre de la Convention, et que plusieurs de nos collègues faisaient décréter par la Convention *au nom du Comité*, ce qui est remarquable . . . Ces ardents révolutionnaires de la Commune et des sections, bouillants alors comme des volcans, ne cessaient de nous demander le jugement des Brissotins, celui d'Antoinette, l'expulsion de tous les militaires qui étaient agglomérés à Paris. Le Comité pressé, harcelé par eux, me chargea expressément de faire un rapport. Je l'écrivis au Comité, sur le bureau, *selon mon usage*, et sous les yeux de mes collègues et des pétitionnaires. Robespierre lui-même avait quitté le fauteuil de président à l'Assemblée, pour venir s'assurer des termes du rapport, craignant que le Comité n'attenuât ou ne contrariât le mouvement que Danton, Bazire, Bourdon et ses amis venaient d'imprimer à la Convention, qui dans ce moment aurait décrété la révolution de l'Europe et de l'univers entier. Tous les esprits étaient en délire dans cette journée du 5 septembre 1793. Thuriot occupa le fauteuil pendant que Robespierre venait *chauffer* le Comité.

(*Barère*, II, 378 note)

(70) Decree of the *Maximum général*, 29 Septembre 1793

La Convention nationale, après avoir entendu le rapport de sa Commission pour la rédaction d'une loi sur la fixation du maximum du prix des denrées et marchandises de première nécessité, décrète ce qui suit:

ART. 1er. Les objets que la Convention nationale a jugés de première nécessité et dont elle a cru devoir fixer le maximum ou le plus haut prix, sont:

La viande fraîche.
La viande salée et le lard.
Le beurre.
L'huile douce.
Le bétail.
Le poisson salé.
Le vin.
L'eau-de-vie.
Le vinaigre.
Le cidre.
La bière.
Le bois à brûler.
Le charbon de bois.
Le charbon de terre.
La chandelle.
L'huile à brûler.
Le sel.
La soude.
Le savon.
La potasse.
Le sucre.
Le miel.
Le papier blanc.
Les cuirs.
Les fers.
La fonte.
Le plomb.
L'acier.
Le cuivre.
Le chanvre.
Le lin.
Les laines.
Les étoffes.
Les toiles.
Les matières premières qui servent aux fabriques.
Les sabots.
Les souliers.
Les colza et rabette.
Le tabac.

ART. 2. Parmi les objets énoncés dans la liste ci-dessus, le maximum du prix du bois à brûler de 1re qualité, celui du charbon de bois et du charbon de terre est le même qu'en 1790, plus le vingtième de ce prix. La loi du 19 août, sur la fixation par les départements des prix du bois de chauffage, charbon, tourbe, est rapportée.

Le maximum ou le plus haut prix du tabac en carotte est de 20 sols à la livre, poids de marc; celui du tabac à fumer est de 10 sols; celui de la livre de sel est de 2 sols; celui du savon de 25 sols.

ART. 3. Le maximum du prix de toutes les autres denrées et marchandises énoncées dans l'article 1er sera, pour toute l'étendue de la République, jusqu'au mois de septembre prochain, le prix que chacune d'elles avait en 1790, tel qu'il est constaté par les mercuriales ou le prix-courant de chaque département, et le tiers en sus de ce même prix, déduction faite des droits fiscaux et autres auxquels elles étaient alors soumises, sous quelques dénomination qu'ils aient existé.

ART. 4. Les tableaux du maximum ou plus haut prix de chacune des denrées énoncées dans l'article 1er seront rédigés par chaque administration de district, affichés dans la huitaine de la réception de cette loi et envoyés au département.

ART. 5. Le procureur général syndic en enverra des copies, dans la quinzaine suivante, au Conseil exécutif provisoire et à la Convention nationale.

ART. 6. Les commissaires de la Convention nationale sont chargés de destituer les procureurs des communes, les procureurs syndics et procureurs généraux syndics qui n'auraient pas rempli les dispositions des articles précédents dans le délai prescrit, chacun en ce qui le concerne.

ART. 7. Toutes personnes qui vendraient ou achèteraient les marchandises énoncées en l'article 1er au delà du maximum du prix déterminé et affiché dans chaque département, paieront, par forme de police municipale, une amende solidaire, double de la valeur de l'objet vendu et applicable au dénonciateur. Elles seront inscrites sur la liste des personnes suspectes, et traitées comme telles. L'acheteur ne sera pas soumis à la peine portée ci-dessus, s'il dénonce la contravention du vendeur; et chaque marchand sera tenu d'avoir un tableau apparent dans sa boutique, portant le maximum ou le plus haut prix de ses marchandises.

ART. 8. Le maximum ou le plus haut prix respectif des salaires, gages, main d'œuvre et journée de travail dans chaque lieu, sera fixé, à commencer de la publication de cette loi jusqu'au mois de septembre prochain, par les conseils généraux des communes, au même taux qu'en 1790, auquel il sera ajouté la moitié de ce prix en sus.

ART. 9. Les municipalités pourront mettre en réquisition et punir, selon les cas, de trois jours de détention les ouvriers, les fabricants et différentes personnes de travail qui se refuseraient, sans causes légitimes à leurs travaux ordinaires. . . .

ART. 17. Pendant la guerre, toute exportation de marchandises ou denrées de première nécessité est prohibée sur toutes les frontières, sous quelque nom et commission que ce soit, le sel excepté. . . .

(*Caron*, 32–5)

(71) Hébert denounces the *jolies solliciteuses* to the Commune

'J'ai vu, ce matin à la police, une foule de jolies femmes en assiéger les bureaux, pour des mises en liberté. Fût-on un Caton, on doit craindre les Circé; elles possèdent l'art de capter les hommes. On repoussera la femme d'un bon sans-culotte, parce qu'elle ne sera pas mise élégamment ou n'aura pas de beaux yeux; tandis qu'une astucieuse coquette, accoutumée à tromper les trompeurs eux-mêmes, sera admise. Je demande le maintien de l'arrêté et son exécution dans toute sa rigueur. Je requiers en conséquence qu'il soit affiché à toutes les portes des bureaux de police, une défense à toutes les jolies solliciteuses d'y entrer.'—Le conseil arrêta que 'toutes les jolies intrigantes' n'auraient aucun accès dans les bureaux de police. (*Journal de Paris*, n. CCLXII.)

(*Buchez*, XXIX, 122)

(72) The Commune and prostitutes, *arrêté* of 2 October 1793.

Le procureur de la Commune, après avoir exposé les grands principes de la révolution et de la liberté, qui ne peuvent l'une et l'autre se soutenir que sur les mœurs publiques; après avoir fait sentir l'indispensable nécessité où l'on est d'opposer aux progrès rapides et effrayans du libertinage.

Le conseil général, frappé des principes développés dans le réquisitoire. . . .

Arrête: 1° qu'il est défendu à toutes filles ou femmes de mauvaise vie, de se tenir dans les rues, promenades, places publiques, et d'y exciter au libertinage et à la débauche, sous peine d'être mises en arrestation, et traduites au tribunal de police correctionnelle, comme corruptrices des mœurs, et perturbatrices de l'ordre public;

2° Il est défendu à tous marchands de livres, de tableaux, de gravures et reliefs, d'exposer en public des objets indécens, et qui choquent la pudeur, sous peine de saisie et anéantissement desdits objets;

3° Des commissaires de police sont tenus, sous leur responsabilité de faire de fréquentes visites dans les quartiers infectés de libertinage, sous peine d'être destitués s'ils ne remplissent pas leurs fonctions;

4° Les patrouilles arrêteront toutes les filles et femmes de mauvaise vie qu'elles touveront excitant au libertinage; . . .

Le conseil général appelle à son aide pour l'exécution et le maintien de son arrêté, les républicains austères et amis des mœurs, les pères et mères de famille, toutes les autorités constituées, et les instituteurs de la jeunesse, comme étant les uns et les autres, spécialement chargés de conserver les mœurs des jeunes citoyens, sur lesquels repose l'espérance de la patrie; invite les vieillards, comme ministres de la morale, à veiller à ce que les mœurs ne soient point choquées en leur présence, et à requérir les commissaires de police et autres autorités constituées, chargées de l'exécution du présent arrêté, toutes les fois qu'ils le jugeront nécessaire;

Enjoint à la force armée de prêter main forte pour le maintien du présent arrêté, lorsqu'elle en sera requise, même par un seul citoyen.

(*Buchez*, XXIX, 231–3)

(73) Extracts from no. 268 of *Le Publiciste*

Artifices employés par les sénateurs romains, pour tuer la liberté.—Parallèle de la conduite des hommes d'état de la Convention, avec celle des traîtres de ce temps-là.—Complots exécrables ourdis contre les vrais patriotes et la société des femmes républicaines.

Le régime le plus avilissant est celui qui force à courber la tête sous le joug d'un roi. La nature ne créa pas tel ou tel individu pour faire des lois à la société, et exercer le droit de vie et de mort sur son semblable. La souveraineté n'appartient qu'au peuple, celui qui s'empare du pouvoir suprême est donc un usurpateur, un monstre, qu'on doit étouffer dès son berçeau.

Cependant, il ne faut pas s'imaginer qu'on est libre du moment qu'on a renversé le trône, qu'on a rougi l'échafaud du sang du tyran, et qu'on s'est donné une constitution nouvelle. [p. 2] Rome accablée sous le poids de ses chaînes, brisa le sceptre des rois. Voyons quel fut le sort de cette énergique cité, dont le génie fier et ambiteux fixa les regards du monde.

A peine ce peuple de héros eut-il fondé la république, qu'il fut la dupe de ceux qui avaient servi avec plus de chaleur en apparence, ses intérêts les plus sacrés. Les ambassadeurs envoyés à Athènes, pour recueillir les lois de Solon, cherchèrent à gouverner souverainement, et à rendre leur domination perpétuelle. Les décemvirs, pour inspirer du respect au peuple (qui craint toujours quand on ne le craint pas), s'entourèrent de gens sans aveu, chargés de crimes et accablés de dettes. Dans une ville ou régnait la liberté et l'égalité, l'on voyait les sénateurs paraître avec tout l'appareil de la tyrannie que déployaient les anciens rois de Rome, des licteurs armés de haches étouffiaient les vœux de la multitude. Lorsqu'on se plaignait de la dureté de la domination des consuls, et des tribuns, de l'orgueil, de l'injustice des sénateurs; lorsqu'on demandait la destitution des hommes ambitieux, qui usurpaient un pouvoir tyrannique, et qui refusaient si opiniâtrement de se défaire des faisceaux; ils représentaient insolemment qu'on devait différer l'élection des nouveaux magistrats, jusqu'à ce que l'ennemi fût expulsé du territoire de Rome, et que les lois nouvelles fussent solidement établies. Si quelque citoyen avait le courage de reprocher aux décemvirs qu'ils s'érigaient en tyrans de la patrie, les coups de verges, l'exil, la confiscation de ses biens, les supplices les plus affreux, le poison, la mort, tel était le partage de son dévouement incorruptible. . . . [He turns to a consideration of the French Revolution:] . . . Un objet bien plus alarmant excite ma vive sollicitude, ce sont les atteintes mortellus, qu'au mépris de ses serments, l'on ne cesse de porter à la constitution: et d'où partent les coups liberticides? Du sanctuaire même des lois. . . .

Eh quoi! il n'est plus permis d'émettre son opinion sur le compte de ceux qui tiennent les rênes du gouvernement! Scélérats, qui n'avez du républicanisme que le masque, apprenez que vous n'avez aucun droit pour enchaîner la pensée de l'homme. Elle appartient à toute la nature. Le génie de la liberté que vous voulez étouffer, franchira malgré vous les montagnes et les mers, et la foudre que vous appelez sur l'homme de bien, vous écrasera bientôt. La onzième heure est sonnée . . .! Tremblez, usurpateurs . . .!

Qui ne voit pas vos intrigues? Qui ne voit pas que la plupart de ceux qui se sont popularisées depuis 89, et qui sont chargés de nos destinées, ont conçu le dessein d'envahir le pouvoir suprême: Qui ne voit pas qu'ils exercent une inquisition dictatoriale envers ceux qui ne composent pas, comme eux, avec les principes de la liberté? Les tartufes! . . . ils se sont servis des *Leclerc*, des *Varlet*, des *Jacques Roux*, des *Bourgoins*, des *Gonchons* etc. etc. Ils se sont servis des femmes révolutionnaires, des *Lacombe*, des *Colombes*, des *Champions*, des *Ardoin*, et de tant d'autres républicains, pour briser le sceptre du tryan, après lequel ils soupiraient; pour renverser la faction des hommes d'état qui exerçaient un despotisme dont ils avaient soif, aujourd'hui qu'ils ont entre leurs mains les clefs du trésor national, qu'ils disposent des principaux emplois civils et militaires, et qu'ils ont des satellites pour exécuter leurs ordres: aujourd'hui qu'ils tiennent le bâton de la République, qu'ils sont gorgés du sang du peuple, et qu'ils sont armés de la foudre nationale; ils la font éclater impitoyablement sur les patriotes incorruptibles qui ne s'agenouillent pas en esclaves devant de nouveaux rois: ils foulent aux pieds, ils brisent comme un verre les vases précieux, les instruments des révolutions, et bientôt l'homme pur ne trouvera plus d'asile, que dans les souterrains qui seront désormais le séjour de la vertu, et peut-être même de la liberté. Car de jour à autre, l'on ébranle les colonnes de la constitution: un décret fatal impose aux citoyens la loi dure de ne s'assembler que deux fois par semaine . . .

Et si l'on osait, on réduirait à zéro le droit qu'ils ont de délibérer sur leurs plus chers intérêts; sauf à doubler l'indemnité des 40 sols, qui sous le règne du tyran, auraient été accordés, non pour secourir les misérables, qui ont élevé en vain la voix contre le monopole, l'agiotage, et les accaparements qui les réduisent à la famine et au désespoir, mais pour anéantir les droits du peuple, acheter les suffrages des hommes pervers, et écarter la surveillance que les amis de l'égalité ont exercée jusqu'à ce jour envers les mandataires infidèles et les traîtres.

Ce qui me confirme dans ces soupçons, (tout en rendant justice à plusieurs députés de la Montagne) c'est qu'à l'assemblée électorale, des hypocrites qui ont la soif des richesses et des honneurs, ont l'insolence de demander la dissolution de la société incorruptible des femmes républicaines; de ces héroines qui ont eu tant de part à la prise de la Bastille, qui à Versailles ont fait mordre la poussière aux satellites du tyran, et qui ont bravé tous les dangers pour renverser le trône; de ces femmes qui ont été à la tête de toutes les révolutions, qui ont préparé efficacement l'insurrection du 29 mai, et qui plus généreuses que les hommes, trouvent la récompense de leurs travaux dans la gloire de servir la patrie; de ces femmes enfin qui sont les sentinelles de la liberté, l'effroi des nouveaux tyrans, et le rempart de la République, auxquelles peut-être il est réservé de la sauver.

Peuple, tant de trames ourdies contre la constitution, tant d'attentats horribles portés à ta souveraineté, par les hommes d'état, annoncent que tu as à lutter contre une tyrannie renaissante. Peuple, obéis aux lois mais arme-toi de la vertu et de ton courage: tu triomphera encore de cette faction qui usurpant tous les pouvoirs, comme les décemvirs, creuse le tombeau de la liberté.

Jacques Roux, l'ami du peuple.
(*Markov*, 292–7)

(74) Petition of the Cordelier Club to the Convention, 16 September 1793

Des citoyens envoyés par la Société des Cordeliers présentent une pétition par laquelle ils demandent:

1° Le rapport du décret qui permet aux représentants du peuple auprès des armées de prendre séparément des arrêtés;

2° Le rapport du décret qui rappelle les commissaires du conseil exécutif;

3° Une loi qui défende aux représentants du peuple de prendre des arrêtés qui entravent la marche du conseil exécutif;

4° Une autre loi qui rende ces mêmes représentants du peuple responsables d'avoir favorisé les friponneries des agents militaires.

Cette pétition excita des murmures. Les pétitionnaires sont renvoyés au comité de Sûreté générale, avec les pièces dont ils se disent porteurs.

(*AP*, LXXIV, 288–9)

(75) Extract from no. 269 of the *Père Duchesne*

On veut, à force de trahisons et de malheurs, forcer le peuple à désirer l'ancien régime, et à le redemander. Attendons-nous à voir toutes nos villes de guerre livrées comme Condé et Valenciennes, si la république ne fait pas un grand effort pour écraser ses ennemis du dedans et du dehors. On va tout tenter pour fatiguer le soldat, et pour faire débander nos armées; mais, foutre, je suis bien tranqile sur leur compte, elles sont composées de la fine fleur de la république. Il n'est pas un seul de nos guerriers qui ne soit décidé à tenir le serment qu'il a fait de vivre libre ou de mourir. Les traîtres, en calculant ainsi la ruine de leur pays, comptent sans leur hôte; lorsqu'ils nous auront réduit à cette extrêmité, quand la moitié de la France sera ravagée par les brigands du Nord, ces jean-foutres se flattent que les Sans-Culottes seront trop heureux de recevoir la paix à genoux. C'est alors que les hommes d'état, pour mettre fin à tous les maux qu'ils auront occasionnés, nous proposeront la royauté comme le seul remède; c'est alors qu'ils iront donner la clef des champs au petit avorton du Temple. Des milliers de coquins, répandus dans Paris, et qui auront la patte bien graissée, crieront alors *vive Louis XVII*; les meilleurs patriotes seront massacrés; les scélérats qui mitonnent cette contre-révolution, s'empareront de l'autorité, et régneront au nom du louveteau.

Voilà, foutre, le coup de chien qui se prépare; que faut-il faire pour l'empêcher? Ce qu'il faut faire, foutre? Il faut d'abord mettre à l'ombre tous les hommes suspects, chasser de nos armées tous les nobles et les intrigans; il faut ensuite renouveller la convention, et ne la composer, cette fois-ci, que de véritables républicains; il faut, avant toutes choses, organiser un pouvoir exécutif, et ne pas réunir tous les pouvoirs dans les mêmes mains. La contre-révolution sera faite avant un mois, si on laisse le comité de salut public organisé tel qu'il l'est aujourd'hui. Les ministres ne sont plus que des commis sans responsabilité, puisqu'ils sont obligés de marcher comme des aveugles, et d'obéir comme des esclaves aux ordres de ce comité. Je sais, foutre, qu'il est composé, en majorité, d'excellents citoyens, mais il y a dans le troupeau plus d'une brebis galeuse; d'ailleurs ce comité sera renouvellé, et à la place de Robespierre, de Saint-André, de Prieur, je vois d'avance se glisser certains fripons qui convoitent les cinquante millions que la convention a accordés à ce comité; garre le pillage et la contre-révolution, foutre.

(pp. 6–8)

(76) *Arrêté* of the *Société populaire de Guillaume Tell*, 4 *brumaire an* II —25 October 1793

Notre Société, frere et ami, ayant remarqué que quelquesuns de ses Membres ne paroissoient point dans son sein, a pensé que le nouvel ordre de ses séances combinées avec celles des Jacobins et des Sections, pouvoit leur être inconnu: en conséquence, elle a arrêté qu'il seroit envoyé à tous les Membres qui la composeront, après le scrutin épuratoire, l'emploi politique et patriotique des Décades, ainsi qu'il suit:

Le 1er jour de chaque Décade..	Jacobins .... à 6 heures du soir
Le 2e	Societe Populaire même heure
Le 3e	Jacobins .... même heure
Le 4e	Societe Populaire même heure
Le 5e	Sections .... à 5 heures du soir
Le 6e	Jacobins .... à 6 heures du soir
Le 7e	Societe Populaire même heure
Le 8e .... Le 9e	Jacobins .... même heure
Le 10e Repos	Societe Populaire à 11 heures du matin et Sections à 5 heures du soir.

D'après cette instruction frere et ami, la Société doit compter sur ton empressement à te rendre au milieu d'elle. . . .

(*Markov & Soboul*, no. 43)

(77) *Tutoiement*: petition to the Convention 10 *brumaire an* II—31 October 1793

Citoyens representans

Les principes de notre langue doivent nous etre aussi Chers que les lois de notre republique.

Nous distinguons trois personnes pour le singulier, et trois pour le plurier et au mepris de cette Regle l'esprit de fanatisme, d'orgueuil et de feodalité, nous a fait Contracter l'abitude de nous Servir de la Seconde personne du plurier lors que nous parlons a un seul.

Beaucoup de Maux resultent Encore de cet abus, il oppose une barriere a l'intelligence des sans culottes, il entretient la morgue des perves, et l'adulation, sous le pretexte du respec, eloigne les principes des vertus fraternelles.

Ces observations Communiquées a toutes les sociétes populaires elles ont arreté a l'unanimité, que petition vous seroit faite, de nous donner une loi portant reforme de ces vues.

Le bien qui doit resulter de notre soumission a ces principes sera une preuve première de notre Egalité, puis qu'un homme quel conque, ne pourra plus croire se distinguer en tutoyant un sans Culotte, lors que celui-ci le tutoyera, et de la, moins d'orgueil, moins de distinction, moins dinimitiés, plus de familiarité apparante, plus de penchant a la fraternité; Consequament plus degalité.

je demande au nom de tous mes Cometans, un decret portant que tous les republiquains français seront tenus à l'avenir, pour se Conformer aux principes de leur langue en ce qui Concerne la distinction du singulier au pluriel, de tutoyer sans distinction ceux ou celles a qui ils parleront en seul, a peine detre declarés suspect, Comme adulateurs, et se pretant par ce moyen au soutien de La morgue qui sert de pretexte a l'inegalité entre nous.

(*Markov & Soboul*, No. 44)

C. THE CONSTITUTION OF 1793

(78) After-dinner conversation between Hérault de Séchelles and Barère, autumn 1793

. . . *Hérault de Séchelles* reprend: 'La Nature sera le Dieu des Français, comme l'Univers est son temple.' *Barère*: 'L'égalité, voilà le contrat social des peuples.' *Hérault de Séchelles*: 'Les anciens n'ont pu instituer la liberté qu'en plaçant l'esclavage auprès d'elle.' *Je repris*: 'Nous avons effacé de la France jusqu'à la domesticité.' *Hérault de Séchelles*: 'L'imbroglio constitutionnel de Condorcet ne nous a-t-il point forcés pourtant à ne faire qu'un impromptu populaire? Notre Décalogue politique me fait concevoir des craintes. La sanction, de la part du peuple, des lois proposées par le corps législatif, sera-t-elle réelle dans un si vaste empire? . . . La démocratie sera-t-elle contenue dans ses écarts? . . .' *Barère*: 'Le pouvoir exécutif, composé de vingt-quatre membres, pourrait bien devenir le conseil suprême des *éphores* d'Athènes, de la *justicia* des anciennes Espagnes, le piédestal d'un chef, comme on le voit de nos jours, sous différens noms, à Venise, en Hollande, en Suisse, en Amérique, en Angleterre . . .' Il fut aussi question du gouvernement révolutionnaire qu'alors on parlait d'établir. *Hérault de Séchelles*, enfoncé dans la méditation: 'Faut-il qu'une nation ne se régénère, comme a dit Raynal, que dans un bain de sang?' *Barère*: 'Qu'est-ce que la génération actuelle, devant l'immensité des siècles à venir?'

(*Causes secrètes*, 235–6)

(79) Durand-Maillane's view of the Constitution

Après avoir repoussé la constitution dont le projet, rédigé par Condorcet, avait déjà été imprimé, distribué, discuté, Robespierre et les siens se hâtèrent de présenter la leur qui fut faite en quinze jours. Ils publièrent perfidement que si la constitution avait été retardée, la cause en était aux traverses suscitées par les députés mis en arrestation. Cette insigne fausseté ne doit pas étonner de la part de la montagne qui se jouait de la vérité comme de la justice. Vainement les membres du côté droit ou de la plaine criaient à l'imposture; vainement se plaignaient-ils de ce qu'on allait faire une constitution en l'absence de ceux qui s'y entendaient le mieux. Leurs voix et leurs représentations n'étaient pas écoutées, et ils se trouvaient heureux de n'être pas conduits en prison avec les autres, comme coupables de l'appel au peuple.

Cette constitution était extrêmement démocratique. La déclaration des droits, qui la précédait, contenait trente-cinq articles au lieu des dix-sept dans lesquels était renfermée celle de 1791. La plupart de ces articles étaient des prérogatives populaires tout-à-fait outrées et dangereuses. Le dernier, par exemple, rendait le droit d'insurrection illimité et l'accordait à chaque portion du peuple, ce qui, sous le prétexte que le *gouvernement violait les droits*, exposait l'État à des bouleversemens anarchiques et journaliers.

Quant à la constitution, elle portait si loin la souveraineté nationale, qu'elle faisait élire tous les fonctionnaires par le peuple entier, et qu'elle le faisait participer aussi à la confection de chaque loi. Lorsqu'on en fut à l'article 121 par lequel la nation française déclare: *Qu'elle ne fera point de paix avec un ennemi qui occupera son territoire*, le député Mercier, auteur de l'An deux mil deux cent quarante, prit la parole et dit; Les Romains ont fait des traités très-avantageux avec les ennemis, à leur porte. En savez-vous plus qu'eux? Avez-vous fait quelque pacte avec la victoire? Non, répondit Bazire, nous n'avons point fait de pacte avec la victoire, mais nous avons fait notre pacte avec la mort. Robespierre se joignit à Bazire, et dit que les Romains, qui avaient des patriciens et des esclaves, n'avaient pas, comme nous, la déclaration des droits de l'homme.

Le 25 juin, la constitution républicaine fut achevée et proclamée dans la Convention nationale. Les autorités de Paris, qui avaient été apostées, vinrent en féliciter la montagne, en y mêlant les injures ordinaires contre les détenus, leurs victimes communes. Plusieurs députés du côté droit ne se levèrent point pour donner leur suffrage à la nouvelle constitution. Alors en demanda l'appel nominal pour les faire connaître au peuple. Mais Robespierre s'y opposa, et c'est ici le lieu de remarquer que cet homme, satisfait d'avoir abattu ses rivaux, et désireux d'augmenter le nombre de ses partisans, a toujours préservé le côté droit des coups dont le menaçait la montagne; et certes, il ne nous fallait pas moins qu'un si puissant protecteur. . . .

J'espérai . . . que l'anarchie et le mépris des lois cesseraient par l'établissement de la nouvelle constitution qui, telle qu'elle fût, établirait et fixerait au moins un gouvernement. Mais ce n'était le compte ni des montagnards ni de Robespierre leur chef. . . .

Secrétaire de la Convention, à l'époque de cette nouvelle constitution, on trouve mon nom dans les souscriptions en la forme ordinaire, ce qui ne prouve rien quant à mes idées ni à mes sentimens à l'égard de cette constitution et de ses auteurs. J'avoue que, telle qu'elle fût, j'en attendais du bien, mais je ne tardai pas à reconnaître mon erreur, sans pourtant soupçonner qu'il s'en ferait une troisième dans la Convention, à laquelle je serais employé moi-même. Au surplus, ce qui ne laisse aucun doute sur mes sentimens contre tout ce que faisait la montagne, c'est qu'en quittant le bureau à la fin de mon secrétariat, j'ai constamment siégé au côté droit, préférant tous les périls et tous les dégoûts de cette place à l'assurance et au repos que j'aurais trouvés dans le terrain haut ou bas de la montagne.

(*Durand-Maillane*, 141–5)

(80) The 'Manifesto' of the *Enragés*: address presented to the Convention by Jacques Roux, in the name of the Gravilliers and Bonne-Nouvelle Sections and the Cordelier Club, 25 June 1793

Délégués du Peuple Francais!

Cent fois cette enceinte sacrée a retenti des crimes des égoïstes et des fripons; toujours vous nous avez promise de frapper les sangsues du peuple. L'acte constitutionnel va être présenté à la sanction du souverain; y avez-vous proscrit l'agiotage? Non. Avez-vous prononcé la peine de mort contre les accapareurs? Non. Avez-vous détérminé ce en quoi consiste la liberté du commerce? Non. Avez-vous défendu la vente de l'argent-monnaie? Non. Eh bien! Nous vous déclarons que vous n'avez pas tout fait pour le bonheur du peuple.

La liberté n'est qu'un vain fantôme quand une classe d'hommes peut affamer l'autre impunément. L'égalité n'est qu'un vain fantôme, quand le riche par le monopole exerce le droit de vie et de mort sur son semblable. La république n'est qu'un vain fantôme, quand la contre-révolution s'opère, de jour en jour, par le prix des denrées, auquel les trois quarts des citoyens ne peuvent atteindre, sans verser des larmes.

Cependant, ce n'est qu'en arrêtant le brigandage du négoce, qu'il faut bien distinguer du commerce; ce n'est qu'en mettant les comestibles à la portée des sans-culottes, que vous les attacherez à la Révolution, et que vous les rallierez autour des lois constitutionnelles. . . .

Vous n'avez pas hésité de frapper de mort ceux qui oseraient proposer un roi, et vous avez bien fait; vous venez de mettre hors la loi les contre-révolutionnaires qui ont rougi, à Marseille, les échafauds du sang des patriotes, et vous avez bien fait; vous auriez encore bien mérité de la patrie, si vous eussiez mis à prix la tête des Capets fugitifs et des députés qui ont déserté leur poste; si vous eussiez expulsé de nos armées les nobles et ceux qui tenaient leurs places de la cour; si vous eussiez pris en otage les femmes, les enfants des émigrés et des conspirateurs; si vous eussiez retenu pour les frais de la guerre les pensions des ci-devant privilégiés, si vous eussiez confisqué au profit des volontaires et des veuves les trésors acquis depuis la Révolution par les banquiers et les accapareurs; si vous eussiez chassé de la Convention les députés qui ont voté l'appel au peuple; si vous eussiez livré aux tribunaux révolutionnaires les administrateurs qui ont provoqué le fédéralisme; si vous eussiez frappé du glaive de la loi les ministres et les membres du conseil exécutif qui ont laissé former un noyau de contre-révolution à la Vendée; si enfin vous eussiez mis en état d'arrestation ceux qui ont signé les pétitions anti-civiques, etc., etc. . . . Or, les accapareurs, et les agioteurs, ne sont-ils pas autant et plus coupables encore? Ne sont-ils pas, comme eux, de véritables assassins nationaux? . . .

Jusques à présent, les gros marchands qui sont par principe les fauteurs du crime, et par habitude les complices des rois, ont abusé de la liberté du commerce pour opprimer le peuple; ils ont faussement interprété cet article de la déclaration des droits de l'homme qui établit qu'il est permis de faire tout ce qui n'est pas défendu par la loi. Eh bien! décrétez constitutionnellement que l'agiotage, la vente de l'argent-monnaie, et les accaparements ont nuisibles à la société. Le peuple qui connaît ses véritables amis, le peuple qui souffre depuis si longtemps, verra que vous vous appitoyez sur son sort et que vous voulez sérieusement guérir ses maux; quand il aura une loi claire et précise dans l'acte constitutionnel, contre l'agiotage et les accaparements, il verra que la cause du pauvre vous tient plus à cœur que celle du riche, il verra qu'il ne siège point parmi vous des banquiers, des armateurs, et des monopoleurs; il verra enfin que vous ne voulez pas la contre-révolution.

Vous avez, il est vrai, décrété un emprunt forcé d'un milliard sur le riche; mais si vous n'arrachez l'arbre de l'agiotage, si vous ne mettez un frein national à l'avidité des accapareurs, le capitaliste, le marchand dès le lendemain, lèveront cette somme sur les sans-culottes, par le monopole et les concussions; ce n'est donc plus l'égoïste mais le sans-culotte que vous avez frappé. Avant votre décret, l'épicier et le banquier n'ont cessé de pressurer les citoyens; quelle vengeance n'exerceront-ils pas aujourd'hui que vous les mettrez à contribution, quel nouveau tribut ne vont-ils pas lever sur le sang et les larmes du malheureux?

En vain, objecterait-on que l'ouvrier reçoit un salaire en raison de l'augmentation du prix des denrées. A la vérité il en est quelques-uns dont l'industrie est payée plus cher; mais il en est aussi beaucoup dont la main-d'œuvre est moins salariée depuis la Révolution. D'ailleurs tous les citoyens ne sont pas ouvriers; tous les ouvriers ne sont pas occupés, et parmi ceux qui le sont, il en est qui ont huit à dix enfants incapables de gagner leur vie, et les femmes en général ne gagnent pas au-delà de vingt sous par jour.

Députés de la Montagne, que n'êtes-vous montés depuis le troisième jusqu'au neuvième étage des maisons de cette ville révolutionnaire, vous auriez été attendris par les larmes et les gémissements d'un peuple immense, sans pain et sans vêtements, réduit à cet état de détresse et de malheur par l'agiotage et les accaparements, parce que les lois ont été cruelles à l'égard du pauvre, parce qu'elles n'ont été faites que par les riches et pour les riches.

O rage, ô honte du 17e (*sic*) siècle! Qui pourra croire que les représentants du peuple français, qui ont déclaré la guerre aux tyrans du dehors, ont été assez lâches pour ne pas écraser ceux du dedans? Sous le règne des Sartines et des Flesselles,[1] le gouvernement n'aurait pas toléré qu'on fît payer les denrées de première nécessité trois fois

[1] Sartine was *lieutenant de police* under Louis XV; de Flesselles was *prévôt des marchands* in 1789.

au-dessus de leur valeur; que dis-je, ils fixaient le prix des armes et de la viande pour le soldat. Et la Convention nationale, investie de la force de vingt-cinq millions d'hommes, souffrira que le marchand et le riche égoïste leur portent habituellement le coup de la mort, en taxant arbitrairement les choses les plus utiles à la vie? *Louis Capet* n'avait pas besoin, pour opérer la contre-révolution, de provoquer la foudre des puissances étrangères. Les ennemis de la patrie n'avaient pas besoin d'inonder d'une pluie de feu les départements de l'Ouest; l'agiotage et les accaparements suffisent pour renverser l'édifice des lois républicaines.

Mais c'est la guerre, dira-t-on, qui est la cause de la cherté des vivres. Pourquoi donc, représentants du peuple, l'avez-vous provoquée en dernier lieu? Pourquoi sous le cruel Louis XIV, le Français eut-il à repousser la ligue des tyrans, et l'agiotage n'étendit pas sur cet empire l'étendard de la révolte, de la famine et de la dévastation? Et, sous ce prétexte, il serait donc permis au marchand de vendre la chandelle six francs la livre, le savon six francs la livre, l'huile six francs la livre. Sous le prétexte de la guerre, le sans-culotte payerait donc les souliers 50 liv. la paire, une chemise 50 liv., un mauvais chapeau 50 liv. . . .

Mais c'est le papier, dit-on encore, qui est la cause de la cherté des vivres: Ah! le sans-culotte ne s'aperçoit guère qu'il y en a beaucoup en circulation . . . au reste sa prodigieuse émission est une preuve du cours qu'il a, et du prix qu'on y attache. Si l'assignat a une hypothèque réelle, s'il repose sur la loyauté de la nation française, la quantité des effets nationaux ne leur ôte donc rien de leur valeur. Parce qu'il y a beaucoup de monnaie en circulation, est-ce une raison pour oublier qu'on est homme, pour commettre dans les tavernes du commerce des brigandages, pour se rendre maître de la fortune et de la vie des citoyens, pour employer tous les moyens d'oppression que suggèrent l'avarice et l'esprit de parti, pour exciter le peuple à la révolte et le forcer, par la disette et le supplice des besoins, à dévorer ses propres entrailles?

Mais les assignats perdent beaucoup dans le commerce. . . . Pourquoi donc les banquiers, les négociants et les contre-révolutionnaires du dedans et du dehors en remplissent-ils leurs coffres? Pourquoi ont-ils la cruauté de diminuer le salaire à certains ouvriers, et n'accordent-ils pas une indemnité aux autres! Pourquoi n'offrent-ils pas l'escompte lorsqu'ils acquièrent les domaines nationaux? L'Angleterre, dont la dette excède peut-être vingt fois la valeur de son territoire et qui n'est florissante que par le papier de sa banque, paie-t-elle à proportion les denrées aussi cher que nous les payons? Ah! Le ministre *Pith* (*sic*) est trop adroit pour laisser accabler ainsi les sujets de George. Et vous, citoyens représentants, vous les députés de la Montagne, vous qui vous faites gloire d'être du nombre des sans-culottes, du haut de votre immortel rocher, vous n'anéantirez l'hydre sans cesse renaissante de l'agiotage!

Mais, ajoute-t-on, on tire de l'étranger bien des articles, et ils ne veut en paiement que de l'argent. Cela est faux; le commerce s'est presque toujours fait par échange de marchandise contre marchandise, et du papier contre papier; souvent même, on a préféré des effets au numéraire. Les espèces métalliques qui circulent en Europe ne suffiraient pas pour acquitter la cent-millième partie des billets qui sont en émission. Ainsi, il est clair comme le jour, que les agioteurs et les banquiers ne discréditent les assignats que pour vendre plus cher leur argent, pour trouver occasion de faire impunément le monopole et de trafiquer dans le comptoir du sang des patriotes, qu'ils brûlent de verser. . . .

(*Markov*, 140–6)

(81) The Constitution of 1793

Déclaration des Droits de l'Homme et du Citoyen

Le peuple Français, convaincu que l'oubli, le mépris des droits naturels de l'homme, sont les seules causes des malheurs du monde, a résolu d'exposer dans une déclaration solennelle ces droits sacrés et inaliénables, afin que tous les citoyens, pouvant comparer sans cesse les actes du gouvernement avec le but de toute institution sociale, ne se laissent jamais opprimer et avilir par la tyrannie; afin que le peuple ait toujours devant les yeux les bases de sa liberté et de son bonheur; le magistrat, la règle de ses devoirs; le législateur, l'objet de sa mission.

En conséquence, il proclame, en présence de l'Etre Suprême, la déclaration suivante des droits de l'homme et du citoyen.

Art. 1er. Le but de la société est le bonheur commun.

Le gouvernement est institué pour garantir à l'homme la jouissance de ses droits naturels et imprescriptibles.

2. Ces droits sont l'égalité, la liberté, la sûreté, la propriété.

3. Tous les hommes sont égaux par la nature et devant la loi.

4. La loi est l'expression libre et solennelle de la volonté générale; elle est la même pour tous, soit qu'elle protége, soit qu'elle punisse: elle ne peut ordonner que ce qui est juste et utile à la société: elle ne peut défendre que ce qui lui est nuisible.

5. Tous les citoyens sont également admissibles aux emplois publics.

Les peuples libres ne connaissent d'autres motifs de préférence dans leurs élections, que les vertus et les talens.

6. La liberté est le pouvoir qui appartient à l'homme de faire tout ce qui ne nuit pas aux droits d'autrui: elle a pour principe la nature; pour règle la justice; pour sauvegarde, la loi: sa limite morale est dans cette maxime:

Ne fais pas à un autre ce que tu ne veux pas qu'il te soit fait.

7. Le droit de manifester sa pensée et ses opinions, soit par la voie de la presse, soit de toute autre manière, le droit de s'assembler paisiblement, le libre exercice des cultes ne peuvent être interdits.

La nécessité d'énoncer ces droits suppose ou la présence ou le souvenir récent du despotisme.

8. La sûreté consiste dans la protection accordée par la société à chacun de ses membres pour la conservation de sa personne, de ses droits et de ses propriétés.

9. La loi doit protéger la liberté publique et individuelle contre l'oppression de ceux qui gouvernent.

10. Nul ne doit être accusé, arrêté ni détenu que dans les cas déterminés par la loi et selon les formes qu'elle a prescrites; tout citoyen appelé ou saisi par l'autorité de la loi doit obéir à l'instant; il se rend coupable par la résistance.

11. Tout acte exercé contre un homme hors des cas et sans les formes que la loi détermine est arbitraire et tyrannique; celui contre lequel on voudrait l'exécuter par la violence a le droit de le repousser par la force.

12. Ceux qui solliciteraient, expédieraient, signeraient, exécuteraient ou feraient exécuter des actes arbitraires sont coupables et doivent être punis.

13. Tout homme étant présumé innocent jusqu'à ce qu'il ait été déclaré coupable, s'il est jugé indispensable de l'arrêter, toute rigeur qui ne serait pas nécessaire pour s'assurer de sa personne doit être sévèrement réprimée par la loi.

14. Nul ne doit être jugé et puni qu'après avoir être entendu ou légalement appelé et qu'en vertu d'une loi promulguée antérieurement au délit; la loi qui punirait des délits commis avant qu'elle existât serait une tyrannie; l'effet rétroactif donné à la loi serait un crime.

15. La loi ne doit décerner que des peines strictement et évidemment nécessaires; les peines doivent être proportionnées au délit et utiles à la société.

16. Le droit de propriété est celui qui appartient à tout citoyen de

jouir et de disposer à son gré de ses biens, de ses revenus, du fruit de son travail et de son industrie.

17. Nul genre de travail, de culture, de commerce, ne peut être interdit à l'industrie des citoyens.

18. Tout homme peut engager ses services, son temps, mais il ne peut se vendre ni être vendu. Sa personne n'est pas une propriété aliénable. La loi ne reconnaît point de domesticité; il ne peut exister qu'un engagement de soins et de reconnaissance entre l'homme qui travaille et celui qui l'emploie.

19. Nul ne peut être privé de la moindre portion de sa propriété sans son consentement, si ce n'est lorsque la nécessité publique légalement constatée l'exige, et sous la condition d'une juste et préalable indemnité.

20. Nulle contribution ne peut être établie que pour l'utilité générale. Tous les citoyens ont droit de concourir à l'établissement des contributions, d'en surveiller l'emploi et de s'en faire rendre compte.

21. Les secours publics sont une dette sacrée. La société doit la subsistance aux citoyens malheureux, soit en leur procurant du travail, soit en assurant les moyens d'exister à ceux qui sont hors d'état de travailler.

22. L'instruction est le besoin de tous. La société doit favoriser de tout son pouvoir les progrès de la raison publique, et mettre l'instruction à la porteé de tous les citoyens.

23. La garantie sociale consiste dans l'action de tous pour assurer à chacun la jouissance et la conservation de ses droits; cette garantie repose sur la souveraineté nationale.

24. Elle ne peut exister si les limites des fonctions publiques ne sont pas clairement déterminées par la loi, et si la responsabilité de tous les fonctionnaires n'est pas assurée.

25. La souveraineté réside dans le peuple. Elle est une et indivisible, imprescriptible et inaliénable.

26. Aucune portion du peuple ne peut exercer la puissance du peuple entier; mais chaque section du souverain assemblée doit jouir du droit d'exprimer sa volonté avec une entière liberté.

27. Que tout individu qui usurperait la souveraineté soit à l'instant mis à mort par les hommes libres.

28. Un peuple a toujours le droit de revoir, de réformer et de changer sa constitution. Une génération ne peut assujettir à ses lois les générations futures.

29. Chaque citoyen a un droit égal de concourir à la formation de la loi et à la nomination de ses mandataires ou de ses agens.

30. Les fonctions publiques sont essentiellement temporaires; elles

ne peuvent être considérées comme des distinctions ni comme des récompenses, mais comme des devoirs.

31. Les délits des mandataires du peuple et de ses agens ne doivent jamais être impunis. Nul n'a le droit de se prétendre plus inviolable que les autres citoyens.

32. Le droit de présenter des pétitions aux dépositaires de l'autorité publique ne peut en aucun cas être interdit, suspendu ni limité.

33. La résistance à l'oppression est la conséquence des autres droits de l'homme.

34. Il y a oppression contre le corps social, lorsqu'un seul de ses membres est opprimé. Il y a oppression contre chaque membre, lorsque le corps social est opprimé.

35. Quand le gouvernement viole les droits du peuple, l'insurrection est pour le peuple et pour chaque portion du peuple le plus sacré des droits et le plus indispensable des devoirs.

ACTE CONSTITUTIONNEL

De la République

Art. 1er. La République française est une et indivisible.

De la distribution du peuple

2. Le peuple français est distribué, pour l'exercice de sa souveraineté, en assemblées primaires de cantons.

3. Il est distribué, pour l'administration et pour la justice, en départemens, districts, municipalités.

De l'état des citoyens

4. Tout homme né et domicilié en France, âgé de vingt-un ans accomplis;

Tout étranger âgé de vingt-un ans accomplis, qui, domicilié en France depuis une année,

Y vit de son travail;

Ou acquiert une propriété;

Ou épouse une Française;

Ou adopte un enfant;

Ou nourrit un vieillard;

Tout étranger, enfin, qui sera jugé par le corps législatif avoir bien mérité de l'humanité,

Est admis à l'exercice des droits de citoyen français.

5. L'exercice des droits de citoyens se perd,

Par la naturalisation en pays étranger,

Par l'acceptation de fonctions ou faveurs émanées d'un gouvernement non populaire;

Par la condamnation à des peines infamantes ou afflictives, jusqu'à réhabilitation.

6. L'exercice des droits de citoyen est suspendu,

Par l'état d'accusation:

Par un jugement de contumace, tant que le jugement n'est pas anéanti.

De la souveraineté du peuple

7. Le peuple souverain est l'universalité des citoyens français.

8. Il nomme immédiatement ses députés.

9. Il délègue à des électeurs le choix des administrateurs, des arbitres publics, des juges criminels et de cassation.

10. Il délibère sur les lois.

Des assemblées primaires

11. Les assemblées primaires se composent des citoyens domiciliés depuis six mois dans chaque canton.

12. Elles sont composées de 200 citoyens au moins, de 600 au plus, appelés à voter.

13. Elles sont constituées par la nomination d'un président, de secrétaires, de scrutateurs.

14. Leur police leur appartient.

15. Nul n'y peut paraître en armes.

16. Les élections se font au scrutin ou à haute voix, au choix de chaque votant.

17. Une assemblée primaire ne peut, en aucun cas, prescrire un mode uniforme de voter.

18. Les scrutateurs constatent le vote des citoyens qui, ne sachant point écrire, préfèrent de voter au scrutin.

19. Les suffrages sur les lois sont donnés par *oui* et par *non*.

20. Le vœu de l'assemblée primaire est proclamé ainsi: *Les citoyens réunis en assemblée primaire de . . . au nombre de . . . votans, votent pour ou votent contre, à la majorité de. . . .*

De la représentation nationale

21. La population est la seule base de la représentation nationale.

22. Il y a un député en raison de 40 mille individus.

23. Chaque réunion d'assemblées primaires, résultant d'une population de 39,000 à 41,000 âmes, nomme immédiatement un député.

24. La nomination se fait à la majorité absolue des suffrages. . . .

32. Le peuple français s'assemble tous les ans, le 1er mai, pour les élections.

33. Il y procède, quel que soit le nombre des citoyens ayant droit d'y voter.

34. Les assemblées primaires se forment extraordinairement, sur la demande du cinquième des citoyens qui ont droit d'y voter.

35. La convocation se fait, en ce cas, par la municipalité du lieu ordinaire du rassemblement.

36. Ces assemblées extraordinaires ne délibèrent qu'autant que la moitié plus un des citoyens qui ont droit d'y voter sont présens.

Des assemblées électorales

37. Les citoyens réunis en assemblées primaires nomment un électeur à raison de 200 citoyens, présens ou non; deux depuis 201 jusqu'à 400; trois depuis 401 jusqu'à 600.

38. La tenue des assemblées électorales et le mode des élections sont les mêmes que dans les assemblées primaires.

Du corps législatif

39. Le corps législatif est un, indivisible et permanent.

40. Sa session est d'un an.

41. Il se réunit le 1er juillet.

42. L'Assemblée nationale ne peut se constituer si elle n'est composée au moins de la moité des députés, plus un.

43. Les députés ne peuvent être recherchés, accusés ni jugés en aucun temps, pour les opinions qu'ils ont énoncées dans le sein du corps législatif.

44. Ils peuvent, pour fait criminel, être saisis en flagrant délit; mais le mandat d'arrêt ni le mandat d'amener ne peuvent être décernés contre eux qu'avec l'autorisation du corps législatif.

Tenue des séances du corps législatif

45. Les séances de l'assemblée nationale sont publiques.

46. Les procès-verbaux de ses séances sont imprimés.

47. Elle ne peut délibérer si elle n'est composée de 200 membres, au moins.

48. Elle ne peut refuser la parole à ses membres, dans l'ordre où ils l'ont réclamée.

49. Elle délibère à la majorité des présens.

50. Cinquante membres ont le droit d'exiger l'appel nominal.

51. Elle a le droit de censure sur la conduite de ses membres dans son sein.

52. La police lui appartient dans le lieu de ses séances, et dans l'enceinte extérieure qu'elle a déterminée.

Des fonctions du corps législatif

53. Le corps législatif propose des lois, et rend des décrets.

54. Sont compris sous le nom général de *lois*, les actes du corps législatif concernant:

La législation civile et criminelle.

L'administration générale des revenus et des dépenses ordinaires de la République;

Les domaines nationaux;

Le titre, le poids, l'empreinte et la dénomination des monnaies;

Le nature, le montant et la perception des contributions;

La déclaration de guerre;

Toute nouvelle distribution générale du territoire français;

L'instruction publique;

Les honneurs publics à la mémoire des grands hommes.

55. Sont désignés sous le nom particulier de *décrets*, les actes du corps législatif concernant:

L'établissement annuel des forces de terre et de mer;

La permission ou la défense du passage des troupes étrangères sur le territoire français.

L'introduction des forces navales étrangères dans les ports de la République;

Les mesures de sûreté et de tranquillité générale;

La distribution annuelle et momentanée des secours et travaux publics;

Les ordres pour la fabrication des monnaies de toute espèce;
Les dépenses imprévues et extraordinaires;
Les mesures locales et particulières à une administration, à une commune, à un genre de travaux publics;
La défense du territoire;
La ratification des traités;
La nomination et la destitution des commandans en chef des armées;
La poursuite de la responsabilité des membres du conseil, des fonctionnaires publics;
L'accusation des prévenus de complots contre la sûreté générale de la République;
Tout changement dans la distribution partielle du territoire français;
Les récompenses nationales.

De la formation de la loi

56. Les projets de loi sont précédés d'un rapport.

57. La discussion ne peut s'ouvrir, et la loi ne peut être provisoirement arrêtée que quinze jours après le rapport.

58. Le projet est imprimé et envoyé à toutes les communes de la République, sous ce titre: *Loi proposée.*

59. Quarante jours après l'envoi de la loi proposée, si dans la moitié des départemens, plus un, le dixième des assemblées primaires de chacun d'eux, régulièrement formées, n'a pas réclamé, le projet est accepté et devient *loi.*

60. S'il y a réclamation, le corps législatif convoque les assemblées primaires.

De l'intitulé des lois et des décrets

61. Les lois, les décrets, les jugemens et tous les actes publics sont intitulés: *Au nom du peuple français, l'an . . . de la République française.*

Du conseil exécutif

62. Il y a un conseil exécutif composé de vingt-quatre membres.

63. L'assemblée électorale de chaque département nomme un candidat. Le corps législatif choisit sur la liste générale les membres du conseil.

64. Il est renouvelé par moitié à chaque législature, dans les derniers mois de la session.

65. Le conseil est chargé de la direction et de la surveillance de l'administration générale. Il ne peut agir qu'en exécution des lois et des décrets du corps législatif.

66. Il nomme, hors de son sein, les agens en chef de l'administration générale de la République.

67. Le corps législatif détermine le nombre et les fonctions de ces agens.

68. Ces agens ne forment point un conseil. Ils sont séparés, sans rapports immédiats entre eux; ils n'exercent aucune autorité personnelle.

69. Le conseil nomme, hors de son sein, les agens extérieurs de la République.

70. Il négocie les traités.

71. Les membres du conseil, en cas de prévarication, sont accusés par le corps législatif. . . .

Des relations du conseil exécutif avec le corps législatif

75. Le conseil exécutif réside auprès du corps législatif. Il a l'entrée et une place séparée dans le lieu de ses séances.

76. Il est entendu toutes les fois qu'il a un compte à rendre.

77. Le corps législatif l'appelle dans son sein, en tout ou en partie, lorsqu'il le juge convenable. . . .

Des Conventions nationales

115. Si dans la moitié des départemens plus un, le dixième des assemblées primaires de chacun d'eux, régulièrement formées, demandent la révision de l'acte constitutionnel, ou le changement de quelques-uns de ses articles, le corps législatif est tenu de convoquer toutes les assemblées primaires de la République, pour savoir s'il y a lieu à une Convention nationale.

116. La Convention nationale est formée de la même manière que les législateurs, et en réunit les pouvoirs.

117. Elle ne s'occupe, relativement à la Constitution, que des objets qui ont motivé sa convocation.

Des rapports de la république française avec les nations étrangères

118. Le peuple français est l'ami et l'allié naturel des peuples libres.

119. Il ne s'immisce point dans le gouvernement des autres nations. Il ne souffre pas que les autres nations s'immiscent dans le sien.

120. Il donne asile aux étrangers bannis de leur patrie pour la cause de la liberté.

Il le refuse aux tyrans.

121. Il ne fait point la paix avec un ennemi qui occupe son territoire.

De la garantie des droits

122. La Constitution garantit à tous les Français l'égalité, la liberté, la sûreté, la propriété, la dette publique, le libre exercice des cultes, une instruction commune, des secours publics, la liberté indéfinie de la presse, le droit de petition, le droit de se réunir en sociétés populaires, la jouissance de tous les droits de l'homme.

123. La république française honore la loyauté, le courage, la vieillesse, la piété filiale, le malheur. Elle remet le dépôt de la Constitution sous la garde de toutes les vertus.

124. La déclaration des droits et l'acte constitutionnel sont gravés sur des tables, au sein du corps législatif, et dans les places publiques.

Signé Collot d'Herbois, *président*; Durand-Maillane, Ducos, Méaulle, Ch. Delacroix, Gossuin, P. A. Laloy, *secrétaires*.

(*Thompson*, 238–52)

D. THE 'GOUVERNEMENT RÉVOLUTIONNAIRE' IN DEVELOPMENT

(82) Decree, 17 July 1793

La Convention nationale . . . décrète que, les arrêtés des représentants du peuple étant des lois provisoires, nulle autorité autre que la Convention nationale ne peut y porter atteinte.

(*Mautouchet*, 182)

(83) Debate in the Convention, 1 August 1793

DANTON. Le moment est arrivé d'être politique, mais il ne faut pas l'être à la manière des tyrans. Sans doute un peuple républicain ne fait pas la guerre à des ennemis par la corruption, l'assassinat et le poison. Mais le vaisseau de la raison doit avoir son gouvernail, c'est la saine politique. Nous n'aurons de succès que lorsque la Convention, se rappelant que l'établissement du comité de Salut public est une des conquêtes de la liberté, donnera à cette instituion l'énergie et le développement dont elle peut être susceptible. Il a en effet rendu assez de services pour qu'elle perfectionne ce genre de gouvernement. N'en doutez pas, ce Cobourg, qui s'avance sur votre territoire, rend le plus grand service à la République. Les mêmes circonstances que l'année dernière se reproduisent aujourd'hui; les mêmes dangers nous menacent . . . mais le peuple n'est point usé, puisqu'il a accepté la Constitution; j'en jure par l'enthousiasme sublime qu'elle vient de produire. Il a par cette acceptation, contracté l'engagement de se déborder tout entier contre ses ennemis. (*Vifs applaudissements.*) Eh bien, soyons terribles; faisons la guerre en lions. Pourquoi n'établissons-nous pas un gouvernement provisoire qui seconde par de puissantes mesures l'énergie nationale? Je le déclare, je n'entrerai dans aucun comité responsable. Je conserverai ma pensée tout entière, et la faculté de stimuler sans cesse ceux qui gouvernent; mais je vous donne un conseil, j'espère que vous en profiterez. . . .

Je demande que la Convention érige en gouvernement provisoire son comité de Salut public; que les ministres ne soient que les premiers commis de ce gouvernement provisoire; qu'il soit mis 50 millions à la disposition de ce gouvernement, qui en rendra compte à la fin de sa session, mais qui aura la faculté de les employer tous en un jour s'il le juge utile. . . .

JEAN-BON-SAINT-ANDRÉ. Je conviens que le mal qui nous travaille, c'est que nous n'avons pas de gouvernement, mais si vous donnez au comité de Salut public tout le pouvoir du gouvernement, je demande, en son nom, que les ministres continuent à être chargés de la partie des dépenses, sans cela on ne manquerait pas de faire pleuvoir sur ce comité une foule de calomnies qui rejailliraient sur la Convention elle-même.

CAMBON. Je fais observer au comité de Salut public que, vu la baisse de nos changes, 50 millions pour dépenses de politique ne sont qu'une petite somme en comparaison des 4 millions sterling que Pitt a obtenus du Parlement pour le même objet.

BARÈRE, *rapporteur*. Je doute qu'en remettant à votre comité des dispositions de finances, vous trouvez beaucoup de membres qui veuillent y rester. Pour moi, du jour où vous nous chargerez du maniement de deniers, je donne ma démission. Le mal est dans la concurrence de deux autorités. Décrétez qu'il n'y aura plus de Conseil exécutif, que les ministres seront les agents de l'exécution; mais laissez-nous notre organisation, et ne nous donnez aucuns fonds. Je crois qu'il y aurait du danger à établir dans ce moment un gouvernement provisoire tout à fait nouveau.

DANTON. Je combats cette modification Ce n'est pas être homme public, que de craindre la calomnie. Lorsque, l'année dernière, dans le Conseil exécutif, je pris seul sur ma responsabilité les moyens nécessaires pour donner la grande impulsion, pour faire marcher la Nation sur les frontières, je me dis: 'Qu'on me calomnie, je le prévois, il ne m'importe; dût mon nom être flétri, je sauverai la liberté.' (*Applaudissements.*) Aujourd'hui la question est de savoir s'il est bon que le comité de gouvernement ait des moyens de finances, des agents, etc. Je demande qu'il ait à sa disposition 50 millions, avec cet amendement, que les fonds resteront à la Trésorerie nationale et n'en seront tirés que sur des arrêtés du comité.

MAXIMILIEN ROBESPIERRE. Si, en changeant l'état du gouvernement actuel, on y substituait un état certain et stable, j'appuierais la proposition de Danton; mais en détruisant l'autorité du Conseil exécutif, je ne vois pas qu'on fasse mieux marcher le gouvernement. La proposition me paraît vague, son objet d'une exécution incertaine. Il serait dangereux de paralyser subitement le gouvernement existant. Il ne suffit pas de dire: il n'y aura plus de Conseil exécutif, et le comité de Salut public sera un gouvernement provisoire; il faut organiser ce gouvernement; et comme on ne nous en a pas encore montré les moyens, je demande l'ajournement de la proposition.

COUTHON. Il y a longtemps que je pense que le gouvernement actuel est paralysé, qu'il serait utile d'ériger le comité de Salut public en gouvernement provisoire; mais je demande qu'il ne soit pas ordonnateur et caissier. Je ne sais point manier l'argent, et le jour où vous décréterez que nous aurons, ne fût-ce que 5 sous, à notre disposition, je ne serai plus membre du comité.

J'appuie donc en partie le proposition de Danton; décrétez la principe qu'il n'y a plus de Conseil exécutif et chargez le comité de présenter l'organisation du nouveau gouvernement.

(*AP*, LXX, 104–6)

(84) Speech of Danton in the Convention, 9 September 1793

DANTON. Hier l'Assemblée a passé à l'ordre du jour lorsqu'on lui a annoncé que je n'acceptais point ma nomination de membre du comité de Salut public. Je déclare que je n'ai point accepté et que je n'accepte point, parce que, lorsque je fis la motion d'organiser le comité de Salut public en comité de gouvernement, je fis le serment de n'être d'aucun comité, non que je renonce au droit d'aller dans les comités, pour y être utile autant qu'il serait de moi; mais je dois, avant tout, tenir mon serment.

La Convention accepte la démission.

(*AP*, LXXIII, 604)

(85) Barère on the Committee of Public Safety

Déjà le 12 septembre (*Moniteur*, n° 258), Danton avait fait décréter que le Comité de salut public nommerait les membres de tous les Comités de la Convention. Comme si cette usurpation de pouvoir ne suffisait pas à ceux qui cherchaient à rendre le Comité odieux par sa puissance ou par les abus qui en sont inséparables, on vit le citoyen Gossuin chercher à augmenter encore cette puissance du Comité. 'Jamais, dit-il, la République n'a eu plus besoin des travaux de ses enfants et surtout du zèle des représentants du peuple; cependant les Comités sont quelquefois déserts. Je demande que les députés, membres d'un Comité, qui s'en absenteront pendant huit jours soient remplacés par le Comité de salut public.'—Merlin de Douai ajoute, par voie d'amendement, que le nom des députés ainsi remplacés sera envoyé aux départements. Ces propositions sont adoptées.[1]

(*Barère*, II, 423)

(86) Robert Lindet on the *Comités de Surveillance*, *rapport* of 4 *Sans-Culottide an* II–20 September 1794

. . . Si l'on demande un jour pourquoi la Convention nationale organisa un plan de surveillance qui exigeait un nombre si prodigieux de fonctionnaires que l'Europe entière ne pourrait fournir assez d'hommes instruits pour remplir toutes les places, les Français répondront: Ce plan fut sage et nécessaire; nos ennemis étaient en si grand nombre, ils étaient si répandus et si disséminés, ils avaient tant de formes et de moyens de s'insinuer dans les administrations, dans les sociétés populaires et dans nos foyers, que tout citoyen dut se regarder comme une sentinelle chargée de surveiller un poste. . . .

(*Mautouchet*, 130–1)

(87) Delegation of powers by *représentants en mission*

Nous, représentant du peuple délégué par la Convention nationale dans le département du Cher et autres, considérant l'impossibilité dans laquelle nous sommes de parcourir tous les districts de ce département;

[1] Les accusateurs ou le ennemis du Comité sont ceux même qui ont travaillé à exagérer son pouvoir [Barère's note]

considérant néanmoins le besoin pressant dans lequel se trouvent les patriotes d'être secondés avec une énergie révolutionnaire; considérant que l'esprit public dans les districts du département ne peut être tiré de sa léthargie que par un secours vigoureux,

Nous, en vertu des pouvoirs illimités dont nous sommes investis par la Convention nationale, nommons le citoyen . . . à l'effet de se transporter sans délai dans le district de . . . et lui déléguons les pouvoirs pour destituer les administrateurs civils et militaires faibles, négligents ou prévaricateurs, pour les remplacer provisoirement;

L'autorisons à taxer révolutionnairement les riches, à sévir contre les mauvais prêtres, et à mettre en force partout les patriotes et les républicains contre l'oppression de l'égoïsme, du modérantisme, du fanatisme et de l'aristocratie.

Sans entrer dans des détails plus particuliers sur la mission dudit citoyen, nous lui confions l'exécution de toutes les mesures de sûreté générale indiquées dans notre proclamation et le règlement qui l'accompagne . . .

Fait à Bourges, sous le sceau des représentants du peuple, le 28 septembre 1793, l'an II de la République française, une et indivisible.

LAPLANCHE.

(*RF*, 43, 303)

(88) The *représentant* Baudot to the Committee of Public Safety, Toulouse, 28 September 1793

La marche révolutionnaire est en pleine activité à Toulouse; la société populaire et le comité de salut public y ont une énergie continuelle et fructueuse; les autorités constituées sont toutes de nouvelle levée, et l'armée destinée à propager la Révolution et à la faire valoir ajoute un prix infini à nos discours et à nos institutions civiques. Les choses en sont à ce point, que bientôt notre présence n'y sera plus utile.

Montauban est formée sur le même modèle que Toulouse et elle a sur cette dernière ville l'avantage de compter une plus grande masse de patriotes instruits.

Au moyen d'un comité et d'une armée révolutionnaires, Castres, chef-lieu du département du Tarn, a changé de face en deux jours; les administrations s'y renouvellent habilement, et bientôt cette ville sera sur la même ligne que Montauban et Toulouse.

Je pars avec mon collègue Chaudron-Roussau pour l'Ariège; les troubles sont entièrement dissipés dans ce département. Toutes les administrations y seraient déjà renouvelées sans bruit, si le nombre des patriotes instruits égalait celui des administrateurs malintentionnés; mais la pénurie de l'instruction est à ce point, que nous sommes obligés de faire remplir les administrations par des commissaires.

Il nous reste le département de l'Aude, qui, dit-on, est fort mauvais; nous y porterons la serpe de réforme comme dans les autres, et il ira bien. D'ailleurs, l'armée révolutionnaire est aujourd'hui le mot d'ordre, et avec ce mot on convertit mille pécheurs politiques par minute.

Cahors est également entaché de mauvais principes; c'est l'affaire de cinquante baïonnettes, d'un discours un peu rude et d'un comité de révolution. Tout cela sera fait incessamment.

Vous savez que Bordeaux s'améliore chaque jour; mais il ne suffit pas de se contenter de quelque entreprise sur la commission populaire. Nous avons beau jeu pour y faire la révolution complètement; nous devons y entrer le 10, et j'assure que la République y triomphera pleinement et entièrement, si l'on est sévère autant que les circonstances l'exigent.

Salut et fraternité.

(*Mautouchet*, 224–5)

(89) Letter of a *représentant* with the *armée des Alpes* to a colleague in Paris, 2 October 1793[1]

Je vous ai promis, cher collègue, quelques observations; je vais m'acquitter de ma promesse à la hâte, car vous savez combien nous sommes occupés.

1° Il est certain qu'il n'existe plus d'ensemble dans les différentes parties confiées aux représentants du peuple, parce que la Convention n'a pas cru devoir retirer les anciens, qui avaient acquis des connaissances utiles dans leur mission; elle en a envoyé de nouveaux, qui se sont fixés dans leurs départements, où ils agissent presque sans relation avec les autres. Dès lors l'unité, toujours désirable, cesse.

2° La Convention a aussi envoyé des députés chargés de missions pour les mêmes départements; ils sont à des distances fort éloignées; de part et d'autre ils ordonnent, et leurs opérations se croisent. Par exemple, la mission des représentants du peuple envoyés par le décret du 29 avril près l'armée des Alpes s'étend depuis l'*Ain* jusqu'au Var; celle des représentants Reverchon, Javogues et Laporte est spécialement pour les départements de Rhône-et-Loire, Saône-et-Loire et

[1] The names of the writer and the recipient are not known.

l'*Ain*; enfin les représentants du peuple Bernard et Bassal sont envoyés pour le Doubs, le Jura et l'*Ain*, en sorte que le même département de l'*Ain* se trouve soumis à trois autorités différentes.

Les relations des corps administratifs sont presque uniquement avec les représentants du peuple envoyés près l'armée des Alpes. Il arrive que, lorsqu'ils ont placé dans les administrations des personnes en état de bien servir la chose publique, on les dénonce à des représentants qui sont à quarante lieues de distance, lesquels donnent confiance à ces dénonciations et privent leurs collègues des agents les plus utiles.

3° Le Conseil exécutif envoie souvent, sur la fin de la campagne, des officiers généraux pour prendre un commandement. Comme ils n'ont aucune connaissance, ni des mœurs des habitants, ni des localités, ils ne sont point en état de rendre service, et il en résulte une perte de temps précieux: l'ennemi en profite souvent pour remporter quelques succès.

4° Il arrive fréquemment des commissaires du pouvoir exécutif, dont la mission est au-dessus de leurs forces; ils ne jouissent d'aucune espèce de considération, parce qu'ils sont dépourvus de tous moyens. Leurs opérations se croisent aussi avec celles des corps administratifs; ils veulent leur donner des ordres, il en résulte des difficultés; les dénonciations viennent ensuite, puis les arrestations; enfin le dégoût s'introduit dans toutes les parties de l'administration, et tel est l'état actuel des choses, que les personnes en état de servir la République s'y refusent et regardent comme un cadeau très funeste l'emploi qui leur est confié par le peuple ou ses représentants.

5° Leur répugnance s'est augmentée depuis le décret du 17 septembre, qui met en état d'arrestation les personnes suspendues de leurs fonctions. Au milieu de cette instabilité, elles voudraient au moins conserver leur liberté et elles se voient exposées à la perdre.

On pense que, pour remédier à ces inconvénients, dont les suites vont devenir très funestes, il conviendrait que la Convention n'envoyât jamais plus de deux à trois représentants pour une mission;

(*Mautouchet*, 228–9)

(90) Extracts from Saint-Just's *rapport* on *gouvernement révolutionnaire* followed by the decree, 19 *Vendémiaire an* II–10 October 1793

Pourquoi faut-il, après tant de lois et tant de soins, appeler encore votre attention sur les abus du gouvernement en général, sur l'économie et les subsistances? Votre sagesse et le juste courroux des patriotes n'ont pas encore vaincu la malignité qui partout combat le peuple et la

Révolution; les lois sont révolutionnaires, ceux qui les exécutent ne le sont pas.

Il est temps d'annoncer une vérité qui désormais ne doit plus sortir de la tête de ceux qui gouverneront: la République ne sera fondée que quand la volonté du souverain comprimera la minorité monarchique et régnera sur elle par droit de conquête. Vous n'avez plus rien à ménager contre les ennemis du nouvel ordre de choses, et la liberté doit vaincre, à tel prix que ce soit.

Votre Comité de salut public, placé au centre de tous les résultats, a calculé les causes des malheurs publics: il les a trouvées dans la faiblesse avec laquelle on exécute vos décrets, dans le peu d'économie de l'administration, dans l'instabilité des vues de l'État, dans la vicissitude des passions qui influent sur le gouvernement.

Il a donc résolu de vous exposer l'état des choses et de vous présenter les moyens qu'il croit propres à consolider la Révolution, à abattre le fédéralisme, à soulager le peuple et lui procurer l'abondance, à fortifier les armées, à nettoyer l'État des conjurations qui l'infestent.

Il n'y a point de prospérité à espérer tant que le dernier ennemi de la liberté respirera. Vous avez à punir non seulement les traîtres, mais les indifférents mêmes; vous avez à punir quiconque est passif dans la République et ne fait rien pour elle; car, depuis que le peuple français a manifesté sa volonté, tout ce qui lui est opposé est hors le souverain; tout ce qui est hors le souverain est ennemi.

Si les conjurations n'avaient point troublé cet empire, si la patrie n'avait pas été mille fois victime des lois indulgentes, il serait doux de régir par des maximes de paix et de justice naturelle: ces maximes sont bonnes entre les amis de la liberté; mais entre le peuple et ses ennemis, il n'y a plus rien de commun que le glaive. Il faut gouverner par le fer ceux qui ne peuvent l'être par la justice; il faut opprimer les tyrans. . . .

Un peuple n'a qu'un ennemi dangereux: c'est son gouvernement. Le vôtre vous fait constamment la guerre avec impunité. . . .

Le gouvernement est donc une conjuration perpétuelle contre l'ordre présent des choses. Six ministres nomment aux emplois; ils peuvent être purs, mais on les sollicite, ils choisissent aveuglément; les premiers après eux sont sollicités et choisissent de même. Ainsi le gouvernement est une hiérarchie d'erreurs et d'attentats.

Les ministres avouent qu'ils ne trouvent plus qu'inertie et insouciance au delà de leurs premiers et seconds subordonnés. . . .

Citoyens, tous les ennemis de la République sont dans son gouvernement. En vain vous vous consumez dans cette enceinte à faire des lois;

en vain votre Comité, en vain quelques ministres vous secondent; tout conspire contre eux et contre vous. . . .

Vous avez porté des lois contre les accapareurs: ceux qui devraient faire respecter les lois accaparent. . . .

Personne n'est sincère dans l'administration publique; le patriotisme est un commerce des lèvres. Chacun sacrifie tous les autres et ne sacrifie rien de son intérêt.

Vous avez beaucoup fait pour le peuple en ôtant dix-huit cent millions de la circulation; vous avez diminué les moyens de tourmenter la patrie; mais, depuis les taxes, ceux qui avaient des capitaux ont vu doubler au même instant ces capitaux. . . . Il est donc nécessaire que vous chargiez l'opulence des tributs; il est nécessaire que vous établissiez un tribunal pour que tous ceux qui ont manié depuis quatre ans les deniers de la République y rendent compte de leur fortune; cette utile censure écartera les fripons des emplois. Le trésor public doit se remplir des restitutions des voleurs, et la justice doit régner à sont tour après l'impunité.

Alors, quand vous aurez coupé la racine du mal et que vous aurez appauvri les ennemis du peuple, ils n'entreront plus en concurrence avec lui; alors vous dépenserez beacuoup moins pour l'équipement et l'entretien des armées; alors le peuple indigent ne sera plus humilié par la dépendance où il est du riche. Le pain que donne le riche est amer; il compromet la liberté. Le pain appartient de droit au peuple dans un État sagement réglé.

Mais si, au lieu de rétablir l'économie et de pressurer les traîtres, si, au lieu de leur faire payer la guerre, vous faites des émissions d'assignats pour les enrichir encore davantage, vous ajouterez de plus en plus aux moyens qu'ont vos ennemis de vous nuire.

Il faut dire la vérité tout entière. Les taxes sont nécessaires à cause des circonstances; mais si les émissions d'assignats continuent et si les assignats émis restent en circulation, le riche, qui a des épargnes, se mettra encore en concurrence avec le peuple, avec l'agriculture, avec les arts utiles, pour leur ravir les bras qui leur sont nécessaires.

Le cultivateur abandonnera sa charrue, parce qu'il gagnera davantage à servir l'homme opulent. Vous aurez taxé les produits; on vous enlèvera les bras qui produisent, et si les produits sont plus rares, le riche saura bien se les procurer, et la disette peut aller à son comble. . . .

Ainsi tout concourt à vous prouver que vous devez imposer les riches, établir une sévère économie et poursuivre rigoureusement tous les comptables, afin de ne pas perdre sur la valeur des intérêts et des annuités.

Ces moyens sont simples, ils sont dans la nature même des choses et sont préférables aux systèmes dont la République est inondée depuis quelque temps.

Votre Comité de salut public a pensé que l'économie et la sévérité étaient dans ce moment le meilleur moyen de faire baisser les denrées. On lui a présenté des projets d'emprunts, de banques et d'agiotages de toute espèce, et sur les monnaies et sur les subsistances; il les a rejetés comme des inspirations de l'avarice ou de l'étranger. Notre principe doit être de diminuer la masse des assignats par le brûlement seul. . . .

Dans les circonstances où se trouve la République, la Constitution ne peut être établie; on l'immolerait par elle-même. Elle deviendrait la garantie des attentats contre la liberté, parce qu'elle manquerait de la violence nécessaire pour les réprimer. Le gouvernement présent est aussi trop embarrassé. Vous êtes trop loin de tous les attentats; il faut que le glaive des lois se promène partout avec rapidité et que votre bras soit partout présent pour arrêter le crime.

Vous devez vous garantir de l'indépendance des administrations, diviser l'autorité, l'identifier au mouvement révolutionnaire et à vous, et la multiplier.

Vous devez resserrer tous les nœuds de la responsabilité, diriger le pouvoir, souvent terrible pour les patriotes et souvent indulgent pour les traîtres. Tous les devoirs envers le peuple sont méconnus; l'insolence des gens en place est insupportable; les fortunes se font avec rapidité.

Il est impossible que les lois révolutionnaires soient exécutées si le gouvernement lui-même n'est constitué révolutionnairement.

Vous ne pouvez point espérer de prospérité si vous n'établissez un gouvernement qui, doux et modéré envers le peuple, sera terrible envers lui-même par l'énergie de ses rapports; ce gouvernement doit peser sur lui-même et non sur le peuple. Toute injustice envers les citoyens, toute trahison, tout acte d'indifférence envers la patrie, toute mollesse y doit être souverainement réprimée.

Il faut y préciser les devoirs, y placer partout le glaive à côté de l'abus, en sorte que tout soit libre dans la République, excepté ceux qui conjurent contre elle et qui gouvernent mal.

Les conjurations qui ont déchiré depuis un an la République nous ont avertis que le gouvernement avait conspiré sans cesse contre la patrie: l'éruption de la Vendée s'est accrue sans qu'on en arrêtât les progrès; Lyon, Bordeaux, Toulon, Marseille se sont révoltés, se sont vendus sans que le gouvernement ait rien pour fait prévenir ou arrêter le mal.

Aujourd'hui que la République a douze cent mille hommes à nourrir, des rebelles à soumettre et le peuple à sauver, aujourd'hui qu'il s'agit de prouver à l'Europe qu'il n'est point en son pouvoir de rétablir chez nous l'autorité d'un seul, vous devez rendre le gouvernement propre à vous seconder dans vos desseins, propre à l'économie et au bonheur public.

Vous devez mettre en sûreté les rades, construire promptement de nombreux vaisseaux, remplir le trésor public, ramener l'abondance, approvisionner Paris comme en état de siège jusqu'à la paix; vous devez tout remplir d'activité, rallier les armées au peuple et à la Convention nationale.

Il n'est pas inutile non plus que les devoirs des représentants du peuple auprès des armées leur soient sévèrement recommandés; ils y doivent être les pères et les amis du soldat, ils doivent coucher sous la tente, ils doivent être présents aux exercices militaires, ils doivent être peu familiers avec les généraux, afin que le soldat ait plus de confiance dans leur justice et leur impartialité quand il les aborde; le soldat doit les trouver jour et nuit prêts à l'entendre; les représentants doivent manger seuls, ils doivent être frugals et se souvenir qu'ils répondent du salut public . . .; ils doivent poursuivre toute injustice, tout abus, car il s'est introduit de grands vices dans la discipline de nos armées. . . .

Il nous a manqué jusqu'aujourd'hui des institutions et des lois militaires conformes au système de la République, qu'il s'agit de fonder. Tout ce qui n'est point nouveau dans un temps d'innovation est pernicieux. L'art militaire de la monarchie ne nous convient plus. Ce sont d'autres hommes et d'autres ennemis: la puissance des peuples, leurs conquêtes, leur splendeur politique et militaire dépendent d'un point unique, d'une seule institution forte. . . .

Le même esprit d'activité doit se répandre dans tous les partis militaires: l'administration doit seconder la discipline.

L'administration des armées est pleine de brigands: on vole les rations des chevaux, les bataillons manquent de canons ou de chevaux pour les traîner; on n'y reconnaît point de subordination, parce que tout le monde vole et se méprise.

Il est temps que vous remédiiez à tant d'abus si vous voulez que la République s'affermisse. Le gouvernement ne doit pas être seulement révolutionnaire contre l'aristocratie; il doit l'être contre ceux qui volent le soldat, qui dépravent l'armée par leur insolence et qui, par la dissipation des deniers publics, ramèneraient le peuple à l'esclavage et l'empire à sa dissolution par le malheur. Tant de maux ont leur source dans la corruption des uns et dans la légèreté des autres. . . .

Tous ceux qu'emploie le gouvernement sont paresseux; tout homme en place ne fait rien lui-même et prend des agents secondaires; le premier agent secondaire a les siens, et la République est en proie à vingt mille sots qui la corrompent, qui la combattent, qui la saignent.

Vous devez diminuer partout le nombre des agents, afin que les chefs travaillent et pensent.

. . . La prolixité de la correspondance et des ordres du gouvernement est une marque de son inertie; il est impossible que l'on gouverne sans laconisme. Les représentants du peuple, les généraux, les administrateurs sont environnés de bureaux comme les anciens hommes de Palais: il ne se fait rien, et la dépense est pourtant énorme. Les bureaux ont remplacé le monarchisme; le démon d'écrire nous fait la guerre, et l'on ne gouverne point.

Il est peu d'hommes à la tête de nos établissements dont les vues soient grandes et de bonne foi; le service public tel qu'on le fait n'est pas vertu, il est métier.

Tout enfin a concouru au malheur du peuple et à la disette: l'aristocratie, l'avarice, l'inertie, les voleurs, la mauvaise méthode. Il faut donc rectifier le gouvernement tout entier pour arrêter l'impulsion que nos ennemis s'efforcent de lui donner vers la tyrannie. Quand tous les abus seront corrigés, la compression de tout mal amènera le bien; on verra renaître l'abondance d'elle-même. . . .

The decree:

Du Gouvernement

ARTICLE 1er.—Le gouvernement provisoire de la France est révolutionnaire jusqu'à la paix.

ART. 2.—Le Conseil exécutif provisoire, les ministres, les généraux, les corps constitués sont placés sous la surveillance du Comité de salut public, qui en rendra compte tous les huit jours à la Convention.

ART. 3.—Toute mesure de sûreté doit être prise par le Conseil exécutif provisoire, sous l'autorisation du Comité, qui en rendra compte à la Convention.

ART. 4.—Les lois révolutionnaires doivent être exécutées rapidement. Le gouvernement correspondra immédiatement avec les districts, dans les mesures de salut public.

ART. 5.—Les généraux en chef seront nommés par la Convention nationale, sur la présentation du Comité de salut public.

ART. 6.—L'inertie du gouvernement étant la cause des revers, les délais pour l'exécution des lois et des mesures de salut public seront fixés. La violation des délais sera punie comme un attentat à la liberté.

Subsistances.

ART. 7.—Le tableau des productions en grains de chaque district, fait par le Comité de salut public, sera imprimé et distribué à tous les membres de la Convention pour être mis en action sans délai.

ART. 8.—Le nécessaire de chaque département sera évalué par approximation et garanti. Le superflu sera soumis aux réquisitions.

ART. 9.—Le tableau des productions de la République sera adressé aux représentants du peuple, aux ministres de la marine et de l'intérieur aux administrateurs des subsistances. Ils devront requérir dans les arrondissements qui leur auront été assignés. Paris aura un arrondissement particulier.

ART. 10.—Les réquisitions pour le compte des départements stériles seront autorisées et réglées par le Conseil exécutif provisoire.

ART. 11.—Paris sera approvisionné au 1er mars pour une année.

Sûreté générale.

ART. 12.—La direction et l'emploi de l'armée révolutionnaire seront incessamment réglés, de manière à comprimer les contre-révolutionnaires. Le Comité de salut public en présentera le plan.

ART. 13.—Le Conseil enverra garnison dans les villes où il se sera élevé des mouvements contre-révolutionnaires. Les garnisons seront payées et entretenues par les riches de ces villes jusqu'à la paix.

Finances.

ART. 14.—Il sera créé un tribunal et un juré de comptabilité. Ce tribunal et ce juré seront nommés par la Convention nationale. Il sera chargé de poursuivre tous ceux qui ont manié les deniers publics depuis la Révolution et de leur demander compte de leur fortune. L'organisation de ce tribunal est renvoyée au Comité de législation.

(*Mautouchet*, 196–202)

CHAPTER III

The Rule of the Committee of Public Safety

A. THE ZENITH OF THE 'GOUVERNEMENT REVOLUTIONNAIRE'

(91) The 'Constitution' of the *gouvernement révolutionnaire*: the decree of 14 *frimaire an* II–4 December 1793

SECTION Ier. *Envoi et promulgation des lois*

ART. 1er. Les lois qui concernent l'intérêt public, ou qui sont d'une exécution générale, seront imprimées séparément dans un bulletin numéroté, qui servira désormais à leur notification aux autorités constituées. Ce bulletin sera intitulé: *Bulletin des Lois de la République.*

2. Il y aura une imprimerie exclusivement destinée à ce bulletin, et une commission composée de quatre membres pour en suivre les épreuves et pour en expédier l'envoi. Cette commission, dont les membres seront personnellement responsables de la négligence et des retards dans l'expédition, est placée sous la surveillance immédiate du comité de salut public.

3. La commission de l'envoi des lois réunira dans ses bureaux les traducteurs nécessaires pour traduire les décrets en différens idiomes encore usités en France, et en langues étrangères pour les lois, discours, rapports et adresses dont la publicité dans les pays étrangers est utile aux intérêts de la liberté et de la République française; le texte français sera toujours placé à côté de la version. . . .

5. Les décrets seront délivrés par le comité des procès-verbaux à la commission de l'envoi des lois, et sur sa réquisition, le jour même où leur rédaction aura été approuvée, et la lecture de cette rédaction sera faite au plus tard le lendemain du jour où le décret aura été rendu.

6. L'envoi des lois d'une exécution urgente aura lieu dès le lendemain de l'approbation de leur rédaction. Quant aux lois moins pressantes ou très-volumineuses, leur expédition ne pourra être retardée plus de trois jours après l'adoption de leur rédaction. . . .

8. Ce bulletin sera adressé directement, et jour par jour, à toutes les autorités constituées, et à tous les fonctionnaires publics chargés ou de surveiller l'exécution ou de faire l'application des lois. Ce Bulletin sera aussi distribué aux membres de la Convention.

9. Dans chaque lieu la promulgation de la loi sera faite dans les vingt-quatre heures de la réception par une publication au son de trompe ou de tambour, et la loi deviendra obligatoire à compter du jour de la proclamation.

10. Indépendamment de cette proclamation dans chaque commune de la République, les lois seront lues aux citoyens dans un lieu public, chaque décadi, soit par le maire, soit par un officier municipal, soit par les présidens de section. . . .

12. Le comité de salut public est chargé de prendre toutes les mesures nécessaires pour l'exécution des articles précédens et d'en rendre compte tous les mois à la Convention.

SECTION II. *Exécution des lois*

Art. 1er. La Convention nationale est le centre unique de l'impulsion du gouvernement.

2. Tous les corps constitués et les fonctionnaires publics sont mis sous l'inspection immédiate du comité de salut public pour les mesures de gouvernement et de salut public, conformément au décret du 19 vendémiaire (10 octobre); et pour tout ce qui est relatif aux personnes et à la police générale et intérieure, cette inspection particulière appartient au Comité du sûreté générale de la Convention, conformément au décret du 17 septembre dernier: ces deux comités sont tenus de rendre compte à la fin de chaque mois des résultats de leurs travaux à la Convention nationale. Chaque membre de ces deux comités est personnellement responsable de l'accomplissement de cette obligation.

3. L'exécution des lois se distribue en surveillance et en application.

4. La surveillance active, relativement aux lois et mesures militaires, aux lois administratives, civiles et criminelles, est déléguée au conseil exécutif, qui en rendra compte par écrit tous les dix jours aux Comité de salut public, pour lui dénoncer les retards et les négligences dans l'exécution des lois civiles et criminelles, des actes de gouvernement, et des mesures militaires et administratives, ainsi que les violations de ces lois et de ces mesures, et les agens qui se rendent coupables de ces négligences et de ces infractions.

5. Chaque ministre est en outre personnellement tenu de rendre un

compte particulier et sommaire des opérations de son département, tous les dix jours, au comité de salut public, et de dénoncer tous les agens qu'il emploie et qui n'auraient pas exactement rempli leurs obligations.

6. La surveillance de l'exécution des lois révolutionnaires et des mesures de gouvernement, de sûreté générale et de salut public dans les départemens, est exclusivement attribuée aux districts, à la charge d'en rendre compte exactement tous les dix jours au comité de salut public pour les mesures de gouvernement et de salut public, et au comité de surveillance de la Convention pour ce qui concerne la police générale et intérieure, ainsi que les individus.

7. L'application des mesures militaires appartient aux généraux et aux autres agens attachés au service des armées; l'application des lois militaires appartient aux tribunaux militaires; celle des lois relatives aux contributions, aux manufactures, aux grandes routes, aux canaux publics, à la surveillance des domaines nationaux, appartient aux administrations de département; celle des lois civiles et criminelles aux tribunaux; à la charge expresse d'en rendre compte tous les dix jours au conseil exécutif.

8. L'application des lois révolutionnaires et des mesures de sûreté générale et de salut public est confiée aux municipalités et aux comités de surveillance ou révolutionnaires, à la charge pareillement de rendre compte tous les dix jours de l'exécution de ces lois au district de leur arrondissement, comme chargé de leur surveillance immédiate.

9. Néanmoins, afin qu'à Paris l'action de la police n'éprouve aucun entrave, les comités révolutionnaires continueront de correspondre directement, et sans aucun intermédiaire, avec le comité de sûreté générale de la Convention, conformément au décret du 17 septembre dernier.

10. Tous les corps constitués enverront aussi à la fin de chaque mois l'analyse de leurs délibérations et de leur correspondance à l'autorité qui est spécialement chargée par ce décret de les surveiller immédiatement.

11. Il est expressément défendu à toute autorité et à tout fonctionnaire public de faire des proclamations, ou de prendre des arrêtés extensifs, limitatifs ou contraires au sens littéral de la loi, sous prétexte de l'interpréter ou d'y suppléer.

A la Convention seule appartient le droit de donner l'interprétation des décrets, et l'on ne pourra s'adresser qu'à elle seule pour cet objet.

12. Il est également défendu aux autorités intermédiaires, chargées de surveiller l'exécution et l'application des lois, de prononcer aucune décision, et d'ordonner l'élargissement des citoyens arrêtés. Ce droit

appartient exclusivement à la Convention nationale, aux comités de salut public et de sûreté générale, aux représentans du peuple dans les départemens et près les armées, et aux tribunaux, en faisant l'application des lois criminelles et de police.

13. Toutes les autorités constituées seront sédentaires, et ne pourront délibérer que dans le lieu ordinaire de leurs séances, hors les cas de force majeure, et à l'exception seulement des juges de paix et de leurs assesseurs, et des tribunaux criminels des départemens, conformément aux lois qui consacrent leur ambulance.

14. A la place des procureurs-syndics de district, des procureurs de commune et de leurs substituts, qui sont supprimés par ce décret, il y aura des agens nationaux spécialement chargés de requérir et de poursuivre l'exécution des lois, ainsi que de dénoncer les négligences apportées dans cette exécution et les infractions qui pourraient se commettre. Ces agens nationaux sont autorisés à se déplacer et à parcourir l'arrondissement de leur territoire pour surveiller et s'assurer plus positivement que les lois sont exactement exécutées.

15. Les fonctions des agens nationaux seront exercées par les citoyens qui occupent maintenant les places de procureurs-syndics de district, de procureurs de commune et de leurs substituts, à l'exception de ceux qui sont dans le cas d'être destitués.

16. Les agens nationaux attachés aux districts, ainsi que tout autre fonctionnaire public chargé personnellement par ce décret ou de requérir l'exécution de la loi, ou de la surveiller plus particulièrement, sont tenus d'entretenir une correspondance exacte avec les comités de salut public et de sûreté générale. Ces agens nationaux écriront aux deux comités tous les dix jours, en suivant les relations établies par l'article 10 de cette section, afin de certifier les diligences faites pour l'exécution de chaque loi, et dénoncer les retards, et les fonctionnaires publics négligens et prévaricateurs.

17. Les agens nationaux attachés aux communes sont tenus de rendre le même compte au district de leur arrondissement, et les présidens des comités de surveillance et révolutionnaires entretiendront la même correspondance tant avec le comité de sûreté générale qu'avec le district chargé de les surveiller.

18. Les comités de salut public et de sûreté générale sont tenus de dénoncer à la Convention nationale les agens nationaux et tout autre fonctionnaire public chargé personnellement de la surveillance ou de l'application des lois, pour les faire punir conformément aux dispositions portées dans le présent décret. . . .

20. Après l'épuration faite des citoyens appelés par ce décret à remplir les fonctions des agens nationaux près les districts, chacun d'eux fera passer à la Convention nationale, dans les vingt-quatre heures de l'épuration, les noms de ceux qui auront été ou conservés ou nommés dans cette place, et la liste en sera lue à la tribune, pour que les membres de la Convention s'expliquent sur les individus qu'ils pourront connaître.

21. Le remplacement des agens nationaux près les districts qui seront rejetés sera provisoirement fait par la Convention nationale.

22. Après que la même épuration aura été opérée dans les communes elles enverront, dans le même délai, une pareille liste au district de leur arrondissement, pour y être proclamée publiquement.

SECTION III. *Compétence des autorités constituées*

Art. 1er. Le Comité de salut public est particulièrement chargé des opérations majeures en diplomatie, et il traitera directement ce qui dépend de ces mêmes opérations.

2. Les représentans du peuple correspondront tous les dix jours avec le Comité de salut public, ils ne pourront suspendre et remplacer les généraux que provisoirement, et à la charge d'en instruire dans les vingt-quatre heures le Comité de salut public; ils ne pourront contrarier ni arrêter l'exécution des arrêtés et des mesures de gouvernement pris par le Comité de salut public; ils se conformeront dans toutes leurs missions aux dispositions du décret du 5 frimaire.

3. Les fonctions du conseil exécutif seront déterminées d'après les bases établies dans le présent décret.

4. La Convention se réserve la nomination des généraux en chef des armées de terre et de mer. Quant aux autres officiers généraux, les ministres de la guerre et de la marine ne pourront faire aucune promotion sans en avoir présenté la liste, ou la nomination motivée, au Comité de salut public, pour être par lui acceptée ou rejetée. Ces deux ministres ne pourront pareillement destituer aucun des agens militaires nommés provisoirement par les représentans du peuple envoyés près les armées sans en avoir fait la proposition écrite et motivée au Comité de salut public, et sans que le comité l'ait acceptée.

5. . . . la hiérarchie qui plaçait les districts, les municipalités, ou toute autre autorité, sous la dépendance des départemens, est supprimée pour ce qui concerne les lois révolutionnaires et militaires, et les mesures de gouvernement, de salut public et de sûreté générale.

6. Les conseils-généraux, les présidens et les procureurs généraux syndics des départemens sont également supprimés. . . .

7. Les présidens et les secrétaires des comités révolutionnaires et de surveillance seront pareillement renouvelés tous les quinze jours, et ne pourront être réélus qu'après un mois d'intervalle. . . .

10. Tous les changemens ordonnés par le présent décret seront mis à exécution dans les trois jours à compter de la publication de ce décret.

11. Les règles de l'ancien ordre établi, et auxquelles il n'est rien changé par ce décret, seront suivies jusqu'à ce qu'il ait été autrement ordonné. Seulement les fonctions du district de Paris sont attribuées au département, comme étant devenues incompatibles par cette nouvelle organisation avec les opérations de la municipalité.

12. La faculté d'envoyer des agens appartient exclusivement au Comité de salut public, aux représentans du peuple, au conseil exécutif et à la commission des subsistances. L'objet de leur mission sera énoncé en termes précis dans leur mandat.

Ces missions se borneront strictement à faire exécuter les mesures révolutionnaires et de sûreté générale, les réquisitions et les arrêtés pris par ceux qui les auront nommés.

Aucun de ces commissaires ne pourra s'écarter des limites de son mandat, et dans aucun cas la délégation des pouvoirs ne peut avoir lieu.

13. Les membres du conseil exécutif sont tenus de présenter la liste motivée des agens qu'ils enverront dans les départemens, aux armées et chez l'étranger, au Comité de salut public, pour être par lui vérifiée et acceptée.

14. Les agens du conseil exécutif et de la commission des subsistances sont tenus de rendre compte exactement de leurs opérations aux représentans du peuple qui se trouveront dans les mêmes lieux. Les pouvoirs des agens nommés par les représentans près les armées et dans les départemens expireront dès que la mission des représentans sera terminée, ou qu'ils seront rappelés par décret.

15. Il est expressément défendu à toute autorité constituée, à tout fonctionnaire public, à tout agent employé au service de la République d'étendre l'exercice de leurs pouvoirs au-delà du territoire qui leur est assigné; de faire des actes qui ne sont pas de leur compétence; d'empiéter sur d'autres autorités, et d'outrepasser les fonctions qui leur sont déléguées, ou de s'arroger celles qui ne leur sont pas confiées.

16. Il est aussi expressément défendu à toute autorité constituée d'altérer l'essence de son organisation soit par des réunions avec d'autres autorités soit par des délégués chargés de former des assemblées cen-

trales, soit par des commissaires envoyés à d'autres autorités constituées. Toutes les relations entre tous les fonctionnaires publics ne peuvent plus avoir lieu que par écrit.

17. Tous congrès ou réunions centrales établies soit par les représentans du peuple, soit par les sociétés populaires, sous quelque dénomination qu'elles puissent avoir, même de comité central de surveillance ou de commission centrale révolutionnaire ou militaire, sont révoquées et expressément défendues par ce décret comme subversives de l'unité d'action de gouvernement, et tendantes au fédéralisme; et celles existantes se dissoudront dans les vingt-quatre heures à compter du jour de la publication du présent décret.

18. Toute armée révolutionnaire autre que celle établie par la Convention, et commune à toute la République, est licenciée par le présent décret. . . .

19. Il est expressément défendu à toute force armée, quelle que soit son institution ou sa dénomination, et à tous chefs qui la commandent, de faire des actes qui appartiennent exclusivement aux autorités civiles constituées, même des visites domiciliaires, sans un ordre écrit et émané de ces autorités, lequel ordre sera exécuté dans les formes prescrites par les décrets.

20. Aucune force armée, aucune taxe, aucun emprunt forcé ou volontaire ne pourront être levés qu'en vertu d'un décret. Les taxes révolutionnaires des représentans du peuple n'auront d'exécution qu'après avoir été approuvées par la Convention, à moins que ce ne soit en pays ennemi ou rebelle.

21. Il est défendu à toute autorité constituée de disposer des fonds publics, ou d'en changer la destination, sans y être autorisés par la Convention ou par une réquisition expresse des représentans du peuple, sous peine d'en répondre personnellement.

SECTION IV. *Réorganisation et épuration des autorités constituées*

Art. 1er. Le Comité de salut public est autorisé à prendre toutes les mesures nécessaires pour procéder au changement d'organisation des autorités constituées porté dans le présent décret.

2. Les représentans du peuple dans les départemens sont chargés d'en assurer et d'en accélérer l'exécution, comme aussi d'achever sans délai l'épuration complète de toutes les autorités constituées, et de rendre un compte particulier de ces deux opérations à la Convention nationale avant la fin du mois prochain.

SECTION V. *De la pénalité des fonctionnaires publics et des autres agens de la République*

. . . (*Thompson*, 262–73)

(92) From a letter of the *représentant* in the Ain to the Committee of Public Safety, 23 *frimaire an* II—13 December 1793

Citoyens collègues,

Hier à 3 heures j'arrivai à Bourg-Régénéré; j'y trouvai Javogues et environ quatre cents hommes de l'armée révolutionnaire de la République, qu'il avait amenés avec lui le 20 du courant. Cette mesure avait produit la plus grande agitation, et ce qui l'augmentait, c'est l'établissement d'une Commission populaire, que notre collègue allait former dans cette commune. Il me dit qu'il allait partir pour Ville-Affranchie dans deux heures, et qu'il serait déjà en route, si la Commission populaire était organisée; que, comme j'étais sur les lieux, j'achèverais cette opération, si je le jugeais nécessaire; que, pour lui, il la croyait, ainsi qu'à Mâcon, indispensable. Je lui répondis que les représentants du peuple dans les départements qui ne sont point et n'ont point été en rébellion n'avaient point, à mon avis, le droit de constituer un pareil établissement, qu'il me semblait que préalablement il devait faire arrêter les gens suspects et ceux désignés coupables par l'opinion publique, vérifier la conduite et les faits, s'informer à quelle hauteur était l'esprit public dans toutes les communes, pour ensuite pouvoir déterminer si une armée révolutionnaire et une Commission populaire étaient utiles ou nuisibles au bien général; qu'en conséquence il fallait attendre le résultat de cet examen, tant pour laisser rasseoir les esprits que pour éviter une insurrection dans un département aussi voisin de celui du Jura, et ne pas donner par cette mesure précipitée aux malveillants les moyens de faire naître une nouvelle Vendée sur nos frontières.

D'après ces considérations, j'ai renvoyé l'armée révolutionnaire et ai suspendu l'établissement d'une Commission populaire.

J'ai de suite fait promulguer le décret du 14 du courant, relatif à l'organisation du gouvernement provisoire révolutionnaire. . . .

(*Aulard CSP*, IX, 387)

(93) Circular letter of the *Commission des subsistances* to the *districts*, 9 *nivôse an* II—29 December 1793

Dans presque tous les districts, les recensements annoncent des ressources réelles en subsistances. La loi a donné aux administrations le pouvoir nécessaire pour les répartir: cependant, depuis l'établissement de la Commission, elle est assaillie par une quantité incroyable de demandes et par un nombre presqu'égal de députations de diverses communes de la République.

Ce mal a sa source dans la fausseté de la plupart des déclarations et dans l'inégalité de la répartition des subsistances entre les habitants d'une même commune, entre les communes d'un même district, entre les districts d'un même département. . .

La loi du 14 frimaire sur le mode de gouvernement provisoire révolutionnaire, qui défend aux autorités constituées de correspondre autrement que par écrit, ne nous permet plus cette correspondance de députations.

Elle nous ordonne, sous des peines très sévères, la dénonciation des fonctionnaires négligents.

Vous penserez donc avec nous qu'alors que nous entendrons près de nous des plaintes de disette dans un district où il existera des denrées, dans un district qui n'aura pas donné la connaissance exacte et vraie de sa situation, alors que nous reconnaîtrons qu'une administration aura exagéré ses besoins pour nous mettre dans l'impuissance d'y satisfaire, qu'elle aura caché ses richesses ou négligé d'en faire l'égale répartition, nous devrons dénoncer cette administration au Comité de salut public, ainsi que nous le commande la loi.

Puissions-nous n'avoir à mettre sous ses yeux que les efforts mutuels de chaque fonctionnaire public pour consolider au dedans la liberté déjà triomphante, déjà victorieuse des despotes et des rebelles! C'est un devoir que nous remplirons avec bien du plaisir.

(*Cochin*, II, 111–14)

(94) Questionnaire sent to a *district* by the Committee of Public Safety with the replies of that *district*, *nivôse an* II—January 1794

Questions posées par le Comité de salut public de la Convention nationale aux administrateurs du district du Mans.	Réponses.
1.—Les comités de surveillance ont-ils été formés suivant le vœu de la loi?	Les comités de surveillance ont été formés suivant le vœu de la loi dans les principales communes du district.

2.—Quel en est le nombre dans votre arrondissement, et dans quels lieux sont-ils établis?	Nous ne pouvons en connaître le nombre que par le recensement des procès-verbaux de formation.
3.—La loi du 17 septembre (vieux style), qui désigne les gens suspects, a-t-elle reçu son entière exécution?	Nous avons lieu de présumer qu'elle a reçu son exécution.
4.—Les procès-verbaux d'arrestation ont-ils été adressés exactement au directoire du district, comme le prescrit le décret sur le gouvernement révolutionnaire?	Les procès-verbaux d'arrestation n'ont point été adressés au directoire du district. Les comités de surveillance s'excuseront sans doute sur ce qu'ils ne connaissaient pas le décret sur le gouvernement révolutionnaire, qui vient d'être promulgué, et dont la réimpression avait été retardée par l'invasion des brigands,[1] qui ont forcé toutes les autorités constituées d'abandonner leur poste.
5.—S'ils ne l'ont pas été, quels moyens avez-vous pris pour obliger les comités de surveillance à remplir une obligation sacrée et résultant de leurs engagements?	L'administration a adressé à toutes les municipalités et comités de surveillance de son territoire une circulaire avec injonction de lui faire passer sans délai l'expédition des procès-verbaux de formation desdits comités et d'arrestation des gens suspects.
6.—Êtes-vous persuadés qu'il y ait eu des arrestations occasionnées par des passions particulières et non déterminées par la loi? Dans ce cas, ajoutez à chaque procès-verbal, que nous vous demandons d'ici au 30 de ce mois, les raisons sur lesquelles vous pou-	Nous ne saurons répondre à cette question.

[1] The Vendéens who occupied Le Mans, 20–22 *frimaire*.

vez appuyer votre opinion et, pour diriger vers le Comité de sûreté générale tous les traits de lumière qui peuvent le fixer sur la légitimité des mesures, ne manquez pas d'énoncer quel a été l'état du citoyen détenu, soit avant, soit après la Révolution, si le procès-verbal d'arrestation n'en fait pas mention.

Que le tableau des membres des comités de surveillance soit joint aux réponses que vous nous ferez parvenir sur les différentes questions qui vous sont adressées.

7.—Combien existe-t-il de sociétés populaires dans votre district, et où sont-elles établies?

Il existe sept sociétés populaires pour le district du Mans. Elles sont établies au Mans, à Coulans, Vallon, Savigné, la Bazoge, Ecommoy et Ballon.

8.—Ces sociétés, qui doivent être partout l'œil du magistrat et du législateur, y exercent-elles le droit salutaire de censure?

Elles exercent le droit salutaire de censure, particulièrement au Mans.

9.—Sont-elles affiliées aux Jacobins de Paris?

La société populaire du Mans est la seule qui soit affiliée à celle des Jacobins de Paris.

10.—Les autorités constituées sont-elles à la hauteur des circonstances?

On doit croire que les autorités constituées sont à la hauteur des circonstances, si on en juge par l'activité qu'elles mettent dans leurs opérations et le zèle avec lequel elles remplissent leurs fonctions.

11.—Les lois sur le partage des communaux, sur le *maximum*, sur les certificats de civisme et de résidence et sur le brûlement des titres féodaux ont-elles été exécutées?

La loi sur le partage des biens communaux n'a pas encore reçu son exécution. Ce retard doit être attribué aux communes et aux parties intéressées, qui ont l'initiative et doivent présenter leurs procès verbaux de division aux administrations de district.

Celle sur le *maximum*, à l'exception des grains et du pain, éprouve de très grandes difficultés, provenant de la différence qui existe entre les tarifs: tel district a taxé certains objets de nécessité 30 % plus cher que le district qui l'avoisine; celui-ci se voit enlever tout son commerce et se trouverait réduit à une privation absolue s'il n'achetait, à un prix souvent excessif, les marchandises que l'espoir d'un bénéfice plus considérable fait abonder dans l'autre.

Celle relative aux certificats de civisme et de résidence s'exécute suivant le vœu de la loi.

L'administration du district a recommandé l'exécution de celle qui ordonne le brûlement des titres féodaux. Des procès-verbaux reçus de plusieurs communes annoncent que cette loi a reçu son exécution. L'administration se livrera encore aux recherches les plus rigoureuses pour détruire jusqu'au dernier monument qui pourrait retracer l'idée de la servitude féodale et monarchique.

12.—Observe-t-on dans vos gardes nationales cette ardeur et

Si on n'observe pas précisément dans les gardes nationales

ce dévouement qui distinguent si éminemment le peuple français?

cette ardeur et ce dévouement qui distinguent le peuple français, on peut assurer qu'en général elles sont attachées à leurs devoirs et s'en acquittent avec zèle et désintéressement.

13.—La levée de la première réquisition s'est-elle faite avec cet élan digne des hommes qui doivent brûler du saint amour de la liberté?

Quoique la levée de la première réquisition ne se soit pas faite avec cet élan qui caractérise de vrais républicains, nous avons néanmoins la certitude que le plus grand nombre est parfaitement disposé à soutenir la cause de la liberté.

14.—Le fanatisme exerce-t-il son empire dans quelque partie du district et, dans ce cas, quels sont les auteurs de cette dépravation de l'esprit public?

Le fanatisme n'exerce pas d'empire dans le district; néanmoins, une très grande partie des citoyens paraît attachée au culte catholique, beaucoup plus qu'à ses ministres, qu'ils méprisent.

15.—Le mouvement sublime du peuple contre la superstition a-t-il trouvé des obstacles à son développement, et quels sont les détails que vous pouvez transmettre au Comité de sûreté générale?

Le mouvement sublime du peuple contre la superstition a trouvé de très grands obstacles à son développement. Nous ne pensons pas que ces obstacles aient d'autres causes que les anciens préjugés, toujours difficiles à vaincre chez l'habitant de la campagne, parce qu'ils naissent de son ignorance.

16.—Comment est faite la vente du mobilier et des biens des émigrés?

La vente du mobilier des émigrés s'est faite rapidement et de la manière la plus avantageuse pour la République. Celle des immeubles a été retardée par l'invasion des brigands et le désordre qui en a été la suite. Mais nous avons lieu de croire, par les soumissions qui ont été faites et les sollicitations pressantes d'un grand nombre de citoyens, que cette vente ne sera pas moins avantageuse que celle du mobilier.

17.—Existe t-il des hommes qui aient tenté, par l'astuce et la perfidie, d'y mettre obstacle?

Il n'existe aucun individu qui ait tenté d'y mettre des obstacles.

18.—Avez-vous, dans votre arrondissement, des personnes qui aient voulu discréditer les assignats, gage de la fortune publique, et atténuer nos ressources contre les tyrans?

Tout le monde est persuadé que la fortune publique et particulière réside dans le crédit des assignats; personne ne cherchera à l'atténuer.

19.—Avez-vous des individus qui aient entretenu des correspondances avec les émigrés, prêtres réfractaires ou autres personnes habitant les pays avec lesquels la République est en guerre?

Nous n'avons pas connaissance qu'aucun individu ait entretenu des correspondances avec les émigrés, prêtres réfractaires ou autres personnes habitant les pays avec lesquels la République est en guerre, mais les procès-verbaux qui nous seront transmis pourront nous en faire connaître.

20.—Les lettres parvenaient-elles directement ou par intermédiaire, et dans les correspondances interceptées, existe-t-il des preuves, ou au moins des indices, qui puissent faire saisir les fils de la trame par laquelle on a voulu perdre la liberté publique?

Ces deux articles exigent des réponses claires et précises; et comme les premiers comités de

La même voie pourra nous en instruire.

surveillance, formés d'après la loi du 30 mars ou par les représentants du peuple, étaient composés par les autorités constituées des chefs-lieux de district, adressez au Comité de sûreté générale tout ce que vous pourrez recueillir de matériel sur ces deux objets, qui peuvent prouver quels sont les ennemis intérieurs qui tendaient les mains aux émigrés, prêtres réfractaires et aux armées coalisées.

21.—A-t-il existé et existe-t-il des accaparements de blé, farine et autres objets de première nécessité, que les ennemis intérieurs ont faits soit dans les vues d'affamer le peuple et le dégoûter de la liberté, soit pour nourrir les armées contre-révolutionnaires que la scélératesse des conspirateurs voulait faire promener dans les départements?

Il n'est parvenu à notre connaissance aucun renseignement, aucune dénonciation qui puissent nous faire soupçonner qu'il ait existé des accaparements de ce genre.

22.—Les propriétaires et les cultivateurs de votre district ont-ils changé l'ordre de la culture des terres?

Les propriétaires et cultivateurs de notre district n'ont changé l'ordre de la culture des terres [que] pour augmenter leur produit en grains.

23.—Y a-t-il des obstacles qui s'opposent à la libre circulation des grains?

Sait-on, d'un autre côté, qu'on en ait fait pour approvisionner les armées des rebelles ou ennemies?

La libre circulation des grains éprouve de légers obstacles, presque toujours déterminés par le sentiment du besoin.

Nous avons lieu de croire qu'on en a fait partir pour approvisionner les armées rebelles, mais sans aucune preuve à cet égard.

24.—N'avez vous pas des preuves, ou tout au moins de fortes présomptions, que des gens de votre district achetaient dans les foires et marchés, ainsi que chez les différents particuliers, des bœufs et des moutons pour ces différentes armées de brigands?

Il n'existe aucune présomption que des gens de notre district aient acheté dans les foires et marchés des bœufs ou des moutons pour l'armée des brigands.

25.—Avez-vous sur votre territoire des traîtres qui aient contrarié ouvertement le vœu national sur les événements des 31 mai et 2 juin?

Nous ne connaissons aucun individu qui ait contrarié ouvertement le vœu national sur les événements des 31 mai et 2 juin.

26.—Y existe-t-il de ces faux patriotes qui, par l'exagération extraordinaire de leurs principes, veulent en imposer au peuple, soit pour obtenir des places, soit pour l'égarer sur le compte des amis constants et imperturbables de la Révolution et faire triompher par des écarts la cause de la tyrannie? Dans ce cas, désignez cas faux républicains.

Nous croyons qu'il existe quelques faux patriotes qui, par l'exagération de leurs principes, veulent en imposer au peuple pour obtenir des places; mais l'intention étant difficile à juger, nous ne pouvons avoir à cet égard que des soupçons. L'exagération supposée, nous pouvons avoir la certitude qu'elle n'est pas fondée sur le désir de faire triompher par des écarts la cause de la tyrannie.

La levée des scellés apposés sur les titres et papiers des pères et mères des émigrés et les renseignements que nous allons prendre, pourront nous donner quelques connaissances sur les deux dernières questions.

Les réponses ci-dessus aux questions faites par le Comité de salut public, rapportées aussi ci-contre, ont été lues et arrêtées en la séance de cejourd'hui, par nous, administrateurs du conseil général de district du Mans . . ., le 1er pluviôse l'an II de la République une et indivisible.

(*Mautouchet*, 302–8)

(95) Letter of Bentabole, sent to the Orne and Eure-et-Loire to organize the *gouvernement révolutionnaire*, to the Committee of Public Safety, *6 pluviose an II*—25 January 1794

Citoyens collègues,

En arrivant à Châteaudun, chef-lieu de district, j'ai convoqué le comité de surveillance de (*sic*) la société populaire, affiliée aux Jacobins, et c'est d'après leur avis et celui de tous les patriotes qu'ils m'ont indiqués, que j'ai fait l'épuration des autorités constituées. Elle a consisté dans le changement de plusieurs membres du conseil général de la commune, mon collègue Thirion ayant épuré la municipalité quelque temps avant; dans le changement aussi d'une partie de l'administration du district, des bureaux de paix et officiers supérieurs de la garde nationale, et enfin dans la formation d'un comité de surveillance à la place de l'ancien, qui était trop faible.

Je dois vous observer qu'en cela je n'ai point adopté le mode proposé par votre lettre imprimée, adressée aux représentants en mission, qui serait de convoquer le peuple en société populaire, et là, de l'interroger sur les fonctionnaires publics. Je crois ce mode impracticable, et qu'il ne remplirait pas son but: beaucoup de personnes en public n'oseraient pas faire des dénonciations importantes, ni donner des renseignements sur la moralité des individus, les uns par timidité, les autres de crainte de n'avoir pas assez de preuves en main; la liberté des opinions aurait beaucoup de peine à s'établir sur une pareille matière; l'influence de ceux qui ont plus de talents que les autres l'emporterait, et je crois qu'il serait difficile d'y connaître la majorité. Je pense qu'au contraire, par le mode que j'ai adopté, je n'ai placé que les meilleurs et les plus chauds patriotes de la société et de la commune, et que je n'ai destitué que ceux qui devaient l'être.

En un mot, je n'ai point regardé votre lettre circulaire comme un arrêté, puisque votre proposition y paraît être plutôt un conseil; mais, s'il en était autrement, si le Comité pensait que je dusse me conformer strictement au mode proposé par votre dite lettre, je vous prie de me le mander sur-le-champ, parce qui si, d'un côté, je ne veux point m'écarter des arrêtés du Comité de salut public, d'un autre il sera de mon devoir de vous prévenir qu'il me sera impossible d'opérer d'une manière infructueuse et que je ne croirai pas pouvoir effectuer selon vos désirs.

Salut et fraternité,

BENTABOLE.

(*Mautouchet*, 311–12)

(96) From a letter of Javogues, *représentant* in Saône-et-Loire, to Collot d'Herbois, 16 *pluviôse an* II—4 February 1794

. . . Le sursis que la Convention nationale a accordé en faveur de la commune de Roanne glace d'effroi tous les patriotes. Si un pays a été constamment en rébellion depuis le commencement de la Révolution, c'est Roanne. Reverchon, Dorfeuille et la Convention se déshonorent en rendant des décrets d'absolution pour une commune qui n'en mérita jamais. Quant à moi, je ne craindrais pas de passer outre au décret aussi liberticide. Il y a au moins cinq cents riches coupables qui peuvent laisser à la République plus de 200 millions de biens.

Les prêtres ont fait un mal affreux dans le département de Rhône-et-Loire. Je ne conçois pas la proclamation du Comité de salut public pour retarder encore les progrès de la Révolution. Apparemment que Couthon a besoin d'une religion quelconque pour soutenir le règne des fripons et des muscadins qui se sont réfugiés dans le département d'où il est. Le vrai moyen d'établir le germe des guerres civiles de religion, c'est d'en parler. Toutes les mesures coercitives que vous prendrez contre les caméléons qui se disent apôtres de différentes sectes seront éludées. Il serait beaucoup plus simple de les fusiller.

Je ne conçois pas trop non plus ce que c'est que les décrets qu'on a rendus sur le gouvernement révolutionnaire. On a établi des agents qui ont beaucoup de pouvoirs; si le choix tombe entre les mains des aristocrates, les patriotes pourraient bien être égorgés. Les agents nationaux ne sont, suivant moi, que des dictateurs dont l'influence et l'autorité pourraient compromettre la liberté et le salut de la République.

Une autre absurdité qui ne m'a pas moins frappé, c'est l'obligation où l'on est de rendre compte tous les dix jours des arrêtés de chaque district au Comité de salut public; il faudrait au moins 4 ou 5,000 commis qui ne s'entendraient pas pour débrouiller ce chaos. Et quel serait le résultat de cette opération? Je n'en sais rien. Tout ce que je puis dire, c'est que, si cette monstruosité n'est pas détruite, ce ne sont plus 25 millions d'hommes qui seront libres, mais bien 500 et tant d'agents nationaux qui disposeront arbitrairement de la vie et de la fortune des citoyens.

J'ai remarqué aussi avec douleur que, depuis quelque temps, l'on décrétait beaucoup, qu'on renouvelait des serments insignifiants. J'ai rapproché, et j'ai vu que les Brissotins avaient aussi cette manie de faire beaucoup de décrets. Lorsqu'on suit cette marche, on veut étourdir. La multiplicité des lois n'est bonne qu'en faveur des gros propriétaires, des gros marchands et de tous les grugeurs du peuple. Par quelle fatalité faut-il que le peuple soit toujours enlacé par ceux en qui ils a mis sa confiance? Quand voudra-t-on être juste? Que les misérables reptiles, qui veulent toujours endormir, sachent, une fois pour toutes, que le bon sens du peuple vaut mieux que tous leurs sophismes, que toutes leurs phrases. Lorsque ses maux sont à leur comble, il se lève et écrase les hommes parjures qui n'ont profité de sa bonté et de sa confiance que pour le trahir.

La liberté des cultes d'un côté ou les religions, et de l'autre des agences ou des dictateurs, Que de matières à vastes complots pour des intrigants! C'est bien là où l'on voit que beaucoup de personnes ne travaillent que pour leur profit personnel, et n'ont pas perdu l'espoir de réenchaîner le peuple. Les agences ne sont autre chose que le plan de Dumouriez sous un autre nom, qui voulait disposer du sort de la France par les présidents de districts.

Je n'ai pas moins été affecté de voir que, dans votre Comité de salut public, vous y avez placé un certain Prieur (de la Côte-d'Or), neveu ou parent de Guyton-Morveau, ancien avocat général au parlement de Dijon. Il parait que son département est bien stylé: il refuse du blé aux indigents; . . .

(*Aulard CSP*, X, 700–1)

(97) The *représentant* in the Cantal and the Lot to the Committee of Public Safety, 24 *pluviôse an* II–12 February 1794

Me voici, citoyens collègues, depuis ce matin à Saint-Flour, après avoir passé une nuit dans la neige pour y aborder. Je vous dois compte de mes opérations dans le district de Murat, où, comme partout, j'ai trouvé les administrateurs plus faibles qu'infidèles et le peuple disposé à entendre la vérité. Je la lui dis partout avec patience et douceur, et partout il la sent et me remercie. J'ai convoqué dans ce district, comme dans les autres, les agents nationaux, et j'en ai renouvelé plusieurs. Aucun n'avait connaissance de la loi du 14 frimaire; je la leur ai expliquée, je les ai engagés par leur propre intérêt à s'en pénétrer, à entretenir avec les agents nationaux des districts une correspondance exacte, et je crois qu'ils feront tout ce qu'on peut attendre d'un cultivateur presque illettré. Lorsque mon travail sera fait ici, je vous le ferai passer.

Salut et fraternité. Bo.

(*Aulard CSP*, XI, 107–8)

(98) The Committee of Public Safety to Crassous, *représentant* in Seine-et-Oise and Paris, 26 *pluviôse an II*—14 February 1794

Le Comité de salut public . . . ne peut . . . te dissimuler son étonnement de ce que, contre les dispositions précises de la loi du 14 frimaire, article 12, section III, il existe encore dans ce département des *délégués* des représentants du peuple. C'est une violation de la loi; le Comité t'invite à la réparer.

(*Aulard CSP*, XI, 145)

(99) The Committee of Public Safety to Roux-Fazillac, *représentant* in the Corrèze and the Puy-de-Dôme, 26 *pluviôse an* II—14 February 1794

Le Comité de salut public, citoyen collègue, a trouvé dans ton arrêté du 10 frimaire des dispositions contraires à la loi sur le gouvernement révolutionnaire.

Antérieur il est vrai à cette loi, il n'est pas étonnant qu'il en diffère; tu ne pouvais la prévoir; mais, par une suite de ton zèle, tu te seras sans doute empressé de changer ou de modifier, dès qu'elle t'aura été connue, les articles de ton arrêté qui l'entravent où la contrarient.

L'article 1er porte qu'il n'y aura dans chaque district qu'un seul Comité de surveillance, et lui attribue le droit d'imposer extraordinairement les riches inciviques.

Cette disposition est contraire à l'article 20, section III, de la loi du 14 frimaire. Aucune taxe, aucun emprunt forcé ou volontaire ne pourront être levés qu'en vertu d'un décret.

Les Comités révolutionnaires, d'après ton arrêté, article 9, ont la surveillance des manufactures, des contributions, de la vente des biens des émigrés.

Ces divers objets sont attribués aux administrateurs des départements, article 5, section III, de la loi, et la surveillance active au Conseil exécutif, article 4, même section. L'article 20, section III, reçoit encore son application relativement à l'article 21 de ton arrêté, où il est dit que les dépenses auxquelles donneront lieu les mesures de salut public, etc., seront perçues sur la fortune des gens suspects; cette disposition suppose nécessairement la faculté d'imposer des taxes qui, ainsi qu'il a déjà été dit, ne peuvent l'être que par un décret.

La Convention, au surplus, s'occupe dans ce moment des mesures à prendre sur les biens des hommes suspects dont la conduite a provoqué l'animadversion nationale; inutiles à la Révolution, quand ils ne l'ont pas entravée, leur fortune doit du moins servir la cause de la liberté; le lâche qui se soustrait au contrat social ne peut en réclamer les avantages, la société ne doit rien à qui ne fait rien pour elle. Seule vraiment propriétaire, elle a distribué les fortunes sous la condition expresse de concourir au plus grand avantage de tous ses membres. L'homme qui manque à cette clause sacrée est dépossédé; elle rentre dans ses droits; elle-même ne peut jamais en consentir la prescription.

'Les Comités révolutionnaires établiront dans leurs districts respectifs une compagnie soldée, chargée de toutes les mesures que commandera le salut public.' Cet article est contraire à l'article 20, section III, de la loi. Il y est dit: 'Aucune force armée ne pourra être levée qu'en vertu d'un décret.'

Telles sont à peu près, citoyen collègue, les dispositions de ton arrêté que le Comité a cru devoir te rappeler. Tu les auras sans soute comparées avec le texte de la loi; elle ordonne, article 10, section III, que tous les changements ordonnés par le décret seront mis à exécution dans les trois jours à compter de sa publication.

Le Comité se plait à croire que tu auras rempli cette disposition. Il t'invite à lui en rendre compte.

(*Aulard CSP*, XI, 147–8)

B. THE INDULGENTS

(100) Danton in the Convention after his return from Arcis-sur-Aube, 6 *frimaire an* II–26 November 1793

On entend quelques députations de communes qui apportent des dépouilles de leurs églises et des ci-devant prêtres qui renoncent à leurs fonctions ecclésiastiques.

DANTON. Il y a un décret qui porte que les prêtres qui abdiqueront iront porter leurs renonciations au comité. Je demande l'exécution de ce décret; car je ne doute pas qu'ils ne viennent successivement abjurer l'imposture. Il ne faut pas tant s'extasier sur la démarche d'hommes qui ne font que suivre le torrent. Nous ne voulons nous engouer pour personne. Si nous n'avons pas honoré le prêtre de l'erreur et du fanatisme, nous ne voulons pas plus honorer le prêtre de l'incrédulité; nous voulons servir le peuple. Je demande qu'il n'y ait plus de mascarades antireligieuses dans le sein de la Convention. Que les individus qui voudront déposer sur l'autel de la patrie les dépouilles des églises ne s'en fassent plus un jeu ni un trophée. Notre mission n'est pas de recevoir sans cesse des députations qui répètent toujours les mêmes mots. Il est un terme à tout, même aux félicitations. Je demande qu'on pose la barrière.

Il faut que les comités préparent un rapport sur ce qu'on appelle une conspiration de l'étranger. Il faut nous préparer à donner du ton et de l'énergie au gouvernement. Le peuple veut, et il a raison, que la terreur soit à l'ordre du jour; mais il veut que la terreur soit reportée à son vrai but, c'est-à-dire contre les aristocrates, contre les égoïstes, contre les conspirateurs, contre les traîtres amis de l'étranger. Le peuple ne veut pas que celui qui n'a pas reçu de la nature une grande force d'énergie, mais qui sert la patrie de tous ses moyens, quelque faibles qu'ils soient, non, le peuple ne veut pas qu'il tremble.

Un tyran, après avoir terrassé la ligue, disait à un des chefs qu'il avait vaincus, en le faisant tuer: 'Je ne veux pas d'autre vengeance de vous.' Le temps n'est pas venu où le peuple pourra se montrer clément. Le temps de l'inflexibilité et des vengeances nationales n'est point passé; il faut un nerf puissant, un nerf terrible au peuple. Ce nerf est le sien propre, puisque d'un souffle il peut créer et détruire ses magistrats, ses représentants. Nous ne sommes, sous le rapport politique, qu'une Commission nationale que le peuple encourage par ses applaudissements.

Le peuple, après avoir fondé la République, veut que nous essayions tous les moyens qui pourront donner plus de force et d'action au gouvernement républicain.

Que chacun de nous médite donc tous les jours ces grands objets. Il faut que le comité de Salut public se dégage de beaucoup de détails, pour se livrer tout entier à ces importantes méditations. Donnons enfin des résultats au peuple. Depuis longtemps, c'est le peuple qui fait toutes les grandes choses. Certes, il est beau que les représentants s'humilient devant la puissance souveraine. Mais il ferait beau qu'ils s'associassent à sa gloire, qu'ils prévinssent, et dirigeassent ses mouvements immortels.

Je demande que le comité de Salut public, réuni à celui de Sûreté générale, fasse un prompt rapport sur la conspiration dénoncée et sur les moyens de donner une action grande et forte au gouvernement provisoire.

FAYAU. Je ne m'oppose pas au renvoi: mais je fais observer à Danton qu'il a laissé échapper des expressions qui ne me paraissent pas propres. Il a dit que le peuple est souverain; c'est une vérité éternelle. Mais il a parlé de clémence; il a voulu établir entre les ennemis de la patrie une distinction dangereuse en ce moment. Quant a moi, je pense que quiconque n'a rien fait pour la liberté, ou n'a pas fait pour elle tout ce qu'il pouvait faire, doit être compté au nombre de ses ennemis.

DANTON. Je demande à relever un fait. Il est faux que j'aie dit qu'il fallait que le peuple se portât à l'indulgence;[1] j'ai dit au contraire que le temps de l'inflexibilité et des vengeances nationales n'était point passé. Je veux que la terreur soit à l'ordre du jour; je veux des peines plus fortes, des châtiments plus effrayants contre les ennemis de la liberté; mais je veux qu'ils ne portent que sur eux seuls.

FAYAU. Danton a dit encore que nous faisons un essai du gouvernement républicain. Je suis bien loin de partager cette opinion. N'est-ce pas donner à penser qu'un autre gouvernement peut convenir au peuple? Non, nous n'aurons pas juré en vain la République ou la mort; nous aurons toujours la République.

DANTON. Je ne conçois pas qu'on puisse ainsi dénaturer mes idées. Il est encore faux que j'aie parlé d'un essai du gouvernement républicain. Et moi aussi je suis républicain, républicain impérissable. La Constitution est décrétée, et acceptée. Je n'ai parlé que de gouvernement provisoire; j'ai voulu tourner l'attention de mes collègues vers les lois de détail nécessaires pour parvenir à l'exécution de cette constitution républicaine.

La proposition de Danton est décrétée au milieu des applaudissements.

(*AP*, LXXX, 164–5)

(101) Debate in the Convention, 9 *frimaire an* II—29 November 1793

MERLIN.[2] Je demande que le comité de Salut public s'appelle comité de gouvernement.

BILLAUD-VARENNE. Je m'oppose à cette dénomination. Le centre du gouvernement est dans la Convention et je déclare que le jour où la Convention reporterait cette autorité en d'autres mains quelconques, elle décréterait l'éversion de la liberté.

BARÈRE. La Convention gouverne seule, et doit seule gouverner; le comité de Salut public n'est pas le seul instrument dont elle se serve; elle se sert aussi pour leurs fonctions respectives du comité de sûreté générale et du conseil exécutif. Nous sommes l'avant-poste de la Convention; nous sommes le bras qu'elle fait agir, mais nous ne sommes pas le gouvernement. Nous dénommer comité de gouvernement, c'est

[1] Thus Danton would seem to be the first to use the word *indulgence* in this context.

[2] Merlin de Thionville.

donc nous donner un nom qui ne nous convient pas; c'est attacher au comité une défaveur qui pourrait nuire à la confiance dont il est investi, et dont il a besoin; c'est enfin changer ses éléments, et nous reporter, nous, individus qui le composons, hors de la Convention, pour nous ranger dans la classe des agents exécutifs. Je m'oppose donc à la motion et je demande qu'elle ne reparaisse plus.

La proposition est rejetée.

(*AP*, LXXX, 360–61)

(102) From the debates on the decree of 14 *frimaire*

BOURDON (*de l'Oise*). Je désire, comme la Convention, que le gouvernement révolutionnaire soit promptement organisé; mais on y laisse une roue qui en arrêtera le mouvement; je veux parler des ministres; que voulez-vous en faire, puisque la monarchie est abolie? Cette vermine royale que je voudrais voir écrasée, ne peut qu'entraver le mouvement révolutionnaire: sans eux ne pourrons-nous pas conduire la liberté au port? Dans notre constitution républicaine, il n'y a pas de ministre, mais un conseil exécutif aussi populaire qu'il puisse l'être; pourquoi conserveriez-vous plus longtemps ces dix gants aristocratiques qui arrêtent le feu électrique de la révolution?

Fixez seulement vos regards sur le ministre de la guerre, à quel usage est-il bon, d'après l'aveu même du comité de Salut public? Il reçoit un ordre du comité qu'il transmet à un commis qui ne le met point à exécution. J'ajouterai que pour moi, j'ai toujours rencontré autour des armées une foule d'agents envoyés par les ministres, et qui ne font qu'y entraver la marche et les mesures prises par les commissaires de la Convention.

Au surplus, quand je propose la suppression des ministres, c'est une idée que j'aime à faire germer; car si vous la rejetez aujourd'hui il ne se passera pas trois mois sans que vous sentiez la nécessité de l'adopter.

Je me résume à demander la discussion, article par article, de la section qui vient de vous être lue, et que si vous ne croyez pas le moment encore venu de prononcer la suppression des ministres, ma proposition soit renvoyée au comité de Salut public, pour la méditer et la mûrir.

ROBESPIERRE. Sous l'empire des rois, on se faisait applaudir en déclamant contre les ministres, et les applaudissements étaient presque toujours mérités. Sous le règne de la liberté, les ministres ne sont plus ce qu'ils étaient, ils ne sont plus les agents d'un roi, mais de la Convention, ce sont des instruments dont le comité de Salut public peut se servir avec utilité. Des législateurs sages ne s'attachent pas aux mots, mais aux choses; le mot de ministre ne doit avoir rien d'effrayant, puisqu'ils ne peuvent abuser de l'autorité dont ils sont revêtus, étant surveillés avec activité, et pouvant être des instruments utiles aux desseins de la Convention; il est donc bien important de ne pas se livrer à des déclamations qui affaibliraient les nerfs du gouvernement. Personne ne peut mieux apprécier les ministres que ceux qui sont chargés de les surveiller, et le comité de Salut public ne partage point l'opinion du préopinant.

Que l'on puisse faire des reproches à tel ou tel agent du ministère; mais, sous le prétexte d'attaquer un agent infidèle, il ne faut pas hasarder des reproches qui retombent sur tout le ministère et par conséquent sur un homme dont les travaux assidus et le caractère probe et républicain seront une barrière insurmontable à tous les conspirateurs.

Au surplus, le ministère actuel est une machine dont le remplacement serait difficile en ce moment et dont la Convention et le comité de Salut public peuvent tirer de grands avantages. Cela suffit pour répondre à ce qu'a dit Bourdon.

BARÈRE, Aux réflexions que l'on vient de vous soumettre, j'ajoute que, dans les articles que vous avez déjà adoptés, vous ôtez aux ministres tous les genres d'autorité que l'on pourrait regarder comme des restes de la monarchie; car les ministres de la marine et de la guerre ne font plus isolément des nominations d'officiers.

Je fais une autre observation. Il vous manquait un moyen de presser l'exécution dans les dernières ramifications de l'autorité ministérielle. La loi dont vous vous occupez vous l'a donné en établissant un pénalité pour les agents jusque dans l'ordre inférieur.

Ainsi, d'un côté, vous avez ôté au ministère tout ce qui lui restait d'attribut de la prérogative royale; et de l'autre, vous avez établi une pénalité qui vous assure la prompte exécution de la loi.

Je termine par une troisième réflexion, c'est que le comité de Salut public ne doit avoir que la haute pensée du gouvernement; il n'est déjà que trop surchargé de détails, que trop encombré de bureaux; ainsi n'ajoutez pas à ceux que nous avons, les bureaux de ministère.

Au fait, le ministère n'est qu'un conseil exécutif chargé des détails d'exécution, surveillé avec une grande activité, et dont les chefs viennent chaque jour, et à des heures indiquées recevoir les ordres et les arrêtés du comité de Salut public. Ainsi la proposition de Bourdon est inutile.

La Convention passe à l'ordre du jour.

(*AP*, LXXX, 636–7)

(103) An interchange in the Convention, 22 *frimaire an* II—12 December 1793

BARÈRE. Les pouvoirs du comité de Salut public sont expirés depuis deux jours. Je vous propose de les renouveler.

Quelques membres demandent qu'ils soient encore prorogés pour un mois.

BOURDON (*de l'Oise*) s'y oppose. Il y a, dit-il, dans ce comité, certains membres qui ne plaisent pas à toute la Convention. Il faut les remplacer.

MERLIN (*de Thionville*) propose de le renouveler par tiers tous les mois.

Sur la proposition de CAMBACÉRÈS, l'Assemblée passe à l'ordre du jour.

(*AP*, LXXXI, 367)

(104) Extracts from No. III of the *Vieux Cordelier*, 25 *frimaire an II*—15 December 1793.

... Il y a encore cette différence entre la monarchie et la république, que les règnes des plus méchans empereurs, Tibère, Claude, Néron Caligula, Domitien, eurent d'heureux commencemens. Tous les règnes ont la *joyeuse entrée*. L'avantage des républiques est de s'améliorer.

C'est par ces réflections que le patriote répond d'abord au royaliste, riant sous cape de l'état présent de la France, comme si cet état violent et terrible devoit durer: Je vous entends, messieurs les royalistes, narguer tout bas les fondateurs de la république, et comparer le temps de la Bastille. Vous comptez sur la franchise de ma plume, et vous vous faites un plaisir malin de la suivre, esquissant fidèlement le tableau de ce dernier semestre. Mais je saurai tempérer votre joie, et animer les citoyens d'un nouveau courage. Avant de mener le lecteur aux Breteaux,[1] et sur la place de la Révolution, et de les lui montrer inondés du sang qui coula, pendant ces six mois, pour l'éternel affranchissement d'un peuple de vingt-cinq millions d'hommes, et non encore lavée par la liberté et le bonheur public, je vais commencer par reporter les yeux de mes concitoyens sur les règnes des Césars, et sur ce fleuve de sang, sur cet égout de corruption et d'immondices coulant perpétuellement sous la monarchie.

Muni de ce numéro préliminaire, le souscripteur, fût-il doué de la

[1] Allusion to the executions at Lyon ordered by Collot d'Herbois, 14–21 *frimaire*.

plus grande sensibilité, se contiendra facilement, pendant la traversée qu'il entreprend avec moi, de ce période de la révolution. Dans le combat à mort que se livrent, au milieu de nous, la république et la monarchie, et dans la nécessité que l'une ou l'autre remportât une victoire sanglante, qui pourra gémir du triomphe de la République, après avoir vu la description que l'histoire nous a laissée du triomphe de la monarchie; après avoir jeté un coup-d'œil sur la copie ébauchée et grossière des tableaux de Tacite, que je vais présenter à l'honorable cercle de mes abonnés?

Après le siège de Pérouse, disent les historiens, malgré la capitulation la réponse d'Auguste fut: Il vous faut tous périr. Trois cents des principaux citoyens furent conduits à l'autel de Jules-César, et là, égorgés le jour des Ides de Mars; après quoi le reste des habitans fut passé pêle-mêle au fil de l'épée, et la ville, une des plus belles de l'Italie, réduite en cendres, et autant effacée qu'Herculanum de la surface de la terre.[1] *Il y avoit anciennement à Rome*, dit Tacite, *une loi qui spécifioit les crimes d'État et de lèze-majesté, et portoit peine capitale. Ces crimes de lèze-majesté, sous la république, se réduisoient à quatre sortes: si une armée avoit été abandonnée dans un pays ennemi; si l'on avoit excité des séditions; si les membres des corps constitués avoient mal administré les affaires et les deniers publics; si la majesté du peuple romain avoit été avilie. Les empereurs n'eurent besoin que de quelques articles additionnels à cette loi, pour envelopper et les citoyens et les cités entières dans la proscription. Auguste fut le premier extendeur de cette loi de lèze-majesté, dans laquelle il comprit les écrits qu'il appeloit contre-révolutionnaires.* Sous ses successeurs, et bientôt les extensions n'eurent plus de bornes. Dès que des propos furent devenus des crimes d'État, de-là il n'y eut qu'un pas pour changer en crimes les simples regards, la tristesse, la compassion, les soupirs, le silence même.[2]

Bientôt ce fut un crime de lèze-majesté ou de contre-révolution à la ville de *Nursia* d'avoir élevé un monument à ses habitans, morts au siège de Modène, en combattant cependant sous Auguste lui-même, mais parce qu'alors Auguste combattoit avec Brutus, et Nursia eut le sort de Pérouse. . . . Crime de contre-révolution au journaliste Cremutius Cordus d'avoir appelé Brutus et Cassius les derniers des Romains.[3] Crime de contre-révolution à un des descendans de Cassius d'avoir

[1] Allusion to Lyon.

[2] Desmoulins is said to have wept for the Girondins.

[3] Desmoulins had been reproached in the Jacobins for his attitude during the trial of the Girondins.

chez lui un portrait de son bisaïeul.[1] Crime de contre-révolution à Mamercus Scaurus, d'avoir fait une tragédie où il y avoit tel vers à qui on pouvoit donner deux sens. Crime de contre-révolution à Torquatus Silanus, de faire de la dépense.[2] . . . Crime de contre-révolution d'être allé à la garde-robe sans avoir vidé ses poches, et en conservant dans son gilet un jeton à face royale, ce qui étoit un manque de respect à la figure sacrée des tyrans. Crime de contre-révolution de se plaindre des malheurs des temps, car c'étoit faire le procès du gouvernement. Crime de contre-révolution de ne pas invoquer le génie divin de Caligula. Pour y avoir manqué, grand nombre de citoyens furent déchirés de coups, condamnés aux mines ou aux bêtes, quelques uns même, sciés par le milieu. Crime de contre-révolution à la mère du consul Fusius Geminus, d'avoir pleuré la mort funeste de son fils.[3]

Il falloit montrer de la joie de la mort de son ami, de son parent, si l'on ne vouloit s'exposer à périr soi-même. Sous Néron, plusieurs dont il avoit fait mourir les proches alloient en rendre graces aux dieux; ils illuminoient. Du moins il falloit avoir un air de contentement, un air ouvert et calme. On avoit peur que le peur même ne rendît coupable.

Tout donnoit de l'ombrage au tyran. Un citoyen avoit-il de la popularité; c'était un rival du prince, qui pouvoit sucsiter une guerre civile. *Studia civium in se verteret et si multi idem audeant, bellum esse* Suspect.

Fuyoit-on au contraire la popularité? et se tenoit-on au coin de son feu? cette vie retirée vous avoit fait remarquer, vous avoit donné de la considération. *Quantô metu occultior, tanto famæ adeptus.* Suspect.

Étiez-vous riche? il y avoit un péril imminent que le peuple ne fût corrompu par vos largesses. *Auri vim atque opes Plauti principi infensas.* Suspect.

Étiez-vous pauvre? comment donc? invincible empereur, il faut surveiller de plus près cet homme. Il n'y a personne d'entreprenant comme celui qui n'a rien. *Syllam inopem, undè praecipuam audaciam.* Suspect.

Étiez-vous d'un caractère sombre, mélancolique, ou mis en négligé? ce qui vous affligeoit, c'est que les affaires publiques alloient bien. *Hominum bonis publicis maestum.* Suspect. . . . Enfin, s'étoit-on acquis

[1] It was a crime punishable by two years' imprisonment to keep portraits of members of the royal family, feudal deeds or armorial devices.

[2] Danton, Legendre and Fabre d'Eglantine had been blamed for extravagance in the Jacobins.

[3] Allusion to Pétion's father and mother who wept at their son's death and were arrested.

de la réputation à la guerre? on n'en étoit que plus dangereux par son talent. Il y a de la ressource avec un général inepte. S'il est traître, il ne peut pas si bien livrer une armée à l'ennemi, qu'il n'en revienne quelqu'-un. Mais un officier du mérite de Corbulon et d'Agricola, s'il trahissoit, il ne s'en sauveroit pas un seul. Le mieux étoit de s'en défaire: au moins, seigneur, ne pouvez-vous vous dispenser de l'éloigner promptement de l'armée. *Multâ militari famâ metum fecerat*. Suspect.

On peut croire que c'étoit bien pis, si on étoit petit-fils ou allié d'Auguste: on pouvoit avoir un jour des prétentions au trône. *Nobilem et quod tunc spectaretur é Cæsarum posteris*! Suspect.

Et tous ces suspects, sous les empereurs, n'en étoient pas quittes, comme chez nous, pour aller aux Madelonettes, aux Irlandais, ou à Sainte-Pélagie.[1] Le prince leur envoyoit l'ordre de faire venir leur médecin ou leur apothicaire, et de choisir dans les vingt-quatre heures, le genre de mort qui leur plairoit le plus. *Missus centurio qui maturaret eum.*

C'est ainsi qu'il n'étoit pas possible d'avoir aucune qualité, à moins qu'on en eût fait un instrument de la tyrannie, sans éveiller la jalousie du despote, et sans s'exposer à une perte certaine. C'étoit un crime d'avoir une grande place, ou d'en donner sa démission; mais le plus grand de tous les crimes étoit d'être incorruptible. Néron avoit tellement détruit tout ce qu'il y avoit de gens de bien, qu'après s'être défait de Thrasea et Soranus il se vantoit d'avoir aboli jusqu'au nom de la vertu sur la terre. Quand le sénat les avoit condamnés, l'empereur lui écrivoit une lettre de remercîment de ce qu'il avoit fait périr un *ennemi de la république*; de même qu'on avoit vu le tribun Clodius élever un *autel à la liberté* sur l'emplacement de la maison rasée de Cicéron, et le peuple crier: *Vive la liberté!*

L'un étoit frappé à cause de son nom ou de celui de ses ancêtres; un autre à cause de sa belle maison d'Albe; Valerius Asiaticus, à cause que ses jardins avoient plu à l'impératrice; Statilius, à cause que son visage lui avoit déplu; et une multitude, sans qu'on en pût deviner la cause . . .

En un mot, sous ces règnes, la mort naturelle d'un homme célèbre, ou seulement en place, étoit si rare, que cela étoit mis dans les gazettes comme un événement, et transmis par l'historien à la mémoire des siècles: 'Sous ce consulat, dit notre annaliste, il y eut un pontife, Pison, qui mourut dans son lit, ce qui parut tenir du prodige.'

La mort de tant de citoyens innocens et recommandables sembloit une moindre calamité que l'insolence et la fortune scandaleuse de leurs

[1] Names of prisons.

meurtriers et de leurs dénonciateurs. Chaque jour, le délateur sacré et inviolable faisoit son entrée triomphale dans le palais des morts, en recueilloit quelque riche succession. Tous ces dénonciateurs se paroient des plus beaux noms, se faisoient appeler Cotta, Scipion, Regulus, Cassius Severus. La délation étoit le seul moyen de parvenir, et Regulus fut fait trois fois consul pour ses dénonciations. Aussi tout le monde se jetoit-il dans une carrière des dignités si large et si facile; et pour se signaler par un début illustre, et faire ses caravanes de délateur, le marquis Serenus intentoit une accusation de contre-révolution contre son vieux père, déjà exilé; après quoi, il se faisoit appeler fièrement Brutus.

Tels accusateurs, tels juges. Les tribunaux, protecteurs de la vie et des propriétés, étoient devenus des boucheries, où ce qui portoit le nom de supplice et de confiscation, n'étoit que vol et assassinat.

S'il n'y avoit pas moyen d'envoyer un homme au tribunal, on avoit recours à l'assassinat et au poison. Celer, Œlius, la fameuse Locuste, le médecin Anicet, étoient des empoisonneurs de profession, patentés, voyageant à la suite de la cour, et une espèce de grands officiers de la couronne. Quand ces demi-mesures ne suffisoient pas, le tyran recourait à une proscription générale. C'est ainsi que Caracalla, après avoir tué de ses propres mains son frère Geta, déclaroit ennemis de la république tous ses amis et partisans, au nombre de vingt mille, et Tibère, ennemis de la république, tous les amis et partisans de Séjan, au nombre de trente mille. C'est ainsi que Sylla, dans un seul jour, avoit interdit le feu et l'eau à soixante-dix mille Romains. Si un lion empereur avoit eu une cour et une garde prétorienne de tigres et de panthères, ils n'eussent pas mis plus de personnes en pièces que les délateurs, les affranchis, les empoisonneurs et les coupe-jarrets des Césars; car la cruauté causée par la faim, cesse avec la faim, au lieu que celle causeé par la crainte, la cupidité et les soupçons des tyrans, n'a point de bornes. Jusqu'à quel degré d'avilissement et de bassesse, l'espèce humaine ne peut-elle donc pas descendre, quand on pense que Rome a souffert le gouvernement d'un monstre qui se plaignoit que son règne ne fût point signalé par quelque calamité, peste, famine, tremblement de terre; qui envioit à Auguste le bonheur d'avoir eu, sous son empire, une armée taillée en pièces; et au règne de Tibère, les désastres de l'amphithéâtre de Fidenes, où il avoit péri cinquante mille personnes, et pour tout dire, en un mot, qui souhaitoit que le peuple romain n'eût qu'une seule tête, pour la mettre en masse à la fenêtre!

Que les royalistes ne viennent pas me dire que cette description ne conclut rien; que le règne de Louis XVI ne ressembloit point à celui des Césars. S'il n'y ressembloit point, c'est que chez nous, la tyrannie, endormie depuis long temps au sein des plaisirs, et se reposant sur la solidité des chaînes que nos pères portoient depuis quinze cents ans, croyoit n'avoir plus besoin de la terreur, seul instrument des despotes, dit Machiavel, et instrument tout-puissant sur des âmes basses, timides et faites pour l'esclavage. Mais aujourd'hui que le peuple s'est réveillé, et que l'épée de la République a été tirée contre les monarchies, laissez la royauté remettre le pied en France; c'est alors que ces médailles de la tyrannie, si bien frappés par Tacite, et que je viens de mettre sous les yeux de mes concitoyens, seront la vivante image de ce qu'ils auront à souffrir de maux pendant cinquante ans. Et faut-il chercher des exemples si loin? Les massacres du Champ de Mars et de Nancy, ce que Robespierre racontoit l'autre jour aux Jacobins, des horreurs que les Autrichiens ont commises aux frontières, les Anglais à Gênes, et les royalistes à Fougères et dans la Vendée; et la violence seule des partis, montrent assez que le despotisme, rentré furieux dans ses possessions détruites, ne pourrait s'y affermir qu'en régnant comme les Octave et les Néron. Dans ce duel entre la liberté et la servitude, et dans la cruelle alternative d'une défaite mille fois plus sanglante que notre victoire, *outrer la révolution avoit donc moins de péril, et valoit encore mieux que de rester en deçà*, comme l'a dit Danton, et il a fallu avant tout, que la République s'assurât du champ de bataille.

D'ailleurs tout le monde conviendra d'une vérité. Quoique Pitt, sentant cette nécessité où nous étions réduits, de ne pouvoir vaincre sans une grande effusion de sang, ait changé tout-à-coup de batteries, et, profitant habilement de notre situation, ait fait tous ses efforts pour donner à notre liberté l'attitude de la tyrannie, et tourner ainsi contre nous la raison et l'humanité du dix-huitième siècle, c'est-à-dire les armes mêmes avec lesquelles nous avions vaincu le despotisme; quoique Pitt, depuis la grande victoire de la Montagne, le 20 janvier, se sentant trop foible pour empêcher la liberté de s'établir en France, en la combattant de front, ait compris que le seul moyen de la diffamer et de la détruire étoit d'en prendre lui-même le costume et le langage: quoiqu'en conséquence de ce plan, il ait donné à tous ses agens, à tous les aristocrates, l'instruction secrète de s'affubler d'un bonnet rouge, de changer la culotte étroite contre le pantalon, et de se faire des patriotes énergumènes; quoique le patriote Pitt, devenu jacobin, dans son ordre à l'armée invisible qu'il solde parmi nous, l'ait conjurée de demander, comme le marquis de Montaut, *cinq cents têtes dans la Convention*, et que *l'armée du Rhin fusillât la garnison de Mayence*; de demander, comme une certaine pétition, *qu'on fît tomber* 900 *mille têtes*; comme un certain réquisitoire, *qu'on embastillât la moitié du peuple français, comme suspect*;[1] et comme une certaine notion, *qu'on mît des barrils de poudre sous ces prisons innombrables, et à côté une mèche permanente*;[2] quoique le sans-culotte Pitt ait demandé qu'au moins, par amendement, on traitât tous ces prisonniers avec la dernière rigueur; qu'on leur refusât toutes les commodites de la vie et jusqu'à la vue de leurs pères de leurs femmes et de leurs enfans, pour les livrer eux et leur famille à la terreur et au désespoir; quoique cet habile ennemi ait suscité partout une nuée de rivaux à la Convention, et qu'il n'y ait aujourd'hui, en France, que les 1,200 mille soldats de nos armées, qui, fort heureusement, ne fassent pas de lois, car les commissaires de la Convention font des lois. Les départemens, les districts, les municipalités, les sections, les comités révolutionnaires font des lois; et, Dieu me pardonne, je crois que les sociétés fraternelles en font aussi: malgré, dis-je, tous les efforts que Pitt a faits pour rendre notre république odieuse à l'Europe; pour donner des armes au parti ministériel contre le parti de l'opposition, à la rentrée du parlement; en un mot, pour réfuter le manifeste sublime de Robespierre;[3] malgré tant de guinées, qu'on me cite, disoit Danton, un seul homme, fortement prononcé dans la révolution, et en faveur de la république, qui ait été condamné à mort par le tribunal révolutionnaire? . . .

On ne répondra jamais à mes raisonnemens, en faveur de la liberté de la presse; et qu'on ne dise pas, par exemple, que dans ce numéro 3, et dans ma traduction de Tacite, la malignité trouvera des rapprochemens entre ces tems déplorables et le nôtre. Je le sais bien, et c'est pour faire cesser ces rapprochemens, c'est pour que la liberté ne ressemble point au despotisme, que je me suis armé de ma plume. Mais, pour empêcher que les royalistes ne tirent de là un argument contre la république, ne suffit-il pas de représenter, comme j'ai fait tout-à-l'heure, notre situation et l'alternative cruelle où se sont trouvés réduits les amis de la liberté, dans le combat à mort entre la république et la monarchie?

Sans doute, la maxime des républiques est, *qu'il vaut mieux ne pas punir plusieurs coupables que de frapper un seul innocent*. Mais n'est-il pas

[1] Possibly an allusion to Chaumette's speech on suspects, 5 September 1793.

[2] Proposition made by Collot d'Herbois in the Convention, 17 September 1793.

[3] Allusion to Robespierre's *Rapport sur le manifeste des rois ligues contre la République*, 15 *frimaire an* II—5 December 1793.

vrai que, dans un temps de révolution, cette maxime, pleine de raison et d'humanité, sert à encourager les traîtres à la patrie, parce que la clarté des preuves qu'exige la loi favorable à l'innocence fait que le coupable rusé se dérobe au supplice? Tel est l'encouragement qu'un peuple libre donne contre lui-même. C'est une maladie des républiques, qui vient, comme on voit, de la bonté du tempérament. La maxime au contraire du despotisme est, *qu'il vaut mieux que plusieurs innocens périssent que si un seul coupable échappoit*. C'est cette maxime, dit *Gordon sur Tacite*, qui fait la force et la sûreté des rois. Le comité de salut public l'a bien senti, et il a cru que, pour établir la république, il avoit besoin un moment de la jurisprudence des despotes. Il a pensé, avec *Machiavel*, que dans les cas de conscience politique, le plus grand bien effaçoit le mal plus petit. Il a donc voilé pendant quelque temps la statue de la liberté. Mais confondra-t-on ce voile de gaze et transparent avec la doublure des Cloots, des Coupé, des Montaut, et ce drap mortuaire sous lequel on ne pouvait reconnoître les principes au cercueil? Confondra-t-on la constituion, fille de la montagne, avec les superfétations de Pitt; les erreurs du patriotisme, avec les crimes du parti de l'étranger; le réquisitoire du procureur de la commune sur les *certificats de civisme*, sur la *fermeture des églises*, et sa définition des gens *suspects* avec les décrets tutélaires de la Convention, qui ont maintenu la liberté du culte et des principes.

Je n'ai point prétendu faire d'application à personne, dans ce numéro. Ce ne seroit pas ma faute, si M. Vincent, le Pitt de Georges Bouchotte, jugeoit à propos de s'y reconnoître à certains traits. Mon cher et brave collègue Philippeaux n'a pas pris tant de détours pour lui adresser des vérités bien plus dures. C'est à ceux qui, en lisant ces vives peintures de la tyrannie, y trouveroient quelque malheureuse ressemblance avec leur conduite, à s'empresser de la corriger; car on ne se persuadera jamais que le portrait d'un tyran, tracé de la main du plus grand peintre de l'antiquité, et par l'historien des philosophes, puisse être devenu le portrait d'après nature, de Caton et de Brutus, et que ce que Tacite appeloit le despotisme et le pire des gouvernemens, il y a douze siècles, puisse s'appeller aujourd'hui la liberté, et le meilleur des mondes possibles.

(*Calvet*, 67–90)

(105) Debate in the Convention, 26 *frimaire an* II—16 December 1793

GRANET. Je demande que la Convention rappelle tous les prêtres qui sont en commission. (*On applaudit.*)

CLAUZEL. Je demande que cette mesure soit étendue aux ci-devant nobles.

BENTABOLE. Il n'est personne qui ne sache qu'il faut se méfier des prêtres en géneral. Déjà la raison les a frappés, laissons-la agir; mais dans un moment où on cherche à réveiller le fanatisme, ne prenons pas une mesure précipitée et qui serait peut-être injuste à l'égard de quelques prêtres ou nobles qui sont réellement patriotes, et qui ont rendu des services à la République.

BOURDON (*de l'Oise*). J'appuie la motion de Granet; puisque les prêtres vous sont suspects, ceux d'entre eux qui peuvent être patriotes ne seront pas irrités que vous preniez une mesure de sûreté.

Le rappel des nobles et des prêtres est décrété.

BOURDON (*de l'Oise*). Le plus grand malheur qui peut arriver dans les circonstances où nous nous trouvons, c'est que le comité de Salut public et la Convention ne marchent pas sur la même ligne. Je demande par suite du décret que vous venez de rendre, que les prêtres et les nobles soient exclus du comité de Salut public.

MERLIN (*de Thionville*). J'observe que de motion en motion, on parviendrait à faire renvoyer de la Convention les nobles et les prêtres. Quand un membre de la Convention travaille dans un comité, il remplit les fonctions que le peuple lui a confiées; c'est comme s'il était dans le sein de la Convention. Je demande l'ordre du jour sur la proposition de Bourdon.

BOURDON (*de l'Oise*). Il est certain qu'un noble ou un prêtre peut être plus dangereux dans le comité de Salut public que dans une mission particulière. Il y en a un, que je ne veux pas nommer, qui m'est très suspect à cause de ses liaisons intimes avec Dubuisson, Pereyra et Proly, agents des puissances étrangères.

MÉAULLE. La Convention ne doit pas prendre de mesure générale; mais si on lui dénonce un membre d'un comité, elle doit, s'il est reconnu suspect, l'en retirer; et si Bourdon en connaît quelques-uns, il doit les dénoncer.

BOURDON (*de l'Oise*). Je profite de l'avis du préopinant. Je vous dénonce le ci-devant avocat général, le ci-devant noble Hérault-Séchelles, membre du comité de Salut public, et maintenant commissaire à l'armée du Rhin, pour ses liaisons avec Pereyra, Dubuisson et Proly.

BENTABOLE. On dénonce un de nos collègues qui s'est fait connaître par des actes de patriotisme, qui a travaillé à notre immortelle constitution, et en a été le rapporteur. Ce collègue est absent; la Convention doit l'entendre avant de prononcer. Ne peut-on pas avoir connu des gens qui depuis sont devenus suspects, et être cependant bon patriote? J'observe que Lepelletier était, comme Hérault-Séchelles, ci-devant membre du parlement et ex-noble, et il a mérité le Panthéon.

COUTHON. Je demande l'ajournement de la proposition de Bourdon. Je ne sais pas si Hérault a eu des liaisons avec des personnes suspectes; je l'ai connu au comité de Salut public, et je ne me suis jamais aperçu qu'il ne marchât pas dans le sentier du patriotisme. Il est maintenant absent, attendez qu'il soit arrivé et qu'il puisse répondre à l'inculpation qui lui est faite.

On lit la rédaction du décret qui rappelle les nobles et les prêtres.

Un membre. Je demande que dans votre décret soient compris les ministres d'un culte quelconque.

Un membre. Si vous adoptez la proposition qui vous est faite, vous commettrez une grande injustice à l'égard d'excellents patriotes. Citoyens, la République n'avait pas de marine à Brest. Jean-Bon Saint-André y a formé une escadre formidable; il a rétabli la discipline parmi les matelots, et a purgé l'armée navale des traîtres qui s'y étaient glissés. Si vous le rappelez, vous êtes injustes envers lui, car il a beaucoup travaillé pour le salut de la patrie, et vous nuisez aux intérêts de la République en la privant des services qu'il peut encore lui rendre.

GRANET. Ma proposition n'est pas encore élaborée; elle peut avoir des inconvénients. Je demande moi-même le rapport du décret rendu sur ma motion, et le renvoi de toutes les motions au comité de Salut public.

Le rapport et le renvoi sont décrétés.

(*AP*, LXXXI, 529–30)

(106) The arrest of Vincent, Ronsin and Maillard, decreed in the Convention 27 *frimaire* an II—17 December 1793

FABRE D'EGLANTINE. Lorsque vous prenez des mesures pour lever tous les obstacles qui s'opposent à la marche du gouvernement révolutionnaire, il est bien étonnant qu'on ait oublié d'appeler votre attention sur un homme qui, depuis qu'il est à la guerre, a fait plus de mal que Roland lui-même n'en a fait pendant tout le temps de son ministère, qui partout parle en maître et partout se fait obéir, qui a à ses ordres des clubs de coupe-jarrets, et notamment un auprès du théâtre de la rue Favart; des clubs qui sont la terreur des quartiers environnants, d'où l'on voit s'échapper de temps en temps des hommes à moustaches, revêtus d'habits militaires, lorsqu'ils se soustraient à toutes sortes de réquisitions, promenant de grands sabres dans les rues de

Paris, et effrayant par leurs propos, lorsqu'ils ne le font pas par leurs menaces, les citoyens paisibles qui passent à leurs côtés, ou les femmes et les enfants qui se trouvent sur leur pasage. Je les ai vus, et beaucoup d'autres les ont vus comme moi, aux foyers des spectacles tirant tout à coup leurs sabres, et disant à ceux qui les environnaient et qui ne s'en occupaient pas: *Je suis un tel; et si tu me regardes avec mépris, je te hache.* Eh bien! un de ces hommes avait une mission secrète pour Bordeaux. A leur tête, vous verrez encore ce Maillard, que le bureau de la guerre a eu les moyens de faire sortir des prisons où le comité de sûreté générale l'avait fait mettre, et qui est maintenant investi de pouvoirs terribles.

Avez-vous lu, par exemple, une affiche de Toulon, dont Vincent a tapissé tous les murs de Paris? C'est ce Vincent que je vous dénonce. Quiconque n'a pas lu cet horrible placard ne peut en imaginer les expressions. J'en ai frémi d'indignation, et tous ceux qui l'ont lu ont partagé mon sentiment; c'est ce Vincent qui inonde les armées de papiers faits exprès pour lui et pour ceux qui le protègent; c'est lui qui paie des agents pour entraver vos opérations; c'est à lui qu'il faudrait demander compte des permissions secrètes qui autorisent des hommes en réquisition à rester à Paris malgré toutes les lois; c'est lui qui a voulu exciter des divisions entre la Société des Jacobins et celle des Cordeliers. . . .

Je demande, sur l'opinion publique, sur les dénonciations particulières qui vous sont faites, que Vincent soit arrêté.

Plusieurs membres font la même demande pour Ronsin et pour Maillard.

BOURDON (*de l'Oise*). Voulez-vous encore un chef de dénonciation encore plus clair? le voici:

Goupilleau et moi crûmes utile de suspendre Rossignol: nous ne fîmes alors qu'user des pouvoirs que vous nous aviez délégués. Vincent me dénonça à la Société des Cordeliers, et parvint à lui surprendre une pétition où l'on demandait ma tête.

La Convention décrète l'arrestation de Vincent, Ronsin et Maillard.

FABRE. Lebon a des faites essentiels à énoncer, je demande qu'il soit entendu.

LEBON. Je déclare que, sur la fin d'un repas dont j'étais, ainsi que Vincent, j'entendis ce dernier dire: 'Nous forcerons bien la Convention d'organiser le gouvernement, aux termes de la Constitution, aussi bien sommes-nous las d'être les valets du comité de Salut public.

PHILIPPEAUX. Je demande que Fabre d'Églantine, et tous ceux des membres qui auraient des faits à énoncer soient tenus de se transporter au comité de sûreté générale pour les y déposer, de manière qu'il puisse prendre les mesures nécessitées par les circonstances.

Cette proposition est décrétée.

COUTHON. N'en doutez pas, toutes les mesures ultra-révolutionnaires prises par les hommes qui vous sont dénoncés ne tendent qu'à arrêter le véritable mouvement révolutionnaire pour organiser la contre-révolution ou quelque mouvement particulier, à la faveur duquel ils pussent s'emparer du pouvoir. Et comme ces hommes dangereux ont des agents jusque dans le sein de ces comités, j'invite mes collègues, membres des comités, à faire la liste de tous les commis et agents qui les composent, à prendre des renseignements précis sur ce qu'ils ont été, et sur ce qu'ils ont mérité, et qu'un jour il en soit fait lecture à cette tribune. Le temps est venu, et les Jacobins vont donner un grand exemple à cet égard: le temps est venu où cette tribune doit devenir la tribune censoriale et d'épuration. Il faut que tous ceux qui sont salariés par la République soient connus de vous, et reconnus dignes de la confiance publique.

FABRE D'ÉGLANTINE. Cette mesure, a été adoptée hier par le comité de Salut public, et elle sera présentée à la Convention.

La proposition de Couthon est décrétée.

FABRE D'ÉGLANTINE. Je demande que le décret d'arrestation que vous venez de porter soit inséré au *Bulletin* en ces termes:

'La Convention nationale, considérant que ce n'est que par des motifs contre-révolutionnaires que des agents du conseil exécutif ont osé semer le bruit que le résultat des excès et malversations de ces mêmes agents est à imputer à la Convention nationale, décrète (1) que le décret d'arrestation qu'elle vient de prononcer contre Vincent, secrétaire général du ministre de la guerre, Ronsin, général de l'armée révolutionnaire, et , Maillaird, soi-disant agent de police militaire, sera inséré dans le "Bulletin" ' (2).

(*AP*, LXXXI, 574–5)

(107) Extracts from an open letter of Philippeaux, 6 *nivôse an* II—26 December 1793

[In a preliminary note Philippeaux explains why he is returning to the theme of his letter of 16 *frimaire* to the Committee of Public Safety:]

Je frémissais de voir que, depuis mon retour, une nouvelle boucherie de 40,000 patriotes, et la dévastation de quatre nouveaux départements eussent été la suite d'une opiniâtreté cruelle, d'un système atroce. Je voulus ouvrir les yeux à la Convention nationale sur les désastres trop prolongés dont on lui déguisait l'affreux tableau, et tel fut l'objet de ma lettre du 16. J'y révélai tout sans ménagement et sans flatterie; . . . mais je voulus que la Convention seule fût initiée à ces horribles mystères, parcequ'elle seule, à mon sens, devait avoir la main haute sur son Comité de salut public . . . Ainsi donc pour ne pas fournir des armes à la malveillance, je ne fis tirer ma lettre que à 1000 exemplaires.

Le Comité de salut public ne m'a tenu aucun compte de ma délicatesse. Dans son rapport du 25 frimaire, il m'a outragé d'une manière peu républicaine . . . Mais, je serai plus juste que lui. . . . Je l'accuse seulement de faiblesse et d'une crédulité trop aveugle envers une ligue de fripons et de jongleurs hypocrites, qui ont mis la République à deux doigts de sa perte. . . . Mais comme j'aperçois qu'on cherche à égarer le peuple, à ourdir des trames perfides pour assurer aux coupables la plus révoltante impunité, je dois fouler aux pieds le manteau de la circonspection, pour dévoiler au public les pièces de ce grand procès qui intéresse la France entière. Le peuple est un juge impartial. . . . Je détache de ma lettre pour son instruction les faits principaux; la masse des crimes que j'ai dénoncés à la Convention est si énorme, qu'il faudrait un volume pour les détailler tous.

[The letter itself follows:]

. . . Les amis de la République attendent avec inquiétude quelle sera l'issue de cette lutte odieuse qui s'élève entre le crime et la vertu. Aussi opiniâtre dans ses efforts, que perfide dans ses moyens, la ligue des tyrans se revêt de tous les costumes pour arriver à son but atroce. Naguères elle dirigeait les mouvements d'une faction conspiratrice, qui voulait nous abîmer dans les déchirements du fédéralisme. Aujourd'hui que cette faction est foudroyée, elle nous en suscite une nouvelle qui, sous un autre masque, vise à des résultats non moins détestables. Plusieurs de ses agents sont dans les bureaux de la guerre, au parquet de la commune, dans l'état-major de l'armée révolutionnaire. Je vais mettre le lecteur à même de les juger, par une simple exposition des faits dont je défie le plus effronté d'entre eux, d'oser combattre la moindre circonstance.

La guerre de Vendée, si longtemps un labyrinthe de mystères et de prestiges, tour à tour un sujet d'espérances et de terreur, a moissonné plus de 100,000 patriotes; elle a ravi au peuple plus de subsistances, au trésor national plus de millions, à nos arsenaux plus d'artillerie que les autres guerres toutes ensemble.

[He censures the original generals, Berruyer, Marcé, Ligonnier and Quétineau, but especially their successors:]

Ronsin, qui sous Dumouriez avait rempli ses poches d'or à Liège, et affiché dans la Belgique un luxe scandaleux comme commissaire ordonnateur, vint, sur ces entrefaites, exercer sa funeste influence dans les régions de l'Ouest. Le ministre lui avait confié, avec des sommes considérables et des lettres de cachet en blanc, une sort de dictateur sur la guerre de la Vendée qu'il dirigeait sous le titre de *général ministre.* Qu'a-t-il fait avec Rossignol et la phalange d'états-majors, d'histrions et de catins qu'ils s'adjoignirent? Au lieu d'exercer nos soldats à la tactique et la discipline militaire, ils leur offrirent tous les exemples de dissolution et de brigandage, pour en faire une cohue d'hommes effrénés, non moins redoutables à l'habitant paisible, que les rebelles eux-mêmes. Aussi les résultats furent dignes de cette méthode funeste. Les déroutes éternelles de Saumur, Vihiers, Coron, Doué, etc., en furent les suites naturelles; 40 ou 50,000 patriotes fuyaient périodiquement devant une poignée de rebelles, abandonnant fusils, munitions, canons, bagages: nous n'avions d'armée dans ce pays que pour attester notre opprobre. Il est de fait que les généraux de Saumur, dans leurs prouesses successives, ont fourni aux rebelles plus de 200 canons. . . .

Une puissance[1] qui a pu causer tous ces désastres, qui dispose d'un millier de places et de 300 millions par mois, a des phalanges d'avocats et de calomniateurs à ses ordres. Si elle a élevé ses prétentions jusqu'à rivaliser avec le Sénat, si même elle a tenté de l'avilir et de le dissoudre, que ne fera-t-elle point contre un simple membre de la représentation nationale? Je ne me dissimule point le péril que j'ai couru en attaquant un tel colosse de moyens, lorsque l'opinion publique semblait être opprimée par les conspirateurs que je poursuis; mais quoiqu'ils fassent, je serai plus fort qu'eux avec ma conscience, mon courage et la vérité. Jacobins, écoutez-la, cette vérité sacrée; levez-vous à la hauteur des circonstances; prouvez à l'Univers, que vous êtes des amis de la justice, protecteurs de la vertu, et vengeurs du crime. Écrasez ces vils insectes qui essaient de vous subjuguer pour vous faire partager leur infamie, et ne souffrez pas qu'on dise que les grands coupables peuvent demeurer impunis sous votre égide, comme ils l'étaient sous l'ancien régime avec la protection de la cour.

Convention nationale! Maintenez cette attitude ferme et imposante qui terrasse les conspirateurs, encourage la vertu et ranime l'espérance du peuple; qu'aucun de vous ne soit accessible à cette fausse prudence

[1] i.e. the War Ministry.

qui est la vertu des lâches, qui permet tout aux audacieux et accable les hommes de bien. Quand nos braves défenseurs sont en présence de l'ennemi, calculent-ils froidement les chances périlleuses avant de s'élancer au combat, et de remplir leurs serments? Ils se dévouent et ils triomphent. Ne soyons pas moins magnanimes, et tous les vils égoïstes, les intrigants et les fripons rentreront dans la poussière.

Comité de salut public! tu viens d'avoir de beaux moments; mais redoute l'ivresse des succès; presque toujours elle est perfide. Surveille plus que jamais, redouble de zèle et de vigilance; pénètre avec des yeux de lynx les hommes qui t'entourent, et crois bien que tes flatteurs ne sont pas tes meilleurs amis; ceux-là crieraient demain *Vive le roi!* si la République pouvait s'anéantir. Sache surtout que nous sommes environnés de machinateurs et d'hommes pervers, plus dangereux peut-être que l'ennemi du dehors; que tu dois donner à l'opinion publique une direction forte et généreuse pour écraser ces téméraires, qui ne sont puissants que de notre faiblesse ou de notre apathie. Il est temps de faire jouer contre eux la massue que nous t'avons déposée, si tu tardes un mois, une décade, un jour peut-être, les rênes du Gouvernement t'échappent, et le peuple dans les fers ne nous couvrira plus que de malédictions et d'infamie. Que si au contraire tu fais respecter sa puissance, si tu le sauves, si tu obliges tous les personnages à se prosterner devant elle, tu acquiers une gloire impérissable et la vénération universelle.

PHILIPPEAUX.

(*Wallon*, III, 499–505)

(108) Police report on the situation of Paris, 18 *nivôse an* II—7 January 1794

On a vu à la Halle beaucoup d'habitants des campagnes refuser de l'argent pour leurs denrées.

La perte considérable faite au jeu et dont on a parlé avant-hier a eu lieu rue de la Loi, n° 31.

Rue Saint-Martin, dans plusieurs cafés, les citoyens ainsi que les femmes du quartier ont témoigné leur satisfaction, sur ce qu'on avait arrêté plusieurs bouchers de cette rue, qui, non contents de vendre la viande à 16 sous, donnaient encore un quarteron de moins.

La lettre de Philippeaux, les numeros de Camille Desmoulins, les affiches, etc., de Rossignol, Ronsin, Vincent, Chaumette et Hébert sont toujours à l'ordre du jour dans les cafés. Grande discussion à leur sujet au café Brutus; Hébert avait ses partisans, Philippeaux les siens, ainsi que Camille; mais, sur l'observation d'un des interlocuteurs qu'il fallait se taire et s'en rapporter à la Convention, tout débat a cessé.

Rue de Saintonge, section du Temple, un petit colporteur, ses journaux à la main, criait: '*Grande dénonciation contre le ministre de la guerre qui a donné de l'argent au Père Duchesne et qui a laissé mourir de faim les femmes des patriotes.*' Deux hommes se sont approchés de lui et après lui avoir dit: '*Tu mens, tu es un f . . . gueux, payé sans doute pour calomnier les vrais patriotes*', lui ont donné du pied au c . . . et lui ont déchiré ses journaux. L'enfant de pleurer, mais quelques personnes lui ayant demandé ce qui en était, une d'entre elles lui a donné quinze sous en lui disant: 'Tiens, ne pleure pas et sois bon patriote.'

D'après de mûres observations, on a remarqué quelque chose d'extraordinaire et d'inextricable dans les esprits, mais le peuple met tout son espoir dans la Convention.

Les enfants qu'on envoie aux écoles primaires ne sont point bercés par la superstition. L'amour pour les vertus, pour la République, voilà ce que grave dans leurs cœurs le citoyen Rollin, demeurant sur la section du Panthéon: aussi a-t-il acquis une réputation dans son quartier.

La dénonciation de Philippeaux contre les généraux de l'armée de l'Ouest n'a pas été vue d'un bon œil, mais on est content du décret qui renvoie le tout au Comité de salut public.

Des citoyens qui sortaient de la Convention, paraissaient satisfaits de la sortie que Bourdon (de l'Oise) avait faite contre les ministres, mais d'autres étaient bien opposés à cet avis et disaient qu'il fallait seulement purger leurs bureaux, surtout ceux du ministre de la guerre.

On se plaint encore que la police laisse vendre sur les quais des souliers, que l'administration a, soi-disant, mis au rebut. On a observé que dans le nombre il pouvait y en avoir de très bons.

'Voilà bien des prisonniers arrivés depuis peu à Paris, disaient plusieurs citoyens, pour plus tôt nous en délivrer, il faudrait les exposer sur la rivière, et les mettre sous la volée d'un canon.'

Plusieurs citoyens disaient qu'il serait à propos de faire rendre des comptes au citoyen Aubert fils, demeurant à la Pologne, près la Voirie, n° 546, lequel s'est singulièrement enrichi depuis qu'il a été chargé de la fonte des cloches. On prétend qu'il a commencé avec 600 livres et qu'ayant accaparé les cuivres il les a vendus un prix exorbitant.

Depuis le maximum le charbon est un peu rare. Les marchands qui autrefois faisaient bonne mesure, actuellement les donnent si justes, si justes qu'il y manque quelques boisseaux.

La volaille augmente de jour [en jour], elle vaut une fois plus qu'elle ne valait il y a quinze jours. Les œufs sont si chers qu'on n'ose plus en approcher.

Le porc frais est monté au plus haut prix; encore est-il très rare. Le saindoux vaut 40 sous la livre, encore ressemble-t-il à du vieux oing; celui qui se débite à 24 sous la livre est capable d'empoisonner le public; c'est à proprement parler de la graisse à lampion.

Le pain est très abondant à Paris, mais il n'en est pas de même dans les environs, qui le payent 18 sous les 4 livres; aussi font-ils leur possible, malgré la vigilance, pour en emporter le plus qu'ils peuvent.

Beaucoup de citoyens se plaignent de ce qu'ils éprouvent des retards dans la réception de leurs lettres, et même de ce qu'elles se trouvent perdues à la poste.

La Société populaire de la section du Panthéon français, ayant depuis longtemps sous divers prétextes suspendu la livraison des certificats de civisme, il en résulte que beaucoup de citoyens ne peuvent ni toucher leurs pensions ni continuer leurs fonctions. Quantité de malheureux, disait une citoyenne de cette section, s'abreuvent de larmes et ne peuvent trouver le moindre crédit, jusqu'à ce qu'ils en soient nantis.

'Hébert, disaient plusieurs citoyens dans un café, est patriote, mais c'est pour de l'argent.'

Dans plusieurs quartiers, les citoyennes se plaignent amèrement de ne pas recevoir des nouvelles de leurs maris qui sont aux frontières. Sont-ils malades, sont-ils morts? disent-elles. On désirerait qu'il y eût un bureau central, où arriveraient toutes les lettres des armées.

Le bois, le vin abondent de toutes parts; il y a beaucoup de bois neuf. Beaucoup de personnes en enlèvent deux voies à la fois, tandis que souvent elles n'en ont besoin que d'une; les comités civils ne doivent cependant délivrer à la fois qu'un bon pour une seule. On a remarqué que les bureaux en usent trop.

Les sections se proposent de présenter une pétition pour que la Commune de Paris mette à exécution le décret qui ordonne le dépouillement des fortunes. Elles doivent également en présenter un autre, pour que les employés qui ont de quoi vivre cèdent leur place à des sans-culottes.

A la sortie de la séance des Jacobins, cinq ou six femmes se sont groupées et ont entamé une conversation sur le ministre de la guerre; vingt, trente les ont bientôt entourées et chacune à son tour a pris la parole: 'Oui, disait une, quand nous allons demander des nouvelles de nos enfants, on nous fait revenir quinze jours, un mois de suite, et à la fin nous n'en sommes pas plus avancées.—C'est bien vrai, a répondu une autre, les commis nous rebutent, jurent et nous envoient faire f. . . .—Voyez, a dit une troisième, comme le ministre exécute les décrets de la Convention! Il laisse mourir de faim, les mères, les femmes des défenseurs de la patrie, pendant qu'ils donnent des cent mille livres, des cent vingt-cinq mille livres à M. Hébert qui veut nous endormir avec son b. . . . de *Père Duchesne*.' Après maintes discussions, ces citoyennes se sont retirées, mais avec l'indignation et la colère dans le cœur.

Le Commissaire de police de la section de la Montagne ne veille pas assez à la propreté des rues; celle des Moineaux était ce matin couverte d'ordures, jetées par les fenêtres, qui, à neuf heures, infectaient encore les passants.

Ces paroles du criminel qui a été guillotiné hier: '*Vive la République! Prenez bien garde de ne pas trop souiller de sang la terre de la liberté!*' ont dans le moment frappé quelques esprits; chacun leur adaptait un sens différent. Un particulier a failli être arrêté pour avoir dit que ces paroles signifiaient qu'on condamnait souvent tel et tel pour avoir manifesté son opinion et pour avoir donné sa signature, alors qu'il croyait bien faire.

Les marchés sont abondamment pourvus, mais les denrées sont toujours hors de prix.

La séance des Jacobins n'a pas présenté l'intérêt auquel on s'attendait. Philippeaux, n'ayant pu se faire entendre dans la séance précédente, a porté sa dénonciation à la Convention, et les sanglants reproches faits à Hébert par Camille sont restés sans effet. Le 5⁰ numero du *Vieux Cordelier* a cependant été lu à la tribune et l'exaspération de son auteur a été blâmée par Robespierre. Danton en a porté un jugement moins sévère.

La crainte de passer pour feuillant ou modéré a gagné singulièrement les souscripteurs du *Vieux Cordelier*. Un grand nombre se fait rayer de la liste et se contente d'acheter le journal aux colporteurs.

Les spectacles sont toujours très fréquentés, mais les citoyens du faubourg Saint-Germain se plaignent de ne pas en avoir dans leur quartier, vu que leur commerce est très ralenti, et qu'on paraît le fuir.

On désirerait que les ouvriers employés aux carrières de Montrouge, Vanves, Châtillon, etc., fussent surveillés par la gendarmerie, qui n'ignore pas que ces carrières sont en hiver un repaire de voleurs, qui se répandent la nuit dans les villages d'alentour, entrent dans les maisons à l'aide d'instruments en fer et emportent les meubles des maisons qui ne sont pas habitées, ou qui sont mal gardées. Il y en a eu plusieurs exemples l'hiver dernier.

L'opinion publique est entièrement en faveur de Camille Desmoulins. On fait le plus grand éloge de ses trois derniers numéros. On ne [se] cache pas pour dire qu'Hébert n'est qu'un intrigant, qui a cherché à perdre dans l'esprit du peuple le meilleur défenseur des patriotes (Desmoulins), qu'il a voulu jeter une défaveur sur Danton, Philippeaux, Bourdon (de l'Oise) et autres représentants connus par leurs vertus républicaines.

Le peuple accuse Hébert de n'avoir toujours pas rempli avec honneur et délicatesse les places dans lesquelles il a été employé, notamment celle de receveur de contremarques des ci-devant *Variétés*, que son *Père Duchesne* ne vaut pas l'*Ami du peuple*, qu'il ne sait ce qu'il dit, au lieu que Marat, qui n'avait aucune ambition, s'attachait à dire la vérité, rien que la vérité. Robespierre est l'âme de ses affections et on l'entend souvent dire qu'il y a sur la montagne des membres qui ne devraient pas y siéger.

La section du Théâtre-Français a fait part à celle des Invalides d'un arrêté pris contre les signataires des pétitions afin de servir contre eux, mais celle-ci n'y a point adhéré et la section du Théâtre-Français, indignée du refus, s'est répandue en reproches les plus vifs, surtout contre une douzaine de citoyens qui semblent mener ladite section des Invalides. Les comités de cette dernière sont proscrits dans l'opinion du peuple.

Les plaintes contre les comités révolutionnaires sont sans cesse à l'ordre du jour, et c'est avec peine qu'on voit qu'ils arrêtent qui bon leur semble.

Les places, dit-on, dans les tribunes de la Société des Jacobins, ont été louées jusqu'à dix livres. On souhaite pour son honneur qu'elle se hâte de prendre des mesures répressives d'un trafic aussi honteux.

Les deux partis sont toujours également acharnés l'un contre l'autre, et les bons citoyens prévoient avec douleur que cette lutte malheureuse coûtera à la République quelques-uns de ceux en qui elle avait placé sa confiance.

On voit de même avec chagrin que la Société des Jacobins, s'écartant du but de son institution et laissant de côté les grands intérêts de la patrie, au lieu de s'occuper uniquement du soin de rapprocher les esprits, d'étouffer les haines particulières, de rappeler à ses membres qu'ils ont avant tout la chose publique à sauver, intervienne tout entière dans une querelle polémique et que des Jacobins se changent en docteurs de Sorbonne pour censurer des écrits, et examiner si telle et telle phrase est ou non contraire au dogme. On demande plus que jamais que la Convention mette fin à toutes ces écritures, qui prolongent inutilement un procès qui a déjà duré trop longtemps et qui peut compromettre la tranquillité publique.

(*RF*, 23, 182–7)

(109) Extract from no. VI of the *Vieux Cordelier*, about 6 *pluviôse an* II —25 January 1794

. . . Tu connois mon beau-père, le citoyen Duplessis, bon roturier, et fils d'un paysan, maréchal ferrant du village. Eh bien! avant-hier deux commissaires de la section de Mutius Scœvola (la section de Vincent, ce sera te dire tout) montent chez lui; ils trouvent dans la bibliothèque des livres de droit; et, nonobstant le décret qui porte qu'on ne touchera point à Domat, ni à Charles Dumoulin,[1] bien qu'ils traitent des matières féodales, ils font main basse sur la moitié de la bibliothèque, et chargent deux crocheteurs des livres paternels. Ils trouvent une pendule dont la pointe de l'aiguille était, comme la plupart des pointes d'aiguilles, terminée en trèfle; il leur semble que cette pointe a quelque chose d'approchant d'une fleur de lys; et nonobstant le décret qui ordonne de respecter les monumens des arts,[2] ils confisquent la pendule. Notez bien qu'il y avoit à côté une malle, sur laquelle étoit l'adresse fleur-delisée du marchand. Ici, il n'y avoit pas moyen de nier que ce fut une belle et bonne fleur de lys; mais, comme la malle ne valoit pas un *corset*,[3] les commissaires se contentent de rayer les lys, au lieu que la malheureuse pendule, qui vaut bien 1200 livres, est, malgré son trèfle, emportée par eux-mêmes qui ne se fioient pas aux crocheteurs d'un poids si précieux; . . . Enfin, notre duumvirat sectionnaire . . . trouve le brevet de pension de mon beau-père, qui, comme tous les brevets de pension, n'étant pas de nature à être porté sur le grand livre de la République, étoit demeuré dans le porte-feuille, et qui, comme tous les brevets de pension possibles, commençoit par ce protocole *Louis*, etc. Ciel! s'écrient les commissaires, *le nom du tyran!* . . . Et après avoir retrouvé leur haleine, suffoquée d'abord par l'indignation, ils mettent en poche le brevet de pension, c'est-à-dire, 1000 livres de rente, et emportent la marmite. Autre crime. Le citoyen Duplessis, qui étoit premier commis des finances, sous Clugny,[4] avoit conservé,

[1] Decree of 1 *brumaire an* II–22 October 1793.

[2] Decree of 4 *brumaire an* II–26 October 1793.

[3] Colloquial name for *assignats*, from the name of one of their printers.

[4] Clugny was *Contrôleur général des finances* in 1776, between the ministries of Turgot and Necker.

comme c'étoit l'usage, le cachet du contrôle général d'alors. Un vieux portefeuille de commis, qui étoit au rebut, oublié au-dessus d'une armoire, dans un tas de poussière, et auquel il n'avoit pas touché ni même pensé, depuis dix ans peut-être, et sur lequel on parvint à découvrir l'empreinte de quelques fleurs de lys, sous deux doigts de crasse, acheva de compléter la preuve que le citoyen Duplessis étoit suspect; et le voilà, lui, enfermé jusqu'à la paix, et le scellé mis sur toutes les portes de cette campagne où tu te souviens, mon cher Fréron, que décrétés tous deux de prise de corps, après le massacre du Champ-de-Mars, nous trouvions un asile que le tyran n'osoit violer.

(*Calvet*, 183–5)

(110) Extracts from no. VII of the *Vieux Cordelier*

[This, the last number of *Le Vieux Cordelier*, was published posthumously during the Thermidorian period. It takes the form of a dialogue between Desmoulins and a *vieux Cordelier*. Since this issue is very long, extracts will be given ranged under topics with no attempt at continuity.]

(a) Robespierre[1]

'Si tu ne vois pas, dit Cicéron, ce que les temps exigent; si tu parles inconsidérément; si tu te mets en évidence; si tu ne fais aucune attention à ceux qui t'environnent, je te refuse le nom de sage.' L'âme vertueuse de Caton répugnait à cette maxime; aussi en poussant le jansénisme de républicain plus loin que les temps ne le permettaient, ne contribua-t-il pas peu à accélérer le renversement de la liberté: comme lorsqu'en réprimant les exactions des chevaliers, il tourna les espérances de leur cupidité du côté de César; mais Caton avait la manie d'opiner plutôt en stoïcien dans la république de Platon, qu'en sénateur qui avait affaire aux plus fripons des enfans de Romulus.

Que de réflexions présente cette épigraphe! C'est Cicéron qui, en composant avec les vices de son siècle, croit retarder la chute de la république, et c'est l'austérité de Caton qui hâte le retour de la monarchie. Solon avait dit, en d'autres termes, la même chose: 'Le législateur qui travaille sur une matière rebelle doit donner à son pays, non pas les meilleures lois en théorie, mais les meilleures dont il puisse supporter l'exécution.' Et J. J. Rousseau a dit après: 'Je ne viens point traiter des maladies incurables.' . . .

(*Calvet*, 201–2)

[1] Desmoulins is speaking.

(b) The Committee of Public Safety[1]

. . . oserois-tu tourner en ridicule les bévues politiques des rapports de tel ou tel membre du Comité de salut public comme l'*opposition*, toute dégénérée et méprisable qu'elle est, tourne en ridicule les rapports de Pitt, de *Grenville* et de *Dundas*?

Oserois-tu faire toucher au doigt le bout d'oreille des papiers ministériels de France? (j'appelle papiers ministériels les journaux qui sont payés par *Bouchotte* et le Gouvernement, tels que *Hébert le père Duchesne*, *Charles Duval le Journal des hommes libres*, *Audouin la Gazette universelle*, dont tu as eu entre les mains les quittances à la Trésorerie nationale.) Oserais-tu faire toucher au doigt la niaiserie de ces journalistes qui tirent argument en faveur du Comité de salut public, de l'éloge qu'en fait le roi *Georges*, lequel dit dans son discours de rentrée: 'Si quelques obstacles ont ralenti le cours de mes succès, c'est l'effet de l'ensemble et de la rigueur des mesures adoptées par le Comité de salut public—qui n'a pas encore long-tems à posséder cette confiance qui fait sa force.' Y a-t-il badauderie pareille à celle de ce Charles Duval, qui, dans son Journal des hommes libres, s'écrie: 'Citoyens, ne perdez jamais de vue cette phrase précieuse du roi *Georges*. Vous voyez comme il a peur qu'on ne continue le Comité de salut public; comme il espéroit qu'on le renouvelleroit au moins par tiers! Vous l'entendez, Français, *Georges* lui-même vous trace la marche que vous devez tenir. Conservez chacun des membres de ce Comité comme la prunelle de votre œil. Ne soyez point étonnés si vous voyez ici un *dogue*, là un *roquet* aboyer ou japper contre le Comité de salut public, et celui de sûreté générale. . . . Confiance dans la Convention! Confiance dans le Comité de salut public! anathème à ceux qui voudroient l'altérer? tel doit être votre cri de ralliement pour la campagne.'

Que devenir! quelle servitude dans ce paragraphe de *Charles Duval*, qui, apparemment, a peur qu'il n'y ait quelqu'un en France qui doute qu'il est payé pour écrire avec cette bassesse! Et d'abord quelle contradiction dans cette seule ligne, *Confiance dans la Convention*, *et confiance dans le Comité de salut public!* car enfin, si la Convention a la confiance de Charles Duval, comme c'est la Convention seule qui pourroit renouveller le Comité de salut public, toutes les frayeurs de notre journaliste sont ridicules. En second lieu quelle bassesse! *Anathème à celui qui se défieroit de l'ivresse du pouvoir*, *et d'un seul des membres du Comité de salut public!* Anathème donc aux patriotes; car c'est un membre du

[1] The *vieux Cordelier* is speaking.

Comité de salut public qui le dit lui-même, c'est Robespierre . . . Pour moi qui appelle la vertu non pas ce courage d'un moment que donne à tous les animaux généreux et au sanglier aussi bien qu'à l'homme la présence de l'ennemi, non pas cette bravoure qu'inspire, dans l'occasion, aux russes un verre d'eau-de-vie, aux turcs le désespoir ou un peu d'opium, ce qui avait fait dire si sensément à Pline, *praeclara virtus quum etiam ebrietas inducit*, mais le sacrifice de son égoïsme, de son amour-propre, de ses intérêts personnels au bien général, ce mépris constant de la mort, cette égalité d'âme, cette élévation de courage toujours prête à s'immoler à la vérité et au bien de la patrie, moi qui ne connais point d'autre vertu politique, qui crois que celle-là est infiniment rare, je ne conseille point à *Robespierre* de bâtir la république sur ce fondement; et si un pouvoir tel et de si longue durée que celui du Comité de salut public étoit en d'autres mains que les siennes, et celles de *Couthon*, *Lindet*, je croirois que la République menace ruine.

Déjà, quelques dégagés qu'ils soient d'ambition, depuis qu'ils sont en possession de ces deux leviers, et par la seule force de ce méchanisme du Gouvernement, qu'on me cite une seule nomination, un seul projet de loi du Comité, qui ait éprouvé la moindre contradiction, une seule faute qu'il ait faite, du moins qui ait été relevée dans la *Convention* ou dans un Journal. Dans des temps si difficiles, et des conjonctures si épineuses, où ce ne seroit pas trop de la prudence d'un dieu pour tenir le gouvernail, ce silence de la critique sur toutes les opérations du Comité, n'est-il pas la plus forte critique aux yeux des républicains, et la preuve de l'oppression des opinions? Si le Comité de salut public étoit composé à la fois des *Nestor*, des *Aristide*, des *Périclès*, des *Sully*, des *Richelieu*, des *Colbert*, des *Louvois*, chez un peuple libre il seroit encore critiqué, et par la liberté des opinions, et parce qu'une vue courte découvre souvent ce qui échappe à une vue plus étendue. *Barrère* au nom du Comité vient proposer à la *Convention* la suppression ou la liberté du culte catholique, la paix ou la guerre, l'incendie de la *Vendée* ou la démolition de Lyon, de Toulon et de Marseille: pas un contradicteur, pas l'ombre d'une discussion, même pour le *decorum* . . .

(c) The Committee of General Security

. . . Oserais-tu t'exprimer de même avec franchise sur le comité de sûreté générale. Oserais-tu dire que ce comité qui embastille la tiédeur et fait enfermer les citoyens par milliers, comme suspects de n'avoir pas aimé la république, a pour son président Vadier, celui-là même qui, le 16 juillet 1791, et la veille du Champ de Mars, appuyait de toute sa force la motion de Dandré de mander à la barre les six tribunaux de Paris et de leur commander le procès à tous les Jacobins; ce même Vadier qui, le 16 juillet, disait à la tribune de l'assemblée nationale: *j'adore la monarchie et j'ai en horreur le gouvernement républicai n*, et faisait cette honteuse profession de foi consignée dans le *Monite ur* et dans tous les journaux du temps, pour laquelle Marat, le lendemain, le traitait comme renégat et le plus infâme des constituans, et le voilà aujourd'hui le saint Dominique du comité de sûreté générale.

Oserais-tu dire que Vouland, secrétaire du comité de sûreté générale était également un royaliste bien prononcé et membre du club des Feuillans, comme il appert par la liste authentique et officielle trouvée dans le secrétariat du club des Feuillans, une des conquêtes importantes du 10 août, et imprimée par le comité de surveillance de la commune?

Oserais-tu dire que Jagot, autre frère terrible du comité, et qui incarcère pour un point d'aiguille[1] a lui-même à sa montre, le vieux patriote, s'il y a bien pris garde, un trèfle qui a quelque ressemblance avec une fleur de lys; que ce même Jagot, la veille du 10 août, courut donner sa démission de membre du comité de sûreté générale de l'Assemblée législative de peur que la cour ne gagnât la bataille du lendemain, et qu'il ne fut enveloppé dans la proscription inévitable de Merlin, Bazire et Chabot, ses collègues du comité, que c'est ce même Jagot que, dans les premiers mois de la session, toute la Convention a vu siégeant non seulement au Marais, mais aux antipòdes de la Montagne, à côté de Brissot, Barbaroux et Duperret?

Qui trouveras-tu encore dans ce décemvirat si puissant, car le comité n'est pas composé de plus de dix membres? Qui trouveras-tu parmi ces figurans euménides?

Est-ce Amar le moins farouche de tous et dont la musique calme l'orage du métier, mais à qui le sabre ne va pas mieux qu'à ses confrères, contre des citoyens égarés, puisqu'il a été égaré plus que personne? est-ce Amar, dont tout le monde se rappelle encore le calembourg lors de son vote dans un appel nominal pour le renouvellement du bureau à la fin de 1792: *Lalois*, *Chassé*, *Danton?*

Est-ce David, perdu d'orgueil, qui fut le plus forcené de tous par sa misérable ambition de lire dans tous les journaux: *Présidence de David*? Zeuxis se promenait aux jeux Olympiques avec une superbe robe de pourpre sur laquelle on lisait en lettres d'or: *Le peintre Zeuxis*. David,

[1] See p. 205.

plus ridiculement vain, n'aurait pas de plus grand plaisir que de se promener avec cet écriteau: 'Le président David! Ce n'est pas tant de mon Horace, de mon Brutus, disait-il, qu'on doit parler, ce n'est point du peintre, c'est du législateur, c'est de ma présidence que parlera la postérité.' David a déshonoré son art en oubliant qu'en peinture comme en éloquence le foyer du génie c'était le cœur: il prouve qu'on peut être un grand peintre avec l'âme de Louis XI, et qu'il n'a entassé tant de monde dans les prisons que pour capter la popularité du moment, parvenir à être quinze jours le sonneur de la Convention et à asseoir son c . . . sur un fauteuil de maroquin vert! Ceux qui connaissent le personnage et la vanité dont il est bouffi, sont tentés de croire que c'est une irruption d'orgueil qui lui a mis la joue de travers. L'histoire qui voudra faire son portrait ressemblant ne pourra couvrir ce défaut avec ces chaînes d'or que l'antiquité fesait sortir des lèvres de Nestor ou de Jules-César, pour exprimer leur éloquence ou leur bienfaisance; elle ne pourra le cacher qu'avec de l'écume pour exprimer la rage; et la ressemblance sera parfaite si, comme ce peintre, qui, en jetant de dépit une éponge rendit si bien l'écume d'un cheval, elle jette sur les lèvres de David une éponge trempée dans le sang innocent. A la vérité David se fait gloire de cette rage; il prétend que c'est la colère de Brutus contre les Royalistes et les Brissotins, mais c'est dommage que l'on sache que ce républicain plus que farouche était le peintre du roi et passait sa vie à peindre Louis XVI avec d'autres couleurs que les tiennes dans tes vers; il est fâcheux que cet anti-modéré, cet anti-Brissotin qui ne pouvait pardonner à Cicéron d'avoir pensé que la terreur était le mentor d'un jour: que ce soit le même David qui, il n'y a pas si longtems, te fesait une grosse querelle et t'aurait battu, s'il en avait eu la hardiesse ou la force, à propos de ton *Brissot démasqué*: il est fâcheux qu'on sache que c'est ce même David, si Brissotin, que naguère encore il fallait que Panis se mît tout en nage au cœur de l'hiver, dans le jardin des Tuileries, pour lui persuader que c'était Robespierre qui était le patriote et qui avait raison contre Brissot.

Voilà les patriotes nouveaux, voilà les hommes tous fameux qui ne peuvent pas croire aux Madeleine et aux saint Augustin politiques et qui te font un crime de ta pitié pour des patriotes, pour des frères qui ont été cent fois moins égarés qu'eux.

Qui trouverais-tu encore dans ce comité et à la tête des mesures les plus violentes? C'est un la Vicomterie connu par son gros livre des *Crimes des rois* où il tonne à chaque page contre les arrestations arbitraires des gens suspects aux rois, et qui a embastillé à lui seul plus de suspects en cinq mois que tous les tyrans dont il parle depuis la fondation de la Bastille....

(*Calvet*, 221–4)

(d) The People

... Pour moi je ne conçois pas comment on peut reconnoître une république là où la liberté de la presse n'existe point. Sais-tu ce que c'est qu'un peuple républicain, un peuple démocrate? Je n'en connois qu'un parmi les anciens. Ce n'est point les Romains: à Rome le peuple ne parloit guères avec liberté que par insurrection, dans la chaleur des factions, au milieu des coups de poings, de chaises et de bâtons, qui tomboient comme grêle autour de la tribune, mais de véritables républicains, des démocrates permanens, par principle et par instinct, c'étoient les Athéniens.

Railleur et malin, non seulement le peuple d'Athènes permettoit de parler et d'écrire, mais on voit, par ce qui nous reste de son théâtre, qu'il n'avoit pas de plus grand divertissement que de voir jouer sur la scène ses généraux, ses ministres, ses philosophes, ses comités; et, ce qui est bien plus fort, de s'y voir jouer lui-même. Lis Aristophane qui faisoit des comédies il y a trois mille ans, et tu seras étonné de l'étrange ressemblance d'Athènes et de la France démocrates. Tu y trouveras un Père Duchesne comme à Paris, les bonnets rouges, les ci-devant, les orateurs, les magistrats, des motions et des séances absolument comme les nôtres; tu y trouveras les principaux personnages du jour; en un mot, une antiquité de trois mille ans dont nous sommes contemporains. La seule ressemblance qui manque, c'est que, quand ses poètes le représentoient ainsi à son opéra, et à sa barbe, tantôt sous le costume d'un vieillard, et tantôt sous celui d'un jeune homme dont l'auteur ne prenoit pas même la peine de déguiser le nom, et qu'il appeloit *le peuple* le peuple d'Athènes, loin de se fâcher, proclamoit Aristophane le vainqueur des jeux, et encourageoit, par tant de bravos et de couronnes à faire rire à ses dépens, que l'histoire atteste, qu'à l'approche des Bacchanales, les juges des pièces de théâtre et le jury des arts étoient plus occupés que tout le sénat et l'aréopage ensemble, à cause du grand nombre de comédies qui étoient envoyées au concours. Notez que ces comédies étoient si caustiques, contre les ultra-révolutionnaires et les tenans de la tribune de ce temps-là, qu'il en est telle, jouée sous l'archonte Stratoclès, quatre cent trente ans avant J.C.; laquelle si elle étoit traduite mettroit debout les Cordeliers, car Hébert soutiendroit que la pièce ne peut être que d'hier, de l'invention infernale de Fabre d'Églantine contre lui et le Père Duchesne et que c'est le traducteur qui est la cause de la disette des subsistances; et il jureroit *de le poursuivre jusqu'à la guillotine*. Les Athéniens étoient plus indulgens et non moins chansonniers que les Français; loin d'envoyer à Sainte-Pélagie, encore moins à la place de la révolution, l'auteur qui d'un bout de la pièce à l'autre, décochoit les traits les plus sanglans contre Périclès, Cléon, Lamachus, Alcibiade, contre les comités et présidens des sections, et contre les sections en masse, les sans-culottes applaudissoient à tout rompre, et il n'y avoit personne de mort que ceux des spectateurs qui crevoient à force de rire d'eux-mêmes . . .

(*Calvet*, 230–1)

(111) Barras on Danton

Cependant le sentiment de l'oppression supportée par la Convention nationale commençait à s'exhaler par les discours intimes et même par les écrits publics de quelques hommes moins timides que les autres. Camille Desmoulins faisait paraître son *Vieux Cordelier*; Phelippeaux publiait ses déclamations sur la mauvaise direction donnée à la guerre de la Vendée, qui la faisait sans cesse renaître de ses cendres.

Sortant un jour de la Convention avec Danton, Courtois, Fréron et Panis, nous rencontrâmes dans la cour du Carrousel plusieurs députés membres des comités. Danton, les abordant, leur dit: 'Lisez donc les Mémoires de Phelippeaux. Ils vous fourniront les moyens de terminer cette guerre de la Vendée que vous avez perpétuée pour rendre nécessaires vos pouvoirs.' Vadier, Amar, Vouland et Barère accusèrent Danton d'avoir fait imprimer et distribuer ces Mémoires; Danton répondit seulement: 'Je n'ai point à m'en défendre'. La discussion s'échauffa, on en venait aux personnalités. Danton menaça les membres du Comité de monter à la tribune et de les y accuser de malversations et de tyrannie. Ceux-ci se retirèrent en silence, mais non sans rancune. Je dis à Danton: 'Rentrons à la Convention nationale; prends la parole, nous te soutiendrons; mais n'attendons pas à demain: tu seras peut-être arrêté cette nuit.'—'On n'oserait', répondit Danton avec un air de dédain; puis, se tournant vers moi: 'Viens manger la poularde avec nous'. Je refusai. Brune, l'ami et l'aide de camp jusqu'alors inséparable de Danton, était là; je dis à Brune: 'Veillez sur Danton: il a menacé au lieu de frapper'.

(*Barras*, I, 156–7)

(112) Garat on Danton

Quand le sort réservé aux vingt-deux, parut inévitable, Danton entendit déjà, pour ainsi dire, son arrêt de mort dans le leur; toutes les forces de cet athlète triomphant de la démocratie succombèrent sous le sentiment des crimes de la démocratie et de ses désordres: il ne pouvait plus parler que de la campagne; il étouffait, il avait besoin de fuir les hommes pour respirer. A Arcis-sur-Aube, la présence de la nature ne put calmer son âme qu'en la remplissant de résolutions généreuses et magnanimes: alors il revint portant dans son cœur la conspiration qu'il avait formée réellement dans le silence des champs et de la retraite.

Tous ses amis y entrèrent.

Je n'étais pas son ami, et j'étais trop surveillé pour ne pas rendre trop suspects ceux que je verrais souvent; mais tous savaient bien que je serais l'ami d'une pareille conspiration, et que je lui prêterais tous les bons secours dont on me laisserait capable.

C'est à cette époque que j'eus avec Danton plusieurs entretiens, dans lequels j'appris à prendre confiance dans tous les bons sentimens de son âme que j'avais souvent soupçonnés. C'est alors qu'il me parla souvent avec désespoir et avec candeur des querelles de la Convention, des fautes de tous et des siennes, et des catastrophes qu'elles avaient amenées: 'Vingt fois, me disait-il un jour, je leur ai offert la paix; ils ne l'ont pas voulue; ils refusaient de me croire, pour conserver le droit de me perdre; ce sont eux qui nous ont forcés de nous jeter dans le sans-culotisme qui les a dévorés, qui nous dévorera tous, qui se dévorera lui-même.'

Le but et le plan de la conspiration de Danton, quoiqu'on prît assez de soin de la cacher, étaient très-clairs tous les deux.

Le but était de ramener le règne des lois et de la justice pour tous, celui de la clémence pour les ennemis; de rappeler dans le sein de la Convention tous ceux de ses membres qui en avaient été écartés, en leur accordant et en leur demandant amnistie; de soumettre aux examens les plus approfondis des représentans de la France, de la France elle-même et de l'Europe, cette constitution de 1793, rédigée par cinq à six jeunes gens dans cinq à six jours, et qui devrait être le chef-d'œuvre des forces actuelles de l'esprit humain, puisqu'elle doit être le premier modèle d'une démocratie de vingt-cinq millions d'hommes; d'offrir la paix aux puissances de l'Europe, en continuant à les battre; de relever le commerce et l'industrie de leurs ruines par une liberté sans limites, les arts et les sciences de leurs débris par des encouragemens magnifiques; d'anéantir toutes les barrières qui séparent les départemens des départemens, toutes les inquisitions qui cherchent dans les portefeuilles et sur des cartes les preuves d'un civisme qui ne peut être réel que dans des âmes affranchies de toute inquisition, de regarder comme les uniques cartes de sûreté de la république de bonnes lois, un bon gouvernement, nos armées et leurs victoires.

Les mesures d'exécution de la conspiration de Danton, c'était de préparer un heureux changement dans les esprits par des feuilles telles que celle de Camille Desmoulins, d'ouvrir des communications et des intelligences entre le côté gauche et ce qui restait de membres du côté droit de la Convention, pour faire cesser cette division qui les livrait tous au despotisme de deux comités; de ne regarder comme attachés sans retour au système exterminateur, que Collot, Saint-Just et Billaud; de tenter de séparer d'eux Barrère, en parlant à ce qu'on lui croyait d'humanité; Robespierre, en parlant à ce qu'on lui connaissait d'orgueil et d'attachement pour la liberté; d'ajouter sans cesse aux moyens de force et de puissance du comité de salut public, parce que l'ambition, qui n'aurait plus à faire de vœux pour-elle même, pourrait enfin en faire pour le bien de la république, et que si, au contraire, elle continuait à faire servir de nouvelles forces à de nouveaux crimes, sa puissance, devenue plus odieuse par sa grandeur même, se porterait aux forfaits avec cette insolence et cette effronterie qui sont toujours les derniers excès et le terme de la tyrannie: d'ouvrir, enfin, ou par des mouvemens gradués, ou par un mouvement inattendu, impétueux, au renouvellement total ou partiel des deux comités, pour faire entrer dans le gouvernement par une heureuse irruption les vues grandes, généreuses et vraiment nationales qui avaient tramé la conspiration.

Voilà de cette conspiration, qui a conduit tant de citoyens à l'échafaud, ce que j'en ai pu voir ou savoir; et si, dans les communications intimes des hommes, il existe pour eux quelque moyen de discerner la sincérité de l'imposture, les intentions magnanimes des intentions petites et personnelles, l'unique ambition de Danton, à cette époque, fut de réparer, par un bien immense et durable fait au genre humain, les maux terribles et passagers qu'il avait faits à la France; d'étouffer, sous une démocratie organisée avec une haute et profonde sagesse, le délire et les désastres de la sans-culotterie; de faire expirer la révolution sous un gouvernement républicain assez puissant et assez éclatant pour rendre éternelle l'alliance de la liberté et de l'ordre; d'assurer le bonheur à sa patrie; de donner la paix à l'Europe, et de s'en retourner à Arcis-sur-Aube, vieillir, dans sa paresse, au milieu de ses enfans et de sa ferme.

(*Mémoires de Garat*, published in *Buchez*, XVIII, 451–3)

(113) Jeanbon Saint-André on Danton

Mayence, le . . ., an X de la République française, une et indivisible.

Le Commissaire général du Gouvernement
dans les nouveaux départements de la rive gauche du Rhin
Au citoyen Rousselin,[1] *à Paris*

J'ai reçu, citoyen, la lettre que vous avez pris la peine de m'écrire le 9 de ce mois. Les occupations dont je me trouve en ce moment chargé ne me permettraient pas de répondre à toutes les questions que vous me faites, quand même j'aurais beaucoup de détails à vous donner sur l'homme qui en fait le sujet.

La vérité est que j'ai peu de chose à vous dire. J'ai connu Danton, et j'ai même été assez étroitement lié avec lui, mais cette liaison est venue un peu tard, c'est-à-dire quand des circonstances particulières nous rapprochèrent l'un de l'autre et nous permirent de nous connaître. Jusques là, je l'avais regardé avec étonnement; alors, je m'attachai véritablement à lui. Mais des missions différentes nous séparèrent; il alla dans la Belgique; et je fus envoyé dans les ports. Ainsi je n'ai guère pu le voir que par intervalles assez courts, et je sens que, si j'avais à parler de lui, je pourrais moins juger ce qu'il a été, que rendre compte de l'impression qu'il a faite sur moi, ce qui est bien différent.

Vous savez qu'il n'avait pas un physique très prévenant. Sa laideur n'était pourtant repoussante qu'au premier aspect. Quand on s'y était accoutumé, on démêlait dans sa physionomie des traits de candeur, et même de bonté, qui attachaient. Sa tête était forte, meublée de conceptions hardies, mais peut-être irrégulières, et j'ai quelquefois pensé, ou que ses études n'avaient pas été suivies avec assez de méthode, ou qu'il avait de bonne heure dédaigné la marche lente de l'analyse, pour se livrer à l'impulsion d'un génie ardent et plein de feu.

Mirabeau avait aussi ses boutades, mais il avait travaillé beaucoup plus que Danton, et je ne sais si ce n'est pas à cela qu'il a dû sa supériorité sur lui; car, d'ailleurs, la trempe de ces deux hommes ne différait pas essentiellement. Mais Mirabeau valait beaucoup moins que Danton du côté du cœur; il n'avait point ce fonds de sensibilité qu'on ne peut refuser à l'autre; et cependant Danton pouvait se porter, dans un moment de chaleur et d'enthousiasme, à des excès que Mirabeau aurait évités, parce qu'il avait l'usage et les mœurs du grand monde, et par conséquent la froideur et l'esprit de calcul que suppose ce genre d'éducation. Danton voulait sincèrement la liberté, mais il n'avait pas le plan du gouvernement qu'il fallait établir dans les circonstances où

[1] Rousselin was working on a biography of Danton.

était alors la France. Pour former ce plan, il eût fallu se livrer à un travail suivi, qui ne convenait point à sa manière d'être, paresseuse, amie du repos, et qui ne pouvait être remuée que par un très grand intérêt.

Il fut, dans la Convention, opposé à ce qu'on appelait les Girondins, hommes dont on a dit, comme il arrive dans les dissensions civiles, et beaucoup trop de bien, et beaucoup trop de mal, mais qui certainement avaient le projet de donner à la France une constitution fédérale; fait dont je puis d'autant moins douter, qu'on a positivement cherché à me recruter moi-même pour la défense de cette opinion. Sans examiner la théorie d'un pareil gouvernement, qui, comme toutes les autres théories, peut être attaquée et défendue avec avantage, Danton était du nombre de ceux qui croyaient qu'il y avait de très grands dangers à morceler la souveraineté, quand il fallait réunir tous les efforts contre l'Europe entière armée et déjà maîtresse d'une partie de notre territoire.

Danton était membre du Comité de salut public à l'époque du 31 mai. Ni lui, ni ce Comité ne furent les auteurs de cette journée. Rovère, ce caméléon politique, mort à la Guyane, et que personne n'a osé regretter, en conçut l'idée, la fit adopter à un petit nombre de députés et fut le grand mobile de l'exécution. Tout le monde sait que, quand ce mouvement s'opéra, la Convention, privée de sa liberté, ne fut que l'organe forcé des conspirateurs, et la grande majorité de ses membres le désapprouvait en secret, quoique, à cette époque, la majorité fût opposée aux Girondins.

Le Comité de salut public chercha, dès le lendemain, des moyens de conciliation. Danton en appuya vivement l'idée et en suggéra plusieurs. Il fut surtout secondé par Robert Lindet et par quelques autres, qui gémissaient de voir la Convention aux prises avec elle-même, mais qui n'ont jamais pu arrêter la frénésie qui a causé tant de maux. Danton pensait qu'innocents ou coupables, les Girondins, chargés du poids d'un décret, devaient en annuler l'effet par l'aveu de quelques erreurs, qu'il était facile et même honorable de reconnaître. Il voulait qu'ils cessassent d'entraver la marche des affaires, comme ils l'avaient fait jusqu'alors, et qu'une explication franche prévînt à l'avenir les accusations, les mises en jugement, dont ils avaient donné le premier exemple dans la personne de Marat, et qu'on leur supposait, non sans fondement, l'intention d'étendre à plusieurs autres de leurs collègues, s'ils avaient été les plus forts.

La roideur des Girondins, et notamment de Vergniaud, trompa l'attente de Danton et de ceux qui partageaient ses sentiments. Dès lors, tout fut perdu: il n'y eut plus de barrière à la fureur des partis, et chacun devint tour à tour tyran et victime. En effet des hommes, dont il est permis de douter qu'ils voulussent sincèrement la liberté de leur pays, prirent un ascendant effrayant. Danton quitta le Comité de salut public; il prévoyait dès lors, et il me l'a dit plusieurs fois, que ce Comité finirait un jour par être écrasé sous le poids de la responsabilité dont il était chargé. L'accroissement de puissance, que prenaient de jour en jour quelques hommes influents, donnait à cette idée, que le fait a depuis confirmé, une grande probabilité. Mais Danton ne prévoyait pas aussi bien qu'il tomberait le premier sous la hache révolutionnaire; il s'était associé avec le bon Camille, Fabre et quelques autres, pour aviser un moyen d'opposer une digue au torrent dévasteur qui menaçait d'engloutir la Convention entière et tous les patriotes; mais son caractère fort, sa tête altière ne lui permettaient pas de descendre à des petites combinaisons de finesse et de ruse, que l'on employait contre lui. Il ne pouvait pas même se résoudre à faire un éclat, que plusieurs de ses collègues auraient vu avec plaisir, et qu'ils auraient secondé. Etait-il retenu par un reste de cette amitié, qui l'avait lié au chef du parti devenu son ennemi? Croyait-il qu'il n'était pas encore temps d'ébranler ce colosse de pouvoir, qui ferait tout trembler? Ou désespérait-il du succès de l'entreprise? Je l'ignore. Mais il eut l'air de s'endormir, et il fut écrasé.

Les membres de la Convention, soit ceux qui étaient présents à Paris, ou qui étaient en mission aux armées et dans les départements, étaient environnés d'espions. Le fait était connu, et personne n'osait s'élever contre cette infamie, ou ne songeait à le faire. Je me permis d'avoir ce courage dans un rapport, fait à la Convention et qu'on retrouve dans le *Moniteur*, sur la première mission dont j'avais été chargé à Brest; je me récriai contre cet espionnage. Descendu de la tribune, je m'assieds à côté de Danton, qui me dit quelques mots agréables sur le rapport que je venais de faire. 'Pourquoi, lui dis-je à mon tour, n'as-tu pas relevé la dénonciation que j'ai faite contre ce tas d'espions qu'on lâche sur nos pas?' Pour toute réponse, il prit ma main et la serra. Au bout de quelques jours, je repartis pour Brest et bientôt après j'appris la catastrophe qui avait terminé ses jours.

Voilà à peu près, citoyen, tout ce que je puis vous dire sur un homme à qui la nature avait donné une organisation propre à soutenir un grand rôle dans la société, mais qui a perdu une partie de ses avantages par son indolence, qu'il ne maîtrisait pas souvent et qui l'entraînait presque toujours. Vous trouverez sans doute que j'ai abusé de la permission que vous m'avez donnée de laisser courir ma plume sans ordre ni correction; mais vous l'avez voulu, et il m'a été impossible de faire mieux.

Je vous salue très fraternellement,

JEANBON SAINT-ANDRÉ.

(*RF*, 59, 364–8)

C. THE CORDELIER GROUP AND THE CRISIS OF THE 'SANS-CULOTTES'

(114) An idealized portrait of a *sans-culotte* from No. 313 of the *Père Duchesne*

Çà me scie le dos de voir un tas de fripons bâtir des châteaux en Espagne, sacrifier honneur, patrie, braver le rasoir national pour devenir riches. A quoi donc servent les richesses? Celui qui a beaucoup d'or et d'assignats, dîne-t-il deux fois? Ah! foutre, si on pouvoit lire dans l'intérieur de tous les bougres qui ont entassé sols sur sols pour garnir leur coffre-fort; si l'on connoissoit les transes de tous ces ladres qui écorcheroient un poux pour en avoir la peau, si on les voyoit toujours aux aguets, et ne dormant jamais que d'un œil, transis jusques dans la moëlle des os au moindre bruit, criant miséricorde lorsqu'ils entendent gueuler quelque décret contre les accapareurs, s'arrachant les cheveux quand on veut forcer les riches de lâcher les cordons de leur bourse pour soulager la patrie, en enterrant leur or, mourant d'effroi au seul nom de l'armée révolutionnaire? y a-t-il dans le monde un supplice pareil? quelle différence, foutre, du sort de ce misérable à celui du brave Sans-Culotte, qui vit au jour le jour du travail de ses mains? tant qu'il a dans sa hûche un pain de quatre livres et un verre de rogome, il est content. Dès le matin, il est gai comme un pinçon, et à la pointe du jour, il prend ses outils en chantant la carmagnole; quand il a bien travaillé le jour, il va le soir se reposer à la section, et lorsqu'il paroît au milieu de ses frères, on ne le regarde pas comme un loupgarou, et il ne voit pas tout un chacun se parler tout bas, et le montrer au doigt comme un aristocrate, un modéré. L'un lui tend la main, l'autre lui frappe sur l'épaule, en lui demandant comment va la joie. Il ne craint pas d'être dénoncé; on ne le menace jamais des visites domiciliaires. Il va par-tout la tête haute. Le soir, en entrant dans son galetas, sa femme lui saute au col, ses petits marmots viennent le caresser, son chien sautille pour le lécher. Il raconte les nouvelles qu'il a apprises à sa section. Il est d'une joie de bougre en racontant une victoire sur les prussiens, les autrichiens, les anglois; il dit comme quoi on a guillotiné un général traitre, un brissotin; en citant l'exemple des coquins, il leur fait promettre d'être toujours bons citoyens et d'aimer la république par dessus toutes choses. Il souppe ensuite avec un appétit de bougre et après son repas, il régale sa famille en leur lisant *la grande colère* ou *la grande joie*[1] *du Père Duchesne*. Sa ménagère s'égosille à force de rire en écoutant les disputes de ma Jacqueline avec les bigotes qui pleurent leur saints dénichés. La petite marmaille éclate d'aise en entendant les *b* . . . et les *f* . . . dont je larde mes discours. 'Ah! qu'il doit être farce, le Père Duchesne, dit le grand fillot. Il a de grandes moustaches, s'écrie la petite perrette. Fait-il du mal aux petits enfans, riposte le petit cadet; oui, foutre, s'écrie le papa, il les emporte dans sa grande poche, quand ils pissent au lit, et quand ils sont bien sages et qu'ils crient vive la république il les embrasse et leur donne du croquet et du pain d'épice.

Voilà la vie, voilà les jouissances du véritable Sans-Culotte. Après avoir ainsi passé la journée, il se couche tranquilement et ronfle toute la nuit; tandis, foutre, que le comité de surveillance va rendre visite à midi de loup aux ci-devant nobles, robins, financiers. Il faut entendre les cris de toute la nichée, quand on prie monsieur grippe-sol ou monsieur pince-maille de faire leur paquet dans un chausson, et de quitter leurs appartemens dorés et leurs lits de duvet pour aller tater de l'égalité au grand hôtel des haricots, autrement dit des Madelonettes.

(*Père Duchesne*, No. 313, 3–6)

(115) The *Indulgents* under attack in the Jacobin Club, 3 *nivose an* II—23 December 1793

COLLOT D'HERBOIS . . . Que dites-vous de la confiance que vous avez témoignée à ces libelles qui vous ont désunis, qui vous ont mis aux mains les uns contre les autres? Ne voyez-vous pas que c'est vous qu'on attaque? Ne voyez-vous pas qu'on cherche à vous aliéner de la Convention nationale? Quoi! l'on s'en prend au Comité de salut public dans des libelles! On l'accuse d'avoir fait couler le sang des patriotes! On lui reproche la mort de cinquante mille hommes! Et vous croyez que les auteurs de ces écrits les ont faits de bonne foi? Vous croyez que des hommes qui vous traduisent les historiens anciens, qui retournent en arrière de cinq cents ans pour vous offrir le tableau des temps où vous vivez, sont patriotes? Non, l'homme qui est obligé de reculer si loin ne sera jamais au niveau de la Révolution. On veut modérer le mouvement révolutionnaire. Eh! dirige-t-on une tempête? Eh bien! Camille

[1] The opening words of every issue.

la Révolution en est une. On ne peut, on ne doit point en arrêter les élans. Citoyens, le patriotisme doit toujours être à la même hauteur. S'il baisse un instant, il n'est plus patriotisme. Rejetons donc loin de nous toute idée de modération. Restons Jacobins, restons Montagnards, et sauvons la liberté (*Vifs applaudissements*).

UN CITOYEN.—Je déclare que le système de modération qu'on a voulu établir causerait des effets désastreux. On a passé au scrutin épuratoire Camille Desmoulins, cet homme qui osa dire qu'il s'était apitoyé sur le sort des Girondins! Le jour où on l'admit dans la Société fut un jour ce calamité publique . . . Je propose d'arrêter qu'on demande le jugement de tout homme qui s'attendrirait sur le sort des conspirateurs.

[*Levasseur* déclare qu'il va arracher le masque dont se couvre Philippeaux. Il accuse Philippeaux de l'avoir engagé, ainsi que Boutrouë et Le Tourneur, à voter l'appel au peuple; d'avoir écrit, dans un journal qu'il rédigeait, en faveur de l'appel au peuple, quoiqu'il ait voté depuis contre l'appel. Il l'accuse d'avoir menti dans le rapport qu'il a fait du dîner avec Vincent et Hébert.—*Philippeaux* répond qu'il a voté la mort du roi, et qu'à ce moment il a déclaré qu'il s'était trompé en défendant l'appel au peuple. Il déclare que depuis il a toujours voté avec la Montagne.—'Excepté dans l'affaire de Marat!' dit *Levasseur*.—*Philippeaux* nie le fait.—On lit sa déclaration lors de l'appel nominal au sujet de la mise en accusation de Marat: elle porte en substance que, si Philippeaux écoutait la voix des passions, il voterait la mise en accusation de Marat, qui l'a toujours attaqué, mais qu'il vote contre, parce que les formes ont été violées.—*Philippeaux* explique les raisons qui l'ont porté à attaquer Ronsin et Rossignol. Ils n'étaient jamais à la tête de leurs armées, dit l'orateur. Une seule fois Ronsin dirigea la sienne; ce fut le jour où il fit battre quarante-trois mille hommes par trois mille rebelles. Ils n'ont pas suivi les plans du Comité de salut public. Ils ont laissé pendant deux jours les brigands passer la Loire à leur aise. Philippeaux attaque également L'Échelle et d'autres généraux de la Vendée. Il les accuse tous d'incapacité, de lâcheté et de trahison. Il déclare enfin qu'il n'a pas tenu sur les Jacobins les propos injurieux que lui prête Levasseur.—*Levasseur* invoque le témoignage d'Hébert.—*Hébert* atteste que Philippeaux a tenu ces propos.—*Philippeaux* le nie.]

La séance commence à devenir un peu tumultueuse, à raison de l'impression différente que fait le discours de Philippeaux sur les membres de la Société.

DANTON.—Je demande la parole pour une motion d'ordre. Il est du devoir de la Société d'entendre dans le silence notre collègue Philippeaux. Quant à moi, qui n'ai point d'opinion formée sur cette affaire, je désire acquérir une conviction. Un grand procès se discute. Il se discutera de même à la Convention. Pour être à portée de prononcer sainement dans cette affaire, nous avons besoin d'écouter attentivement, et je réclame le plus grand calme.

La Société ne veut rayer personne par provision, mais peut-être cette affaire se lie à une multitude d'autres, qu'il faut enfin éclaircir; je n'ai aucune opinion formée sur Philippeaux ni sur d'autres; je lui ai dit à lui-même: 'Il faut que tu prouves ton accusation, ou que tu portes ta tête sur un échafaud.' Peut-être n'y a-t-il ici de coupables que les événements. Dans tous les cas, je demande que tous ceux qui ont à parler dans cette affaire soient entendus. Il n'y a qu'un malheur à redouter: c'est que nos ennemis profitent de nos discussions. Qu'ils en profitent le moins possible, et conservons tout le sang-froid qui nous est nécessaire.

(*Aulard*, V, 573–5)

(116) Police report of 14 *ventôse an* II—4 March 1794
(a) Divorce

Dans une piece intitulée *Les Dragons en cantonnement* Laquelle fait suite à celle connue sous le nom de *Les Dragons et les Bénédictines*, il y a une scène où s'élève une dispute entre deux femmes sur le compte d'un homme qui était le mari de l'une et l'amant de l'autre . . . Et le divorce! . . . répond L'amante aux objections de l'Epouse, . . . Le Divorce réplique celle-ci, . . . Les loix en permettent l'usage, mais les mours le proscrivent.

Il est étonnant dequels applaudissements forts et universels cette réplique a été suivie, et en quelquesorte couronnée! . . . Qu'il est beau de voir un peuple dont la légéreté, dit-on, et la galanterie font le caractère, rejetter, pour ainsi dire, les moyens que la Loi elle-même lui présente de suivre cette galanterie, et cette légéreté; avait-on méconnu ce peuple, ou Si c'est à sa révolution glorieuse qu'il doit déjà ces heureux changements dans Sa maniere de voir et de sentir?—Ce qu'il y a de certain c'est qu'une telle opinion et telles affections sont dignes d'entrer et même doivent nécessairement entrer dans le caractère du Républicain. En effet, l'union constante entre deux époux suppose dans l'un et l'autre des qualités de cour et d'esprit dont plusieurs sont nécessaires à la conservation demême qu'à la conquête de la Liberté.

tel est le bien que suppose et que produit la constance du mariage quelle liste nombreuse ne pourrait-on pas offrir des vices de cour et de caractère que l'on peut inférer de l'usage du Divorce, et des mortels inconvénients qui l'accompagnent! . . .

(b) Strikes

Les garçons maçons et charpentiers ne veulent plus travailler que moyennant 6l. par jour; de Décade en Décade ils augmentent de 10^{s}; il en est de même des manoeuvres dans ces deux états: ils sont parvenus à se faire payer leur journée 3l. 10^{s}. Si l'on fait difficulté d'acquiescer à leurs demandes immodérées ils menacent de ne plus Travailler . . . c'est ainsi qu'en m'en revenant hier au soir sur les 9 h. j'entendis des ouvriers rassemblés au nombre de sept à huit au coin d'une rue, jurer entre eux de ne point retourner à l'ouvrage; cette résolution de leur part était düe probablement à un refus d'augmentation de la part de leurs maîtres.

On crie de tous côtés contre cette tyrannie des ouvriers; on espère, on attend que le prix de leurs journées sera taxé dans le nouveau *maximum* dont toutes les dispositions, dit-on, seraient illusoires si la main-d'oeuvre qui est une marchandise comme une autre et qui fait la bâse nécessaire du prix de tous les autres objets, n'était comprise dans ces dispositions et réduite à un taux proportionnel.

(c) Attendance at Sectional Assemblies

Des gens apparemment intéressés à écarter des assemblées cette classe intéressante et naturellement amie d'une révolution toute populaire, s'efforcent de faire supprimer pour ces citoyens peu aisés la somme modique par laquelle la Convention toujours juste et humaine a prétendu les dédommager d'une portion de leur tems si précieux.

Cequi peut aussi avoir donné lieu à ce dessein de la part de ceux qui cherchent à l'exécuter, c'est probablement la conduite de ces ouvriers Eux-mêmes qui, venant exactement se faire inscrire au commencement des assemblées pour obtenir leurs 40^{s}, sortent pour aller boire pendant presque tout le tems des débats et des discussions qui pourraient les éclairer et où le Législateur a prétendu qu'ils fussent eux-mêmes les sentinelles de leurs propres intérêts, . . . sortent, dis-je, et ne rentrent qu'à l'instant de reprendre leur carte et de recevoir leur paye.

C'est ici le cas de faire voir à ces hommes peu favorisés de la fortune, et à tous ceux qui pourraient en douter, que le Sans-culotisme qui n'est autre chose que cette affection par laquelle on s'unit au sort de ses semblables, ne doit point se mesurer sur le degré d'aisance, et n'est donné ni au pauvre, ni au riche, mais est une disposition précieuse du caractère et le fruit d'une éducation nationale.

On ne peut s'empêcher de rappeller à ce sujet par quels sentiments plus nobles se sont conduits et se conduisent tous les jours Les citoyens de la Section des Sans-culottes qui refusèrent constamment l'indemnité offerte par la loi, ne voulant point, disaient-ils, être appellés, les patriotes de 40[s]. Une telle délicatesse suppose le sentiment et l'amour de ses droits; aussi ces braves gens sont-ils les plus exacts à se rendre à leurs assemblée, et se montrent-ils des barrières redoutables à toute entreprise aristocratique. on conçoit fort bien comment des hommes payés manquent à leur devoir, et comment ceux qui refusent de l'être, n'y manquent jamais.

(*Markov & Soboul*, No. 65)

(117) The session of 14 *ventôse* at the Cordelier Club.

Le président fait lecture du prospectus du journal de *l'Ami du Peuple*, faisant suite à celui de Marat. Il sera redigé dans les principes de ce martyr de la liberté, contiendra les renseignements et les dénonciations utiles contre les fonctionnaires publics, et particulièrement contre les mandataires infidèles du peuple. Il ne sera pas à la responsabilité de tel ou tel rédacteur, mais sous la garantie des Cordeliers, et fait par la Société elle-même, qui en répondra à ceux qui voudraient l'attaquer.

Le tableau des Droits de l'Homme est de ce moment couvert d'un crêpe noir, et restera voilé jusqu'à ce que le peuple ait recouvré ses droits sacrés par l'anéantissement de la faction....

Vincent, rapprochant ensuite les différentes époques et les différentes expressions de différents orateurs, tels que Chabot, Bazire, Bourdon (de l'Oise), Phélippeaux et autres, y voit une conspiration profondément ourdie, plus à craindre que celle de Brissot, et qui renversera infailliblement la liberté si on ne s'oppose aux projets des factieux, si on ne déploie toute la terreur que la guillotine inspire aux ennemis du peuple.

Carrier: Citoyens, depuis longtemps je suis absent du théâtre de la révolution; je soupçonne, il est vrai, tout ce que vous avez dit dans votre Société depuis quelque temps; mais je n'ai rien de certain sur les individus qui voudraient établir un système de modération. J'ai été effrayé, à mon arrivée à la Convention, des nouveaux visages que j'ai aperçus à la Montagne, des propos qui se tiennent à l'oreille. On voudrait, je le vois, je le sens, faire rétrograder la révolution....

Cordeliers! vous voulez faire un journal maratiste; j'applaudis à votre idée et à votre entreprise; mais cette digue contre les efforts de ceux qui veulent tuer la république est de bien faible résistance; l'insurrection, une sainte insurrection, voilà ce que vous devez opposer aux scélérats. . . .

Hebert: Quoiqu'il ne soit guère possible d'ajouter à l'énergie du préopinant, je monte à cette tribune pour y développer les principes. Je vais raconter des faits qui porteront la conviction dans vos âmes, je vais épancher mon cœur en vous disant la vérité tout entière, je vais arracher tous les masques. Vous frémirez quand vous connaîtrez le projet infernal de la faction: il tient à plus de branches, à plus d'individus que vous ne le croyez vous-mêmes.

Cette faction est celle qui veut sauver les complices de Brissot, les soixante et un royalistes qui tous ont commis les mêmes crimes, qui par conséquent doivent de même monter à l'échafaud. Pourquoi veut-on les soustraire au supplice? C'est que des intrigants se sentent dans le cas de la même punition; c'est que d'autres intrigants veulent rallier autour d'eux ces royalistes, afin de régner sur eux-mêmes et d'avoir autant de créatures.

Voici l'un des prétextes que l'on a employés pour parvenir à cette fin criminelle. Le capucin Chabot, homme immoral, payé par Pitt et Cobourg, avait reçu de fortes sommes pour vendre son pays aux banquiers. La peur le prend au moment où il venait d'être chassé des Jacobins; il va au comité de sûreté générale comme pour faire une révélation; il est reconnu pour un fripon, arrêté. Cette affaire était bien claire; pourquoi cependant n'en parle-t-on plus? pourquoi n'est-elle pas jugée, et dit-on qu'elle est accompagnée d'une telle complication qu'on n'a encore pu juger qu'il s'agissait d'un fripon? Pourquoi Fabre d'Eglantine, ce scélérat profond, n'a-t-il point reçu encore le châtiment dû à ses forfaits? Je vais vous dire le pourquoi: c'est que M. Amar est le grand faiseur, l'instrument qui prétend soustraire au glaive vengeur les soixante et un coupables. Il est bon de vous apprendre que M. Amar est un noble, trésorier du roi de France et de Navarre. Oh! pour celui-là, il est bien noble, car il avait acheté sa noblesse 200,000 livres en écus.

Il est temps que le peuple apprenne aux fripons, aux voleurs, que leur règne ne durera pas longtemps. Les hommes qui, naguère dans des greniers, aujourd'hui dans de bons appartements, dans de bons carrosses, boivent et mangent le sang du peuple, vont descendre et rendre hommage à la guillotine. Au reste, les voleurs font leur métier; ils rendront tôt ou tard à la nation ce qu'ils lui ont volé; et ce sont les meilleurs économes, car tout se terminera par des restitutions.

Brochet, juré du tribunal révolutionnaire: J'observe par motion d'ordre que les biens des aristocrates condamnés à mort par le tribunal révolutionnaire sont confisqués au profit de la nation.

Hébert: Les voleurs, comme je vous le disais, ne sont donc pas les plus à craindre, mais les ambitieux, les ambitieux! ces hommes qui mettent tous les autres en avant, qui se tiennent derrière la toile; qui, plus ils ont de pouvoir, moins ils sont rassasiables, qui veulent régner. Mais les Cordeliers ne le souffriront pas. (*Plusieurs voix*: Non, non, non!) Ces hommes qui ont fermé la bouche aux patriotes dans les Sociétés populaires, je vous les nommerai; depuis deux mois je me retiens; je me suis imposé la loi d'être circonspect, mais mon cœur ne peut plus y tenir; en vain voudraient-ils attenter à ma liberté. Je sais ce qu'ils ont tramé, mais je trouverai des défenseurs. (*Toutes les voix*: Oui, oui!)

Boulanger: Père Duchesne, parle, et ne crains rien: nous serons, nous, les pères Duchesne qui frapperont.

Momoro: Je te ferai le reproche que tu t'es fait à toi-même, Hébert: c'est que depuis deux mois tu crains de dire la vérité. Parle, nous te soutiendrons.

Vincent: J'avais apporté dans ma poche un numéro du *Père Duchesne*, écrit il y a quatre mois; en comparant le ton de vérité dont il est plein à ceux d'aujourd'hui, j'aurais cru que le père Duchesne était mort.

Hébert: Frères et amis, vous me reprochez avec raison la prudence que j'ai été forcé d'employer depuis trois mois. Mais avez-vous remarqué quel système d'oppression on avait dirigé contre moi? Vous vous rappelez comme, dans une Société très connue, je me vis trois ou quatre fois refuser la parole et comme on étouffa ma voix. Et pour vous montrer que ce Camille Desmoulins n'est pas seulement un être vendu à Pitt et à Cobourg, mais encore un instrument dans la main de ceux qui veulent le pouvoir uniquement pour s'en servir, rappelez-vous qu'il fut chassé, rayé par les patriotes, et qu'un homme, égaré sans doute . . . autrement je ne saurais comment le qualifier, se trouva là fort à propos pour le faire réintégrer malgré la volonté du peuple, qui s'était bien exprimé sur ce traître.

Remarquez en même temps que tous les journaux sont vendus à la faction, ou par peur ou par argent; il n'y en a pas un qui ose dire la vérité. Le ministre de la guerre avait pris par plusieurs arrêtés douze mille de mes numéros; on a cherché à faire regarder cela comme une affaire d'argent de ma part, moi qui me soucie d'argent comme de rien; mais je suis jaloux de propager les bons principes. Or c'est un fait que, dans les temps de crise de l'affaire d'Houchard et des Philippotins, mes journaux ont toujours été arrêtés pendant que les autres circulaient promptement.

Ah! je dévoilerai tous les complots, car je ne vous ai rien dit encore. Comment est composé le ministère? un Paré!

Vincent: C'est un nouveau Roland.

Hébert: Un Paré! D'où vient-il? comment est-il parvenu ministre de l'intérieur? On ne sait par quelles intrigues.

Un Desforgues! qui tient la place du ministre des affaires étrangères et qu'on appelle ainsi, et que moi j'appelle ministre étranger aux affaires.

Vincent: Un Destournelles! insignifiant, instrument passif!

Hébert: Tout cela ne suffit pas encore à la faction; voici le complot qu'elle avait combiné. On doit nommer au ministère de la guerre un Carnot, ex-constituant, Feuillant, frère du Carnot du comité de salut public, imbécille ou malveillant, et général à l'armée du Nord; un Westermann, ce monstre couvert d'opprobres. C'est ainsi qu'on veut ressusciter Beurnonville et Dumouriez, pour qu'après avoir vendu les places fortes qui restent au Nord leurs créatures s'échappent dans la bagarre, semblables à des voleurs qui mettent le feu à une maison pour s'échapper à travers les flammes en emportant les spoliations et le fruit de leurs rapines.

J'aurais à tous ces faits beaucoup d'autres à ajouter, mais ils suffisent bien pour vous éclairer sur la position affreuse dans laquelle on nous plonge.

Quand soixante et un coupables et leurs compagnons sont impunis et ne tombent pas sous le glaive, douteriez-vous encore qu'il existe une faction qui veut anéantir les droits du peuple? Non, sans doute. Eh bien! puisqu'elle existe, puisque nous la voyons, quels sont les moyens de nous en délivrer? l'insurrection. Oui, l'insurrection; et les Cordeliers ne seront point les derniers à donner le signal qui doit frapper à mort les oppresseurs. (Vifs applaudissements.) . . .

(*Moniteur*, IXX, 629–31)

(118) Anonymous placard of 16 *ventôse an* II—6 March 1794

Sans culotte il est tems fait battre la generalle et sonner le tocsin arme toi et que cela ne soit pas long, car tu voi que lon te pousse à ton dernier soupir, si tu veut me croire il vaut mieux mourir en defendant sa Gloire pour sa patrie que de mourir dans la famine, ou tous les Répresentant cherche à te plonger, mefie toi il est tems, le guerre civile se prepare tu fait un jeu de tout les scelerat qui gouverne soit disant la République, ce sont tous des conspirateurs et tous des marchands de Paris je les denonce, plusieurs de ceux qui vont lire mes deux mot decrit, qui est la pure verité vont dire que je suis un conspirateur par ce que je dis la vérité.

(*Markov & Soboul*, No. 67)

(119) Police report

Club des Cordeliers
Séance permanente du 26 ventôse an II
Présidence de Sandoz

A l'ouverture dela séance, un membre demande que les Cordeliers qui manqueront à une séance, pendant la permanence, soient chassés dela Société. Cette motion est vivement combattue, et rejettée par l'ordre du jour. . . .

On réclamait de toutes parts la lecture dela correspondance, mais il n'étoit rien arrivé. Un membre qui avoit par hasard dans sa poche le dernier rapport de S[t] just, est monté à la tribune, et l'a lu. Cette lecture a occupé pendant une heure les momens dela Societé. On a annoncé ensuite qu'il étoit arrivé chez le Portier des lettres à l'adresse de Vincent. La Société Se les fait apporter, et décide qu'elles seront portées par une députation à l'accusateur public. . . . La Societé qui n'avoit arrêté sa permanence qu'à cause dela detention de plusieurs de ses membres et nul orateur ne parlant sur cet objet, a rapporté cet arrêté; et il n'y aura de séances que les jours ordinaires.

Séance levée à 9 h. 1/2

Observations

Les habituées des Tribunes, celles qui occupent les premiers bancs, ne disoient rien. Elles ne parloient plus d'arracher les détenus à leurs fers. Les autres personnes qui composoient les tribunes disoient hautement que le Pere Duchesne et les autres étoient des scélérats qui méritoient la guillotine. On se réjouissoit d'avance du moment où on les verroit passer. Ces démonstrations de joie sont communes à tout le peuple de Paris, dans les marchés, au coin des rues, partout ontient lemême langage. Ce désir de voir punir des conspirateurs prouve combien le peuple est attaché à la Liberté. On regrette quil ny ait pas de supplice plus rigoureux que celui dela guillotine. On dit qu'il faudroit en inventer un qui les fit longtems souffrir. L'exécration est générale.

Avant-hier quelques personnes prenoient leur défense, mais il sembloit hier qu'on craignît de les supposer innocens.

Du 28 ventôse l'an 2 de la R. F.

Dans la Séance du club des Cordeliers, du 24 ventôse, où Prétot fut arraché de latribune et, chassé de la Salle pour avoir dit qu'Hébert étoit un Scélérat, et où la nouvelle de l'arrestation de Vincent, Ronsin, Hébert, Momoro causa tant de troubles et de clameurs, il fut arrêté que tous les jours de chaque décade, à l'exception des quintidi et des décadi, la Société tiendroit Séance pour aviser aux moyens de Servir leurs freres incarcérés, dans le péril imminent où ils étoient, et pour nommer les députés qui devoient être chargés de faire des démarches, auprès de l'accusateur public du tribunal révolutionnaire, en faveur de leurs freres détenus à la conciergerie En conséquence de cet arrêté la Société des Cordéliers s'assembla avant hier 26 mais ce fut le conseil des rats. L'on y vint tard, l'assemblée fut peu nombreuse; on ne sut, dit-on, sur quoi délibérer, l'on n'y statua rien, et avant neuf heures, la Séance fut levée et chacun se retira. Ceci Justifie le proverbe qui dit: frappez le pasteur, et le troupeau Se dispersera.

On repand sourdement le bruit, que le maire Pache et l'agent national Chaumette ont été mis en etat d'arrestation chez eux ou ils sont Surveillés par des gardes qu'on leur a donnés. Je n'affirmerai rien Sur ce bruit. J'ignore encore S'il est fondé.

L'arrestation d'hérault de Séchelles et de Simon, ou pour mieux dire leur complicité avec les conspirateurs, augmente l'indignation du Peuple contre les Scélérats qui ont voulu le trahir, et Sa confiance dans les comités de Salut public et de Sureté genérale et dans la convention. On n'entend dans tous les lieux publics et particuliers que des bénédictions pour ceux-ci et des imprécations contre les autres. On désire ardemment que tous ceux qui ont eu part à cet infernal complot soient arretés et punis, et on attend avec une grande impatience le jour, où le glaive dela Justice leur abattra la tête. Parmi ceux que le voeu public designe plus particulierement au comité de Sureté générale comme Suspects d'aristocratie et de conspiration (Je ne puis m'empêcher dele rapporter) c'est le ministre dela guerre et Ses bureaux qu'on regarde comme un vrai foyer d'incivisme.

Grivel

(*Markov & Soboul*, No. 69)

(120) A petition to the Cordelier Club

citoyen lorsque lon Fit larestation de marat lami dupeuple vous montrate une grande energie et vous le sauvate de lechafau ou les ennemi de la liberté voulois le mettre au jourdhuy on arrête beaucoup de ses enfans et votre courage parai abatu ce sont hommes du peuple que lintrigue veut encore nous arracher jai se grand Eclersicement a vous metre sous les jeux le prosai de nos bienfêteur est fait avans leurs arrestation l'accusateur public et quelque jure Son dacort pour nous arracher nos surveillant voyez les decres adroit la veille de leurs arrestation qui defant de voir les prisonier les consierge serai-til presen ces pour leur auter les moyens declairer le peuple Sur leur innocence et les discour mansonger de billiau Varenne voyez les mesure prise par robespierre et couton qui navois pas paru depui lontems au jacobin il viene si presenter au moment de ces arestation bien persuade quon les couvriret daplodicement et profiter de cet Entousiasme pour mettre en l'hereur le peuple Sur ses vrais amis.

(*Markov & Soboul*, No. 74)

(121) A denunciation, 28 *ventôse an* II—18 March 1794

Je Soussigné declare que dans la séance dela Societé populaire dela Section dela Republique du 22 dece mois, la motion dene plus accorder de certificats de civisme aux marchands, aux pretres et Ecclésiastiques et aux hommes de confiance a été faite par Gaudet; que cette motion a été appuyée, mise aux voix et adoptée; qu'il a eté arreté en outre qu'elle seroit communiquée aux 47 autres Société Sectionnaires et qu'ayant eté nommé pour la redaction de l'adresse a faire, j'ai refusé; que sur mon refus, Corbin et un autre ont eté nommés Rédacteurs et ont accepté; qu'un instant après Cléry étant venû au nom du Comité Rèvolutionnaire pour faire lecture des demandes de certificats de civisme, il s'eleva une discussion dont je profitai pour faire appercevoir àla Societé qu'elle outrepassoit ses droits en anticipant sur les fonctions des corps constitués; je représentai que les Comités Revolutionnaires etoient seuls compétens pour accorder ou refuser des certificate de civisme; que les Sociétés Sectionnaires n'avoient qu'un avis a donner, quand il lui etoit demandé, mais qu'elles devoient s'en tenir là. J'en pris occasion pour attaquer la motion faite par Corbin de faire rapporter sous huit jours, tous les certificats de civisme délivrés jusqu'alors. Corbin niat qu'il eut fait cette motion. je demandai lecture du procès verbal et il etoit conforme à ceque j'avois avancé.

Et le 25 à la séance de l'assemblée générale dela Section, la motion fut faite et, (je crois arretée) de délivrer des cartouches et des piques aux Citoyens. Je m'elevai contre cette motion dont je représentai l'Inconséquence, je dis entre autres choses.

'Il existe une grande conspiration, elle devoit eclater aujourdhuy ou demain; des lors sans doute tous les postes etoient deja distribués, tous les conjurés etoient à leur poste. à qui remettrés-vous des armes? Dans ce moment ci nous devons nous mefier denos amis, denos voisins. Il existe des traitres partout. Une conjuration aussi grande, aussi immense que celle que les Comités de salut public, et de sureté générale viennent de decouvrir, devoit avoir des ramifications très étendües. Elle en avoit, n'en doutés pas, dans les Sections; delà ces motions incendiaires faites dans les Sociétés populaires depuis quelques jours (*Ici une violente agitation*). Et lorsque le calme fut un peu retabli, je repris la parole. je demande, disje, que si vous tenés toujours afaire delivrer des armes et des cartouches, aumoins la distribution ne S'en fasse qu'en présence du Comité rèvolutionnaire dela Section qui doit avoir quelques idées sur la moralité et les principes des diffèrens Citoyens dela Section'; mais disent plusieurs voix, nous ne demandons des armes quepour les Citoyens domiciliés . . .

'hebert, aije repondu, etoit domicilié . . .

à ce moment, je fus interrompû par de violens murmures; le président se couvrit; on invoqua l'ordre du jour et il fut adopté. . . .

(*Markov & Soboul*, No. 73)

(122) Evidence against the *Hébertistes*

L'an Second dela République française le vingt-Septième jour du mois de ventose heures de dix du matin pardevant

Nous Charles Garny l'un des juges du Tribunal extraordinaire et révolutionnaire, établi parla Loi du 10 mars 1793, . . .

Avons reçu les déclarations desdits Témoins, ainsi qu'il suit:

1° Est comparu étienne Nicolas Fabre agé de quarante quatre ans homme de lettres a Paris y demeurant Rue poupée N° 17 Section de Marat.

Lequel a déclaré qu'il na aucune connoissances personnelles dela disette et de lempêchement darrivages des Subsistances à Paris, mais que le quinze du present étant a l'assemblée de Sa Section il fut Surpris et même indigné d'y entendre faire la motion par un nommé ducrocquet de voiler la déclaration des droits et de Se mettre en insurection quil a pensé Sur le Champ que ce du Crocquet Répétoit un Cathéchisme qu'il avoit mal appris, d'abord parce que ce particulier ci devant perruquier ou coeffeur nétoit pas par lui même en Etat davoir imaginé cette motion et de l'autre, par ce que dans le Cours de Son débit, il employoit presque toujours le mot *violer* pour celui de *voiler*, que le citoyen Wouarmey Et le Citoyen Laboureaux Monterent ensuitte ala Tribune que pour y Conserver la parole, ils affecterent de Ne pas lutter de front cette motion craignant que le President momoro ne leur interdise la parole mais quils cherchèrent alattenuer autant quils purent, que le Citoyen Guespreau voulu aussi parler pour faire un Rapport dont il avoit été chargé Relatif au Beure et aux oeufs mais qu'ils ne put yparvenir. Il fut même fort maltraité par le Président momoro qui lui dit des choses désagréables qui est tout cequ'il adit Savoir.

Lecture faite a persisté et a Signé avec nous L'accusateur public et le greffier. . . .

Est aussi Comparu Jean Baptiste Vingternier agé de vingt-neuf ans Commissaire dupouvoir Executif Rapellé depuis la motion de fabre d'eglantine demeurant a Paris Rue Lepelletier n⁰ 15. Section du Montblanc.

Lequel a déclaré que le Soir du vingt trois au vingt quatre du present Se trouvant au Café Minerve Au coin dela Rue de la loi et du Theatre de la Republique il y fut accosté par trois jeunes citoyens qui chercherent alier Conversation avec lui en lui disant le connoitre et le nommant par Son nom, mais que lui ne connoit pas qu'ils lui dirent que le Connoissant pour bon patriote ils Esperoient qu'il Soutiendroit la Cause dupeuple, que la Compagnie des Canonniers de 1792 étoit Commandée pour aller ala Convention nationale le Lendemain et quils Esperoient que les patriotes ne Souffriroient pas que la Convention fasse tirer Sur le peuple Comme elle en evoit le dessein en Se fesant entourrer dela force armée. que ne connoissant pas ce individus. et ayant une maniere de voir bien differente, il se contenta deleur dire que cenetoit pas la Lendroit pour parler politique, quil falloit Se Rendre aux Sociétés ou aux Sections pour parler ainsi et faire connoitre Ses vues. et les quitta. quele même Soir Sortant du Spectacle étant avec plusieurs de Ses amis il Recontra encore ces mêmes particuliers au Café de foi qu'ils affecterent dele laisser sortir pour attendre qu'il fut Seul pour Renouveller leur Conversation, quils l'aborderent auprès du caffé de Chartres enlui disant lui frapant Sur l'épaule dune Maniere familiere. Eh bien! patriote j'espere que nous ne nous laisserons pas faire par la Convention Çomme ont afait au Champ demars! le quitterent ensuitte enlui donnant la main qu'il fut faire part detout cela et de Son inquiétude aucitoyen Crétien l'un des jurés du tribunal qui letranquilisa en l'instruisant.

Que le Lendemain il Se rendit avec la Compagnie des Canoniers de 1792 Ses amis ala halle aux farines qu'il S'y trouvoit un grand nombre de femmes pour avoir des haricots ou du moins Sous ce pretexte qu'ily entendit de ces femmes Crier d'une maniere assez affectée Contre larestation d'hebert disant qu'il nétoit pas étonnant qu'il yeut tant de monde et quon manquoit de Subsistance parce quon avoit incarceré hebert qui prévoyoit tout, mais que S'il falloit un coup demain on les trouveroit.

quaujourdhuy que cetteaffreuse Conspiration est découverte, il croit devoir nous déclarer quil y a longtems quelle Se tramoit parmi les faux patriotes introduits par Vincent et Ronsin au Bureau dela guerre; qu'ayant Eté Employé dans Ces Bureaux depuis le mois de mars 1793 jusque vers le dix Aout Suivant il yavu les vrais patriotes honnetes et francs Républicains Reculer avec une Sorte de Menagement et même enleur donnant des places ailleurs pour les Ecarter et pour avancer des intrigans que lui en été en quelque Sorte Expulsé un Nommé Perou, Peradou et plusieurs autres patriotes part dela Société des défenseurs dela République titre très Suspects a Vincent: quil a vû protèger le Nommé Sauvigny qui avoit voulu faire assassiné Marat qui avoit dénoncé les dragons dela République dans le tems qu'il en étoit le commandant en chef cidevant chevalier de St. Louis et depuis adjudant General alarmée des Alpes qui etoit la Créature de Gautier amis de vincent. Et second adjoint du Ministre delaguerre que ce gautier afait demême donner le poste de garde magazin de St Etienne a Strasbourg objet précieux à un Nommé Leplaiqueu Borgne et cidevant l'un des vicaires de St Pierre Levieux a Strabourg intrigant et très Connu, qu'il est en état de donner une infinité de détails Sur cette administration Dela guerre Si le Tribunal en a besoin—ce qui est tout ce qu'il a dit Savoir.

Lecture faite a persisté et a Signé avec nous comme dessus après que trois mots ont été Rayés Comme nuls.

(*Markov & Soboul*, No. 71)

(123) Letter of Ducroquet to his wife, 1 *germinal an* II—21 March 1794

Cher thérèse, et vous chers pétits amies, au grande Sir Constance il faut un grand Caracter. Je connoit asé ton courage pour Penser, de tois que tue Prendras le desus, que tue Consolleras mes deux petits. je desir que ma lettre te trouve En bonne Senté, népargneriens pour ton beusoin je ces que tue doit manquer dargent; tue En enpruntras, ou bien tue En Prendras Sur Seului de la chandelle que nous Remétrons avec les cinq mois de mes apointement qui me son dus, dans l'un ou l'autre Ca tufras pour le mieux, tu Ces digne et vertueuse Eppouse nos malheurs, et nos peine pour pouvoir nous mainténirent, Il n'y a que nous qui Savons la Peine que nous avons eue pour Nous Souténire, et èleverent nos Enfans notre via Privée quoi que nous n'eut layons jammais ditte, et bien Connue, par lestime que tous les voisins nous ont témoignés Partout ous nous avons demeuroie chose Bien aissé a prouvér ainsi cher thérèse et tois cher frederic et tois ma petite thérèse que lamour de la patrie vous anime est toujours telle que soit mon sort, tout mon Crime et d'avoir été trop a nimée pour le bonneur de ma patrie et Desiroient voir tous les Citoyens Contemps.

Mes jesper qu'une fois sorty jirois toucher cequ'il m'est du nous Rendrons l'argent que long nous a prêtres je crois que le billiet fait a lordre du Citoyen françois de la Somme de 700 l. est pour le premier ou le 10. d'avril Il n'a pas beusoin d'être inquietter nous lui payerons ainsi qu'à tous ceux a qui nous pourons devoir, tu pouras Remettre au porteur de la Présente une bouteille de Rhum pour mois Comme si tumerepond, tue ne peut pas me donner de detaille parce que sa et deffendu. Je te le Répette donne tois tous Ce qu'ille te faut comme si j'aitai avec tois, je te le Repette de même la manier dont tue tés Conduite ta merité toutes lestime des voisins des cartiers ou nous avons demeuré. Il neu tabandonnerons pas Pour te donner tonnécéssaire.

Bien des complimens a tous mais amies et parans. quand auguste Sourat tu lui dira mil Chose de ma part, qu'il Soye toujours intrepid Deffenceur de la Republique une et indivisible qui neu périra pas ta son adresses par la dernier quil nous a Ecrit, Comme ta position pouroit Pars ta san sy Billité que taurateur et prouverait tetre quelque fois nuisible demende aupres de tois toutes les personnes qui pouroie être utille Pour ta santée.

au Plaisir tendre et cheramie. ainsi que vous mes deux petits Enfans je vous Embrase du mellieur de mon Coeur ton Marie qui n'a jamais devvié de ses principes

de compliment a julie

DUCROQUET

(*Markov & Soboul*, No. 77)

(124) Fouquier—Tinville apostrophizes the accused, 4 *germinal an* II —24 March 1794

Il n'y a point eu de conspiration! . . . N'avez-vous pas formé le projet barbare d'affamer le peuple, organisé une disette factice et redouté dans vos fureurs le retour de l'abondance? . . . N'avez-vous pas, par vos écrits, vos discours et vos manœuvres, tenté d'avilir la représentation nationale, les comités de salut public et de sûreté générale? ... N'avez-vous pas préparé des armes, rassemblé des troupes, enrôlé des conjurés jusque dans les prisons?

Il n'y a point eu de conspiration! ... N'avez vous pas voilé la Déclaration des droits de l'homme, provoqué dans les sections, dans les sociétés, la révolte, sous le nom d'insurrection, affiché des placards pour soulever le peuple et le porter à demander un maître en lui offrant à ce prix l'abondance? ... Ne voit-on pas vos fausses patrouilles préparées pour égorger les gardes, ouvrir les prisons, réunir tous les traîtres, etc.?

Il n'y a point eu de conspiration! ... Vos intelligences avec l'étranger sont-elles donc douteuses lorsque vous employez son langage, ses moyens? ... Ames viles, féroces esclaves, n'est-ce pas pour un maître que vous prépariez tant de crimes?

N'avez-vous pas annoncé ce maître, sous le nom de roi; dans vos discours, dans vos placards, sous le nom d'un Cromwell? dans vos combinaisons, sous le nom d'un grand juge? N'avez-vous pas médité sous quels titres l'on pourrait déguiser un roi, un dictateur, un tyran? ... Infâmes, vous périrez, c'est trop longtemps retarder votre supplice ...

(*Wallon III*, 63–4)

(125) Extract from the last issue of the *Père Duchesne*

Ce ne sont pas seulement les patriotes que l'on veut perdre, c'est la république, foutre. Les feuillans, les brissotins de nouvelle fabrique, en même tems qu'ils répandent le poison du modérantisme, osent blâmer les mesures révolutionnaires qui ont sauvé la liberté; ils minent sous main le gouvernement, afin de s'en emparer. Un comité de salut public, un comité de sûreté-général, composé de philippotins, seroit le chef-d'œuvre de l'aristocratie; bientôt de nouveaux crapauds barbotteroient dans le marais, bientôt recommenceroit un combat meurtrier entre le crime et la vertu. Voilà pourtant ce que certains coquins n'ont pas craint de demander.

Et c'est à la veille du grand coup de peigne, c'est au moment où nos braves guerriers brûlent d'impatience d'exterminer les esclaves des despotes, que l'on jette ainsi des bâtons dans les roues! Oui, foutre, les patriotes ont raison d'exprimer leur indignation, en voyant se former de pareils complots. Il faut sauver la république, et pour la sauver, il faut faire justice de tous les fripons, de tous les intrigans, de tous les conspirateurs.

Braves Sans-Culottes, il ne faut pas jetter le manche après la coignée.

Ceux qui prêchent le modérantisme sont vos plus grands ennemis. Il n'y a plus à reculer, foutre; il faut que la révolution s'achêve. La convention vient de rendre un nouveau décret sur le *maximum*, qui va tuer les accapareurs et ramener l'abondance. La loi qui confisque les biens des hommes suspects, et qui ordonne leur déportation, va oter à tous les ennemis du peuple les moyens de troubler la paix, et purger la république de tous les monstres qui l'empoisonnent.[1] Ainsi, foutre, pour triompher de toutes les cabales et de toutes les intrigues, il faut que tous les vrais républicains continuent d'environner la convention qui travaille d'arrache-pied au bonheur du peuple. Que tous les Sans-Culottes se rallient donc pour la délivrer de tous les traîtres qui conspirent contre la liberté; leur nombre est encore grand; mais, foutre, si les lois révolutionnaires sont exécutées promptement et vigoureusement, ils rentreront tous dans le néant. Je ne saurois trop le répéter: la cause de tous les troubles qui nous agitent, vient de l'indulgence que l'on a mis dans le châtiment des traîtres. Un seul pas en arrière perdroit la république. Jurons donc, foutre, la mort des modérés, comme celle des royalistes et des aristocrates. De l'union, du courage, de la constance, et tous nos ennemis seront à *quia*, foutre.

(*Père Duchesne*, no. 355, 6–8)

(126) *Rapport* of Carnot on replacing the *Conseil exécutif provisoire* by twelve commissions, 12 *germinal an* II—1 April 1794

Représentants du peuple, vous avez déjà créé plusieurs commissions particulières dont les attributions forment autant de démembrements des fonctions ministérielles; je viens aujourd'hui, au nom de votre Comité de salut public, vous proposer l'entière abolition du Conseil exécutif, dont vous avez maintes fois senti que l'existence était incompatible avec le régime républicain.

Une institution créée par les rois pour le gouvernement héréditaire d'un seul, pour le maintien de trois ordres, pour des distinctions et des préjugés, pourrait-elle en effet devenir le régulateur d'un gouvernement représentatif et fondé sur le principe de l'égalité? . . .

The Decree

La Convention nationale, après avoir entendu le rapport de son Comité de salut public, décrète:

ARTICLE 1er.—Le Conseil exécutif est supprimé, ainsi que les six

[1] The decrees of *ventôse* can be seen as a concession to the *Hébertistes* or an attempt to steal their thunder.

ministres qui le composent. Toutes leurs fonctions cesseront au 1er floréal prochain.

Art. 2.—Le ministère sera suppléé par douze commissions, dont l'énumération suit:

1° Commission des administrations civiles, police et tribunaux;
2° Commission de l'instruction publique;
3° Commission de l'agriculture et des arts;
4° Commission du commerce et des approvisionnements;
5° Commission des travaux publics;
6° Commission des secours publics;
7° Commission des transports, postes et messageries;
8° Commission des finances;
9° Commission d'organisation et du mouvement des armées de terre:
10° Commission de la marine et des colonies:
11° Commission des armes, poudres et exploitation de mines;
12° Commission des relations extérieures. . . .

(*Mautouchet*, 283–87)

(127) Decree suppressing the *armée révolutionnaire*, *7 germinal an* II —27 March 1794

La Convention nationale, après avoir entendu le rapport du Comité de salut public, décrète:

Article 1er.—L'armée révolutionnaire est licenciée; les volontaires qui la composent et qui voudront rentrer dans leurs foyers remettront les chevaux, armes et effets d'équipement militaire qui leur ont été fournis par la République. Il leur sera expédié des routes pour se rendre au lieu de leur résidence; les soldes et appointements seront néanmoins payés jusqu'au 1er floréal prochain.

Art. 2.—Ceux qui voudront continuer leur service seront incorporés individuellement et à leur choix dans les anciens cadres d'infanterie et de troupes à cheval dans les diverses armées de la République.

Art. 3.—Il n'est rien innové quant à l'artillerie parisienne attachée à l'armée révolutionnaire, et à son emploi actuel. Elle demeure en réquisition pour le service extraordinaire; et cependant le Conseil exécutif provisoire ne pourra disposer d'aucune de ses parties sans un arrêté particulier du Comité de salut public.

(*Mautouchet*, 278–9)

(128) Address presented to the Convention by the *Société populaire* of the *Section de Brutus* (*floréal*)

Representans Du peuple français.—

Les Sociétés populaires des diffèrentes Sections poursuivies Dans cemoment par une défaveur inattendue, paroissent donner de L'ombrage Et dela sollicitude aux amis dela liberté. on les accuse de faire revivre Et de propager dans leur sein, les principes immoraux Et liberticides dela faction des Cordeliers dont les chefs sont tombés Sous le glaive dela loi, et la portion D'influence qu'elles ont acquises Semble déjà les devouer à L'ostracisme de L'opinion, ces reproches que quelques intriguants, Sans doute, ont voulu attirer aux Sociétés dont ils ont Extorqués les diplomes sont tout-à-fait étranger à la Société populaire de Brutus

Elle a opéré avec Severité Sa régénération, a combattu avec énergie les intriguants; s'est occupée avec constance du bien public, a pris pour modèle la Société mère, Et a toujours regardé la Representation nationale comme son point de ralliement. Loin de partager les projets criminels dela faction impie que vôtre oeil vigilant Et perspicace a Decouvert; Elle Est venue à vôtre Barre vous manifester L'horreur Dont Elle étoit pénetrée Et vous a offert Ses bras et sa vie avant même que vous eussiez levé Sur les conspirateurs votre massue terrible.

Eh bien cette même Société populaire par l'impulsion du Bien qui la dirige vient vous declarer aujourd'huy que Des ce moment elle interrompt le cours deses Séances Et que chaque membre rentrant Dans ses foiers Et ne reparoissant désormais que dans les assemblées Générales, ne s'en occupera pas moins individuellement detout Cequi peut tendre aubonheur de Ses freres. Son institution fut Dictée par le desir dese rallier et de corps et D'esprit pour offrir un rempart inexpugnable à la representation nationale qu'on vouloit avilir, et au Comité de Salut public qu'on vouloit Dissoudre; toujours digne de L'illustre romain Dont Elle a adopté le nom et les Sentimens, Elle Sacrifiera comme lui à la patrie, Ce quelle a de plus cher, Et L'interruption même de Ses Séances Sera un acte éclatant de Son amour, pour l'intérèt public.

mais, nous voulons Representans du peuple vous faire connoitre, avant de quitter vôtre Barre qu'elle Est nôtre Orthodoxie politique sur les Societés Sectionnaires; nous croions que lamasse En Est composée D'hommes purs et integres qui veulent le bien, qui le mettent en pratique, Et Cherchent à l'innoculer dans toutes les Ames; Ces Sentimens nous ont été toujours Si personnels, que nous déposons sur vôtre Bureau, Laliste Des noms et Demeures de tous les Sociétaires, qui composent en masse cette Deputation, afin que S'il vous faut des patriotes dont le Coeur et les bras vous sont devoués, des patriotes toujours Disposés à vous faire respecter et àvous deffendre à lavie Et à la mort vous puissiez les choisir indistinctement dans ce registre—vive la republique

(*Markov & Soboul*, no. 89)

(129) From a session of the Jacobin Club, 6 *thermidor an* II—24 July 1794

. . . *Une citoyenne de la section des Gravilliers* présente cinq pères de famille, qui viennent d'obtenir la liberté qu'ils n'avaient perdue que par une intrigue. Elle déclare que Léonard Bourdon et plusieurs autres individus sont la cause de cette persécution, qui a son principe dans une Société sectionnaire, dite du *Vert-Bois*. Elle donne des éloges à la conduite de Javogues, qui a mis tout son zèle à procurer la liberté à ces malheureux, et à la justice du Comité de sûreté générale, qui a reconnu l'innocence. Elle demande des défenseurs officieux pour faire sortir un grand nombre de pères de famille qui sont encore en prison.

Léonard Bourdon déclare qu'il n'a pas voulu se mêler de l'affaire des citoyens dont on vient de parler, parce qu'il ne la connaissait pas. Quant à la Société du *Vert-Bois*, il prétend qu'elle n'est pas sectionnaire, et qu'elle est composée de patriotes purs, qui se sépareront, si les Jacobins le désirent.

Javogues se plaint de ce que l'on voit accoler les bons patriotes aux aristocrates; c'est ainsi que, dans la section des Gravilliers, on a regardé comme partisans de Jacques Roux les meilleurs sans-culottes; il annonce que l'on exerce dans les départements les persécutions les plus cruelles et que 20,000 patriotes sont incarcérés, sous prétexte qu'ils sont hébertistes; il annonce aussi que, dans la seule commune du district de Villefranche, qui n'a jamais participé au fédéralisme, 300 patriotes sont en fuite. Après avoir fait observer qu'il faut nécessairement détruire le règne des fripons, il demande des défenseurs officieux pour la citoyenne qui a parlé. . . .

(*Aulard*, VI, 241)

D. ROBESPIERRE AND HIS ENEMIES

(130) The decree of 13 *ventôse an* II—3 March 1794

SAINT-JUST lit un projet de décret et la Convention l'adopte en ces termes:

'La Convention nationale, sur le rapport des comités de salut public et de sûreté générale réunis, décrète:

Art. I.—'Toutes les communes de la République dresseront un état des patriotes indigens qu'elles renferment, avec leurs noms, leur âge, leur profession, le nombre et l'âge de leurs enfans. Les directoires du district feront parvenir, dans le plus bref délai, ces états au comité de salut public.

Art. II.—'Lorsque le comité de salut public aura reçu ces états, il fera un rapport sur les moyens d'indemniser tous les malheureux avec les biens des ennemis de la révolution, selon le tableau que le comité de sûreté générale lui en aura présenté, et qui sera rendu public.

Art. III.—'En conséquence le comité de sûreté générale donnera des ordres précis à tous les comités de surveillance de la République, pour que, dans un délai qu'il fixera à chaque district selon son éloignement, ces comités lui fassent passer respectivement les noms, la conduite de tous les détenus depuis le premier mai 1789. Il en sera de même de ceux qui seront détenus par la suite.

Art, IV.—Le comité de sûreté générale joindra une instruction au présent décret pour en faciliter l'exécution'.

La Convention adopte ce décret au milieu des applaudissements.

DANTON. Sans doute nous désirons tous voir mettre à exécution le vaste plan que vient de vous soumettre le comité de salut public; sans doute le moment n'est pas éloigné où l'on ne rencontrera plus un seul infortuné dans toute l'étendue du territoire de la République; mais comme c'est par la jouissance qu'on attache l'homme à sa patrie, je crois qu'il serait bon de faire promptement un essai des grandes vues du comité.

Citoyens, il existe dans la République beaucoup de citoyens qui ont été mutilés en défendant la cause du peuple; ne croyez-vous pas utile de leur accorder des terres aux environs de Paris, et de leur donner des bestiaux, afin de mettre en activité, sous les yeux même de la Convention, cette colonie de patriotes qui ont souffert pour la patrie? Alors, citoyens, tout soldat de la République se dire: 'Si je suis mutilé, si je perds un membre en défendant les droits du peuple, je sais le sort qui m'attend: déjà plusieurs de mes frères jouissent des services qu'ils ont rendus; j'irai grossir leur nombre et bénirai sans cesse les fondateurs de la République.' Je demande que le comité de salut public combine l'idée que je viens de soumettre à l'Assemblée, afin que nous ayons la satisfaction de voir bientôt ceux de nos frères qui ont bien mérité de la patrie en la défendant manger ensemble, et sous nos yeux, à la gamelle patriotique.

On demande à aller aux voix sur le champ.

Sur la proposition d'un membre [DANTON].

'La Convention nationale charge son comité de salut public de lui faire incessamment un rapport sur les moyens de faire jouir les citoyens blessés en défendant la patrie, qui ne possèdent pas une propriété suffisante pour exister, d'une portion de terre nationale assez considérable pour y élever leur famille, et d'indiquer ce qui leur sera indispensable pour former et faire prospérer leur établissement'.

(*AP*, LXXXVI, 23–4)

(131) Decree on *la police générale*, 27 *germinal an* II—16 April 1794

La Convention nationale, après avoir entendu le rapport[1] de ses Comités de sûreté générale et de salut public, décrète ce qui suit:

ARTICLE 1er.—Les prévenus de conspiration seront traduits de tous les points de la République au Tribunal révolutionnaire, à Paris. . . .

ART. 3.—Les commissions populaires seront établies pour le 15 floréal. . . .

ART. 6.—Aucun ex-noble, aucun étranger des pays avec lesquels la République est en guerre ne peut habiter Paris, ni les places fortes, ni les villes maritimes, pendant la guerre. Tout noble ou étranger dans les cas ci-dessus qui y serait trouvé dans dix jours, est mis hors la loi. . . .[2]

ART. 10.—Le Comité de salut public est également autorisé à retenir par réquisition spéciale les ci-devant nobles et les étrangers dont il croira les moyens utiles à la République.

ART. 11.—Les comités révolutionnaires délivreront des ordres de passe. Les individus qui les recevront seront tenus de déclarer le lieu où ils se retirent. Il en sera fait mention dans l'ordre.

ART. 12.—Les comités révolutionnaires tiendront registre de tous les ordres de passe qu'ils délivreront, et feront passer un extrait de ce registre chaque jour aux Comités de salut public et de sûreté générale.

[1] The *rapporteur* was Saint-Just.

[2] On 28 *germinal* the Convention decreed the following additional articles:

ART. 1.—Sont exceptés de la loi des 26 et 27 de ce mois les étrangers domiciliés en France depuis vingt ans et ceux qui, y étant domiciliés depuis six ans seulement, ont épousé une Française non noble.

ART. 2.—Sont assimilés aux nobles et compris dans la même loi ceux qui, sans être nobles suivant les idées ou les règles de l'ancien régime, ont usurpé ou acheté les titres ou les privilèges de la noblesse, et ceux qui auraient plaidé ou fabriqué de faux titres pour se les faire attribuer.

ART. 13.—Les ci-devant nobles et les étrangers compris dans le présent décret seront tenus de faire viser leur ordre de passe, au moment de leur arrivée, par la municipalité dans l'étendue de laquelle ils se retireront; ils seront également tenus de se représenter tous les jours à la municipalité de leur résidence.

ART. 14.—Les municipalités seront tenues d'adresser sans délai aux Comités de salut public et de sûreté générale la liste de tous les ci-devant nobles et des étrangers demeurant dans leur arrondissement, et de tous ceux qui s'y retireront.

ART. 15.—Les ci-devant nobles et étrangers ne pourront être admis dans les sociétés populaires et comités de surveillance, ni dans les assemblées de communes ou de sections.

ART. 16.—Le séjour de Paris, des places fortes, des villes maritimes, est interdit aux généraux qui n'y sont point en activité de service.

ART. 22.—Les réquisitions sont interdites à tous autres que la Commission des subsistances et les représentants du peuple près les armées, sans l'autorisation expresse du Comité de salut public.

ART. 23.—Si celui qui sera convaincu désormais de s'être plaint de la Révolution vivait sans rien faire et n'était ni sexagénaire ni infirme, il sera déporté à la Guyane. Ces sortes d'affaires seront jugées par les commissions populaires.

ART. 24.—Le Comité de salut public encouragera par des indemnités et des récompenses les fabriques, l'exploitation des mines, les manufactures, le dessèchement des marais. Il protégera l'industrie, la confiance entre ceux qui commercent; il fera des avances aux négociants patriotes qui offriront des approvisionnements au *maximum*.

ART. 25.—La Convention nationale nommera dans son sein deux commissions, chacune de trois membres: l'une, chargée de rédiger en un code succinct et complet les lois qui ont été rendues jusqu'à ce jour, en supprimant celles qui sont devenues confuses; l'autre commission sera chargée de rédiger un corps d'institutions civiles propres à conserver les mœurs et l'esprit de la liberté. Ces commissions feront leur rapport dans un mois.

ART. 26.—Le présent décret sera proclamé dès demain à Paris, et son insertion au *Bulletin* tiendra lieu de publication dans les départements.

(*Mautouchet*, 291–4)

(132) Barère, Saint-Just and the nobility: extracts from the *mémoires* of Barère.

Saint-Just propose de faire travailler les nobles aux grandes routes.

Saint-Just avait, en effet, un tel flegme que, vers cette époque, il vint un soir proposer au Comité un étrange moyen de terminer promptement la lutte de la révolution contre les nobles suspects et détenus. Voici quelles furent ses expressions: 'Il y a mille ans que la noblesse opprime le peuple français par des exactions et des vexations féodales de tout genre: la féodalité et la noblesse n'existent plus; vous avez besoin de faire réparer les routes des départements frontières pour la passage de l'artillerie, des convois, des transports de nos armées: ordonnez que les nobles détenus iront par corvée travailler tous les jours à la réparation des grandes routes.'

Il faut dire la vérité, et rendre justice à qui il appartient: quand cet écrit paraîtra, ce sera sur mon tombeau; je ne serai pas suspect de mensonge ni de flatterie à cette époque, où vraisemblablement il ne restera personne du Comité de salut public. Eh bien! quand Saint-Just eut fini, il n'y eut parmi nous tous qu'un mouvement d'indignation silencieuse auquel succéda la demande unanime de l'ordre du jour. Je crus devoir stipuler pour le caractère national, en disant à Saint-Just et au Comité que nos mœurs répugneraient à un tel genre de supplice appliqué aux détenus, quand même la loi le prononcerait; que la noblesse peut bien être abolie par les lois politiques, mais que les nobles conservent toujours dans la masse du peuple un rang d'opinion, une distinction due à l'éducation, et qui ne nous permet pas d'agir à Paris comme Marius agissait à Rome.

J'amortis les effets de la loi du 21[1] germinal contre les nobles. —Registre des réquisitions.

. . . Lorsque la loi du 21 germinal an II (mars 1794) vint frapper tous les nobles qui se trouvaient dans Paris, et les força d'en sortir dans un court délai pour aller se mettre en surveillance dans les communes environnantes, le Comité, sur ma demande accompagnée de plus de cent pétitions, adoucit l'effet de cette dure injonction, en mettant en réquisition les individus nobles qui pouvaient être utiles aux administrations, à l'instruction publique, aux académies, aux sciences, aux lettres et aux arts.—Je fis établir en conséquence un grand registre dans une des salles

[1] The decree was of 27 not 21 *germinal.*

du Comité, et j'expédiai plus de six mille réquisitions individuelles pour les causes les plus légères et pour des motifs d'utilité quelconque. Ce registre existe encore dans les archives du Comité de salut public, qui ont été déposées dans la grande collection que M. Daunou surveille et dirige à l'hôtel de Soubise. . . .

Le bourgeois parisien qui veut absolument être noble et banni de Paris.

Au milieu de ces dispositions sévères prises contre les nobles, il se passa dans mon audience, rue Saint-Honoré, hôtel de Savalette, une scène que les auteurs comiques auraient pu revendiquer. Un bon Parisien du Marais, fils d'un échevin de la ville de Paris, vint me consulter pour savoir s'il devait quitter la capitale et aller se placer en surveillance à Passy. Je lui répondis que sa noblesse n'était pas cette noblesse féodale qui avait tout perdu à la Révolution, et sur qui tombaient les soupçons du législateur. Mais le bourgeois du Marais insiste pour être compris dans la loi. J'insiste à mon tour pour qu'il reste à Paris avec sa famille, en lui répétant que sa noblesse toute moderne n'est pas le moins du monde menacée. Alors le fils de l'échevin de Paris se fâche devant une assemblée assez nombreuse; il parle haut; il dit qu'il est aussi noble que tout autre noble de France; que l'échevinage donne une noblesse reconnue et transmissible. Dans l'intention de le calmer, et feignant d'adopter la légitimité de son orgueil aristocratique assez intempestif, j'offre de lui donner une réquisition comme noble et lettré autorisé à rester à Paris.—'Non monsieur, reprend-il, je ne suis point homme de lettres. Je suis fils d'un échevin de la ville de Paris, je dois sortir, et je sortirai d'après la loi.' Il se retira fort en courroux.

Accusation de Saint-Just contre moi.

C'est le vice inhérent aux mauvaises lois et surtout aux lois pénales dénuées de motifs et atteignant un grand nombre d'individus non coupables, de frapper de nullité leurs propres dispositions.—Saint-Just ne le comprit pas. Il s'en prit à moi et m'accusa d'avoir mis en réquisition les parents de plusieurs émigrés, tandis que la loi les punissait dans leurs biens et par la suspicion.—Le Comité parut affecté de ce reproche et demanda que Saint-Just s'expliquât et nommât des parents d'émigrés; il en cita plusieurs, mais ils nous étaient inconnus à tous. Il nomma ensuite mademoiselle d'Avisard de Toulouse, dont le père était à l'étranger. Ici je répondis que le sort de cette aimable personne, âgée de seize ans, et obligée par les terribles lois contre les émigrés de subsister à Paris du travail de ses mains, puis-qu'elle était occupée à faire des guêtres pour les soldats de nos bataillons, était au plus haut degré digne de compassion et d'intérêt. J'avais connu, à Toulouse, sa famille, une des plus distinguées du Parlement, et j'ajoutai qu'aux yeux de tout homme qui avait connu le Languedoc, le nom de son grandpère, M. Riquet de Bonrepos, copropriétaire du célèbre canal du Languedoc, et magistrat recommandable, devait être un titre de sollicitude et de protection spéciale pour sa petite-fille; cette explication fut jugée suffisante par le Comité de salut public. Il vit bien que ce n'était là qu'une mauvaise récrimination de Saint-Just, appuyée par la présence de Robespierre.

(*Barère*, II, 175–80)

(133) Decree recognizing the Supreme Being 18 *floréal an* II—7 May 1794

Art. 1er. Le peuple français reconnaît l'existence de l'Etre-Suprême et l'immortalité de l'âme.

2. Il reconnaît que le culte digne de l'Etre-Suprême est la pratique des devoirs de l'homme.

3. Il met au premier rang de ces devoirs de détester la mauvaise foi et la tyrannie, de punir les tyrans et les traîtres, de secourir les malheureux, des respecter les faibles, de défendre les opprimés, de faire aux autres tout le bien qu'on peut, et de n'être injuste envers personne.

4. Il sera institué des fêtes pour rappeler l'homme à la pensée de la Divinité et à la dignité de son être.

5. Elles emprunteront leurs noms des événemens glorieux de notre révolution, des vertus les plus chères et les plus utiles à l'homme, des plus grands bienfaits de la nature.

6. La République française célébrera tous les ans les fêtes du 14 juillet 1789, du 10 août 1792, du 21 janvier 1793 du 31 mai 1793.

7. Elle célébrera aux jours de décadis les fêtes dont l'énumération suit:

A l'Etre-Suprême et à la Nature.—Au Genre humain.—Au Peuple français.—Aux Bienfaiteurs de l'humanité.—Aux Martyrs de la liberté. —A la Liberté et à l'Égalité.—A la République.—A la Liberté du monde.—A l'Amour de la patrie.—A la Haine des tyrans et des traîtres.—A la Vérité.—A la Justice.—A la Pudeur.—A la Gloire et à l'Immortalité.—A l'Amitié.— A la Frugalité.—Au Courage.—A la Bonne Foi.—A l'Héroïsme.—Au Désintéressement.—Au Stoïcisme.—

A l'Amour.—A la Foi conjugale.—A l'Amour paternel.—A la Tendresse maternelle.—A la Piété filiale.—A l'Enfance.—A la Jeunesse.—A l'Age viril.—A la Vieillesse.—Au Malheur.—A l'Agriculture.—A l'Industrie.—A nos Aïeux.—A la Postérité.—Au Bonheur.

8. Les comités de salut public et d'instruction publique sont chargés de présenter un plan d'organisation de ces fêtes.

9. La Convention nationale appelle tous les talens dignes de servir la cause de l'humanité à l'honneur de concourir à leur établissement par des hymnes et des chants civiques, et par tous les moyens qui peuvent contribuer à leur embellissement et à leur utilité.

10. Le comité de salut public distinguera les ouvrages qui lui paraîtront les plus propres à remplir ces objets, et en récompensera les auteurs.

11. La liberté des cultes est maintenue, conformément au décret du 18 frimaire.

12. Tout rassemblement aristocratique et contraire à l'ordre public sera réprimé.

13. En cas de troubles dont un culte quelconque serait l'occasion ou le motif, ceux qui les exciteraient par des prédications fanatiques, ou par des insinuations contre-révolutionnaires, ceux qui les provoqueraient par des violences injustes et gratuites, seront également punis selon la rigueur des lois.

14. Il sera fait un rapport particulier sur les dispositions de détail relatives au présent décret.

15. Il sera célébré, le 2 prairial prochain, une fête en l'honneur de l'Etre-Suprème.

(*Buchez*, XXXII, 379–81)

(134) The Committee of Public Safety to Saint-Just, *représentant* with the Armée du Nord, 6 *prairial an* II—25 May 1794

La liberté est exposée à de nouveaux dangers. Les factions se réveillent avec un caractère plus alarmant que jamais. Les rassemblemens pour le beurre, plus nombreux et plus turbulens que jamais, lorsqu'ils ont le moins de prétextes, une insurrection dans les prisons, qui devait éclater hier, les intrigues qui se manifestèrent au temps d'Hébert, sont combinés avec les assassinats tentés à plusieurs reprises contre les membres du comité de Salut Public; les restes des factions ou plutôt les factions toujours vivantes redoublent d'audace et de perfidie. On craint un soulèvement aristocratique, fatal à la liberté. Le plus grand des périls qui la menacent est à Paris. Le Comité a besoin de réunir les lumières et l'énergie de tous ses membres. Calcule si l'armée du Nord, que tu as puissamment contribué à mettre sur le chemin de la victoire, peut se passer quelques jours de ta présence. Nous te remplacerons, jusqu'à ce que tu y retournes, par un représentant patriote.

ROBESPIERRE, PRIEUR, CARNOT, BILLAUD-VARENNE, BARÈRE.

(*Robespierre*, CDX)

(135) From the debate in the Convention on the decree of 22 *prairial*

RUAMPS: Ce décret est important; j'en demande l'impression et l'ajournement. S'il était adopté sans l'ajournement, je me brûlerais la cervelle.

LECOINTRE (de Versailles): J'appuie l'ajournement indéfini que l'on demande.

BARERE: Ce n'est pas sans doute un ajournement indéfini que l'on demande.

Quelques voix: Non, non!

BARERE: Lorsqu'on propose une loi toute en faveur des patriotes, et qui assure la punition prompte des conspirateurs, les législateurs ne peuvent avoir qu'un vœu unanime. Je demande qu'au moins l'ajournement ne passe pas trois jours.

LECOINTRE (de Versailles): Nous ne demandons que l'ajournement à deux jours.

ROBESPIERRE: Il n'est pas de circonstance si délicate, il n'est pas de situation si embarrassante où l'on veuille mettre les défenseurs de la liberté, qui puissent les condamner à dissimuler la vérité. Je dirai donc que, quoique la liberté de demander un ajournement soit incontestable, quoiqu'on la couvre de motifs spécieux peut-être, cependant elle n'en compromettrait pas moins évidemment le salut de la patrie.

Deux opinions fortement prononcées se manifestent dans la république, citoyens: l'une est celle qui tend à punir d'une manière sévère et inévitable les crimes commis contre la liberté; c'est l'opinion de ceux qui sont effrayés de l'obstination coupable avec laquelle on cherche à ranimer les anciens complots, et à en inventer de nouveaux en raison des efforts que font les représentants du peuple pour les étouffer.

L'autre est cette opinion lâche et criminelle de l'aristocratie, qui, depuis le commencement de la révolution n'a cessé de demander, soit directement, soit indirectement, une amnistie pour les conspirateurs et les ennemis de la patrie.

Depuis deux mois vous avez demandé au comité de salut public une loi plus étendue que celle qu'il vous présente aujourd'hui. Depuis deux mois la Convention nationale est sous le glaive des assassins; et le moment où la liberté paraît obtenir un triomphe éclatant est celui où les ennemis de la patrie conspirent avec plus d'audace. Depuis plus de deux mois le tribunal révolutionnaire vous dénonce les entraves qui arrêtent la marche de la justice nationale. La république entière vous dénonce de nouvelles conspirations et cette multitude innombrable d'agents étrangers qui abondent sur sa surface: c'est dans cette circonstance que le comité de salut public vous présente le projet de loi dont vous venez d'entendre la lecture. Qu'on l'examine cette loi, et au premier aspect on verra qu'elle ne renferme aucune disposition qui ne soit adoptée d'avance par tous les amis de la liberté; qu'il n'y en a pas un article qui ne soit fondé sur la justice et la raison; qu'il n'est aucune de ses parties qui ne soit rédigée pour le salut des patriotes et pour la terreur de l'aristocratie, conjurée contre la liberté.

De plus, il n'est personne qui ne sache qu'à chaque séance le tribunal révolutionnaire passe quelques heures sans pouvoir remplir ses fonctions, parce que le nombre des jurés n'est pas complet. Nous venons vous proposer de compléter ce nombre; nous venons vous proposer de réformer deux ou trois abus reconnus dans l'institution de ce tribunal et dénoncés de toutes parts; et on nous arrête par un ajournement! Je soutiens qu'il n'est personne ici qui ne soit en état de prononcer sur cette loi aussi facilement que sur tant d'autres de la plus grande importance, qui ont été adoptées avec enthousiasme par la Convention nationale. Pourquoi fais-je ces réflexions?

Est-ce pour empêcher l'ajournement! Non. J'ai uniquement voulu rendre hommage à la vérité, avertir la Convention des dangers qu'elle court. Car, soyez-en sûrs, citoyens, partout où il s'établit un signe de démarcation, partout où il se prononce une division, là il y a quelque chose qui tient au salut de la patrie. Il n'est pas naturel qu'il y ait une séparation entre des hommes également épris de l'amour du bien public. (On applaudit) Il n'est pas naturel qu'il s'élève une sorte de coalition contre le gouvernement qui se dévoue pour le salut de la patrie. Citoyens, on veut vous diviser (*Non, non!* s'écrie-t-on de toutes parts, *on ne nous divisera pas!*) Citoyens, on veut vous épouvanter. Eh bien, qu'on se rappelle que c'est nous qui avons défendu une partie de cette assemblée contre les poignards que la scélératesse et un faux zèle voulaient aiguiser contre vous. Nous nous exposons aux assassins particuliers pour poursuivre les assassins publics. Nous voulons bien mourir, mais que la Convention et la patrie soient sauvées! (Vifs applaudissements.) Nous braverons les insinuations perfides par lesquelles on voudrait taxer de sévérité outrée les mesures que prescrit l'intérêt public. Cette sévérité n'est redoutable que pour les conspirateurs, que pour les ennemis de la liberté. (Applaudissements).

BOURDON (de l'Oise): Il y a dans la discussion qui vient de s'élever un point autour duquel tous les esprits se rallieront. Dans son discours Robespierre nous a dit qu'il manquait de jurés. Eh bien, comme aucun de nous ne veut ralentir la marche de la justice nationale, ni exposer la liberté publique, divisons la proposition: adoptons la liste que nous présente le comité pour compléter le nombre des juges et des jurés, et ajournons le reste.

ROBESPIERRE: Je demande que le projet soit discuté article par article et séance tenante. Je motive ma demande en un seul mot: d'abord cette loi n'est ni plus obscure, ni plus compliquée que celles que le comité vous a déjà soumises pour le salut de la patrie. J'observe d'ailleurs que depuis longtemps la Convention nationale discute et décrète sur-le-champ, parce que depuis longtemps elle n'est plus asservie à l'empire des factions, parce que depuis longtemps il y a dans sa très-grande majorité un assentiment prononcé pour le bien public. (Vifs applaudissements.) . . .

Je demande que, sans s'arrêter à la proposition de l'ajournement, la Convention discute, jusqu'à neuf heures du soir s'il le faut, le projet de loi qui lui est soumis. (Vifs applaudissements.)

La proposition de Robespierre est décrétée.

From the Session of 23 *prairial*

BOURDON (de l'Oise): Malgré l'aigreur qui s'est mêlée dans la discussion qui a eu lieu hier sur un décret relatif au tribunal révolutionnaire, il n'en faut pas moins revenir au principe. Je ne crois pas que la Convention nationale, en restreignant à la Convention, aux comités de salut public et de sûreté générale, et à l'accusateur public, le droit de traduire les citoyens au tribunal révolutionnaire, et en dérogeant aux lois précédentes qui ne concorderaient pas avec le présent décret, la Convention, dis-je, n'a pas entendu que le pouvoir des comités s'étendrait sur les membres de la Convention sans un décret préalable. (*Non, non!* s'écrie-t-on de toutes parts.) Je m'attendais à ces heureux murmures; ils annoncent que la liberté est impérissable. Décrétons que les comités feront, comme par le passé, des arrestations provisoires, mais que les représentants du peuple arrêtés ne pourront être traduits au tribunal révolutionnaire qu'après que la Convention aura porté contre eux le décret d'accusation.

Delbret: Le rapport que vient de faire Dubarran, au nom du comité de sûreté générale, prouve assez quelles étaient les intentions des comités. Il n'était question que de savoir si un suppléant serait admis parmi les représentants du peuple; cependant les comités n'ont pas cru pouvoir le rejeter sans l'assentiment de la Convention. Bourdon n'avait donc pas le droit de se défier des intentions des comités.

Bourdon (de l'Oise): Il est étonnant qu'après avoir entendu les murmures par lesquels on a rendu hommage aux principes on dise que j'ai injurié les comités. Le but de ma proposition était que les comités continuassent de faire des arrestations provisoires, qui ont été si utiles à la république, et qui le seront encore; mais que la Convention exprimât formellement dans un décret qu'elle seule a le droit d'envoyer un de ses membres au tribunal révolutionnaire. Nos lois ne peuvent pas être trop bien rédigées, quand de leur rédaction dépend la liberté publique. J'insiste pour que ma proposition soit mise aux voix.

Bernard: De la sûreté et de la tranquillité de la Convention nationale dépendent essentiellement la sûreté et la tranquillité publiques. Si l'on eût donné seulement aux comités le droit de traduire au tribunal révolutionnaire, il n'y aurait peut-être pas eu de réclamation; mais lisez le décret et vous verrez que ce droit est accordé aux députés en mission et à l'accusateur public. Or qui de nous peut concevoir qu'un représentant du peuple puisse être traduit au tribunal révolutionnaire par l'accusateur public? Il y a une loi qui porte qu'il faut un décret préalable, mais elle semble être abrogée par l'article du décret rendu hier, où il est dit que la Convention déroge à toutes les lois précédemment rendues qui ne concorderaient pas avec le présent décret. J'ajoute que nous avons si peu lieu de suspecter les intentions des comités qu'un de nos collègues vient de conférer sur cet objet avec le rapporteur et avec Robespierre; tous les deux lui ont dit que le comité n'avait pas entendu rien innover sur ce qui concerne les députés à la Convention. Au surplus, pour lever tout doute, je demande que la proposition de Bourdon soit décrétée.

On demande à aller aux voix.

Merlin (de Douai): Je demande la question préalable avec un considérant. (On murmure.) La Convention n'a pu se dépouiller du droit qu'elle a qu'aucun de ses membres ne soit traduit devant le tribunal révolutionnaire sans y avoir donné son assentiment. Ce droit est inaliénable. Le jury qui doit prononcer s'il y a lieu à accusation contre un représentant du peuple, c'est la Convention. Voilà comme je demande que soit motivée la question préalable.

La proposition de Merlin est adoptée.

BOURDON (de l'Oise): Je demande que Merlin rédige sa proposition, et que la rédaction en soit lue sur-le-champ à la Convention.

Merlin (de Douai) présente la rédaction de sa proposition.

Elle est adoptée en ces termes:

'La Convention nationale, sur la proposition d'un membre, tendant à ce qu'il soit décrété que, par le décret d'hier, concernant le tribunal révolutionnaire, elle n'a pas entendu déroger aux lois qui défendent de traduire an tribunal révolutionnaire aucun représentant du peuple sans qu'au préalable il ait été rendu contre lui un décret d'accusation;

Considérant que le droit exclusif de la représentation nationale de décréter ses membres d'accusation et de les faire mettre en jugement est un droit inaliénable,

Décrète qu'il n'y a pas lieu à délibérer.'

(*Moniteur*, XX, 697–700)

(136) Extract from the memoirs of Barrère.

Les Comités de salut public et de sûreté générale attaquent la loi du 22 prairial.

Dans plusieurs séances du soir, les deux comités se réunirent pour aviser aux moyens de faire révoquer la loi du 22 prairial. Après plusieurs conférences, qui se tinrent dans le mois de messidor, ils appelèrent dans leur sein Robespierre et Saint-Just pour les forcer à faire révoquer eux-mèmes cette loi, résultat d'une combinaison inconnue à tous les autres membres du gouvernement. Cette séance fut très orageuse; Vadier et Moïse Bayle furent ceux qui, parmi les membres du Comité de sûreté générale, attaquèrent la loi et ses auteurs avec le plus de force et d'indignation. Quant au Comité de salut public, il déclara qu'il n'y avait eu aucune part, et qu'il la désavouait pleinement. Tous étaient d'accord de la faire révoquer dès le lendemain; et c'est après cette décision que Robespierre et Saint-Just déclarèrent qu'ils en référeraient à l'opinion publique, qu'ils voyaient bien qu'il y avait un parti formé pour assurer l'impunité aux ennemis du peuple, et pour perdre ainsi les plus ardents amis de la liberté, mais qu'ils sauraient bien prémunir les bons citoyens contre les manœuvres combinées par les deux comités de gouvernement. Ils se retirèrent en proférant des menaces contre les membres du Comité: Carnot, entre autres, fut traité par Saint-Just d'aristocrate et menacé d'être dénoncé à l'Assemblée. Ce fut comme une déclaration de guerre entre les deux comités et le triumvirat.

(*Barère*, II, 205–6)

(137) Letter of Payan, *agent national* of Paris, to Robespierre, 9 *messidor an* II—27 June 1794

Il propose au Comité de Salut public de présenter un imposant rapport propre à faire oublier celui du Comite de sûreté générale et à rejeter sur le gouvernement toute la confiance que le rapport sur Catherine Théot a fait perdre au Comité de Sûreté générale. Plusieurs membres de ce Comité se plaignent du gouvernement, ils font tout avec légèreté. Il vaudrait mieux des hommes de talents médiocres et qui se laisseraient guider par le gouvernement que des hommes de génie car dans ce cas il y aurait deux centres, de là un frottement perpétuel entre eux. La jalousie du Comité de sûreté générale a fait adopter le rapport de Vadier qui est le fruit d'une intrigue contre-révolutionnaire. Il faut, dans un grand rapport, attaquer le fanatisme, faire disparaître les dénominations de la superstition, organiser les fêtes publiques, attaquer ceux qui ont essayé de pervertir la morale publique, renverser Bourdon et ses complices. 'Craignez qu'en mettant un long intervalle entre la séance où ils s'élevèrent contre le gouvernement et le moment que l'on choisira pour les dénoncer, le rapport qui sera fait alors produise moins d'effet et qu'il ait moins de partisans. . . . Vous ne pouvez choisir de circonstances plus favorables pour frapper tous les conspirateurs; que les fonctionnaires publics, responsables, soient dirigés par vous, qu'ils servent à centraliser, à uniformiser l'opinion publique, c'est-à-dire le gouvernement moral, tandis que vous n'avez centralisé que le gouvernement physique, le gouvernement matériel.'

(*Robespierre*, CDXLIII)

(138) Police report on Tallien and Bourdon de l'Oise, 19 *Messidor an* II—7 July 1794[1]

du 19 messidor l'an 2ᵉ de la République Une et Indivisible.

Le citoyen Tallien est entré à la Convention nationale le 17 court, à 1 heur 3/4 et en est sorti avant la fin de la séance à 2 heures et demi, a traversé la place du Carouzel et l'hotel cy devant de Longueville avec un citoyen qui l'acosta dans la grande cour du Palais National, il s'est arreté à différentes reprises avec ce citoyen, toujours causant avec lui et regardant de côté et d'autre, et même s'arretant court pour se retourner tout à fait; est entré seul rue St Thomas du Louvre maison de l'union meublée N° 237 ou demeurent deux Députés de la Guadeloupe, à 3 heures; s'y est arreté jusqu'à 6 heures 1/4, en est sorti avec un citoyen

[1] It is not known whether this report was intended for the *Bureau de Police* or the Committee of General Security.

qui avoit ses cheveux coupés en rond, taille d'environ 3 pieds 5 pouces en habit de Camelot et pantalon de drap vert, est allé au theatre de la République, en est sorti seul à 8 heures et demi, a fait deux tours dans la grande allée du Jardin Egalité, en est sorti par un passage sous les galeries, passage qui s'est trouvé engorgé de citoyens au moment où nous le suivions, ce qui nous a empeché de pouvoir le rejoindre.

Bourdon de l'Oise est sorti de la Convention après la séance, s'est promené dans le Jardin National jusqu'à 3 heures avec 5 citoyens que nous ne connaissons pas, de là sont allés diner rue Honoré N° 58 maison des cy-devant feuillants, ces citoyens en sont sortis à 5 heures et demi, mans le citoyen B. . . . de l'O . . . n'en était pas encore sorti à 6 heures (avant hier 17 cour.).

Th. est resté jusqu'à la fin de la séance, il est sorti de la salle avec 3 citoyens, que nous avons présumé être des campagnards, à juger par leurs habillements, ils sont allés chez lui, et y sont restés jusqu'à 6 heures, mais le citoyen Th. n'étoit pas ressorti à 8 heures.

(*AHRF*, 1959, 271–2)

(139) Letters of Fouché on the eve of 9 *thermidor*

(a) To his sister (undated)

'Je dois vous tranquilliser sur deux points. Premièrement, notre petite va mieux et, en second lieu, je n'ai rien à redouter des calomnies de Maximilien Robespierre. La Société des Jacobins m'a invité à venir me justifier à sa séance; je ne m'y suis point rendu parce que Robespierre y règne en maître. Cette Société est devenue son tribunal. Dans peu vous apprendrez l'issue de cet événement qui, j'espère, tournera au profit de la République. Adieu, portez-vous bien. Mille embrassements.

F.'

(b) To his brother-in-law, 5 *thermidor an* II—23 July 1794

'Frère et ami,

'Sois tranquille, le patriotisme triomphera de la tyrannie & de toutes ces passions viles et méprisables qui se liguent pour l'acharner. Encore quelques jours, les fripons et les scélérats seront connus et l'entreprise des hommes probes sera triomphante. Aujourd'hui peut-être, nous verrons les traîtres démasqués. Adieu, je t'embrasse de tout mon cœur. Notre petite est toujours dans un état inquiétant. Mille embrassements à notre mère & à tous nos anciens'.

(*AHRF*, 1962, 366–8)

(140) Durand-Maillane's account of the Conspiracy against Robespierre

CEPENDANT le regne de la terreur approchait de son terme. Robespierre était devenu insupportable à ses propres complices. Les membres des comités étaient en rivalité de puissance avec lui, et craignaient d'être tôt ou tard ses victimes. Dans la Convention chacun gémissait de sa tyrannie, sans que personne osât l'attaquer. Mais Robespierre donna bientôt le courage du désespoir à Tallien, à Bourdon-de-l'Oise, à Legendre, Le Cointre, etc., auxquels, par ses discours et ses démarches, il fit redouter le sort de Danton et de Lacroix. Tout tyran qui menace et ne frappe pas, est frappé lui-même. Tallien, Bourdon et deux ou trois autres montagnards menacés ne dormirent plus, et, pour se mettre en défense, ils conspirèrent contre lui. Mais comment s'y prendre pour le renverser? Robespierre dirigeait toutes les autorités de Paris, tous les agitateurs des clubs, et comptait parmi ses partisans dévoués le commandant de la force armée, Henriot. Un décret seul de la Convention pouvait abattre ce colosse; car rien n'est plus puissant que la force morale dans une guerre d'opinions. Mais autre embarras: le côté, droit plus nombreux en suffrages, était et devait être moins ami des montagnards menacés, qui avaient souvent demandé leur arrestation et leur accusation même, que de Robespierre qui les avait constamment protégés, sans doute pour se faire d'eux un rempart en cas de besoin. Cependant comme il n'existait point d'autre moyen, les montagnards recoururent à nous. Des émissaires nous abordèrent de leur part. Ils s'adressèrent à Palasne-Champeaux, à Boissy-d'Anglas et à moi, tous trois constituans, et dont l'exemple devait entraîner les autres. Ils mirent en usage tout ce qui était capable de nous déterminer. . . . Renvoyés une fois, ils revinrent aussitôt à la charge; nous cédâmes à la troisième fois. Il n'était pas possible de voir plus long-temps tomber soixante, quatre-vingts têtes par jour sans horreur. Le décret salutaire ne tenait qu'à notre adhésion; nous la donnâmes, et, dès ce moment, les fers furent au feu.

Le 9 thermidor, quelques momens avant la fameuse séance, Bourdon-de-l'Oise me rencontra dans la galerie, me toucha la main en disant: *Oh! les braves gens que les gens du côté droit*; je monte à la salle de la Liberté, je m'y promène un instant avec Rovère, Tallien nous aborde, mais aussitôt il voit Saint-Just à la tribune, et nous quitte en disant: *Voilà Saint-Just à la tribune, il faut en finir*; nous le suivons, et nous l'entendons de sa place, du haut de la montagne, interrompre vivement Saint-Just et commencer l'attaque. La scène ainsi engagée, Billaud-Varenne succède à Tallien, et parle encore plus fortement que lui.

Robespierre monte à la tribune pour défendre Saint-Just; on n'entend plus que les mots *à bas le tyran! Son arrestation!* Comme la montagne s'agitait seule encore, Robespierre se tourne vers nous et nous dit: *Députés du côté droit, hommes probes, hommes vertueux, donnez-moi la parole que les assassins me refusent.* Il espérait cette récompense de sa protection envers nous. Mais notre parti était pris; point de réponse et grand silence jusqu'à la délibération pour le décret d'arrestation de Robespierre et de ses complices, auquel nous donnâmes tous notre suffrage, ce qui rendit la délibération unanime.

(*Durand-Maillane*, 198–200)

(141) Barrère's account of a joint meeting of the *comité's de gouvernement*, probably 5 *thermidor an* II—23 July 1794

. . . Saint-Just et Robespierre demandèrent une assemblée extraordinaire pour des propositions essentielles et qui exigeaient la réunion des deux Comités de salut public et de sûreté générale.—La séance s'ouvrit à dix heures du matin.—Robespierre propose d'abord l'établissement de quatre tribunaux révolutionnaires. Cette proposition indigne tout le monde: mais on écoute l'orateur; on ne fait ressortir que les principales raisons qui s'opposent à de si terribles mesures. Cependant, pour connaître toute sa pensée et ses projets ultérieurs, on demande si c'est à ce plan d'établissement pénal que doivent se borner les délibérations.

Pressés dans leurs retranchements, Lebas et Saint-Just prennent successivement la parole pour exposer la nécessité de réprimer avec force les ennemis du peuple, qui sont au moment de triompher et de renverser l'œuvre de la liberté.—C'est Saint-Just qui parle en second lieu; mais ses termes sont moins vagues. 'Le mal est à son comble, dit-il; vous êtes dans la plus complète anarchie des pouvoirs et des volontés. La Convention inonde la France de lois inexécutées, et souvent même inexécutables. Les représentants près des armées disposent à leur gré de la fortune publique et de nos destinées militaires. Les représentants en mission usurpent tous les pouvoirs, font des lois et ramassent de l'or auquel ils substituent des assignats. Comment régulariser un tel désordre politique et législatif? Pour moi, je le déclare sur mon honneur et ma conscience, je ne vois qu'un moyen de salut: ce moyen, c'est la concentration du pouvoir, c'est l'unité des mesures de gouvernement, c'est l'énergie attachée aux institutions politiques dont les anciens firent un si utile usage.'—L'impatience gagnait déjà tous les membres des deux Comités. *Expliquez-vous, où voulez-vous en venir?* S'écrie-t-on de toutes parts. —Saint-Just reprend, avec ce flegme qui est le caractère du machiavélisme et de l'ambition concentrée: 'Eh bien, je m'explique! il faut une puissance dictatoriale autre que celle des deux Comités; il faut un homme qui ait assez de génie, de force, de patriotisme et de générosité pour accepter cet emploi de la puissance publique; il faut surtout un homme doué d'une telle habitude de la révolution, de ses principes, de ses phases, de son action et de ses divers agents, qu'il puisse répondre de la sûreté publique et du maintien de la liberté; il faut, enfin, un homme qui ait en sa faveur l'opinion générale, la confiance du peuple, et qui soit, en effet, un citoyen vertueux et inflexible autant qu'incorruptible. Cet homme, je déclare que c'est *Robespierre*: lui seul peut sauver l'État. Je demande qu'il soit investi de la dictature, et que les deux Comités réunis en fassent dès demain la proposition à la Convention.'

Le parti de Robespierre, dans cette assemblée des deux comités, se composa de Saint-Just, Couthon, Lebas, et d'un homme célèbre dans les arts, que mon respect pour son grand talent ne me permet pas de nommer. La nature de son génie, porté vers d'autres objets que les hauteurs de la politique, doit l'absoudre de cette opinion.

Nous trouvâmes les dictateurs un peu précoces, et nous nous élevâmes avec force et même avec dérision contre cette institution peu conforme à nos mœurs, à nos habitudes, à nos principes, et totalement subversive du système adopté par la Représentation nationale.

Après une discussion vive et courte, les dictateurs, honteux et dépités, se virent éconduits à l'unanimité, déboutés de leur proposition de dictature par un *ordre du jour* qui fut comme unc déclaration de guerre à mort.

(*Barère*, II, 213–16)

(142) Divisions in the *Comités de gouvernement* from the memoirs of Sénart, an officer of the Committee of General Security

C'est une erreur de croire que le comité de sûreté générale était d'accord avec le comité de salut public; ces deux comités étaient opposés l'un à l'autre, et encore divisés entre eux; dans chaque comité, il y avait trois partis. Les systèmes des différens partis s'amortissaient les uns par les autres, de même qu'ils devenaient aussi plus outrés et plus violens les uns par les autres. C'est en décrivant cette rivalité, cette désunion, que je dévoilerai des secrets qui dès longtemps préparaient les événemens du 9 thermidor, dont Tallien ne fit qu'usurper l'honneur. Dans le comité de salut public, Robespierre, Couthon, Saint-Just, formaient un parti; Barrère, Billaud, Collot-d'Herbois, formaient l'autre; Carnot, Prieur, Lindet, étaient le troisième parti. Dans le comité de sûreté générale, Vadier, Amar, Jagot, Louis (du Bas-Rhin), étaient d'un parti; David, Lebas, formaient l'autre; Moïse Bayle, Lavicomterie, Elie Lacoste, Dubarran, étaient le troisième parti. Ils avaient chacun leur désignation: le parti de Robespierre se nommait *les gens de la haute main*; le parti Billaud se désignait *les gens révolutionnaires*; le parti Lindet s'appelait *les gens d'examen*; le parti Vadier était connu sous le nom de *gens d'expédition*; celui de David était connu sous celui des *Ecouteurs*; celui de Moïse Bayle était *les gens de contre-poids*. Ces désignations, assez singulières, leur étaient familières.

Le comité de sûreté générale était espionné par Héron, David et Lebas: Robespierre savait par eux, mot pour mot, tout ce qui se passait au comité. Cet espionnage donna lieu à des rapprochemens plus intimes entre Couthon, Saint-Just et Robespierre. Le caractère farouche et ambitieux de ce dernier lui donna l'idée de l'établissement du bureau de police générale, qui, à peine conçu, fut aussitôt décrété. Alors la section de police du comité de salut public mettait en liberté ceux que le comité de sûreté générale faisait arrêter; et ceux que le comité de sûreté générale mettait en liberté, elle les faisait arrêter. Ainsi commencèrent à se manifester et les rivalités et les partis d'opposition.

(*Buchez*, XXXIII, 8)

(143) The session of 8 *thermidor* in the Convention, according to the *Moniteur's* account

Robespierre, qui depuis longtemps n'avait paru à l'assemblée, monte à la tribune et prend la parole.

Il lit un long discours dans lequel il commence par vanter sa vertu. Il se plaint d'être calomnié, et signale comme ennemis du peuple tous ceux qui lui paraissent opposés à ses projets. Il décrie ensuite, dans une longue diatribe, toutes les opérations du gouvernement; il déclame successivement contre les comités de salut public, de sûreté générale, et des finances. Sans se plaindre formellement de l'opposition civique mise par ce dernier comité à ses projets d'envahissement des finances, il essaie de le comprendre dans la proscription, en l'accusant d'avoir *contre-révolutionné* les finances de la république.

Il prétend ensuite que les patriotes sont opprimés. 'Pourquoi, dit-il, ces discours que l'on vous a faits sur les succès des armées? Le système de Dumouriez est suivi dans la Belgique; on plante des arbres stériles de la liberté, on éloigne les canonniers de Paris, on a formé un camp qui peut devenir dangereux, etc.'

Il ajoute qu'on a voulu donner le change sur la situation de la république; enfin il annonce qu'il proposera les seules mesures propres à sauver la patrie.

LECOINTRE (de Versailles): Je demande l'impression du discours.

BOURDON (de l'Oise): Je m'oppose à l'impression; ce discours contient des matières assez graves pour être examinées; il peut y avoir des erreurs comme des vérités, et il est de la prudence de la Convention de le renvoyer à l'examen des deux comités de salut public et de sûreté générale avant d'en ordonner l'impression.

BARÈRE: Et moi aussi j'estime avant tout la qualité d'homme et celle de citoyen français; je parle ici comme individu et non comme membre du comité; j'insiste pour l'impression du discours, parce que dans un pays libre il n'est aucune vérité qui doive être cachée; la lumière ne doit pas être sous le boisseau, et il n'est aucune assertion qui ne puisse être attaquée et examinée; c'est pour cela que vous êtes Convention nationale, et je ne doute pas que tous nos collègues n'insistent pour l'impression.

COUTHON: J'ajoute à la proposition de l'impression un amendement qui a l'air très-faible, et que je regarde comme très-sérieux; il faut que la France entière, que la plus petite commune, sache qu'il est ici des hommes qui ont le courage de dire la vérité tout entière; il faut que l'on sache que la grande majorité de la Convention sait l'entendre et la prendre en considération. Je demande non-seulement que ce discours soit imprimé, mais aussi qu'il soit envoyé à toutes les communes de la république; et quand on a osé demander qu'il fût renvoyé à l'examen des deux comités, c'était faire un outrage à la Convention nationale: car elle sait sentir, elle sait juger.

Je suis bien aise de trouver cette occasion d'épancher mon âme. Depuis quelque temps, au système de calomnie contre les représentants les plus fidèles à la cause du peuple, les plus vieux serviteurs de la révolution, on joint cette manœuvre abominable de faire circuler que quelques membres du comité de salut public cherchent à l'entraver; je suis un de ceux qui ont parlé contre quelques hommes, parce que je les ai regardés comme immoraux et indignes de siéger dans cette enceinte. Je répéterai ici ce que j'ai dit ailleurs; et si je croyais avoir contribué à la perte d'un seul innocent, je m'immolerais moi-même de douleur.

La Convention adopte la proposition de Couthon.

VADIER: J'ai entendu avec douleur Robespierre dire que le rapport concernant une fille nommée Catherine Théos ne semblait se rattacher qu'à une farce ridicule de mysticité, que c'était une femme à mépriser.

ROBESPIERRE: Je n'ai pas dit cela.

CAMBON: Je demande la parole aussi . . . (Il s'élance à la tribune.) Avant d'être déshonoré, je parlerai à la France . . .

LE PRESIDENT: Vadier a la parole.

VADIER: Je parlerai avec le calme qui convient à la vertu. Robespierre a dit que ce rapport, ayant donné lieu à un travestissement ridicule, a pu nuire à la chose publique. Ce rapport a été fait avec le ton de ridicule qui convenait pour dérouter le fanatisme. J'ai recueilli depuis de nouveaux renseignements, des documents immenses; vous verrez que cette conspiration est des plus étendues; vous verrez que Pitt y conspire; vous verrez que cette femme avait des relations intimes avec la ci-devant duchesse de Bourbon, avec Bergasse, et tous les illuminés.

Je ferai entrer cette conspiration dans un cadre plus imposant; mais ce travail est long, parce qu'elle se rattache à tous les complots, et qu'on y verra figurer tous les conspirateurs anciens et modernes.

J'ai encore quelque chose à dire sur le discours de Robespierre. Les opérations du comité de sûreté générale ont toujours été marquées au coin de la justice et de la sévérité nécessaires pour réprimer l'aristocratie; elles sont contenues dans les arrêtés qu'elle a pris, et qu'on peut faire imprimer et juger ensuite. Si nous avons eu des agents qui aient malversé, qui aient porté l'effroi dans l'âme des patriotes, le comité les a punis à mesure qu'il les a connus, et la tête de plusieurs est tombée sous le glaive de la loi.

Voilà quelle a été notre conduite, et en voici la preuve: les commissions populaires, établies de concert avec les deux comités ont déjà jugé sept à huit cents affaires; combien croyez-vous qu'elles aient trouvé de patriotes? Ils sont dans la proportion de 1 sur 80. Voilà bien la preuve que ce n'est pas le patriotisme qui a été opprimé, mais l'aristocratie qui a été justement poursuivie.

Voilà ce que je devais dire pour la justification du comité de sûreté générale, qui n'a jamais été divisé d'avec le comité de salut public. Il peut y avoir eu quelques explications, mais jamais elles n'ont rien diminué de l'estime et de la confiance mutuelles que se portent les deux comités.

CAMBON: Et moi aussi je demande la parole; je me présente dans la lice: quoique je n'aie jamais cherché à former un parti autour de moi, Robespierre vient de dire que le dernier décret sur les finances avait été calculé de manière à augmenter le nombre des mécontents; il serait peut-être facile de le faire convenir qu'il n'a rien fait pour connaître ces calculs; mais je me contenterai de repousser une attaque dont ma conduite connue depuis le commencement de la révolution aurait dû peut-être me garantir.

Je ne viendrai point armé d'écrits polémiques: la vérité est une; je répondrai par des faits.

Le dernier décret sur le viager respecte les rentes depuis 1,500 liv. jusqu'à 10,500 liv., relativement aux âges; il ne prive donc point du revenu nécessaire à tout âge; nous nous sommes donc bornés à réformer les abus.

Je sais que les agioteurs ont intérêt à attaquer cette opération. Il est prouvé, par un tableau que je mettrai sous les yeux de l'assemblée, que l'agiotage y est intéressé pour 22 millions de rentes; et c'est lui seul que nous avons voulu attaquer. Il n'est donc pas étonnant qu'il ait cherché un appui pour éviter la réforme; les agioteurs pourront même fournir des matériaux pour faire des discours; mais, ferme à mon poste, j'aurai toujours le courage de dénoncer tout ce qui me paraîtrait contraire à l'intérêt national.

Si j'avais voulu servir les intrigues, il m'aurait peut-être été facile, dans des circonstances critiques, d'exciter des mécontentements utiles au parti que j'aurais embrassé; mais, étranger à toutes les factions, je les ai dénoncées tour à tour lorsqu'elles ont tenté d'attaquer la fortune publique: tout dévoué à mon pays, je n'ai connu que mon devoir, et je ne servirai que la liberté. Aussi tous les partis m'ont-ils trouvé toujours sur leur route, opposant à leur ambition la barrière de la surveillance, et en dernier lieu on n'a rien négligé pour chercher à connaître jusqu'où pourrait aller ma fermeté et l'ébranler. J'ai méprisé toutes les attaques; j'ai tout rapporté à la Convention. Il est temps de dire la vérité tout entière: un seul homme paralysait la volonté de la Convention nationale; cet homme est celui qui vient de faire le discours, c'est Robespierre; ainsi jugez. (On applaudit.)

Robespierre: Je demande la permission de répondre un seul mot à cette inculpation, qui me paraît aussi inintelligible qu'extraordinaire. Cambon prétend que je paralyse la volonté de la Convention en matière de finance. S'il est quelque chose qui ne soit pas en mon pouvoir, c'est de paralyser la Convention, et surtout en fait de finance. Jamais je ne me suis mêlé de cette partie: mais, par des considérations générales sur les principes, j'ai cru apercevoir que les idées de Cambon en finance ne sont pas aussi favorables au succès de la révolution qu'il le pense. Voilà mon opinion, j'ai osé la dire; je ne crois pas que ce soit un crime.

Cambon dit que son décret a été attaqué par les agioteurs; cela peut être vrai: je ne sais pas quel parti ils en pourraient tirer, je ne m'en occupe pas. Mais, sans attaquer les intentions de Cambon, je persiste à dire que tel est le résultat de son décret qu'il désole les citoyens pauvres.

CAMBON: Cela est faux. Nous avons déjà reçu soixante-cinq mille titres, et on a payé en un mois et demi 25 millions de rente.

BILLAUD-VARENNES: Le jour de mettre en évidence toutes les vérités est arrivé. Plus le discours de Robespierre inculpe le comité, plus la Convention doit l'examiner scrupuleusement avant d'en décréter l'envoi aux communes. Je demande que les deux comités mettent leur conduite en évidence. On dit que l'on a dégarni Paris de canons et de canonniers; si, depuis quatre décades, Robespierre n'eût pas abandonné le comité, il saurait . . .

ROBESPIERRE: Ce n'est pas le comité en masse que j'attaque. Pour éviter bien des discussions, je demande à la Convention la liberté de dire mon opinion. (*Un nombre de membres se levant simultanément*: Nous le demandons tous!)

BILLAUD-VARENNES: Je déclare qu'on en a imposé à la Convention et à l'opinion publique sur le fait des canonniers; il existe un décret qui porte que des quarante-huit compagnies de canonniers de Paris, il y en aura toujours la moitié dans cette commune: or, dans ce moment il en reste trente-trois. C'est avec de pareilles opinions qu'on trompe le peuple, et qu'on arrête, comme il est arrivé il y a quelques jours, les poudres dont l'armée du Nord avait un extrême besoin. Robespierre avait raison; il faut arracher le masque sur quelque visage qu'il se trouve; et s'il est vrai que nous ne jouissions pas de la liberté des opinions, j'aime mieux que mon cadavre serve de trône à un ambitieux que de devenir par mon silence, le complice de ses forfaits. Je demande le renvoi aux deux comités.

PANIS: Je reproche à Robespierre de faire chasser des Jacobins qui bon lui semble. Je veux qu'il n'ait pas plus d'influence qu'un autre; je veux qu'il dise s'il a proscrit nos têtes, qu'il dise si la mienne est sur la liste qu'il a dressée. Je veux que Couthon s'explique sur les six membres qu'il poursuit.

Il est temps que je déborde mon cœur navré: j'ai été abreuvé de calomnies. Je n'ai pas gagné dans la révolution de quoi donner un sabre à mon fils pour combattre aux frontières, ni une jupe à mes filles, et cependant on me peint comme un scélérat, comme un déprédateur, comme un homme dégouttant du sang des prisons, moi qui porte une âme sensible et tendre!

Voici un autre fait qui prouve combien est nécessaire l'explication que je demande à Robespierre. Un homme m'aborde aux Jacobins et me dit: 'Vous êtes un homme de bien, vous avez sauvé la patrie.—Je n'ai pas l'honneur de vous connaître.—Je vous connais bien, moi; vous êtes de la première fournée.—Comment? —Votre tête est demandée. —Ma tête! à moi qui suis un des meilleurs patriotes!' Il ne voulut pas m'en dire davantage. Depuis, il m'est revenu de toutes parts que le fait était vrai, et que c'était Robespierre qui avait fait la liste. Je demande qu'il s'explique à cet égard, ainsi que sur le compte de Fouché. (On applaudit.)

ROBESPIERRE: Je demande la parole. Mon opinion est indépendante: on ne tirera jamais de moi une rétraction qui n'est point dans mon cœur; en jetant mon bouclier, je me suis présenté à découvert à mes ennemis: je n'ai flatté personne, je ne crains personne, je n'ai calomnié personne.

PANIS: Et Fouché?

ROBESPIERRE: On me parle de Fouché, je ne veux pas m'en occuper actuellement; je me mets à l'écart de tout ceci; je n'écoute que mon devoir; je ne veux ni l'appui, ni l'amitié de personne; je ne cherche point à me faire un parti; il n'est donc pas question de me demander que je blanchisse tel ou tel. J'ai fait mon devoir; c'est aux autres à faire le leur.

BENTABOLE: L'envoi du discours de Robespierre me paraît très dangereux: la Convention aurait l'air, en décrétant cet envoi, d'en approuver les principes, et se rendrait responsable des mouvements que pourrait occasionner l'égarement dans lequel il jetterait le peuple.

COUTHON: En demandant l'envoi aux communes, j'ai voulu que la Convention nationale, qui avait déjà ordonné l'impression du discours, n'en fît pas juge seulement une section du peuple, mais la république entière.

CHARLIER: J'insiste pour l'ajournement de l'envoi du discours; il contient des principes qui me paraissent mériter l'examen le plus réfléchi des comités. Je demande donc qu'il leur soit renvoyé.

ROBESPIERRE: Quoi! j'aurai eu le courage de venir déposer dans le sein de la Convention des vérités que je crois nécessaires au salut de la patrie, et l'on enverrait mon discours à l'examen des membres que j'accuse! (On murmure.)

CHARLIER: Quand on se vante d'avoir le courage de la vertu, il faut avoir celui de la vérité. Nommez ceux que vous accusez! (On applaudit.)

Plusieurs voix: Oui, oui, nommez-les!

ROBESPIERRE: Je persiste dans ce que j'ai dit, et je déclare que je ne prends aucune part à ce qu'on pourra décider pour empêcher l'envoi de mon discours.

Amar: Le discours de Robespierre inculpe les deux comités. Ou l'opinion qu'il a sur quelques membres est relative à la chose publique, ou c'est une opinion particulière. Si elle est relative à la chose publique, il faut qu'il nomme; l'intérêt public ne comporte aucun ménagement; mais si ce ne sont que des sentiments particuliers, il ne faut pas qu'un homme se mette à la place de tous, il ne faut pas que la Convention nationale soit troublée par les intérêts d'un amour-propre blessé. S'il a quelques reproches à faire, qu'il les articule; qu'on examine notre vie politique, elle est sans reproche; qu'on consulte les appels nominaux, on verra que nous avons toujours voté dans le sens de la liberté; qu'on se rappelle nos opinions, et l'on s'assurera que nous n'avons jamais parlé que pour le soutien des droits du peuple. C'est d'après cela que nous demandons à être jugés.

Thirion: Le discours de Robespierre vous présente des accusateurs et des accusés, qui tous sont nos collègues, et auxquels vous devez une justice égale. Si vous envoyiez aux communes la discours qui accuse, vous n'exerceriez pas une impartiale équité, car vous préjugeriez par cela même en faveur de l'accusation. (On applaudit.) Je ne sais comment Robespierre seul prétend avoir raison contre plusieurs. Les présomptions sont en faveur des comités. (Nouveaux applaudissements.) Je demande donc le rapport d'un décret surpris à votre religion.

Barère: Il est temps de terminer cette discussion qui ne peut servir qu'à Pitt et au duc d'York. J'ai proposé l'impression du discours de Robespierre, parce que mon opinion est que dans un pays libre on doit tout publier. Il n'est rien de dangereux pour la liberté, surtout quand on connaît le peuple français. Si, depuis quatre décades, Robespierre eût suivi les opérations du comité, il aurait supprimé son discours. Il faut surtout que le mot d'accusé soit effacé de toutes vos pensées. Ce n'est point à nous à paraître dans l'arène. Nous répondrons à cette déclamation par les victoires des armées, par les mesures que nous prendrons contre les conspirateurs, par celles que nous prendrons en faveur des patriotes, et enfin par des écrits polémiques, s'il le faut.

Bréard: Si la Convention, en ordonnant l'envoi de ce discours, y mettait son attache, elle lui donnerait une influence qui peut devenir dangereuse. C'est un grand procès à juger par la Convention elle-même. Je demande que la Convention rapporte le décret d'envoi.

Le rapport du décret est prononcé.

(*Moniteur*, XXI, 329–31)

CHAPTER IV

Dantonistes and Girondins after Thermidor

A. THERMIDORIAN POLITICS

(144) The revival of parliamentary life from Durand-Maillane's memoirs

A cette époque, comptant sur les nouveaux principes de la Convention nationale, je crus devoir profiter des circonstances pour monter à la tribune et faire de justes reproches aux montagnards de leurs procédés indignes envers les *appelans au peuple*[1] et envers la représentation nationale qu'ils avaient opprimée. Ils soupçonnèrent mon intention quand ils me virent à la tribune où n'avait paru depuis long-temps aucun député du côté droit. Ils ne voulaient pas m'entendre; mais les temps n'étaient plus les mêmes, et je les forçai de me laisser la parole. Mon discours, qui n'était qu'une motion d'ordre sur la liberté des opinions, fut prononcé le 4 fructidor, un peu plus de trois semaines après la chute de Robespierre. Je ne donnai aucune prise contre moi; je fis entendre néanmoins des vérités qui rappelaient à plusieurs montagnards l'injustice d'une persécution qui pouvait nous conduire jusqu'à l'échafaud pour nos seules opinions. Ce reproche fut très-bien senti, car Bentabolle prenant la parole dans cette même séance, dit: 'Parmi les opinions émises à la tribune, je remarque celle de Durand-Maillane, sur laquelle je demande qu'il soit fait un rapport. Tout cœur honnête doit désirer que jamais on ne gêne la liberté des opinions par des inculpations sourdes ou par des invectives. On ne doit pas injurier des hommes que l'on regarde comme des *êtres faibles*, afin d'enchaîner des opinions qu'ils ne veulent émettre que pour le bien du peuple. Si quelqu'un croit devoir faire ici des reproches graves à l'un de ses collègues, qu'il s'explique, qu'il articule des faits et non pas des injures. Que l'inculpé soit entendu, et qu'on ne cherche à faire trembler personne par des menaces. Les conspirateurs seuls doivent trembler.' (*Vifs applaudissemens.*) Voilà ce qu'on lit dans le Journal des Débats touchant la séance du 4 fructidor an II.

[1] i.e. In the trial of Louis XVI.

La proposition de Bentabolle qui demandait un rapport sur ma motion fut combattue avec raison, parce que la liberté des opinions est de droit pour un représentant du peuple, et que sans cette liberté l'État entier serait dans l'oppression. Aussi, loin de vouloir ni rapport, ni décret à cet égard, je proposai seulement une peine contre ceux qui attenteraient à ce droit sacré. Au surplus, le langage de Bentabolle fait connaître de quelle manière les montagnards jugeaient le silence de leurs confrères du côté droit. Ils les appelaient des *êtres faibles*, qualification qui, si elle n'était pas fausse, nous inculperait gravement, parce que, envoyés par la nation et pour ses intérêts, les négliger ou les sacrifier par *faiblesse* aurait été une véritable prévarication dans notre ministère. Mais nous n'avions que l'apparence de la faiblesse, puisque ne pouvant, sous peine de mort, combattre les folies de la montagne, notre inertie n'était qu'une grande force. Nous préférions les dangers, les mépris, les avanies dont on nous abreuvait, plutôt que de nous rendre, pour notre sûreté, complices de la montagne. Rien ne nous était plus facile que de nous ranger sous les drapeaux rassurans de nos dominateurs; mais le repos à ce prix nous paraissait pire que la mort, . . . Il y avait, dans l'intervalle qui séparait le côté droit de la montagne, un espace dans la salle qu'on appelait *le ventre*; ceux qui y siégeaient, n'étant pas au côté droit, n'en partageaient pas les avanies, mais aussi n'avaient-ils pas le mérite d'improuver par leur place le mal que faisait le côté gauche. Ceux-là avaient néanmoins le sot orgueil de se dire plus sages que ceux du côté droit, tandis qu'ils n'étaient que moins courageux, et qu'ils méritaient seuls la qualification *d'êtres faibles*.

Lorsque le côté droit eut repris un peu d'ascendant, il dirigea l'attention de l'Assemblée sur les conventionnels détenus ou proscrits sous le règne des montagnards. Aucunes victimes de cette longue tyrannie ne méritaient mieux d'être délivrées, que les députés signataires de la protestation contre la violence armée du 2 juin 1793. Ils étaient au nombre de soixante-treize. Ils gémissaient encore en prison, tandis qu'on en faisait sortir par centaines des hommes bien moins dignes de la liberté. La montagne ne craignait rien tant que ce renfort pour le côté droit, car, ainsi que je l'ai déjà dit, Robespierre n'était plus, mais son esprit lui survivait. De-là les délais, les obstacles éternels au retour de nos soixante-treize collègues. Cependant nous ne cessions de le demander, et nous faisions à ce sujet les motions les mieux raisonnées, les plus pressantes, soutenant avec toute raison qu'il ne fallait plus accorder la liberté à qui que ce fût, ou la rendre aux soixante-treize avant tous les autres. Ils furent enfin élargis, mais comme par grâce, et le 18 frimaire seulement, c'est-à-dire quatre mois environ après la mort de Robespierre. Quoique les conventionnels détenus fussent rentrés dans l'Assemblée, ceux qui avaient été mis *hors la loi* après le 20 juin furent soumis à un nouveau délai, et ne furent admis dans la Convention que trois mois plus tard, dans le séance du 19 ventose de l'an III, sur le rapport de Merlin. Avant cette époque, Bentabolle, le montagnard, entendant déclamer contre les journées des 31 mai et 2 juin, s'écria: *Vous voulez donc faire le procès à quatre-vingt mille Parisiens?* On lui répondit: Nous ne voulons faire le procès qu'à leurs chefs; car à peine parmi ces quatre-vingt mille Parisiens y en avait-il cent qui fussent instruits de l'abus qu'on faisait de leurs armes. Le côté droit pouvait aujourd'hui se faire entendre, il n'était plus interdit aux journalistes de rapporter les motions justes et généreuses, et nous pouvions, dans des discussions où la liberté et la raison n'étaient plus étouffées par la terreur, convaincre la montagne de ses iniquités. . . .

(*Durand-Maillane*, 257–61)

(145) Political society: from the memoirs of Thibaudeau

Je me liai non moins étroitement avec M. Lehoc. Il avait été premier commis de la marine et employé dans la diplomatie; avec une figure et des manières nobles, de l'instruction, de l'esprit, du goût pour les arts et les lettres, il était propre aux affaires comme à la société. . . .

Nous passions la plupart de nos soirées chez lui. Le général Menou, l'amiral Truguet, le baron de Staël, Signeul, consul général de Suède, Maret, Bourgoing, le général Faucher, formaient le fond habituel de la société. Il y venait aussi des personnages diplomatiques, quelques députés et des hommes de l'ancien régime, Talleyrand, quand il fut de retour des États-Unis, son ami Sainte-Foix, et autres individus de cette clique, gens du bon ton et de la meilleure compagnie, qui exploitaient la révolution à leur profit.

Ce fut après le 9 thermidor que je fis réellement mon entrée dans ce qu'on nomme à Paris la société. C'était, comme dans toutes les grandes capitales, un rassemblement fortuit, un mouvement journalier et une mutation rapide d'individus de tout état, de tout rang, de tout pays, à la différence de la société de province qui ne consiste qu'en réunions de familles ou en coteries. Je fus recherché comme tous les membres de la Convention qui s'y étaient fait un nom. Accepter une invitation, c'était s'en attirer dix autres. Une fois lancé dans ce tourbillon de dîners et de soirées, on ne savait à qui répondre, on ne pouvait y suffire. Je cédai à ces prévenances. Les salons *dorés*, on appelait ainsi ceux de l'ancienne noblesse, exerçaient une influence immense. Ce n'était pas pour leur mérite personnel, ni pour le plaisir qu'ils procuraient, qu'on y attirait les révolutionnaires; on ne les caressait, on ne les fêtait que pour en obtenir des services ou pour corrompre leurs opinions. En face on les accablait de toutes sortes de séductions, et par derrière on se moquait d'eux. C'était dans l'ordre. Mais il y en avait beaucoup qui ne le voyaient pas: ils croyaient augmenter d'importance et de considération en fréquentant des gens de l'ancien régime, et se laissaient prendre à ces trompeuses amorces. Devant eux on hasardait d'abord quelques plaisanteries sur la révolution. Comment s'en fâcher? C'était une jolie femme qui se les permettait. Leur républicanisme ne tenait pas contre la crainte de déplaire ou de paraître ridicule. Après les avoir apprivoisés au persifflage, on les façonnait insensiblement au mépris des institutions. Ils justifiaient le proverbe: *Dis-moi qui tu hantes, je te dirai qui tu es*. En effet, il est impossible, de quelque fermeté de caractère qu'on soit pourvu, de n'être pas influencé par la société que l'on fréquente. On cède d'abord par politesse, une fausse honte empêche ensuite qu'on ne revienne sur ses pas, et l'on finit par épouser, pour ainsi dire, malgré soi les opinions des autres. C'est ainsi que le parti républicain éprouva beaucoup de défections, que les uns firent des concessions, et que d'autres se vendirent entièrement au royalisme. Je n'oserais pas me vanter de n'avoir pas été quelquefois, sans m'en apercevoir, atteint de cette contagion, mais elle ne m'enleva jamais mon indépendance; et, dans les circonstances graves, je retrouvais toujours la vigueur nécessaire pour attaquer et combattre nos ennemis. Il est vrai que, sans être un sauvage farouche, je ne pouvais me faire à l'éclat, au bruit et à l'agitation du grand monde, me soumettre à la contrainte et aux égards qu'il impose, ni me plier à la fausseté qu'il exige. J'étais mal à l'aise avec les gens que je n'estimais pas, ou dont le ton et les principes contrastaient trop ouvertement avec les miens. Je passais rapidement entre eux. Je ne formai de liaison et je ne contractai d'habitudes que dans un cercle limité de personnes vers lesquelles je me sentais attiré par une conformité d'opinions, et dans le commerce desquelles je pouvais goûter les douceurs de la liberté, de la confiance et de l'estime réciproques.

(*Thibaudeau*, I, 136–9)

(146) The reintegration of the Girondins: decree of 18 *Ventôse an* III —8 March 1795

MERLIN (de Douai), au nom des comités de salut public, de sûreté générale et de législation: Vous avez chargé vos comités de salut public, de sûreté générale et de législation, de vous présenter leurs vues sur différentes Adresses tendant au rapport du décret du 27 frimaire dernier, par lequel vous avez fermé l'entrée de la Convention nationale tant aux députés compris dans le décret du 28 juillet 1793 qu'à ceux qui avaient été frappés par celui du 3 octobre suivant, et que n'avait pas rappelés celui du 18 du même mois de frimaire.

Vos comités se sont occupés de ce grand objet, et ils m'ont chargé de vous soumettre le résultat de leur délibération. . . .

Voici le projet de décret que je suis chargé de vous présenter. L'exception qui vous y est proposée, relativement à Lahaye, a pour motif une inculpation extrêmement grave, consignée à sa charge dans une lettre officielle écrite de Dinan, le 22 frimaire dernier. Il est consolant pour vos comités de pouvoir vous assurer que cette inculpation est la seule qui se soit offerte à leurs recherches sur la conduite de nos malheureux collègues pendant leur proscription.

'La Convention nationale, après avoir entendu le rapport de ses comités de salut public, de sûreté générale et de législation, décrète:

'Art. 1er. Les représentants du peuple compris dans l'article 1er du décret du 28 juillet 1793 et dans le décret d'accusation du 3 octobre suivant, dont les dispositions sont rapportées, rentreront sur-le-champ dans le sein de la Convention nationale.

'Les inspecteurs du Palais-National sont chargés de leur faire payer leurs indemnités à compter du dernier payement qu'ils ont reçu.

'II. Lahaye, député par le département de la Seine-Inférieure, n'est pas compris, quant à présent, dans l'article précédent. Les comités de salut public, de sûreté générale et de législation, sont chargés de faire à son égard un prompt rapport.

'Le présent décret et le rapport seront insérés au Bulletin de correspondance.'

GARRAN: Je me suis déjà opposé, dans la réunion des trois comités, au dernier article qui vous est proposé. Rien ne peut justifier l'exception qu'on veut faire contre Lahaye. Ou bien il est coupable de crimes antérieurs au décret rendu contre lui, ou bien il est coupable de crimes postérieurs, ou bien enfin il n'y a seulement qu'une indication de culpabilité; dans tous les cas sa conduite doit être examinée; mais pour cela il faut l'entendre. Il est représentant comme nous, et nous n'avons pas le droit de le dépouiller de son caractère. Je demande donc qu'il soit rappelé comme les autres, et qu'en renvoyant aux trois comités les dénonciations faites contre lui il soit décrété qu'on suivra à son égard les formalités prescrites par la loi du 8 brumaire.

REWBELL: L'avis de Garran a déjà été discuté hier dans les trois comités. Je lui réponds encore aujourd'hui qu'il y a un décret de la Convention qui accorde une amnistie aux chouans et à ceux qui ont pris parti parmi eux. D'après des lettres officielles que nous avons reçues, Lahaye a profité de cette amnistie. Il faudrait donc, avant qu'il pût rentrer dans le sein de la Convention, qu'il renonçât au bénéfice de cette amnistie, et qu'il consentît à être jugé. Au surplus, tant que je vivrai, je m'opposerai à ce qu'il entre ici un homme qui aura porté les armes contre sa patrie. (On applaudit.)

Le président met aux voix le projet de décret présenté par Merlin. La très-grande majorité se lève pour l'adoption; Goujon seul se lève contre.—Quelques membres qui siégent dans l'extrémité gauche ne prennent point part à la délibération.

Le président prononce que le décret est adopté.

Les bravos, les cris de *vive la Convention! vive la république!* se font entendre de toutes parts. . . .

(*Moniteur*, XXIII, 645–47)

(147) A caricature of the *jeunesse dorée*, from the *Journal de Paris*, 23 *messidor an* III—11 July 1795

MÉDECINE. *Aux auteurs du Journal.—D'une nouvelle maladie de ieunesse, nommée le* SEMSA OU SEXA.[1]

. . . Les signes pathognomoniques de cette dégénération sont d'abord un relâchement total du nerf optique, ce qui oblige le malade de se servir constamment de lunettes, dont la nécessité croît en raison de la proximité des objets; et un refroidissement de chaleur naturelle qu'il est difficile de vaincre, à moins d'un habit boutonné très-serré, et d'une cravate sextuplée où le menton disparaît, et qui menace de masquer bientôt jusqu'au nez. Jusqu'à présent les jambes ont paru résister au progrès du froid. Du moins remarque-t-on que le pied est presque découvert, et que l'habit, qui affecte une forme quadri-latérale, descend à peine jusqu'aux genoux. Outre la stature raccourcie, et la taille grêle, et la vue myope des individus, une autre preuve de l'affaiblissement de l'espèce est l'usage d'un bâton court et plombé, dont les deux extrémi-

[1] Ce mot est une abréviation de ces mots: *qu'est-ce que c'est que cela*, mots dont les malades dont il s'agit prononcent: *Sexa*. (*N. du réd.*)

tés sont d'une égale grosseur, et qui m'a paru remplir l'effet du contre-poids dont se servent les danseurs de corde.

Mais le diagnostique le plus caractérisé est la paralysie commencée de l'organe de la parole. Les jeunes infortunés qui en sont atteints évitent les consonnes avec une attention extrême, et sont pour ainsi dire réduits à la nécessité de désosser la langue. Les articulations fortes, les touches vigoureuses de la prononciation, les inflexions accentuées qui font le charme de la voix, leur sont interdites. Les lèvres paraissent à peine se mouvoir, et du frottement léger qu'elles exercent l'une contre l'autre résulte un bourdonnement confus qui ne ressemble pas mal au *pz-pz-pz*, par lequel on appelle un petit chien de dame. Rien de moins intelligible que les entretiens des malades. Les mots seuls qu'on distingue dans cette série de voyelles sont ceux de *ma paole supême*, d'*incoyable*, d'*hoible*, et autres mots ainsi défigurés. Un homme doué d'une sagacité peu commune a voulu traduire en français ce qu'il croyait former des phrases, mais l'insignificance de ce qu'il a deviné l'a dégoûté de continuer un travail aussi stérile.

Ce qui n'est pas moins affligeant, c'est que ce même symptôme se manifeste dans les jeunes personnes du sexe, et il est triste de penser que le sexe, qui fait ordinairement un usage aussi aimable de l'organe de la parole, soit à la veille de la perdre entièrement, et de nous priver par là d'une de nos plus agréables jouissances.

Je suis pourtant loin de croire cette maladie incurable, et j'aime à rappeler ici que cette même jeunesse, dont l'infimité me cause de civiques inquiétudes, a su, dans l'occasion, saisir un sabre, manier un fusil avec autant de vigueur que d'adresse, et faire entendre des sons mâles, des chants animés, des cris de guerre et de victoire. Mais les rechutes sont dangereuses, et comme la maladie me paraît être aujourd'hui dans son paroxisme, je la recommande aux soins patriotiques et bienfaisans de nos plus habiles officiers de santé, ainsi que du citoyen Sicard, et, sans me permettre de rien prescrire en ce genre, j'estime que des douches sur la partie affligée, une répétition fréquente de la leçon de grammaire du *Bourgeois gentilhomme*, et, s'il se peut, de quelques tirades les plus harmonieuses de Voltaire et de Racine, pourront entrer pour beaucoup dans le régime curatif.

(*Buchez*, XXXVI, 215–17)

(148) The play of party: from the memoirs of Thibaudeau

Après le 9 thermidor, les thermidoriens quittèrent la montagne et siégèrent du côté droit. Ils y furent renforcés par les soixante-treize victimes du 31 mai. Ceux-ci, après avoir été rappelés dans la Convention, étaient tout simplement retournés à leur place; ceux-là en avaient changé. On vit alors combattre dans les mêmes rangs Tallien et Lanjuinais, Fréron et Boissy-d'Anglas, Legendre et Henri de Larivière, Barras et Lesage d'Eure et Loire, Rovère et Louvet. Sur ces mêmes bancs où la Gironde avait péri sous les coups de la montagne, les déserteurs de l'une et les restes de l'autre, les oppresseurs et les opprimés, faisaient cause commune. Ces alliances bizarres, qui ne sont pas rares dans les révolutions, ne sont ni sincères ni solides. Le crédit des chefs thermidoriens avait un peu baissé déjà par la rentrée des soixante-treize, reparaissant sur la scène, forts de l'intérêt qu'inspirait un malheur non mérité; et, sans la révolte des sections de Paris, qui sépara de nouveau des élémens aussi opposés, Tallien et son parti se seraient éteints avec le gouvernement révolutionnaire.

Outre les séances de la Convention, où les thermidoriens et les soixante-treize siégeaient ensemble, ils avaient des réunions chez un nommé Formalaguez qui leur donnait à dîner une ou deux fois par semaine; j'y fus aussi attiré. Cet homme-là me paraissait une énigme que je n'ai jamais bien pu m'expliquer. Il se mêlait, je crois, de banque; je ne sais s'il n'était pas Espagnol, et lié d'affaires avec Lafond Ladébat. Il avait un logement modeste à un troisième étage; son ameublement et sa table annonçaient seulement de l'aisance; il était ouvert et accueillant; il n'était pas très-fort sur les matières politiques, il n'avait aucune influence dans les discussions, et n'y prenait que la part nécessaire pour ne pas y paraître étranger ou indifférent; il paraissait n'avoir d'autre but que de réunir les hommes les plus influens de la Convention, pour se concilier et s'entendre. . . . Du reste, dans ces réunions on n'arrêtait point de plans secrets; on ne s'y engageait à rien, tous s'y passait en forme de conversation, et dans des explications qui avaient souvent un bon effet entre des personnes qui se suspectaient mutuellement, ou sur des objets qui avaient besoin d'être éclaircis.

La conduite des sections de Paris mit la division dans cette réunion comme dans la Convention. Les orateurs sectionnaires portaient aux nues les soixante-treize, et confondaient dans leurs menaces et leurs outrages, les thermidoriens et la montagne. Dans le fait, on en voulait à la Convention tout entière. On disait aux Boissy et aux Lanjuinais: Que vous importe que les décrets des 5 et 13 fructidor soient acceptés? S'ils sont rejetés, vous serez toujours réélus au corps législatif, et vous serez débarrassés de cette majorité de conventionnels que conservent les décrets.

Je ne donnai pas dans le piége, je ne me laissai point séduire par ces éloges dont j'avais aussi ma part, et je ne m'en élevai pas moins avec vigueur contre la révolte des sections. La plupart des soixante-treize gardèrent au contraire le silence: c'était de leur part une défection ou une faiblesse. Ils devinrent dès-lors suspects, et l'on finit par les accuser de complicité avec les sections. Qu'il y en eût plusieurs de vendus alors à la royauté, c'est ce que la suite a prouvé; mais ceux qui ne l'étaient pas, compromettaient par leur fausse politique la sûreté du corps dont ils faisaient partie, et l'existence de la république; car, enfin, si l'on avait, à leur exemple, laissé faire les sections de Paris, la Convention eût été égorgée, ou du moins décimée, comme au 31 mai, et les royalistes, maîtres du champ de bataille, n'eussent certainement pas respecté son ouvrage.

Ainsi, dans le côté droit de l'assemblée, chacun reprit sa couleur originelle; les soixante-treize et les thermidoriens s'attaquaient d'autant plus, qu'ils siégeaient encore les uns près des autres; Daunou et Louvet se réunirent aux derniers: c'était une véritable confusion. Louvet était entraîné par l'irritabilité de son caractère; il nous proposait chez Formalaguez de réarmer les terroristes, d'indiquer un point de réunion aux *patriotes opprimés*, de former enfin une société de *jacobins*, sauf à la dissoudre quand on n'en aurait plus besoin.

Les soixante-treize disaient au contraire de ne rien précipiter, de se tenir sur la défensive, de gagner du temps.

On protestait de part et d'autre, en se quittant, qu'on resterait uni, mais à l'assemblée on se séparait tous les jours davantage; l'influence des soixante-treize diminuait, celle des thermidoriens augmentait. Le royalisme était si discrédité qu'il compromettait ses partisans lorsqu'il les mettait en avant, et même les républicains modérés qui avaient le malheur de recevoir ses louanges.

Les thermidoriens voulurent écarter des comités de gouvernement, Henri Larivière, Lesage, Rovère, etc., que le vent de la réaction y avait portés et qui y régnaient. Ce dernier était regardé comme l'espion des royalistes. C'était un homme immoral, qui jouait la modération après s'être signalé par des excès révolutionnaires dans le Midi, et qui ne méritait aucune confiance. Roux proposa (le 4 vendémiaire), sous le prétexte de donner plus d'action aux comités, de réduire à onze le nombre de leurs membres. Tallien renchérit encore et demanda la création d'une commission de cinq membres chargée spécialement de la surveillance de Paris.

A la tournure que prenaient les choses, il me parut évident que les thermidoriens tendaient à s'emparer de tout le pouvoir, et leur versatilité était loin de garantir qu'ils n'en abuseraient pas.

'Lorsqu'on vient, dis-je, de donner à la France un gouvernement constitutionnel, après lequel nous soupirions depuis si long-temps, je trouve étrange que l'on propose des institutions temporaires et sous des formes qui nous retracent le régime atroce auquel nous venons à peine d'échapper. Je demande l'ordre du jour.' Il fut adopté sur la proposition de Tallien, et celle de Roux fut renvoyée à la commission des onze.

(*Thibaudeau*, I, 197–201)

(149) The realignment of parties after 13 *Vendémiaire*, from the memoirs of Thibaudeau

. . . Le 15, je fus nommé membre du comité de salut public.

Les thermidoriens étaient restés jusqu'à ce moment réunis avec les 73, et l'on était parvenu par ce moyen à résister aux entreprises de la montagne. Mais cette union ne fut plus de longue durée.

Le 17 vendémiaire, il y eut dîner chez Formalaguez; nous y étions environ une douzaine, savoir: Boissy, Lanjuinais, Larivière, Lesage, Legendre, Tallien, etc. Après dîner Legendre dit aux quatre premiers qu'il avait à leur reprocher le silence qu'ils avaient gardé pendant la révolte des sections, et sur les éloges que les royalistes leur avaient donnés dans leurs placards et leurs journaux. Ils répondirent qu'ils n'avaient pas dû repousser des éloges qu'ils croyaient mérités; qu'ils ne les avaient point recherchés; qu'ils avaient gardé le silence parce qu'ils avaient pensé qu'il valait mieux temporiser que brusquer une explosion, et qu'ils avaient craint le retour du terrorisme. Cette justification était bien faible, car si, pour éviter la terreur, la majorité de la Convention eût aussi gardé le silence, il n'est pas douteux qu'elle n'eût été culbutée par le royalisme. Cependant Legendre était quelquefois de bonne composition, et il se contentait de ces explications, lorsqu'en les donnant, Lanjuinais dit le *massacre* du 13 vendémiaire. A ce mot Tallien entre dans un excès épouvantable de fureur; il ne se possède plus, il accuse Lanjuinais et ses collègues de connivence dans la rébellion des sections, il les traite de conspirateurs et Formalaguez d'espion, il veut sortir pour aller les dénoncer à la Convention. On se jette au-devant de lui pour l'arrêter, on ferme les portes, on fait tout au monde pour l'adoucir et le calmer; on ne peut y parvenir: il menace de tout briser et ne veut entendre à rien. J'avais des raisons de croire que Tallien ne cherchait qu'un prétexte pour se séparer des 73 et retourner à la montagne.

Dès ses premiers mouvemens, je crus m'apercevoir qu'il jouait la comédie: j'étais donc resté assis et je le regardais tranquillement vociférer et se débattre, lorsqu'enfin, fatigué de la prolongation de cette scène scandaleuse, je dis de sang-froid: 'S'il veut absolument sortir, ouvrez-lui la fenêtre.' Ces mots produisirent sur lui l'effet d'un seau d'eau jeté sur un chien qui se bat; il reprit sa raison et se remit en place. Lanjuinais put enfin s'expliquer, il convint qu'il s'était servi d'un terme impropre, et dit qu'il appelait *massacre* toute affaire dans laquelle le sang coulait, mais qu'il n'avait eu aucune mauvaise pensée. Cette explication parut satisfaire Tallien; on se réconcilia, on se promit mutuellement de rester unis et de ne point parler de ce qui s'était passé. On ne se tint point parole; on en parla, et, selon l'usage, chacun à sa manière. Un député me confia à ce sujet que, dès le 14 vendémiaire, il avait entendu Lanjuinais dire en présence de deux autres, *l'horrible massacre du* 13, et que, sur ce qu'on lui avait fait observer qu'il ne parlait pas comme un républicain, il avait répliqué: 'Votre république est une chimère, elle ne tiendra pas. Je suis de l'avis de J.-J. Rousseau; la France est trop vaste pour être républicaine. Je me soumettrai à la constitution, parce que c'est la loi de l'État, mais sans changer d'opinion.' Lanjuinais, de son côté, niait tous ces propos.

Sur un rapport spécial fait le 23 par Delaunay d'Angers, la Convention décréta que Lemaitre serait traduit, avec ses complices, devant une commission militaire établie à Paris. Le rapporteur avait lu des notes trouvées dans les papiers de Lemaître, et qui étaient relatives à plusieurs députés tels que Lanjuinais, Boissy-d'Anglas, etc. Elles étaient vagues, insignifiantes, et ne prouvaient rien; mais cela suffisait pour jeter des soupçons et de la défaveur sur des hommes que leurs ennemis étaient fâchés de voir réélus par le suffrage général de la France, et que l'on craignait de voir nommer au Directoire. Sieyes disait alors au comité de salut public que Barthélemy, ministre en Suisse, était dans la conspiration royaliste et qu'il fallait le rappeler. Au sujet d'un échec que notre armée avait éprouvé sur le Rhin, Letourneur et Louvet assuraient que Pichegru trahissait.[1]

On demanda l'impression du rapport. Tout-à-coup on vit Tallien se lever au haut de la montagne où il venait de reprendre sa place après quatorze mois d'absence. Cet abandon subit du côté droit où il avait siégé depuis le 9 thermidor, parut d'un mauvais augure; ce changement

[1] Ils n'en avaient pas de preuve; cependant ils devaient avoir quelques données, ou ils étaient bien servis par leur instinct. En général, on ne croyait pas à ces trahisons. [*Thibaudeau's note.*]

de place annonçait un changement de parti ou de principe: 'Et moi aussi, s'écria-t-il, je demande l'impression du rapport, mais je demande également celle des lettres dont des fragmens viennent d'être lus. Il faut que chaque représentant du peuple, chaque Français puisse les lire et s'y convaincre de toute la scélératesse des conspirateurs. Quant à moi, j'ose le dire, les comités de gouvernement n'ont pas nommé les hommes qu'ils auraient dû vous faire connaître. Il faudra cependant les signaler enfin; il faudra savoir pourquoi cette conspiration que je voulus, il y a deux mois, dévoiler à cette tribune, a été continuée avec plus de succès encore et a failli renverser la république. Il faudra savoir quels hommes étaient à la tête de cette conspiration; pourquoi ceux qui, le 13 vendémiaire, dirigeaient les rebelles contre la représentation nationale, sont encore libres au milieu de Paris; pourquoi on a paralysé l'énergie de ceux qui voulaient dénoncer et détruire ce repaire qui porte le nom d'assemblée électorale du département de la Seine, de cette assemblée au bureau de laquelle nous avons vu figurer les hommes que la correspondance saisie indique assez comme les agens les plus intéressés de la faction royaliste. J'ai consenti à me taire: j'ai eu tort, je m'en accuse devant les amis de la liberté. J'aurais dû, je l'avoue, dénoncer ceux qui, le 13 vendémiaire, conspiraient avec les factieux de Paris, ceux que les sections avaient pris sous leur protection, et qui, par une réciprocité facile à concevoir, prenaient sous leur protection les sections de Paris; ceux qui auraient été épargnés du massacre général de la représentation nationale; ceux pour lesquels des chevaux étaient prêts non loin d'ici; ceux qui recevaient les présidens et les secrétaires des sections rebelles; ceux auxquels les sections faisaient des appels, auxquels elles disaient: *dormez-vous?* Non sans doute ils ne dormaient pas, ils conspiraient le renversement de la république. Leurs chevaux, je le répète, étaient prêts, et ils marchaient bientôt au-devant du nouveau roi dont ils auraient été les principaux ministres. Oui, j'ai eu tort de ne pas vous faire connaître plus tôt vos dangers et les accusations qu'on prépare contre vous. Oui, dans quelques jours on doit vous accuser d'avoir fait tirer sur le peuple, et déjà la journée du 13 vendémiaire a été nommée un massacre.'

Barras, avec qui ce discours avait été concerté, s'écria à son tour: 'Je demande que l'on fasse connaître enfin ceux, qui, siégeant parmi nous, ont conspiré contre la république.'

Tallien reprit: 'Je les connais ceux qui s'agitent encore, ceux qui sont unis aux conspirateurs de l'intérieur.'

Un grand nombre de voix: '*Nommez-les, nommez-les.*'

Tallien: 'Je les démasquerai à l'instant. Je demande que la Convention se forme en comité général.'

L'assemblée se leva en signe d'adhésion. Les tribunes retentirent des cris de vive la république! Sauvez la patrie! A bas les royalistes! Et le public se retira.

Tallien ayant déjà prononcé l'acte d'accusation, il ne s'agissait donc plus que de faire connaître les conjurés. Il nomma Lanjuinais, Boissy-d'Anglas, Henri Larivière et Le Sage d'Eure-et-Loir.

La montagne éclata en transports d'approbation. Mais la majorité de la Convention se montra froide. Bergoing, un des 73, quoiqu'ami intime de Barras, défendit les inculpés et récrimina contre Tallien. C'était un homme bon et loyal, et ses liaisons avec les deux partis donnèrent du poids à ses paroles. Le temps se passait en discussions orageuses, il était déjà minuit. Tallien voyant que sa dénonciation tombait à plat, eut encore un accès de fureur, semblable à de celui qu'il avait eu chez Formalaguez quatre jours auparavant. Il s'écria, 'qu'il fallait rendre la séance publique et discuter devant le peuple.' La montagne l'appuya de toutes ses forces. C'était, de la part de l'orateur, trahir son devoir, outrager la représentation nationale, et provoquer l'insurrection contre elle. Mais la majorité de la Convention méprisa ses clameurs, tint ferme, se refusa à rendre la séance publique, et décida qu'il n'y avait pas lieu à inculpation contre les quatre députés dénoncés.

C'était un grand échec: pour en diminuer l'amertume aux thermidoriens, et peut-être pour sauver plus sûrement ses amis, Louvet qui, en se liant fortement avec les premiers, n'en était pas moins resté fidèle aux 73, dénonça Rovère et Saladin comme les chefs ou premiers fauteurs de la révolte des sections. . . .

L'assemblée prononça leur arrestation. Rovère, fougueux terroriste, dont le nom se rattachait aux massacres d'Avignon, avait été ensuite un des plus ardens promoteurs de la réaction; membre du comité de sûreté générale, il s'était emparé de la police, il avait fabriqué des conspirations ridicules, et persécuté à outrance les hommes de la révolution, innocens ou coupables. On reprochait à Saladin la publication d'une opinion séditieuse contre les décrets des 5 et 13 fructidor. L'un et l'autre avaient embrassé ouvertement le parti des sections. Il n'y avait pas moyen de les défendre. Cependant Saladin venait d'être nommé député par l'assemblée électorale de Paris; son arrestation me semblait une violation des garanties accordées aux députés par l'article III de la constitution. J'en fis l'observation, mais inutilement. . . .

La rupture fut complète entre les thermidoriens et les 73. A dater de cette époque, ceux-là firent cause commune avec le parti qu'ils avaient abattu au 9 thermidor, et opprimé depuis, et persistèrent de plus en plus dans le dessein de rappeler dans la Convention les montagnards qui en avaient été expulsés en prairial, d'annuler les opérations des assemblées électorales, d'ajourner la mise en activité de la constitution, et de continuer le gouvernement révolutionnaire.

(*Thibaudeau*, I, 220–8)

(150) The *journée* of 1 *brumaire*, from the memoirs of Thibaudeau

Les journaux vendus à la montagne continuaient d'attaquer les opérations des assemblées électorales dans toutes leurs conversations et leurs discours. Tallien, Barras, Chénier, Louvet, ne parlaient que de les annuler. Daunou fut un de ceux qui s'y opposa avec le plus de constance et de courage, et le suffrage d'un républicain aussi pur avait une grande influence sur tous les partis.

On essaya de rétablir la terreur dans le sein de la Convention. On fit des rapports et des discours virulens, on exagéra les dangers, on accusa la Convention d'avoir laissé perdre les fruits de la victoire du 13 vendémiaire. On fit arriver des pétitions où l'on disait que les patriotes de 89 avaient gémi *sous le prétexte ridicule d'une terreur imaginaire*; où l'on demandait l'annulation des élections et la déportation de tous les royalistes. On ne parlait plus que du salut du peuple, des mesures de salut public et de toutes ces formules banales, présages funestes de la tyrannie. La barre et la tribune ne retentissaient plus que des propositions les plus révolutionnaires. La montagne était d'une audace inouie. Les tribunes publiques étaient garnies d'affidés qui l'applaudissaient avec fureur, et outrageaient les députés qui invoquaient le respect dû à la constitution, et luttaient de toutes leurs forces pour arrêter ce torrent.

Tallien et Barras régnaient et se partageaient la dictature. La montagne devait suivre exactement leur impulsion, et ils la morigénaient vigoureusement lorsqu'elle voulait agir d'elle-même. Ayant échoué dans la proscription de Lanjuinais et de Boissy d'Anglas, ils se rabattirent sur les députés Aubry et Lomont, et, sans discussion, emportèrent, quoiqu'ils vinssent d'être réélus, leur arrestation et celle de Gau, député du nouveau tiers, et du général Miranda, tous quatre prévenus de complicité dans la révolte des sections. . . .

Quoique les meneurs eussent la haute-main dans les comités, ils y étaient encore gênés par la présence de leurs collègues, tels que moi, qui ne partageaient pas leurs projets. Sous prétexte de centraliser l'action du pouvoir dans ce moment de crise et de danger, ils emportèrent aussi la création d'une commission de cinq membres parmi lesquels étaient Tallien, Dubois-Crancé et l'abbé Roux, chargée de présenter des mesures de salut public.

Le 30, Barras, général et représentant, dictateur au camp, dictateur à la tribune, fit le récit des événemens du 13 vendémiaire, de ce qui avait précédé et suivi cette journée.

Dans ce rapport, il avança que depuis le 9 thermidor, on n'avait rien fait que pour la contre-révolution, et dit que *terroriste était un mot insignifiant*. Il accuse Menou de complicité avec les meneurs des sections rebelles, et assura que la colonne qui débouchait par le quai des Quatre-Nations, dans la journée du 13, s'avançait en criant *vive le roi*.

Il termina par cette phrase: 'Puissions-nous n'avoir pas à regretter un jour, une défaite, et à pleurer sur le sommeil étrange qui a suivi nos premiers succès. Paris est désarmé. Mais je pense que la Convention nationale, toujours juste, ne différera pas long-temps de réarmer ceux qui l'ont si vaillamment défendue et sur l'amour desquels elle peut toujours compter.

Que faisait la commission des cinq? je l'ignorais, mais son existence seule me donnait de vives inquiétudes.

Le soir j'étais rentré chez moi l'ame abreuvée d'amertume. En récapitulant les progrès immenses qu'avait faits la montagne dans si peu de jours, je désespérais, pour ainsi dire, de la chose publique. Depuis le 13, la Convention ne délibérait plus qu'au milieu d'un camp. Les alentours, les tribunes, la salle même étaient investis de militaires et de terroristes. D'après les bornes que nous avions mises nous-mêmes à la durée de notre session, nous n'avions plus que quatre jours d'existence, mais je tremblais que ces bornes ne fussent renversées et que l'on nous rejetât encore dans l'océan révolutionnaire.

Le 1er brumaire, je me rendais plein de ces tristes pressentimens à la Convention. Je rencontrai sur la terrasse des Tuileries un groupe de représentans montagnards, arrêtés en prairial, et que les comités de gouvernement venaient de mettre en liberté. Ils m'entourèrent et me dirent: 'C'est aujourd'hui que la commission des cinq doit proposer des mesures de salut public, de casser les élections et d'ajourner la réunion du corps législatif. Les patriotes comptent sur toi.—Ils ont raison d'y compter, leur répliquai-je, et je vais de ce pas confondre ces détestables projets.' J'entre dans la salle, exalté par l'imminence du danger et parcourant dans ma pensée les moyens de le prévenir. Je ne pouvais ni mettre de l'ordre dans mes idées, ni me contenir.

Un pétitionnaire était à la barre; un membre invite le président à lui accorder la parole; aux premières phrases de sa pétition, qui portaient sur les élections, je l'interrompis et j'éclatai.

[Here Thibaudeau places *in extenso* his attack on Tallien and all plans to prolong the existence of the Convention; Thibaudeau claims that his speech restored to the majority its courage.]

Placée sur la défensive, la commission des cinq n'eut plus même la force de faire adopter la permanence de l'assemblée. La Convention décréta seulement que la commission ferait son rapport le lendemain, et leva la séance, convaincue qu'elle avait échappé à un grand danger, et déterminée à ne pas se laisser ravir les fruits de cette victoire.

Tallien fit un rapport au nom de la commission des cinq. Après un tableau des diverses factions qui menaçaient la république et qui n'apprenaient rien de nouveau, il présenta un projet de décret contre les prêtres, les royalistes, les émigrés et leurs parens. Le but de cette loi était d'écarter des fonctions publiques les nobles et les parens d'émigrés, puisque les émigrés eux-mêmes étaient morts civilement. On voulait exclure par là du corps législatif quelques députés du nouveau tiers. Sous ce dernier rapport je combattis le décret, mais il fut adopté à une grande majorité. Des membres de la Convention, qui ne l'approuvaient pas antérieurement, se trouvaient trop heureux d'en être quittes pour une mauvaise loi. Il ne s'en fallut que de très-peu qu'on ne rétablît aussi celle du *maximum*. Il fallut qu'un homme en faveur, comme Charles Delacroix, auprès de ceux qui proposaient cette mesure funeste, s'y opposât pour la faire rejeter.

(*Thibaudeau*, I, 243–62)

B. THE REACTION IN THE MIDI

[Extracts from the *pièces justicatives* of Fréron's 'Mémoire historique sur la réaction royale etc.']

(151) *L'Administration municipale de la commune et canton de Salon, aux citoyens Administrateurs du département des Bouches-du-Rhône.*[1]

Nous nous empressons, citoyens, de vous faire part des renseignemens que nous avons pu nous procurer sur les assassinats qui se sont commis en l'an troisième dans cette commune; le résultat de toutes les instructions que nous avons pu découvrir nous met à même de vous

[1] Written at the end of 1795.

donner le tableau des malheureux qui ont succombé sous la tyrannie des compagnies de Jésus et du Soleil.

1°. De cette commune, les citoyens Dauphin, Laugier, Chailan, Marc-Salle, Ravel, massacrés de coups de sabre et de trique, en les conduisant à la maison d'arrêt: après de longs traitemens ils ont été guéris de leurs blessures; Tassel père, ex-administrateur du district de Salon, a été assassiné dans les prisons du fort S.-Jean, à Marseille; son fils aîné, volontaire, et Pelegrin de Pelissanne, capitaine d'une compagnie stationnée près le Martigues, ont été assassinés sur la route de Marseille, par un nombre d'individus de la compagnie du Soleil de cette commune; ainsi qu'il en est constaté par une procédure qui a été dressée à cet effet.

Truchement, ex-commissaire national du district de Salon, et Bonnaud, ex-agent national du même district, et le citoyen Lardeirol, de Port-Chamas: tous les trois ont été inhumainement assassinés dans les prisons d'Aix.

Le citoyen Granet, ex-président de l'administration du département des Bouches-du-Rhône, et Jean-Joseph Roche, de la commune de Port-Chamas, ont été assassinés par les soi-disant honnêtes gens de cette commune, ainsi qu'il en est constaté par les procès verbaux consignés dans nos registres.

Le citoyen Aubert, cultivateur, a été impitoyablement massacré dans le grande cour de la maison d'arrêt de cette commune, à la suite de son interrogatoire fait par le juge de paix, ainsi qu'il en est constaté par le procès verbal consigné dans les registres de cette commune; et, après une très-longue maladie que ses blessures graves avaient occasionée, il fut assez heureux d'en guérir.

Enfin, cette horde d'anthropophages était si affamée du sang des républicains, qu'aucun de ceux qui furent conduits dans ces temps orageux dans la maison d'arrêt, n'était épargné de coups de sabre, et mutilé de coups de triques; mais ces monstres ne voulant mettre aucun terme à leurs horreurs, en floréal et prairial de l'an trois, ils se portèrent à trois reprises différentes aux maisons d'arrêt de cette commune, pour aller nager et s'abreuver du sang des malheureux détenus, et s'ils furent conservés à cette époque, ce ne fut uniquement que parce qu'ils ne purent venir à bout d'enfoncer les portes, des avant-coureurs y ayant déjà fait des brèches; et comme les cris perçans des malheureux prisonniers, qui se faisaient entendre à la faveur des ténèbres de la nuit, perçaient le cœur des habitans; ces derniers se portèrent en foule porter du secours, et empêchèrent les scélérats d'effectuer leurs barbares desseins.

L'affaire du 13 vendémiaire sembla suspendre toutes ces horreurs; les uns enfouirent leurs armes par crainte d'être poursuivis à cause de leurs crimes, et prirent la fuite, et d'autres se cachèrent.

C'est depuis cette mémorable époque que cette commune a joui d'une douce tranquillité, mais elle n'a pas été de longue durée.

Il a paru dans les journaux que les journées des premier et deux germinal étaient favorables pour eux. Isnard et Jourdan ont donné comme le signal, par leurs discours exécrables, à cette race maudite de se lever de nouveau, reprendre leurs armes pour égorger et assassiner le reste des républicains; voilà ce qu'ils préméditent; les menaces publiques, les coups frappés en plein jour nous sont un avant-coureur d'une Saint-Barthélemi.

Le tableau que nous pourrions vous faire de l'état de notre commune actuelle ne pourrait pas certainement être agréable, puisqu'il s'agit de vous dépeindre notre situation, nos angoisses et nos peines; nous vous annonçons que, dans cette commune, le vice peut tout oser avec impunité, et la vertu et la vérité doivent se taire et se cacher.

Nous vous annonçons donc une parfaite conjuration conduite par une bande de scélérats qui prépare aux républicains de Salon le carnage le plus affreux, et c'est d'intelligence avec des étrangers à cette commune, qui se tiennent cachés sous différens prétextes, et sont prêts à servir cette conjuration; les conjurés ont des signes de reconnaissance dans tous les lieux où ils se rencontrent; leurs assemblées nocturnes ressemblent à un troupeau de tigres affamés; ce n'est, par les rues, que des pelotons de ces assommeurs qui insultent, provoquent et abîment les portes des républicains à coups de pierres; bientôt on ne pourra plus sortir de ses maisons sans être rossés à coups de triques; le chant infâme du Réveil du Peuple est leur signe de ralliement, et les cris de vivent les aristocrates retentissent de toutes parts; ils invoquent à eux le prétendu roi de Vérone, appellent à eux les braves Autrichiens, et disent avec enthousiasme: 'Destruction de tous ces coquins de la convention, et pas plus de république que de républicains!' Ils tirent la nuit des coups d'armes dans les rues, et ne se cachent point dans le jour pour commettre des horreurs; le nombre des bons républicains est fort petit dans notre commune, et nous sommes en vérité dans la plus grande consternation; cette engeance maudite foule aux pieds toutes les lois, et ne respire que sang et carnage.

Voilà, citoyens administrateurs, le portrait fidèle de l'esprit public de cette malheureuse commune.

Salut et fraternité. (*Fréron*, 113–16)

(152) *Note des déclarations faites devant le jury d'accusation, le dix germinal,*[1] *présent mois, par le citoyen* Uris Bruno, *volontaire au premier bataillon de Loir-et-Cher, en garnison à Marseille, témoin entendu dans la procédure de Delcœur.*

Le jour du massacre du fort Jean, il était de garde avec six de ses camarades, chez les représentans. On leur fit prendre les armes, et ils accompagnèrent les représentans Chambon, Isnard et Cadroy. Il était alors de huit à neuf heures du soir.

Arrivés à la barrière du fort Jean, ils la trouvèrent fermée. Il y avait, en dedans, un factionnaire qui refusa de l'ouvrir, malgré les ordres réitérés des représentans. Cadroy lui demanda de faire venir le commandant du fort; mais, comme il ne venait pas, les grenadiers enfoncèrent la barrière; ils entrèrent, et furent jusqu'au pont qu'ils trouvèrent levé. Le commandant se présenta à l'intérieur du fort; il refusa d'abord de faire baisser le pont; mais, sur les ordres réitérés et les menaces des représentans, le pont fut baissé, et les grenadiers entrèrent avec les représentans.

On trouva deux factionnaires bourgeois à côté du pont, et dans l'intérieur du fort. Les représentans et les grenadiers s'arrêtèrent devant la cantine. La place était pleine des égorgeurs qui massacraient; Cadroy leur adressa la parole et leur dit: '*Qu'est-ce que ce bruit? est-ce que vous ne pouvez pas faire* CE QUE VOUS FAITES EN SILENCE? *Cessez ces coups de pistolets. Qu'est-ce que ces canons?* ÇA FAIT TROP DE BRUIT, *et met l'alarme dans la ville.*' Cadroy entre dans la cantine, et, après en être sorti, il dit aux égorgeurs: '*Enfans du Soleil,* JE SUIS A VOTRE TÊTE; *je mourrai avec vous, s'il le faut.* MAIS EST-CE QUE VOUS N'AVEZ PAS EU ASSEZ DE TEMPS? *cessez.* IL Y EN A ASSEZ.' Les égorgeurs l'entourèrent en criant, et alors il leur dit: '*Je m'en vais,* FAITES VOTRE OUVRAGE.'

Cadroy a ôté des assassins des mains des grenadiers qui les avaient saisis.

Le déclarant a vu commettre des meurtres et des assassinats en sa présence.

Les égorgeurs engagèrent le déposant et ses camarades à boire et à manger, et ils leur proposèrent d'aller dépouiller les cadavres. Ces brigands, leur disaient-ils, *ont des assignats et des bijoux.*

Cadroy ne voulut pas qu'on battît la générale. Le commandant de la place la fit battre malgré lui. Couton, alors camarade du déclarant, et aujourd'hui employé dans un magasin à Albingue, près Oneille, a vu les mêmes faits, et est en état de les attester.

(*Fréron*, 134–6)

[1] *An* IV–30 March 1796.

(153) From a letter to Fréron from the *accusateur public* of the *tribunal Criminel* at Aix, 11 *brumaire an* IV—2 November 1795

. . . Quatre procédures me furent envoyées qui constatent la mort de François Julien, cafetier; du nommé Gail, dégraisseur; de la femme Maillet, et de deux inconnus. Dans aucune de ces procédures, *on ne trouve des preuves pour lancer des mandats d'arrêt*, ce sont *toujours des inconnus* qui ont fait le coup; jamais les témoins ne veulent ou n'osent désigner personne.

Le 24 messidor, je donnai ordre au juge de paix du canton d'Eyragues d'informer sur un assassinat commis dans cette commune sur la personne du nommé Claude Durand, *détenu*. En réponse à ma lettre, le juge de paix *se borna à m'envoyer un procès-verbal* qui retraçait les circonstances de cet assassinat. Je vais transcrire ici la réponse que je fis à ce juge de paix au sujet de cet envoi. C'est dans mon registre de correspondance que je puise cette lettre. 'Je reçois à l'instant, citoyen, votre lettre du 28 du mois dernier, ensemble le procès-verbal qui constate l'assassinat de Claude Durand; je vous déclare que je suis très-surpris de *ne recevoir que ce procès-verbal*. Je vous invitais expressément par ma lettre du 24 d'informer sur cet attentat. Auriez-vous commis l'*inexcusable négligence de ne pas prendre d'information*? Je répugne à le croire; mais s'il est vrai qu'elle n'ait pas été prise, je vous enjoins de la prendre et de me l'envoyer sans délai. Il est impossible qu'elle ne donne des renseignemens sur les infâmes auteurs de ce meurtre. Le délit, ainsi que je vous le disais dans ma lettre, et ainsi que le porte le procès-verbal dressé par la municipalité, *a été commis en plein jour*; *il serait surprenant que les assassins n'eussent pas été reconnus*. Citoyen, vous êtes magistrat, vous êtes fonctionnaire public, il est de votre devoir de poursuivre, de chercher à connaître, de désigner à la justice *tous les monstres quelconques* qui déshonorent par leur barbarie leur qualité d'homme. Il ne faut pas plus faire de grâce aux *pendeurs* qu'aux *sabreurs*; les uns et les autres méritent également l'animadversion des citoyens, et le juste courroux de la justice. En conséquence, j'espère, citoyen, que vous vous empresserez d'effacer le tort dans lequel vous me paraissez être, en m'envoyant tout de suite l'information que je vous demande, et qui ne saurait, je le répète, être infructueuse.

Vous voudrez bien aussi mettre en règle, etc., etc., etc., etc.'

Au commencement de thermidor, j'appris que deux assassinats avaient été commis vers la fin de prairial, dans le terroir de Gemenos; je me procurai une liste de témoins que j'envoyai au juge de paix d'Aubagne, avec ordre d'informer sur-le-champ; la procédure fut prise;

les témoins que j'avais désignés et d'autres furent entendus et déclarèrent *tous ne rien savoir*; j'en témoignai ma surprise au juge de paix, par la lettre que je lui écrivis le 23 thermidor, en l'invitant à faire de nouvelles recherches. Je suis moralement certain que les témoins que j'avais indiqués étaient instruits du nom des auteurs des assassinats; cependant, aucun d'eux, appelés devant le juge de paix, n'osa les désigner; c'est à la pusillanimité des témoins, et à elle seule, qu'il faut attribuer l'impunité des assassinats qui ont été commis dans ce malheureux département.

Un nouvel assassinat fut commis dans le courant de fructidor, à Château-Renard. Des inconnus rencontrèrent le concierge des prisons, dans la rue, le forcèrent, le pistolet sous la gorge, de leur remettre la clef de la prison, et en arrachèrent Claude Fournier, gendarme, qui fut assassiné. Ce fait me fut dénoncé par le commissaire national du district de Saint-Remi. Sur-le-champ j'écrivis au juge de paix de Château-Renard, pour lui enjoindre d'informer. Ma lettre est du 18 fructidor; le 24 dudit mois, j'écrivis de nouveau à ce juge de paix, pour le rappeler à son devoir qu'il ne remplissait pas, parce qu'il avait des craintes personnelles: 'Je vous observe, lui disais-je, qu'il n'y a que vous qui deviez lancer des mandats d'arrêt, et faire les premières poursuites. La loi vous le commande impérieusement; elle n'a pas prévu le cas où la vie d'un fonctionnaire public serait en danger. Rien ne saurait le dispenser de faire son devoir; mais je ne puis me persuader que vous eussiez à risquer quelque chose pour la faire exécuter. Le peuple de Château-Renard ne saurait trouver mauvais que la justice cherche à punir les monstres qui ont déshonoré cette commune par un assassinat. . . . Ainsi je vous recommande la plus grande diligence dans la poursuite, et j'attends incessamment de recevoir le résultat de vos démarches.' Quelque temps après, la procédure me fut envoyée, elle est déposée au greffe, mais elle ne *désigne aucun coupable*, malgré que plusieurs témoins aient été entendus.

. . . Toutes ces procédures et le registre de ma correspondance dont j'ai extrait quelques fragmens, prouveront dans tous les temps que je n'ai rien négligé pour assurer les droits de la justice et pour faire punir les coupables des grands crimes, que j'ai en horreur, de *quelque masque qu'ils se couvrent*, *de quelque dehors de vertu qu'ils se parent*, ou que j'ai poursuivis avec une activité sans relâche, lorsque des preuves m'ont été données, ou lorsqu'il m'a été possible d'en recueillir.

Quel est le devoir d'un accusateur public? C'est d'exciter le zèle des juges de paix, de les surveiller et d'accuser les coupables qui sont désignés par les témoins. Je n'ai de reproche à me faire sur aucun de ces objets. Aucun délit n'est venu à ma connaissance que je n'en aie provoqué la poursuite; que pouvais-je faire de plus? Était-ce à moi à donner aux témoins le courage qui leur manquait, à ordonner des mesures répressives, autres que celles ordonnées par la loi? Si vous considérez la nature de mes fonctions, la borne de mes pouvoirs et les circonstances des temps désastrueux pendant lesquels j'ai exercé mon pénible ministère, vous serez convaincu que je l'ai rempli dans toute son étendue. Je ne crains pas devant aucun tribunal l'examen de ma conduite; mes principes sont connus; j'ai manifesté avec courage l'horreur la plus invicible pour les actes de vengeance atroce qui ont déshonoré ce département, et je ne crains pas qu'aucun citoyen se lève pour m'accuser d'avoir été l'apologiste ni l'approbateur de l'assassinat, ni même d'avoir, par faiblesse, ralenti mes poursuites contre des meurtriers connus.

(*Fréron*, 178–83)

(154)

Marseille, le 2 prairial an III de la République française une et indivisible.

Le procureur-syndic du district, au procureur-syndic du département des Bouches-du-Rhône, à Aix.

Je viens de recevoir, citoyen, avec votre lettre du 29 floréal dernier, trois exemplaires d'une adresse des autorités constituées de Lyon, au peuple français et à la convention nationale.

Je regrette, ainsi que vous, de n'en avoir reçu qu'une aussi petite quantité.

Nous avons à gémir sur les actes de violence qui se sont commis! . . . Sans doute . . . Mais si les scélérats, les terroristes et les buveurs de sang, qui se voient à l'agonie, ne levaient pas une tête aussi altière et ne cherchaient pas, sous les prétextes les plus insidieux, à nous agiter en tout sens, pour nous désunir et nous perdre, *le citoyen paisible, tranquille et soumis aux lois, ne se verrait pas forcé de purger le sol de la république, de ses ennemis les plus déclarés.*[1]

L'insurrection arrivée hier à Toulon, est un exemple frappant de l'audace effrénée avec laquelle ces monstres osent se déchaîner contre les vrais amis de la convention.

Marseille, sur laquelle ils se proposent de marcher, est là . . . de nombreux bataillons se préparent; la représentation nationale vient de

[1] Fréron's italics.

faire marcher de l'artillerie vers Toulon; nos frères du district d'Aix ne tarderont pas, à coup sûr, de se réunir à nous, et les amis sincères de la république et de la convention, ne pourront que débarrasser bientôt le Midi des monstres qui depuis long-temps l'infestent.

Salut et fraternité,

(*Fréron*, 183–4)

(155) Emigrés and *biens nationaux*

Je n'avance rien que je ne sois en état de prouver; je fais grâce aux lecteurs des nombreuses pétitions qui m'ont été adressées par des acquéreurs de biens nationaux, expulsés de leurs domaines par les émigrés rentrés. Veut-on une preuve, entre mille, de la protection qui leur était accordée, qu'on lise la pétition ci-dessous de la veuve d'un brave marin tué dans un combat naval.

Au citoyen FRÉRON, *commissaire du gouvernement.*

CITOYEN,

La citoyenne Bouisson, veuve Janniquet, pleine de confiance dans la justice qui vous caractérise, vous expose qu'elle arrenta le 22 brumaire de l'année dernière, au directoire du district, un bien de campagne national, auquel elle n'a rien épargné pour qu'il fût tenu en bon état, et pour le faire produire une récolte abondante: alors le citoyen Augustin Baux, émigré, et ci-devant propriétaire de cette maison avant sa fuite, profitant de la loi des 22 germinal et prairial, qui permettait aux ouvriers, marins, matelots, aux boulangers et officiers de santé, de rentrer sur le territoire de la république, a su, à force d'intrigues et de subterfuges, faire changer sa profession de marchand de toile en gros, en celle d'officier de santé, et sous le spécieux prétexte d'être revêtu de cette qualité illusoire, s'autorisant d'une radiation excroquée et sans fondement, attaqua l'exposante, la traduisit au bureau de conciliation, qui la renvoya au tribunal du district. Il porta ses prétentions à exiger la moitié de la récolte; il fut débouté de sa demande. Elle resta un certain laps de temps tranquille; mais le citoyen Baux fit encore un appel à ce même tribunal, qui, pour cette fois, jugeant en faveur de cet émigré, lui accorda nonseulement la moitié, mais la récolte en entier de cette campagne. En conséquence, il a fait faire saisie des olives que ladite citoyenne Janniquet avait fait porter à un moulin pour les détriter; alors se voyant, par ce coup d'autorité imprévu et arbitraire, frustrée d'un bien qu'elle se croit légitimement dû et acquis, elle a dans ce moment recours à la vôtre, pour obtenir main-levée desdites olives, comme choses à elle appartenant. Pénétrée de l'humanité et de la justice qui fait la base de vos opérations, elle espère que vous voudrez bien accueillir avec bonté sa juste demande.

Salut et fraternité.

Signé Thérèse Bouisson, veuve Janniquet.

(*Fréron*, 249–51)

(156) Letter to Fréron from Toulon, 30 *fructidor an III*—16 September 1795

Le décret[1] que tu as provoqué contre les émigrés de ce pays a été reçu à Marseille comme il devait l'être par des partisans de la royauté. . . .

Le pape a nommé l'abbé Remonet évêque à Marseille; l'abbé Canton a été fait son grand-vicaire. Il a nommé aussi un archevêque à Aix, etc.

Mais aussi, quels représentans le comité de salut public envoie-t-il dans les départemens, qui ne font que royaliser les peuples, par où ils passent!

Durand de Maillane vient de faire afficher un arrêté qui ordonne que les émigrés qui exercent des fonctions publiques seront maintenus dans leurs places.

Chambon, à Marseille, en a fait autant, et vous pouvez compter que vos décrets sur les prêtres et sur les émigrés ne seront pas exécutés.

On espère beaucoup des sections de Paris; ce sont elles qui donneront le signal de la révolte pour Marseille.

Il est à craindre qu'à la moindre hostilité on n'assassine les prisonniers du fort Saint-Jean. Il est vrai qu'on ne ferait qu'abréger leurs souffrances, car on les fait périr de misère; tous les jours on en enterre un grand nombre.

Le décret sur les émigrés n'a été su ici, à Toulon, que par les papiers publics; le représentant Rouyer ne l'a pas reçu, dit-il, officiellement. Cependant les émigrés n'ont pas attendu qu'on le publiât; ils sont tous partis pour Marseille.

Le peuple, en général, est bon républicain dans cette ville, mais voilà quinze jours que l'on renvoie presque tous les ouvriers de l'arsenal, comme si nous avions la paix; on en ignore la raison.

Tous les jours on signale l'escadre anglaise au nombre de vingt-sept à vingt-huit vaisseaux; on craint toujours quelque trahison.

Voulez-vous sauver la chose publique? rappelez tous les représentans qui sont dans le Midi, et envoyez-y des républicains sages et modérés

[1] The decree of 20 *fructidor*.

qui cherchent à concilier les esprits plutôt qu'à les animer les uns contre les autres, comme ont fait les représentans Mariette et Cadroy, qui ont toujours prêché l'assassinat.

Cependant on voit ce Mariette, qui veut la constitution de 89, dans le comité de sûreté générale.

Depuis près de neuf mois, Cadroy est à Marseille; c'est lui qui est l'auteur de tous les assassinats qui se sont commis dans les départemens des Bouches-du-Rhône et du Var.

Salut et fraternité.

Signé RIPÈRE GUIS.

(*Fréron*, 263–5)

(157) Letter to Fréron from Toulon, 8 *vendémiaire an* IV—30 September 1795

Je vous ai marqué dans ma dernière ce qui se passait à Marseille au sujet du décret contre les émigrés qui ont livré Toulon aux Anglais.

Aujourd'hui je dois vous dire que le représentant Durand de Maillane a vu ce décret avec indignation, et voici le propos qu'il a tenu à la commune de Solliers qui n'est composée que de ces messieurs: ils se plaignaient à lui de ce décret; il leur répondit en présence d'un ami qui me l'a rapporté, et qui m'a dit que je pouvais le citer, que ce décret avait été surpris à la Convention par les scélérats Barras et Fréron, mais qu'ils pouvaient rester tranquilles. Ce décret a été affiché hier ici pour la première fois. Cependant les émigrés de tous les villages qui s'étaient réfugiés ici avec les Anglais, bien loin de se disposer à partir, s'arment pour faire une honorable et juste résistance.

Marseille est toujours dans la plus complète insurrection contre la Convention; il s'y fait des farandoles de quatre à cinq cents émigrés qui se promènent dans les rues, le sabre à la main, chantant des horreurs contre la Convention.

Je dirai toujours qu'il faut que les représentans Chambon, Cadroy et Guérin soient d'accord avec eux pour laisser avilir de la sorte la Convention. J'ai observé, et je le répète, que Marseille est le lieu où il s'est commis le plus d'assassinats et autres horreurs, et où l'on continue à persécuter avec la barbarie la plus révoltante tout ce qui s'est montré républicain.

J'ai observé, dis-je, qu'on n'en a presque jamais parlé à la Convention; il paraît que tout est d'accord pour laisser égorger et persécuter tous les patriotes de cette ville.

Si on n'y prend garde, je crains bien que les royalistes ne prennent le dessus dans la Convention; et ils finiront par égorger ce qui est républicain.

Tous les jours je me persuade et me confirme dans l'idée que votre comité de salut public vous joue; Dieu veuille que je me trompe! la saine partie de la Convention s'en apercevra quand il ne sera plus temps.

Salut.

Signé RIPÈRE GUIS.

(*Fréron*, 270–2)

(158)

Les Arcs, 22 brumaire an 4 de la République française une et indivisible.

Le président de l'administration municipale du canton des Arcs, département du Var, au citoyen FRÉRON, *commissaire du gouvernement dans les départemens du Midi.*

CITOYEN COMMISSAIRE,

Je viens de recevoir les pièces dont je vous transmets, sous ce pli, une copie conforme. Placé entre les devoirs de la subordination et une loi positive, j'ai cru devoir recourir à l'autorité supérieure pour qu'elle m'indiquât la route que j'ai à tenir. L'acte dont l'exécution est ordonnée à notre municipalité se trouve signé par trois individus notoirement portés sur la liste des émigrés: Joseph Raynouard de Brignolles, Alexandre-Alexis de la Roque Broussane, et Marcel Boyer de Barjols; cet acte est à la date du 15 brumaire courant. Or la loi du 4 de cedit mois, insérée au Bulletin du même jour, insertion qui, aux termes de cette loi, tient lieu de promulgation, porte, art. 3, que tous les actes qu'un individu porté sur une liste d'émigrés et non définitivement rayé, qui aurait accepté une fonction administrative, aurait pu faire depuis la publication de la loi, seraient déclarés nuls et comme non avenus.

Entièrement soumis à la hiérarchie des pouvoirs établis par la constitution, mais craignant de concourir à l'exécution d'un acte frappé de nullité par la loi, je m'adresse à vous, citoyen commissaire, comme étant spécialement chargé de l'exécution des lois relatives aux émigrés.

Si, contre ce qui m'a été assuré, votre mission ne s'étendait pas au département du Var, je vous prie de vouloir bien transmettre ma dépêche au commissaire envoyé dans ce département.

Salut, fraternité et respect,

Signé TRUE.

(*Fréron*, 296–7)

(159) *Arrêté* of the *assemblée primaire of* Montélimar, Drôme, 8 *vendémiaire an* IV—30 September 1795

L'assemblée primaire de Montélimart, divisée en deux sections qui sont en permanence, instruite du décret de la Convention du premier vendémiaire, qui déclare que la majorité du peuple français a accepté les décrets des 5 et 13 fructidor;

Considérant que les membres de la Convention, étant juges et partie dans cette cause, et ayant trop manifesté le désir de se perpétuer dans leur place, la délicatesse et le respect qu'ils doivent au peuple leur faisaient un devoir de publier le vote particulier des assemblées primaires dont ils ont fait le dépouillement;

Que l'importance de la matière ne leur permettait pas de se borner à ce dépouillement, et leur faisait une loi de se procurer les procès verbaux de toutes les assemblées primaires de la république qui ont voté ou ont gardé le silence sur ces décrets;

Que cette mesure était d'autant plus nécessaire que le décret du 5 fructidor n'imposant que l'obligation d'envoyer les procès verbaux d'acceptation ou de réjection de la constitution, plus des trois quarts n'ont pas envoyé ceux relatifs aux susdits décrets;

Que parmi ceux qui ont fait ce dernier envoi, il était bien évident que la majorité serait pour les acceptans, bien certains du bon accueil que leur ferait la Convention, par les marques d'allégresse qu'elle donnait à l'acceptation desdits décrets; d'où il est naturel de conclure que ceux qui n'ont pas fait l'envoi des seconds procès-verbaux n'ont pas accepté lesdits décrets;

Considérant que ces décrets, désastreux et attentatoires à la souveraineté du peuple, ne peuvent avoir force de loi qu'autant qu'ils seront formellement revêtus de la sanction de la majorité; qu'ainsi toutes les assemblées primaires qui n'ont pas expressément voté sur ces décrets, les ont nécessairement rejetés, ne fût-ce que par la raison que leurs électeurs, n'ayant pas de pouvoir limité, sont libres de choisir indéfiniment tous ceux qu'ils croiront propres à faire cesser les maux dont le peuple est accablé;

Considérant que le silence dans lequel la Convention s'enveloppe aurait obligé les assemblées électorales à se diriger par la majorité de leurs procès-verbaux sur cette question, s'il ne résultait des recensemens présentés par la Convention, que ses décrets, des 5 et 13 fructidor, sont rejetés à une immense majorité; qu'en effet étant forcée de convenir que 187,758 votans seulement se sont déclarés pour leur adoption, il n'est pas permis de douter que ce soit là une imperceptible minorité, eu égard à la population de 24 millions d'individus, et au nombre de citoyens actifs qu'elle doit produire; et tout au moins qu'il n'y ait une extrême disproportion entre le nombre de ces acceptans, et celui de 958,226 citoyens qui ont voté sur la constitution; ce qui suffit pour autoriser tous les électeurs de la république à voter sans restriction;

A arrêté à l'unanimité, que les électeurs de Montélimart seront tenus de nommer à la législature tous les Français éligibles qu'ils jugeront dignes de leur confiance; qu'ils ne reconnaîtront point des décrets des 5, 13 fructidor, et celui du premier vendémiaire, en ce qui concerne la réélection forcée des deux tiers des membres de la Convention; a déclaré nul et comme non avenu tout ce qui pourrait être fait de contraire au présent arrêté qui sera imprimé, envoyé aux 48 sections de Paris, à toutes les assemblées électorales, et aux chefs-lieux de district.

(*Fréron*, 307–10)

C. MODIFICATIONS IN THE 'GOUVERNEMENT RÉVOLUTIONNAIRE'

(160) The *représentant* in the Ain to the Committee of Public Safety, Bourg, about 29 *thermidor an* II—16 August 1794

Citoyens collègues,

Maintenant que le calme est rétabli dans le chef-lieu du département de l'Ain, je puis vous rendre compte de l'état affreux dans lequel je l'ai trouvé en y arrivant.

Une poignée d'intrigants y commettaient les plus cruelles vexations: la consternation était peinte dans tous les regards; le silence de l'effroi, les rues désertes présentaient l'aspect du malheur et l'empreinte de l'oppression.

Huit ou dix scélérats, qui ne devaient leur crédit qu'à la terreur qu'ils inspiraient, disposaient de tout à leur gré. Ils agissaient sourdement pour concilier des regrets au sort de Robespierre; ils élevaient insidieusement des doutes sur la justice de sa punition, prévoyant bien qu'elle allait précipiter leur chute et entraîner leur condamnation.

Par la proclamation ci-jointe, j'ai rappelé la confiance et ramené les cœurs à la certitude de la justice et à l'espoir de la félicité.

Depuis lors, tout respire la tranquillité; la joie se lit dans tous les yeux; on manifeste sans danger le désir du bon ordre, l'amour de la Convention, et l'on bénit ses lois depuis qu'on n'a plus à redouter les mesures odieuses qui semaient la terreur et servaient d'armes aux méchants pour étouffer les réclamations et faire trembler tous les bons citoyens.

L'épuration des corps constitués du département et de la commune de Bourg a été ma première opération.

La masse, l'on peut même dire la totalité de ses habitants, est excellente. Plus redoutables par la scélératesse que par le nombre, les agitateurs se réduisaient à très peu. Le triage a été bientôt fait, et les acclamations, la satisfaction publique ont attesté la bonté du choix qui les a remplacés. . . .

(*Aulard CSP*, XVI, 164–6)

(161) Decree re-organizing the committees of the Convention, 7 *fructidor an* II—24 August 1794

La Convention nationale décrète que les adjonctions des divers Comités de la Convention nationale aux Comités de salut public et de sûreté générale, autres que celles déterminées par la loi qui règle les fonctions des Comités, sont supprimées.

La Convention nationale, après avoir entendu le rapport de sa Commission établie pour lui présenter le travail de la réorganisation de ses Comités, décrète:[1]

TITRE PREMIER.

DE LA FORMATION DES COMITÉS

Il y aura seize Comités de la Convention nationale, savoir:

Un Comité de salut public, composé de douze membres;

Un Comité de sûreté générale, composé de seize membres;

Un Comité des finances, composé de quarante-huit membres;

Un Comité de législation, composé de seize membres;

Un Comité d'instruction publique, composé de seize membres;

Un Comité d'agriculture et des arts, composé de douze membres;

Un Comité du commerce et des approvisionnements, composé de douze membres;

Un Comité des travaux publics, composé de douze membres;

Un Comité des transports, postes et messageries, composé de douze membres;

Un Comité militaire, composé de seize membres;

Un Comité de la marine et des colonies, composé de douze membres;

[1] Sur l'élaboration de cet décret, voir mon *Histoire politique de la Révolution*, p. 505. [*Aulard's note.*]

Un Comité des secours publics, composé de seize membres;

Un Comité de division, composé de douze membres;

Un Comité des procès-verbaux, décrets et archives, composé de seize membres;

Un Comité des pétitions, correspondance et dépêches, composé de douze membres;

Un Comité des inspecteurs du Palais national, composé de seize membres.

TITRE II.

ATTRIBUTIONS DES COMITÉS

ART. 1er. *Comité de salut public.*—Le Comité de salut public a la direction des relations extérieures, quant à la partie politique, et en surveille la partie administrative.

Il a aussi sous sa surveillance:

La levée et l'organisation des forces de terre et de mer, l'exercise et la discipline des gens de guerre.

Il arrête les plans de campagne, tant de terre que de mer; il en surveille l'exécution.

Il a pareillement sous sa surveillance:

La défense des colonies, les travaux des ports et la défense des côtes;

Les fortifications et les travaux défensifs de la frontière;

Les bâtiments militaires;

Les manufactures d'armes, les fonderies, les bouches à feu et machines de guerre, les poudres, les salpêtres, les munitions de guerre, les magasins et arsenaux pour la guerre et la marine;

Le dépôt général des cartes et plans, et des archives de la guerre de terre et de mer;

Les remontes, charrois, convois et relais militaires;

Les hôpitaux militaires;

L'importation, la circulation intérieure, l'exportation des denrées de toutes espèces;

Les mines;

Les magasins nationaux;

Les subsistances des armées, leurs fournitures en effets d'habillement, équipement, casernement et campement.

Il prend, en se conformant aux lois, toutes les mesures d'exécution relatives aux objets dont l'attribution lui est faite ci-dessus,

Il exerce le droit de réquisition sur les personnes et les choses.

Il peut faire arrêter seul les *agents militaires* qu'il surveille, ou les remettre en liberté, pourvu que la délibération soit prise au nombre de sept membres au moins; mais il ne peut les traduire au Tribunal révolutionnaire que par délibération prise en commun avec le Comité de sûreté générale, selon les règles ci-après déterminées.

A l'égard des fonctionnaires et agents purement *civils*, qui sont dans le ressort de sa surveillance, il ne peut les faire arrêter, ni les traduire au Tribunal révolutionnaire, que par délibérations communes avec le Comité de sûreté générale.

Dans ces délibérations communes, chaque Comité doit fournir moitié plus un des membres qui les composent.

En toutes délibérations, communes ou séparées, qui sont relatives à une arrestation ou à une mise en jugement, l'expédition en est signée de tous les membres qui ont concouru, et la signature de chacun est précédée de cette formule individuelle: *Je déclare avoir participé à la délibération.*

ART. 2. La Trésorerie nationale ouvrira au Comité de salut public, pour dépenses secrètes et extraordinaires, un crédit de dix millions. Tous crédits précédemment ouverts et non employés sont supprimés.

ART. 3. *Comité de sûreté générale.*—Le Comité de sûreté générale a la police générale de la République.

Il décerne les mandats d'amener ou d'arrêt contre les citoyens, les remet en liberté, ou les traduit au Tribunal révolutionnaire.

Les mandats d'amener peuvent être décernés par cinq de ses membres seulement.

Ceux d'arrêt, de mise en liberté ou en jugement, doivent l'être par neuf au moins.

L'expédition de tous mandats d'amener ou d'arrêt, ainsi que de toutes délibérations tendantes à traduire un citoyen au Tribunal révolutionnaire, sera signée de tous les membres qui auront concouru, avec cette formule individuelle qui précédera la signature de chacun: *Je déclare avoir participé à la délibération.*

ART. 4. Lorsqu'il met en arrestation des fonctionnaires publics, il en prévient, dans les vingt-quatre heures, les Comités qui ont la surveillance sur eux.

ART. 5. Il a particulièrement et immédiatement la police de Paris. Il requiert la force armée pour l'exécution de ses arrêtés.

ART. 6. La Trésorerie nationale tient à sa disposition trois cents mille livres pour dépenses extraordinaires ou secrètes.

ART. 7. En toutes arrestations émanées, soit du Comité de sûreté générale, soit de celui de salut public, ces Comités décideront, dans le délai de deux mois au plus tard, s'il y a lieu ou non de mettre en jugement les individus arrêtés.

La liberté sera rendue à ceux qui ne seront pas mis en jugement, à moins qu'ils ne soient dans le cas d'être détenus comme suspects, d'après les motifs exprimés dans la loi du 17 septembre dernier.

ART. 8. *Comité des finances.*—Le Comité des finances a la surveillance des dépenses et revenus publics.

Cette surveillance comprend la Trésorerie nationale et toutes les dépenses des Commissions exécutives;

L'administration des domaines et revenus nationaux;

Les contributions;

L'aliénation des domaines;

Les assignats et monnaies;

La marque d'or et d'argent;

La liquidation générale;

Le bureau de comptabilité;

Il propose les lois relatives à cette partie, et prend, en se conformant à celles déjà rendues, des mesures d'exécution sur les objets dont il a la surveillance.

ART. 9. *Comité de législation.*—Le Comité de législation a la surveillance des administrations civiles et des tribunaux.

Il est chargé des détails relatifs au recensement et à la classification des travaux commencés en exécution des décrets des 3 floréal et 11 prairial derniers. Il propose les lois relatives à sa partie, et prend, en se conformant à celles qui sont rendues, des mesures d'exécution relatives aux objets qui lui sont attribués. . . .

TITRE III.

DISPOSITIONS GÉNÉRALES.

ART. 23. Les arrêtés que les Comités peuvent prendre dans les cas ci-dessus déterminés, doivent toujours avoir pour base une loi précise.

En cas de silence ou d'obscurité de la loi, l'interprétation en appartient essentiellement à la Convention nationale et est expressément interdite aux Comités.

ART. 24. Sont néanmoins exceptés des dispositions de l'article précédent, les arrêtés relatifs aux plans de campagne, aux mouvements des armées de terre et de mer, et aux relations extérieures.

Sont aussi exceptés les arrêtés relatifs à la circulation et exportation du numéraire, qui seront pris par le Comité de salut public, en se concertant avec le Comité des finances. . . .

ART. 27. Les Commissions exécutives rendent compte aux Comités et leur donnent tous les renseignements relatifs aux objets qu'ils surveillent.

ART. 28. Les Comités ont une autorité immédiate, chacun dans leur ressort, sur les corps administratifs et judiciaires, pour l'exécution de leurs arrêtés.

ART. 29. La correspondance des autorités constituées avec les différents Comités, relativement aux attributions qui leur sont données, doit être faite avec l'exactitude prescrite par la loi du 14 frimaire, dont l'exécution est maintenue dans toutes les dispositions qui ne sont pas contraires au présent décret. . . .

ART. 31. Les Comités donneront, chaque décade, les notices des arrêtés obligatoires pour les autorités constituées, qu'ils auront pris dans la décade précédente. Ces notices, signées particulièrement du président et du secrétaire de chaque Comité, seront, sans autre intermédiaire, envoyées à l'imprimerie de la Convention nationale, qui les réunira et imprimera dans un feuilleton particulier, par lui certifié conforme, pour ensuite en être faite la distribution aux membres de la Convention.

ART. 32. Ne sont pas compris dans les dispositions de l'article précédent: 1° les arrêtés du Comité de sûreté générale qui ne seront pas relatifs à des mesures générales de police; 2° ceux des Comités de salut public et de finances dans les cas déterminés par l'article 24 ci-dessus; 3° enfin ceux de tous les Comités, lorsqu'ils n'auront trait qu'à des renseignements ou mesures préparatoires.

ART. 33. Outre les notices dont il est parlé en l'article 31 ci-dessus, le Comité de salut public enverra en entier copie de ces arrêtés d'exécution aux divers Comités qui ont la proposition des lois relativement aux objets sur lesquels ces objets porteront.

ART. 34. Tous les Comités se renouvellent chaque mois par quart. La nomination des membres des Comités de salut public et de sûreté générale se fait par appel nominal, et les membres sortants de l'un de ces deux Comités ne peuvent être élus membres de l'autre, ni réélus dans le même qu'un mois après leur sortie.

ART. 35. A l'égard des autres Comités les nominations s'opèrent par scrutins signés, et les membres sortants y sont rééligibles sans aucun intervalle.

ART. 36. La sortie des Comités s'opère par ancienneté; à parité de date, le sort en décide.

Néanmoins et la prochaine fois, le sort décidera indistinctement entre ceux dont la nomination était antérieure au 10 thermidor.

ART. 37. Les membres actuels des Comités, conservés, qui ne complèteront pas les trois quarts du nombre décrété par la présente loi, y seront maintenus la prochaine fois; il sera seulement procédé à leur complément. . . .

(*Aulard CSP*, XVI, 310–20)

(162) J. J. Dussault's picture of the members of the *Comités de gouvernement* denounced in the Convention by Lecointre, 12 *fructidor an* II—29 August 1794

. . . On se plaignait qu'une dénonciation si grave eût été traitée si légèrement. Déjà se faisaient remarquer ces jeunes gens, que l'on appela bientôt *la jeunesse dorée*, et à laquelle Fréron adressa son journal. Les plus hardis ne craignaient pas de dire qu'on saurait bien forcer la Convention à examiner cette affaire. Le lendemain, le peuple se porta en foule à la séance. 'Jamais, selon Dussault, on n'avait vu, depuis le jugement de Capet, une affluence aussi considérable. L'opinion était favorable à Lecointre en ce sens qu'elle ne lui était pas défavorable.'—Le même auteur nous peint ainsi la contenance des députés dénoncés: 'Leur teint et leur physionomie étaient flétris sans doute par le genre de travaux pénibles et nocturnes auxquels ils s'étaient livrés. L'habitude et la nécessité du secret leur avaient imprimé sur le visage un sombre caractère de dissimulation; leurs yeux caves, ensanglantés, avaient quelque chose de sinistre. Le long exercice du pouvoir avait laissé sur leur front et dans leurs manières je ne sais quoi de fier et de dédaigneux. Les membres du comité de sûreté générale avaient quelque chose des anciens lieutenants-généraux de police, et ceux du comité de salut public, quelques formes des anciens ministres d'état. Par une de ces faiblesses qui n'honorent pas le cœur humain, l'amour-propre des représentans semblait flatté de les voir se rapprocher d'eux; on briguait l'honneur de leur conversation, l'avantage de leur toucher la main. On croyait lire encore son devoir sur leurs fronts. C'étaient des rois détrônés dont on s'honorait d'être l'avocat. Cependant ils étaient devenus plus lians. Billaud-Varennes tâchait de donner à ses yeux effrayans un caractère plus doux, à sa voix tranchante une expression plus moelleuse, à son front pâle et défait plus de sérenité.'

(*Buchez*, XXXVI, 58)

(163) *Arrêté* of the *Comité de législation*, 22 *fructidor an* II—8 September 1794

Vu la loi du 7 fructidor, sur l'organisation des Comités de la Convention nationale, portant, art. 13: . . .; art. 28: . . .; art. 29: . . .;

Vu la loi du 14 frimaire, portant, art. 10 de la 2e section, que tous les corps constitués enverront à la fin de chaque mois l'analyse de leurs délibérations;

Le Comité de législation, considérant que la surveillance sur les corps administratifs et judiciaires, dont la Convention nationale l'a investi, ne peut être exercée par lui efficacement et avec l'activité du gouvernement révolutionnaire, qu'en exigeant, aux termes de la loi ci-dessus citée, l'envoi, à la fin de chaque mois, par les administrations de département et de district, de l'analyse de leurs délibérations, et par les tribunaux civils et criminels et les juges de paix, de l'analyse des jugements rendus par eux, le tout sans nuire à la correspondance avec les différents Comités, relativement aux attributions qui leur sont données par la loi du 7 fructidor et aux mesures qui peuvent être prises pour l'envoi des comptes décadaires au Comité de salut public,

Arrête que les administrations de département et de district feront parvenir exactement au Comité de législation, à la fin de chaque mois, l'analyse de leurs délibérations, et que les tribunaux civils, criminels et de police et les juges de paix lui adresseront pareillement l'analyse de leurs jugements.

(*Mautouchet* 334–5)

(164) Decree on *certificats de civisme*, 4e *sans-culottide an* II—20 September 1794

La Convention nationale, après avoir entendu le rapport de ses Comités de salut public, de sûreté générale et de législation, décrète;

Article 1er.—Les municipalités et comités de sections qui refuseront des certificats de civisme seront tenus d'exprimer les motifs de leur refus.

Art. 2.—Les citoyens auxquels les municipalités auront refusé des certificats de civisme pourront s'adresser au directoire de leur district, qui, après avoir vérifié les motifs du refus, accordera ou refusera s'il y a lieu le certificat de civisme.

(*Mautouchet*, 335)

(165) Letters to the Committee of Public Safety from the *agent national* of the *district* of Aix

(a) 10 *brumaire an* III—31 October 1794

Les intrigants et les hommes de sang et d'argent dominent encore le peuple par la crainte et arrêtent ainsi l'explosion des preuves de leurs crimes et de leurs dilapidations. Leur présence inspire encore l'effroi en proportion du mal qu'ils ont commis, parce qu'ils annoncent leur réintégration prochaine. Ils se répandent partout dans les campagnes et dans les petites communes pour égarer le peuple en calomniant la Convention nationale et les opérations bienfaisantes des représentants du peuple Serre et Auguis.

Un d'eux a poussé la scélératesse jusqu'au point d'exhorter les habitants d'une commune à ne pas verser de blé dans Aix *parce qu'on était en contre-révolution*; c'est ainsi qu'ils qualifient la journée du 24 vendémiaire qui a balayé des administrations des hommes impurs et immoraux, qui perdent à regret leurs places, leur crédit, leur funeste influence, et surtout l'impunité.

Un autre répand l'alarme sur les subsistances et menace une commune de se voir enlever tout son blé par la commune d'Aix *réduite à manger de l'herbe*.

Les représentants du peuple m'ont fortement recommandé de faire poursuivre ces coupables. Le juge de paix du canton se paralyse volontairement, et, au lieu de faire son devoir, il veut les excuser.

L'esprit public de moralité, de probité et de justice, ne s'alliera dans tout le district à l'amour pur de la patrie que quand les petites communes seront épurées.

(b) [Undated]

Le district d'Aix ne jouit pas encore de tous les bienfaits de la Révolution du 9 thermidor. Les disciples de Robespierre répandent encore la terreur et l'effroi; leur audace est extrême: ils osent encore espérer: ils annoncent leur prochain retour: ils assurent que les têtes rouleront bientôt dans les rues; ils avilissent par leurs propos la Convention nationale; ils paralysent les autorités constituées. En général les agents nationaux des communes épurées ne remplissent pas leur devoir, ils exposent le salut de la patrie par leur inaction; ils ont connaissance de plusieurs faits contraires à l'ordre public, ils ne les dénoncent pas, parce qu'ils craignent; ils ne se pénètrent pas de cette grande vérité que le fonctionnaire public se doit tout à sa patrie et ne doit jamais calculer pour lui-même.

Quant à quelques municipalités du district, qui n'ont pas été encore épurées, on peut dire qu'elles n'appartenaient pas à la République depuis son heureuse régénération; le système de Robespierre y est encore en vigueur; heureusement la guillotine n'est plus en leur pouvoir, mais l'oppression leur reste. . . .

Tel est le tableau rapide de notre pénible situation; on a sonné le tocsin de la guerre civile, on a fait distribuer des cartouches; il y a eu des assemblées dans les bois. La masse des citoyens serait imposante s'ils avaient plus d'énergie et s'ils n'étaient pas frappés de la frayeur des revenants. J'ai la preuve que, quand ils ont voulu secouer le joug, les oppresseurs ont écrit qu'il fallait se rallier vers Marseille et provoquer des mesures défensives.

(c) 22 *germinal an* III—11 April 1795

La position de la commune de Jouques rend l'exécution des mandats d'arrêt bien difficile par l'impossibilité de pouvoir entourer à l'improviste toute la commune et de garder toutes les avenues des bois qui en sont très voisins.

Les terroristes, comptant sur la nature des lieux pour se ménager une retraite assurée aux moindres craintes, n'en sont que plus audacieux; ils ne couchent jamais dans le village; ils n'y sont que dans le jour; ils en sortent chaque nuit, et personne n'a le courage de suivre leurs traces.

Voici quelques détails sur leur conduite qui me sont donnés par l'agent national de Jouques:

L'adresse envoyée par la Convention à tous les départements fut déchirée presque en même temps qu'elle fut affichée.

Le 13 nivôse, à huit heures du soir, il y eut grande assemblée au cabaret d'un nommé Bernard Fauché, composée de presque tous les terroristes; on y dit que les Jacobins à Paris avaient gagné leur procès et qu'ils avaient tué plus de trois mille aristocrates.

Ils sortent ensuite, ils se répandent dans les rues, criant de toutes leurs forces: Vive la Montagne! vivent les Jacobins! Embrassons-nous! Il faut nous soutenir! Nous ne périrons jamais! . . .

(*RF*, 13, 3–7)

(166) The Closure of the Jacobin Club[1]

(a) Extract from no. 23 of the *Ami des citoyens*

Les Jacobins depuis long-temps nous disent que les droits de l'homme doivent dormir pendant la durée du gouvernement révolutionnaire; de quel front osent-ils aujourd'hui réclamer les droits de l'homme qu'ils ont violés avec tant d'insolence? Les Jacobins nous ont vanté le gouvernement révolutionnaire. Eh bien! la mesure dont ils se plaignent est révolutionnaire, qu'en ont-ils à dire? Ils ne peuvent pas faire une ré-

[1] The last session of the Jacobin Club was on 21 *brumaire*—11 November 1794.

clamation fondée qui ne tourne à la honte de leurs précédens principes. —Nous n'avons plus qu'une invitation à faire aux patriotes: c'est de voir avec moins de tranquillité la joie inquiétante de l'aristocratie, qui nous entoure et se mêle à nous, sous prétexte de se réunir contre les égorgeurs. Appelons de toutes nos forces les sociétés populaires; mais que ces sociétés aient le bon esprit de surveiller, et non pas de vouloir être le gouvernement. . . .

(b) Extract from the *Annales patriotiques*, 26 *brumaire an* III—16 November 1794

. . . La suspension des Jacobins qu'on regarde comme leur suppression absolue, est-elle un pas en avant ou en arrière? Tend-elle à arrêter la fin de la révolution, ou à la faire rétrograder? Est-ce l'échafaudage que l'on brise quand l'édifice est construit, ou n'est-ce qu'une suite de cette manie de tout détruire par la violence qui semble être devenue notre maladie chronique?—Les Jacobins ne pourraient-ils pas être considérés comme une espèce de tuyau par où s'évaporaient les passions qui fermentaient dans la Convention? Maintenant qu'elles y seront concentrées, n'y produiront elles pas des explosions fréquentes et terribles? Ne tendront-elles pas à sa propre destruction? N'a-t-on pas attendu pour détruire les Jacobins le moment où ils n'étaient plus dangereux? A-t-on calculé l'effet de cette suppression sur l'esprit public.

Les mécontentemens n'ayant plus où se porter, et leurs causes n'étant pas détruites, ne se dirigeront-ils pas éxclusivement sur la Convention? A qui s'en prendra-t-on sur la somme du mal qui sera toujours très-grande? Sur qui la Convention déversera-t-elle ce fardeau de plaintes, d'exaspérations, de mécontentemens inévitables?

Ceux qui crient aujourd'hui *vive la Convention*! parce qu'elle détruit les Jacobins, sont-ils véritablement les amis de la Convention? N'est-ce pas un cri cajoleur? La Convention est-elle, ou n'est-elle pas la dupe de cette flagornerie? Tous ces gens-là crieraient-ils d'aussi bon cœur, *vive la République*? Ne serait-il pas possible qu'ils criassent dans quelques temps, à *bas la Convention*, et que la Convention ne se vît réduite à rétablir les Jacobins? Dans cette hypothèse n'aurait-il pas été très-impolitique à elle de les détruire? N'aurait-elle pas imité l'imprévoyance de ces Américains, qui vendaient leurs lits le matin, ne sachant pas qu'ils en auraient besoin le soir?

Si cette résurrection avait lieu, les écrivains, les journalistes, qui s'empressent aujourd'hui de donner le coup de pied de l'âne, ne seraient-ils pas les premiers à chanter la palinodie? Avant de se prononcer, se sont-ils fait toutes les questions que nous nous faisons ici, sans parler de celles que nous pourrions nous faire encore?

(c) Extract from the *Annales patriotiques* of 30 *brumaire an* III—20 November 1794

Raisson, qui a fait les fonctions de président dans la dernière séance des Jacobins, vient d'être mis en arrestation par ordre du comité de sûreté générale; on l'accuse d'avoir été de tout temps l'ami et le partisan de Robespierre, de qui il tient la place qu'il occupe à l'ancien comité de subsistance. Les mesures de sûreté sont à l'ordre du jour, non-seulement contre les Jacobins, mais encore contre toutes les sociétés affiliées, et spécialement contre le club électoral.—De nombreuses patrouilles parcourent les rues, les places publiques, le palais-égalité, et surtout le Louvre, qui est le lieu destiné aux séances du club électoral. Plusieurs autres clubistes ont déjà éprouvé le sort de Raisson et de Legray; et l'on surveille surtout les sociétés qui contreviennent au décret, en refusant de renoncer aux affiliations.—Les postes seront doublés pendant plusieurs jours, et principalement à cette époque où l'affaire de Carrier touche à sa fin. . . .

(*Buchez*, XXXVI, 180–3)

(167) Repeal of the decree of 27 *germinal* on *la police générale*, 18 *frimaire an* III—8 December 1794

BOURDON (de l'Oise): Je viens, au nom des trois comités de législation, de salut public et de sûreté générale, vous proposer le rapport de la loi du 27 germinal sur la police générale de la république. (Vifs applaudissements.) Tout le monde sait que les hommes sur lesquels cette loi portait ont été traités avec une barbarie inconcevable; car, malgré qu'ils n'eussent pas été jugés suspects par les comités révolutionnaires de Paris, qu'on n'accusera certainement pas de douceur, ils furent obligés de s'éloigner de Paris.

Le but de celui qui avait commandé cette loi est facile à deviner, et des notes écrites de sa main ne permettent pas de douter qu'il ait voulu établir sa tyrannie sur les cadavres des hommes qui composaient ce qu'on appelait autrefois les deux premières classes et la classe intermédiaire. En renvoyant de Paris tous les ci-devant nobles, il ôtait aux citoyens de cette ville qui travaillaient pour eux les moyens d'exister. Ainsi il marquait les hommes qu'il voulait perdre, et il augmentait la classe des nécessiteux, c'est-à-dire l'armée de gens à 40 sous. Vos comités, pénétrés des motifs qui vous animent, ont cru que c'était le jour où vous rappeliez vos collègues[1] que vous deviez rapporter la loi du 27 germinal, afin de prouver au peuple que vous ne vouliez pas seulement être justes envers vos collègues, mais envers tous les citoyens. (Vifs applaudissements.)

Un de mes collègues m'a dit que des représentants du peuple avaient pris des arrêtés qui coïncidaient avec cette loi; je demande qu'ils soient annulés.

GARNIER (de Saintes): Il est dans votre cœur de compléter la mesure de justice qu'on nous propose. Je vous observai, il y a quelques jours, que, le lendemain de la loi du 27 germinal, le comité de salut public avait ordonné aux ci-devant nobles habitant des villes maritimes de la Vendée de s'en éloigner à vingt lieues; ce sont, pour la plupart, des agriculteurs, qui n'ont jamais été suspects à personne. Je demande que cet arrêté soit aussi annulé.

MONTMAYAU: Ce n'est pas assez de rapporter la loi du 27 germinal, il faut encore établir l'égalité. Cette loi était contraire à l'égalité, parce qu'elle donnait des lettres de noblesse, je veux parler des *passes* que prenaient ceux qui étaient obligés de s'éloigner de Paris: je demande qu'ils soient anéantis.

BOURDON (de l'Oise): Cet amendement fut proposé hier à la réunion des trois comités, et on l'a retiré comme inutile. Nous ne connaissons plus de noblesse en France (applaudissements), et ce serait une marque de pusillanimité que de croire qu'un misérable passe de police puisse jamais balancer la volonté souveraine du peuple français. Je demande l'ordre du jour, motivé sur la loi qui anéantit toutes les distinctions. (Applaudissements.)

L'ordre du jour est adopté.

Les autres propositions sont décrétées ainsi qui'il suit:

'La Convention nationale, après avoir entendu le rapport de ses comités de salut public, de sûreté générale et de législation réunis, rapporte la loi du 27 germinal sur la police générale de la république, à l'exception des articles Ier et II, et annulle tous les arrêtés du comité de salut public et des représentants du peuple portant de semblables dispositions.'

(*Moniteur*, XXII, 699–700)

[1] The 73 deputies who had protested against the expulsion of the Girondin leaders.

(168) Decree abolishing the *Maximum*, 4 *nivôse an* III—24 December 1794

La Convention nationale, après avoir entendu le rapport de son Comité de commerce et d'approvisionnements, décrète:

ART. 1er. Toutes les lois portant fixation d'un maximum sur le prix des denrées et marchandises cesseront d'avoir leur effet à compter de la publication de la présente loi.

ART. 2. Toutes les réquisitions faites jusqu'à ce jour par la Commission de commerce et d'approvisionnements ou par les représentants du peuple en mission, pour les subsistances des armées de terre et de mer, et pour l'approvisionnement de Paris, seront exécutées.

ART. 3. Toutes les réquisitions faites pour les districts ou communes seront maintenues jusqu'à la concurrence des quantités de grains nécessaires à leur approvisionnement pendant deux mois.

ART. 4. Les matières, denrées ou marchandises qui seront livrées en vertu des deux articles précédents seront payées au prix courant du chef-lieu de chaque district à l'époque où elles seront délivrées, ce qui sera constaté par les mercuriales ou registres tenus à cet effet.

ART. 5. Dans le cas où les marchés ne seraient pas approvisionnés, les districts sont autorisés, pendant un mois à dater de la publication de la présente loi, chacun dans leur arrondissement, à requérir tous marchands, cultivateurs ou propriétaires de grains ou farines, d'en apporter aux marchés la quantité nécessaire pour leur approvisionnement.

ART. 6. La Commission de commerce et approvisionnements aura droit de préemption ou préférence sur tous les objets nécessaires à l'approvisionnement des armées et places de guerre, jusqu'à la concurrence des besoins du service.

ART. 7. Les marchandises ou denrées ainsi préachetées seront enlevées dans le mois qui suivra la préemption, et seront payées à l'époque de la délivrance, suivant le prix commun, lors de la préemption, de la place où les achats auront été faits.

ART. 8. La Commission de commerce et approvisionnements sera tenue de présenter, dans le délai d'une décade, au Comité de salut public, le tableau des préemptions à faire pour compléter les besoins des armées jusqu'à la récolte.

[ART. 9 à 13. Concernent exclusivement le commerce des céréales.]

ART. 14. Toutes procédures commencées pour violation faite aux lois sur le maximum sont anéanties; il ne pourra être donné aucune suite aux jugements rendus sur cet objet qui n'auront pas été exécutés. Les citoyens détenus en vertu de ces jugements seront mis en liberté sans délai.

ART. 15. Toutes réquisitions de denrées ou marchandises, autres que celles ci-dessus énoncées, sont annulées, à compter de la publication du présent décret. . . .

(*Caron*, 124–5)

(169) Circular letter of the Committee of Public Safety to the *agents nationaux de district* enquiring about the effects of the abolition of the *maximum*, 20 *pluviôse an* III—8 February 1795

Le Gouvernement ne s'est point dissimulé que la suppression de la loi du maximum et la liberté rendue au commerce et à l'industrie occasionneraient une augmentation assez forte dans le prix des denrées, salaires, et en général de plusieurs objets de consommation. Rien n'était si naturel que cette réaction d'une compression trop forte qu'il a fallu faire cesser. Mais, comme il est nécessaire que le Gouvernement ait toujours présent à l'esprit le mouvement qui s'opère dans les variations des prix en plus et en moins, nous te chargeons de nous marquer sur le tableau ci-joint les prix actuels les plus ordinaires des objets qui y sont mentionnés, et celui qu'ils avaient communément avant la loi du maximum. Ce n'est pas une appréciation rigoureuse que nous demandons, mais seulement une approximation raisonnable, et elle suffira pour satisfaire aux vues que nous avons eues en faisant dresser ce tableau, que nous n'avons pas jugé à propos de rendre plus complet, afin d'écarter toute idée de retour à des dispositions générales sur cette matière. Tu auras soin encore, si, sur certains articles, il y avait une excessive disproportion entre les prix actuels et les anciens, d'en indiquer, le plus brièvement possible, la cause la plus apparente, à la colonne des observations.

(*Caron*, 128)

(170) From Lindet's speech in the Convention defending his colleagues in the former Committee of Public Safety, 2 *germinal an* III—22 March 1795

. . . L'ancien comité avait, par ses opérations, fait monter le change à 40, tandis qu'aujourd'hui il est descendu à 13l.; 24 liv. valent 200 liv. En vous faisant décréter la formation d'une commission pour réviser les lois tyranniques, on vous a fait ordonner votre supplice.

Siéyes vous a dit que, depuis le 31 mai, la Convention n'était pas libre en délibérant: cette assertion détruit l'édifice de vos lois, et renverse la constitution de 1793, seul fondement de la liberté des Français.

D'un autre côté, vous avez entendu Saladin, dans le rapport fait au nom de la commission des Vingt-et-un, dire qu'on avait substitué aux lois une législation atroce et sanguinaire. Ainsi, l'un vous conteste vos pouvoirs, l'autre vous accuse d'en avoir usé pour ensanglanter la terre. Vous êtes jugés, vous n'avez qu'à marcher à l'échafaud: vos ennemis n'attendront pour vous frapper que le moment où ils vous verront assez abattus pour ne pouvoir plus vous relever. S'ils n'en choisissent que trois aujourd'hui, ils se réservent de désigner les autres.

Ce n'est pas à moi à vous proposer des remèdes à tant de maux et des moyens de salut. Sans doute on cherchera dans les vingt mille signatures que j'ai données, un texte pour motiver un acte d'accusation contre moi. (*Plusieurs voix*: Il suffit de ton discours.) J'ai voulu conserver Lyon à la République; j'ai pacifié le Calvados; j'ai conjuré le fédéralisme; j'ai arrêté ceux qui voulaient se porter contre Paris: c'est assez pour que je périsse.

Quoi qu'il en soit, je le déclare, le rapport de votre commission est insuffisant. Il isole du gouvernement quelques-uns de ses membres, et c'est le gouvernement tout entier que vous devez juger. Je demande qu'il vous soit fait un rapport général qui embrasse tout le gouvernement, qui sépare bien les opérations qui tiennent au malheur des temps, à la nécessité, de celles dont on ne pourrait inférer que des inculpations personnelles. Jamais on ne m'arrachera un honteux désaveu, une rétractation qui n'est pas dans mon cœur. Mes écrits, mes discours, mes actes, je soumets tout à la censure; on y trouvera toujours la même constance dans les principes, la même fermeté dans la résolution de défendre la liberté de mon pays. On verra que jamais je n'ai conseillé les mesures violentes et sanguinaires; ces mesures n'entraient ni dans mon caractère, ni dans ma pensée. Je n'ai point eu de relation avec Robespierre, Couthon et Saint-Just; depuis longtemps j'avais su les juger, et plus de cent membres de cette assemblée peuvent attester quelle était mon opinion sur ces hommes. Je conclus à ce qu'il vous soit fait un rapport général et détaillé sur la conduite et les actes de l'ancien gouvernement. Votre sûreté vous le commande; le vœu du peuple français vous en fait un devoir.

(*Buchez*, XXXVI, 249–51)

(171) Decree on disarming the 'terrorists', 21 *germinal an* III—10 April 1795

La Convention nationale, après avoir entendu le rapport de ses Comités de salut public, de sûreté générale et de législation réunis, décrète ce qui suit:

ARTICLE 1er.—Le Comité de sûreté générale est chargé de prendre toutes les mesures nécessaires pour faire désarmer sans délai les hommes connus dans leurs sections comme ayant participé aux horreurs commises sous la tyrannie qui a précédé le 9 thermidor.

ART. 2.—Les représentants du peuple en mission sont chargés de prendre les mêmes mesures dans les départements soumis à leur surveillance.

ART. 3.—Dans les départements où il n'y a pas de représentants, les administrations du district feront procéder au désarmement des hommes prévenus de pareils excès, à la charge d'en rendre compte au Comité de sûreté générale.

ART. 4.—Le présent décret et le rapport qui le précède seront sur-le-champ imprimés et envoyés dans les départements par des couriers extraordinaires.

(*Mautouchet*, 365)

(172) Decree restoring the *administrations de département* to their functions before 31 May 1793, 28 *germinal an* III—17 April 1795

Sur le rapport du Comité de législation, la Convention nationale décrète:

ARTICLE 1er.—La loi du 14 frimaire an II est rapportée en ce qui concerne les administrations de département et de district.

ART. 2.—Les départements et les districts reprendront les fonctions qui leur étaient déléguées par des lois antérieures au 31 mai 1793 (vieux style).

ART. 3.—Les directoires de département seront composés de huit administrateurs; ils nommeront leur président.

ART. 4.—La place de procureur général syndic est rétablie. . . .

ART. 8.—Le Comité de législation présentera dans le plus bref délai le tableau des lois qui doivent être rapportées ou modifiées d'après les dispositions de la présente, et ce pendant, les administrations et les procureurs syndics de district rempliront, sous la surveillance des départements, les nouvelles fonctions attribuées aux districts et agents nationaux par les décrets postérieurs au 31 mai 1793 (vieux style). . . .

ART. 10.—Le présent décret sera envoyé aux départements par des courriers extraordinaires.

(*Mautouchet*, 367)

(173) Decree, 24 *prairial an* III—12 June 1795

Sur le rapport du Comité de sûreté générale, la Convention national décrète qu'aucune autorité constituée ne prendra le nom de 'révolutionnaire', et que celles qui portaient le nom de 'comités révolutionnaires' ne porteront plus, dans toute l'étendue de la République, que celui de 'comités de surveillance'.

(*Mautouchet*, 372)

(174) The Committee of Public Safety in decline: from the memoirs of Larevellière-Lépaux

Les travaux de la commission des Onze étant terminés, nous fûmes, Daunou et moi, nommés membres du comité du salut public. On lui mit en main le trident; je fus chargé d'étouffer les discordes civiles qui désolaient les départements de l'Ouest. C'était à la fin de l'an III. A cette époque, la Convention n'était plus cette assemblée redoutable,... Ce n'était plus qu'une foule sans consistance, une masse sans adhésion, formée des restes incohérents de tous les partis qui s'y étaient successivement élevés et détruits. L'état de la Convention était la fidèle image de celui de la France. Le comité de salut public, le vrai cœur de l'État, le seul centre auquel on pût se rattacher, qui pouvait seul tout rallier et imprimer le mouvement à tout, était lui-même tombé dans une complète dissolution. Quoique déjà prévenu de cet état déplorable, lorsque je l'eus sous les yeux dans le comité même, je crus descendre au tombeau, et m'ensevelir sous les débris de la France. J'éprouvai les plus cruelles angoisses que puisse ressentir un ami sincère de la patrie, lorsqu'il la voit s'abîmer dans le gouffre.

Chacun des membres du comité n'y était occupé que de ses propres affaires, de celles de ses amis ou de ses partisans. Toute la part qu'il prenait à l'administration, c'était de placer celui-ci, de faire payer à celui-là une somme qu'il réclamait à tort ou à raison, etc. Chaque partie de l'administration était confiée particulièrement à l'un des membres. Il la dirigeait à sa guise. Seulement sa correspondance, pour avoir un caractère officiel, devait être signée par deux autres membres. Mais, je l'ai déjà dit, ce n'était pas d'administration qu'on s'occupait. Comme, au surplus, il n'y avait aucun ensemble dans le comité, de leur côté les commissions administratives agissaient seules, isolément, comme elles voulaient ou comme elles pouvaient. Je dis comme elles pouvaient, car se procurer deux signatures pour leur donner des ordres, ou pour leur répondre, était chose fort difficile pour ceux des membres du comité qui auraient pourtant voulu encore agir au milieu de ce chaos. Souvent, pour obtenir ces deux signatures, il fallait attendre plusieurs jours. Ces hommes, qui ne s'occupaient que de petites intrigues, étaient trop accablés d'affaires pour les donner, et lorsque nous les pressions, Daunou et moi, en observant qu'un nom est bientôt mis, on nous objectait qu'on ne voulait pas signer sans avoir lu, ce qui était juste. Mais prétexter qu'on n'avait pas le temps! . . . On va voir tout à l'heure quel emploi on faisait de ce temps si précieux. Voici l'allure habituelle et journalière du comité de salut public lorsque j'y entrai. Elle fut la même jusqu'à son terme, qui heureusement ne fut pas éloigné.

Cambacérès en était le président. Il y arrivait sur les dix heures du matin. Une fois là, il se promenait de long en large dans la salle d'assemblée. A chaque instant, il faisait appeler Pierre, chef du bureau du comité, pour lui demander ou rien, ou plusieurs fois la même chose, afin de faire retentir le plus souvent possible à ses oreilles le son délicieux de ces mots: *citoyen président*, qui flattaient singulièrement sa vanité. Quand on se rappellera toutes les puérilités qui ont couvert de ridicule cet homme de beaucoup d'esprit et de talent, on ne taxera pas d'exagération ce que je dis là. Son premier soin était de faire mettre un bon pot-au-feu et de faire placer sur la table d'excellent pain et d'excellent vin, trois choses qui ne se trouvaient guère ailleurs que là, dans Paris. 'J'ai pour principe,' nous disait-il, 'que des hommes livrés à la fois aux travaux de l'Assemblée et à ceux du comité doivent être pourvus de bons restaurants, sans quoi ils succomberaient sous le poids de leurs labeurs.' Cette sage prévoyance du citoyen président lui conciliait tous les esprits. On s'empressait de la mettre à profit. Les divers membres du comité y paraissaient successivement de midi à deux heures. Ils entraient dans la salle d'assemblée: 'President, y a-t-il quelque chose de nouveau?'—'Mais non,' était la réponse la plus ordinaire. Là dessus, les arrivants visitaient le pot-au-feu, prenaient un bouillon, tiraient le morceau de bœuf de la marmite pour s'en administrer une tranche, qu'ils mangeaient avec le bon pain blanc et qu'ils arrosaient d'excellent bourgogne; puis on remettait la pièce tremblante dans la marmite, jusqu'à ce que le passage des survenants eût réduit les derniers venus à vérifier le proverbe: *Tarde venientibus ossa*. Après s'être ainsi réconforté l'estomac, on descendait à son bureau particulier, pour s'y occuper pendant un instant d'affaires particulières et d'intérêts privés. Ainsi se terminait le travail du matin et du jour.

Cependant, le soir, qui porte à la réflexion, réveillait l'inquiétude pour le lendemain. Sur les neuf ou dix heures, on se rassemblait dans la salle du comité, où chacun tâchait d'abord de faire rendre les décisions convenables à lui et à ses amis. Quant aux affaires générales, si le citoyen président en mettait quelqu'une sur le tapis: 'Ah! président,' s'écriait-on tout d'abord, 'les forces de l'homme sont bornées. Il n'est pas possible de soutenir son attention pendant si longtemps. Arrange cela; nous avons confiance en toi . . .' Et quoique Daunou et moi nous fissions à cet égard les plus grandes instances, il n'était pas possible d'engager de discussion sur les objets les plus importants. Néanmoins deux points essentiels captivaient l'attention chaque soir pendant quelques minutes, car il y allait de notre tête pour le lendemain. Ces deux points étaient les subsistances et l'argent. 'Ah! çà, président,' ne manquait-on pas de dire avec de grands signes d'inquiétude, 'les finances, où en sont-elles?'—'Mais . . . les assignats vont toujours en s'avilissant d'une manière effrayante,' répondait le citoyen président, 'et l'on ne suffira pas à imprimer dans la nuit ceux qui sont indispensables pour le service de demain. Si cela dure encore, ma foi, nous courons le risque d'être accrochés à la lanterne.' Alors une profonde terreur se peignait sur tous les visages.—'Ah! mon Dieu, quel malheur, président!' s'écriaient plusieurs voix suppliantes, 'va donc au cabinet d'Hourier-Éloi (c'était le membre du comité de salut public chargé des finances), dis-lui que nous le conjurons de nous faire subsister encore au moins quinze ou dix-huit jours. Viendra alors le Directoire exécutif qui fera comme il pourra.'—Pendant le demi-quart d'heure de l'absence de Cambacérès on s'abandonnait aux plus tristes doléances. A son retour, il promettait qu'on ferait ce qu'on pourrait et l'on se rassurait un peu sur cette réponse. 'Mais les subsistances! en aurons-nous pour demain?' reprenait-on. 'Hé! hé! . . . je n'en sais rien; mais je vais envoyer chercher notre collègue Roux, qui nous mettra au fait de cela.'

Roux (de la Marne) était un ex-procureur de bénédictins, gros, court, rond, frais et joufflu. Il avait de talents ce qu'il en fallait pour bien gérer les affaires d'une communauté et y assurer largement la bonne chère; mais il n'était sûrement pas de force, à beaucoup près, à administrer les subsistances de la France à cette époque. Il avait néanmoins la plus haute idée de sa propre habileté. Il se donnait, très-bon homme d'ailleurs, une grande importance et n'était embarrassé que du poids de sa gloire. C'était, au surplus, je le répète, un bon et honnête garçon, auquel on ne saurait contester un mérite précieux pour le moment, celui de pouvoir parler pendant un temps indéfini. En effet, lorsque deux ou trois mille femmes des faubourgs, soutenues par un innombrable ramassis de toutes sortes de mauvais sujets, poussés par des chefs de parti, venaient au comité de salut public pour demander du pain, en menaçant d'étrangler tous les membres de la Convention (menaces qui se renouvelaient souvent), on les envoyait au représentant du peuple Roux, chargé des subsistances. Les bureaux et le cabinet de Roux étaient dans les combles des Tuileries. On y parvenait par un escalier très-long, très-raide et très-étroit. Lorsque la tête de la colonne arrivait aux degrés les plus élevés, Roux sortait de son cabinet, paraissait sur le palier de son escalier, faisait faire halte, demandait du silence, et, soit qu'il en obtînt, soit qu'il n'en obtînt pas, du haut de cette tribune aux harangues, il en commençait une dont la durée était de trois, quatre ou six heures, et plus s'il le fallait, suivant l'obstination des pétitionnaires à tenir pied. Les interruptions, les clameurs, les menaces, tout était impuissant pour arrêter ce torrent débordé d'une éloquence assaisonnée de tous les lieux communs qu'on ne cessait de répéter dans ces temps-là. A la fin, étourdies, excédées de fatigue, rassasiées de vaines paroles au lieu de pain, ces malheureuses femmes défilaient peu à peu, les hommes se dispersaient, et lorsque toute cette multitude était réduite à un petit nombre, il congédiait le reste de ces bonnes citoyennes, en leur recommandant de porter dans leurs familles la paix et l'espérance, et surtout de leur bien faire connaître les heureux et constants efforts de leurs représentants pour ramener l'abondance parmi les bons citoyens, et déjouer les efforts de la malveillance.—Un certain jour de germinal, il pérora devant une innombrable multitude depuis huit ou neuf heures du matin jusque vers les cinq ou six heures du soir. C'est ainsi qu'il sauva plusieurs fois la Convention d'insurrections très-sérieuses.

Tel était le représentant Roux. Invité, comme je l'ai rapporté, à passer au comité de salut public, il y entrait tout essoufflé et toujours très-satisfait de lui-même et de ses opérations. 'Eh bien, Roux, mon ami,' s'écriait Cambacérès dès le premier abord, 'nos collègues sont inquiets de l'état des subsistances. Où en sommes-nous, quant à celles de Paris, pour demain?'—'Toujours même abondance, citoyen président,' répondait Roux, avec un air de jubilation et de triomphe, qui ne préparait guère au surplus de la réponse: 'toujours les deux onces de pain par tête, au moins dans la plus grande partie des sections! . . .'—'Eh! qué lé diable t'emporte!' répliquait Cambacérès avec son accent gascon, 'tu nous feras couper le cou avec ton abondance!'— Roux n'en retournait pas moins à son cabinet, aussi satisfait que s'il eût eu à sa disposition, dans Paris, tous les blés de l'Afrique et de la Sicile. De son côté, la bande du comité tombait pour quelques moments dans une consternation profonde. Mais bientôt une pensée lumineuse faisait évanouir ce sombre nuage. Il était promptement dissipé par le colloque suivant: 'Président, nous as-tu fait préparer quelque chose à la buvette? Après des journées aussi fatigantes, on a grand besoin de réparer ses forces.'—'Mais oui. Il y a une bonne longe de veau, un grand turbot, une forte pièce de pâtisserie et quelque autre chose comme cela . . .' Alors, adieu soucis, adieu crainte du lendemain! A l'abattement et à la terreur succédait la plus vive gaieté, et l'on sauvait joyeusement la patrie en s'empifrant de mets succulents, en sablant le champagne, et les bons mots assaisonnaient la bonne chère.

On se rappelle ces fréquents renvois que prononçait l'Assemblée aux comités de salut public, de législation et de sûreté générale réunis. Dans ces occasions, sur les onze heures ou minuit, ces derniers comités se faisaient annoncer; les deux battants s'ouvraient pour les recevoir, et l'on faisait avertir le comité réuni à la buvette; mais à peine s'en détachait-il quelques membres. Le rapporteur du comité spécialement chargé de l'objet qui motivait la réunion disait en deux mots de quoi il était cas. 'J'ai examiné les pièces,' ajoutait-il, 'voilà mes conclusions.'—'C'est bon,' disait-on unanimement. 'Allons, passons de l'autre côté. Ce surcroît de convives ranimait l'appétit mourant et ravivait la soif prête à s'éteindre. C'était un nouvel aliment aux joyeux propos qui se prolongeaient jusqu'à trois ou quatre heures du matin. Daunou et moi, peut-être quelques autres de nos collègues, n'avons point à nous reprocher d'avoir jamais pris part à ces repas sacriléges, ni du matin, ni du soir. J'éprouvais d'ailleurs un spasme continuel. Une oppression inexprimable accablait à la fois mon esprit et ma poitrine.

Que des hommes légers, et indifférents surtout, dansent sur le bord de l'abîme creusé sous leurs pas, et qui doit, selon toute apparence, les engloutir demain, ce n'est pas ce qui m'étonne. Des âmes fortes aussi peuvent quelquefois rire dans le danger; mais que des représentants d'une nation se livrassent à une joie insensée, à une bombance scandaleuse et missent les affaires dans l'oubli le plus profond, tandis que la malheureuse nation qui les avait appelés pour la sauver, accablée de misère, esténuée par la faim, déchirée par la guerre civile, tombait en ruines de toutes parts, frémissait dans l'attente d'une catastrophe plus épouvantable encore que toutes celles qui l'avaient précédée, c'est là, je l'avoue, ce que je n'ai jamais pu concevoir.

Vers la fin de la nuit, on quittait la buvette et on montait en voiture pour se faire conduire chez soi. Pour moi, je restais dans quelque coin en attendant que je pusse saisir au passage quelques signatures dont j'avais besoin et que la bonne humeur qu'avait fait naître le repas rendait quelquefois plus faciles à obtenir. Mais je renvoyais de bonne heure mon cocher (on avait attaché plusieurs voitures au service du comité de salut public) et je me rendais seul, au milieu de la nuit, à mon petit logement de la rue Copeau. Ma femme, mourant d'inquiétude, avait toujours l'oreille au guet, et ne commençait à respirer que lorsqu'elle entendait de loin mon petit bambou frapper sur le pavé.

J'atteste que je ne charge pas le tableau et que je dis la plus pure vérité. Cependant, quoique cette peinture du comité de salut public d'alors doive être conservée pour l'exactitude de l'histoire et la connaissance du cœur humain, je dois faire observer, pour la justification des membres qui le composaient, qu'ils ne doivent pas être jugés trop sévèrement. A la férocité du comité de salut public terroriste et à son gouvernement révolutionnaire, avait dû succéder peu à peu un relâchement absolu dans celui qui le remplaça. Ce n'est donc ni au cœur, ni à la tête de ses membres, dont la plupart étaient d'honnêtes gens, bien intentionnés, qu'il faut s'en prendre de cet état de choses. Cette indifférence, ce décousu, ce laisser aller étaient le résultat nécessaire d'un provisoire de trois années, tourmentées par les plus horribles convulsions qui puissent bouleverser une nation et par une suite de réactions qui avaient dû tout décomposer. A la fièvre chaude succède toujours une entière prostration de forces.

(*Larevelliere-Lépaux*, I, 245–55)

(175) Counter-Reaction: decree of 21 *vendémiaire an* IV—13 October 1795

La Convention nationale, après avoir entendu le Comité de législation, décrète, par addition au décret qui rapporte la loi du 17 septembre 1793:

ARTICLE 1er.—Il est défendu à tous juges de prononcer aucune condamnation contre les anciens membres des comités révolutionnaires, municipalités et administrations, à raison seulement des arrestations décernées par eux, lorsqu'elles auront été ordonnées pour les causes déterminées par la loi du 17 septembre 1793 et dans les formes prescrites par celle du 7 fructidor an III (*sic*, pour an II) à peine de prise à partie et des dommages-intérêts des citoyens intéressés.

ART. 2.—Les jugements, de quelque tribunal que ce soit, qui ont condamné des membres des comités révolutionnaires, municipalités et administrations à des peines, amendes ou dommages-intérêts à raison des arrestations ordonnées par eux conformément aux lois des 17 septembre 1793 et 7 fructidor an III (*sic*), sont annulés; les amendes et dommages-intérêts seront restitués, et les détenus élargis sur la simple ordonnance du président du tribunal civil. . . .

(*Mautouchet*, 377–8)

(176) Decree, 3 *brumaire an* IV—25 October 1795

La Convention nationale, après avoir entendu la commission des Cinq, décrète:

Art. 1er Les individus qui, dans les assemblées primaires ou dans les assemblées électorales, auront provoqué ou signé des mesures séditieuses contraires aux lois, ne pourront, jusqu'à la paix générale, exercer aucune fonction législative, municipale et judiciaire, ainsi que celle de haut-jury près la haute-cour nationale, et de jury près les autres tribunaux.

2. Tout individu qui a été porté sur une liste d'émigrés, et n'a pas obtenu sa radiation définitive; les pères, fils et petits-fils, frères et beaux-frères, les alliés au même degré, ainsi que les oncles et meveux des individus compris dans la liste d'émigrés, et non définitivement rayés, sont exclus, jusqu'à la paix générale, de toute fonction législative, administrative, municipale et judiciaire, ainsi que de celle de haut-jury près la haute-cour nationale, et de juré près les autres tribunaux.

3. Quiconque se trouvant dans le cas porté aux précédens articles accepterait ou aurait accepté une fonction publique de la nature de celles ci-dessus désignées, et ne s'en démettrait pas dans les vingt-quatre heures de la publication de la loi, sera puni de la peine de bannissement à perpétuité; et tous les actes qu'il aurait pu faire depuis la publication de la loi sont déclarés nuls et non-avenus.

4. Sont exceptés des dispositions des articles 2 et 3 les citoyens qui ont été membres des trois Assemblées nationales, ceux qui, depuis l'époque de la révolution, ont rempli sans interruption des fonctions publiques au choix du peuple, et ceux qui obtiendraient leur radiation définitive, ou celle de leurs parens ou alliés.

5. Le directoire exécutif pourvoira, sans aucun délai, en ce qui les concerne, au remplacement de ceux qui seront dans le cas de se retirer.

6 Pour l'exécution des précédens articles, les membres du corps

législatif et des autorités administratives, municipales, judiciaires et du haut-juré, avant que d'entrer en fonctions, déclareront, par écrit, les premiers, aux archives du corps législatif, et les autres, sur les registres des délibérations de l'autorité dont ils sont ou seront appelés à être membres, qu'ils n'ont provoqué ni signé aucun arrêté séditieux et contraire aux lois, et qu'ils ne sont point parens ou alliés d'émigrés aux degrés déterminés par l'article 2. Ceux qui feraient une fausse déclaration, seront punis de la peine portée en l'article 3.

7. Tous ceux qui ne voudraient pas vivre sous les lois de la République, et s'y conformer, sont autorisés, dans les trois mois qui suivront la publication du présent décret, à quitter le territoire français, à la charge d'en faire la déclaration à la municipalité du lieu de leur domicile, dans le délai d'un mois.

8. Ils pourront toucher leurs revenus, même réaliser leur fortune, mais de manière cependant qu'ils n'emportent ni numéraire, ni métaux, ni marchandises dont l'exportation est prohibée par les lois, et sauf l'indemnité qui pourra être déterminée par le corps législatif au profit de la République.

9. Ceux qui se seront ainsi bannis volontairement ne pourront plus rentrer en France; s'ils y rentraient, ils seraient considérés comme émigrés, et punis comme tels.

10. Les lois de 1792 et 1793, contre les prêtres sujets à la déportation ou à la réclusion, seront exécutées dans les vingt-quatre heures de la promulgation du présent décret, et les fonctionnaires publics qui seront convaincus d'en négligé l'exécution seront condamnés à deux années de détention.

Les arrêtés des comités de la Convention et des représentans du peuple en mission, contraires à des lois, sont annulés.

11. Il n'est rien innové à la loi du 22 fructidor dernier, qui a levé la confiscation des biens des prêtres déportés.

12. Les femmes d'émigrés, même divorcées et non remariées à l'époque de la publication de la loi; les mères, belles-mères, filles et belles-filles d'émigrés, non remariées, et âgées de plus de vingt et un ans, seront tenues de se retirer, dans la huitaine de la publication du présent décret, et jusqu'à la paix générale, dans la commune de leur domicile habituel en 1792.

Elles y resteront sous la surveillance de leur municipalité, et ce à peine de deux années de détention.

Sont exceptées celles dont les communes sont au pouvoir des rebelles dans les départemens de l'Ouest.

13. Toutes les dispositions de l'article ci-dessus seront également applicables à tout citoyen dont la femme sera émigrée; ou qui sera parent d'émigré aux degrés de père, beau-père, gendre et petit-fils. La contravention sera également punie de deux années de détention.

14. Tout officier de terre et de mer, commissaire des guerres ou employé dans les administrations militaires, qui, étant en activité de service au 10 août 1792, a, depuis cette époque, donné sa démission, et qui a été réintégré dans un service quelconque, est destitué de ses fonctions, et ne pourra être réemployé au service de la République.

15. Tout officier ou commissaire des guerres qui n'était pas en activité de service le 15 germinal an 3, et qui a été placé depuis cette époque jusqu'au 15 thermidor même année, est suspendu de ses fonctions, et ne pourra être réintégré que par ordre exprès du directoire exécutif, sur les preuves authentiques de bons services antérieurement rendus à la République.

16. La Convention nationale recommande paternellement à tous les républicains, à tous les amis de la liberté et des lois, la surveillance de l'exécution du présent décret. . . .

(*Buchez*, XXXVII, 85–7)

(177) The amnesty of 4 *brumaire an* IV—26 October 1795

ART. 1er. A dater du jour de la publication de la paix générale, la peine de mort sera abolie dans toute la république française.

2. La place de la Révolution portera désormais le nom de place de *la Concorde*. La rue qui conduit du boulevard à cette place portera le nom de rue de *la Révolution*.

3. La Convention abolit, à compter de ce jour, tout décret d'accusation ou d'arrestation, tout mandat d'arrêt mis ou non à exécution, toutes procédures, poursuites et jugemens portant sur des faits purement relatifs à la révolution. Tous détenus, à l'occasion de ces mêmes événemens, seront immédiatement élargis, s'il n'existe point contre eux des charges relatives à la conspiration du 13 vendémiaire dernier.

4. Les délits commis pendant la révolution, et prévus par le code pénal, seront punis de la peine qui s'y trouve prononcée contre chacun d'eux.

5. Dans toute accusation mixte, où il s'agirait à la fois de faits relatifs à la révolution et de délits prévus par le code pénal, l'instruction et le jugement ne porteront que sur ces délits seuls.

6. Tous ceux qui sont ou seront accusés de dilapidations de la fortune publique, concussions, taxes et levées de deniers avec retenue de tout

ou partie au profit de ceux qui les auront imposées, ou de tout autre fait semblable survenu pendant le cours et à l'occasion de la révolution, pourront être poursuivis, soit au nom de la nation, soit par les citoyens qui prouveront qu'ils ont été lésés; mais les poursuites se feront seulement par action civile et à fin de restitution, sans aucune autre peine.

7. Le directoire exécutif pourra différer la publication de la présente loi dans les départemens insurgés, ou présentement insurgés par des troubles, à la charge de rendre compte au corps législatif, tant du nombre des départemens, où la publication sera suspendue, que du moment où elle y sera faite, aussitôt que les circonstances le permettront.

8. Sont formellement exceptés de l'amnistie:

1° Ceux qui ont été condamnés par contumace pour les faits de la conspiration de vendémiaire;

2° Ceux à l'égard desquels il y a une instruction commencée ou des preuves acquises relativement à la même conspiration, ou contre lesquels il en sera acquis par la suite;

3° Les prêtres déportés ou sujets à la déportation;

4° Les fabricateurs de faux assignats ou de fausse monnaie;

5° Les émigrés rentrés ou non sur le territoire de la République.

9. Il n'est dérogé par la présente loi à aucune des dispositions de celle du 3 de ce mois.

(*Buchez*, XXXVII, 88–9)

D. THE POPULAR MOVEMENT IN DECLINE

(178) Decree on *sociétés populaires*, 25 *vendémiaire an* III—16 October 1794

Art. 1er. Toutes affiliations, aggrégations, fédérations, ainsi que toutes correspondances, en nom collectif entre sociétés, sous quelques dénominations qu'elles existent, sont défendues comme subversives du gouvernement et contraires à l'unité de la République.

II. Aucunes pétitions ou adresses ne peuvent être faites en nom collectif.

Elles doivent être individuellement signées. . . .

V. Chaque société dressera, immédiatement après la publication du présent décret, le tableau de tous les membres qui la composent.

Ce tableau indiquera les noms et prénoms de chacun des membres, son âge, le lieu de sa naissance, sa profession et demeure avant et depuis le 14 juillet 1789, et la date de son admission dans la société.

VI. Copie de ce tableau sera, dans les deux décades qui suivront la publication du présent décret, adressée à l'agent national du district. . . .

(*Buchez*, XXXVI, 132–3)

(179) Denunciations of terrorists: *Section de l'Unité*, 15 *frimaire an* III —5 December 1794

Les Citoyens dela Section Soussignés

Dénoncent, comme Septembriseurs de 1792 et comme n'ayant cessés de Manifester publiquement et particulierement le désir de Renouvellement deces journées d'horreus, Les ci après nommés.

1°. L'exchevalier de Bereytter issus d'allemand, exBanqueroutier, homme qui n'a cessé de prêcher publiquement le pillage des M^ds^ du Savon le Renouvellement des Egorgemens, disant que tous ceux qui n'étoient pas dans Son Sens S'en Repentiroient: que nous n'étions pas éloignés d'un nouveau 31 mai: que nous Serions heureux de Serrer dans nos bras les VINCENT, HEBERT et autres, lors que ces derniers étoient àla veille d'être Jugés: d'avoir Solicité le Club électoral, dont il étoit membre, de Se porter Caution dudit vincent pour l'arracher deprison àla même époque: d'avoir prédit et préconisé la Révolte dela Commune arrivée le 9 Thermidor dernier plus de Six avant Son arrivée. Sous la désignation du nouveau 31 mai, bien plus terrible que le Ier, d'avoir été acquitté par le tribunal Révolutionnaire en germinal dernier, on ne Sait pour quoi ni par quelle influence, attendu que cetribunal n'a pas fait entendre un grand nombre detémoins indiqués Contrelui, cequi fesoit croire que les declarations Ecrittes Suffisoient! d'avoir été *réincarcéré* deux jours après Sonjugement Sur denouveaux faits d'après les propos Menaçants parlui tenus augreffe decetribunal eny allant prendre l'éxpédition de Sonjugement Surla déclaration de trois citoyens Reçües àce Tribunal qui en déféra aux Comités de Salut public etde Sureté générale d'alors, qui donnerent des ordres de lemettre au Secret Maisondes Carmes: d'avoir jouï dans cette maison de l'amitié des Concierges etdes perfides administrateurs dela Commune avec lesquels onl'avû causer dans Sachambre, quinétoit point unSecret, peude jours avant le 9 Thermidor, Sefaire des Signes d'intelligences et de Satisfaction, tandis quetous les prisonniers étoient dansla plus affreuses Consternation par les véxations qu'ils Eprouvoient alors; d'avoir été mis enliberté peu dejours après cette S^te^. insurrection par ce quelle n'atterra pas tous lesComplices de Robespierre qui avoient besoin dela liberté decet agent, et que trois deSes Complices Membres de Son Comité Révolutionnaire eurent le Secret de Sefaire nommer

Membres et administrateurs delanouvelle Municipalité, prétendüe Regenerée, Commeles Jaccobins, depuis le 9 Thermidor: d'avoir Si peu Compté surson innocence depuis cette Epoque qu'il n'a ôsé paroitre dans SaSection et ne Se montre qu'aux clubs clandestins des térroristes, Egorgeurs qui ne désésperent deRien.

2°. LeNommé GODIN, cidevant étalier Boucher près la Cour du Tribunal Egorgeur des 2. et 3. 7bre cequi lui avalu assés deprotection pour lui procurer un emploi enchef dans les charrois ou artillerie, dont il a Reçu les Emoluemens 3 a 4 mois avant defaire deService, qu'il n'a Rempli quedepuis qu'il n'a plus apperçu, assés delucre dans Sonétat de Boucher.

3°. un Nommé Roux, aujourd'huy membre du nouveau Comité Révolutionnaire, Sur l'indication d'un des membres du Comité Civile Sous le Regime de Robespierre dont les intrigues connües lui ont fait Surprendre àla Religion des représentans du peuple du comité de Salut public, qui le Connoissoient mal, une place d'administrateur à Paris, ou il estbon dele Surveiller étant plusfin que délicat, ainsi que Son indication du nommé Roux qu'il connoissoit bien, pourra d'abord le faire Remarquer; lequel Roux atoujours crié publiquement, en assemblée Générale, laterreur, l'inhumanité, l'égorgement, le Boulversement detous les principes Sociaux, l'indécence, l'ineptie, imputant àcrime lestalens et les vertus, demandant L'établissement deguillotines àtous les Coins de Rues de Paris à la porte de tous les M^ds pour avoir, disoit-il, les Marchandises abon marché; disant quil ne falloit dans aucune administration d'hommes instruits que C'étoient des aristocrates qu'il étoit tems quele Maitre devienne valet etle valet maitre, qu'il falloit quele Berger devienne fermier et le fermier Berger: que depuis le 9 Thermidor il n'a pas abdiqué ceparti qu'il a Continué à Employer Sa forte organe pour préconiser laterreur l'utilité des jaccobins Contre la Convention et empêcher l'élan des bons citoyens qui depuis plus de trois mois ont tentés inutilement de porter le voeu de leurs coeurs qu'ils ont eû tant depeine d'arracher aleur Section décadi dernier pour Congratuler la Convention de Son Energie depuis le 9 Thermidor. . . .

(*Markov & Soboul*, No. 103)

(180) Babeuf denounced in the Convention, 4 *brumaire an* III—25 October 1794

Merlin de Thionville. Tandis que nos armées terrassent l'ennemi de l'extérieur qui dévorait en espérance les dépouilles du territoire de la liberté, le comité de sûreté générale continue de faire la guerre aux intrigans de l'intérieur. Babeuf, qui avait osé calomnier la Convention, qui avait été condamné aux fers, Babeuf a été se réfugier dans le sein du club électoral, où il a fait un discours encore plus séditieux que le premier. Le club l'a accueilli et en a ordonné l'impression par un arrêté pris en nom collectif. Conformément à la loi, le comité de sûreté générale a fait arréter Babeuf, le président et les secrétaires du club, pour avoir signé un arrêté pris en nom collectif, et les scellés ont été apposés sur les papiers du club. (On applaudit vivement.)

(*Buchez*, XXXVI, 45)

(181) Speech in the Jacobins, 11 *brumaire an* III—1 November 1794

Un officier de santé, qui avait parlé dans la séance précédente, monte à la tribune, et parle contre le système qui tend à faire dominer un million de fainéans sur vingt-quatre millions de sans-culottes actifs et laborieux. 'Peuple, s'écrie-t-il, est-ce pour les paresseux et les égoistes que tu as fait cette institution sublime, base éternelle de ta prospérité et de ton bonheur? Non, non, plutôt mourir cent fois que de souffrir une telle infamie! Pouvons-nous donc oublier que nous sommes Français, et souffririons-nous qu'un nouvel esclavage vînt nous rendre tous indignes d'un si beau nom et des brillantes destinées qu'il nous promet?

Le sang de nos frères assassinés crie vengeance; les instigateurs de tant de forfaits commis sur nos amis oppriment encore le peuple et les patriotes; les factieux ont favorisé les accapareurs, et ils les favorisent encore: jamais la portion du peuple ne fut plus chétive, plus mauvaise et plus chère qu'en ce moment. Cependant, les pays conquis nous fournissent abondamment tout ce qui est nécessaire à la vie; mais laissons là les choses, et parlons des individus.

Je demande d'abord à Fréron pourquoi, pendant sa mission, il a souffert que l'armée de Cartaut fût payée en assignats, lorsque celle de Lapoype était payée en numéraire? Cette conduite excita de grands mécontentemens: elle eût pu entraîner des malheurs incalculables. J'en fis ma dénonciation à Robespierre le jeune, qui travaillait alors pour la patrie, et qui a sauvé le Midi par la conquête de Toulon. Je ne vous parle pas ici de sa conduite politique ni de ses principes.

Tallien me paraît, par son indulgence plénière, s'être concilié tous les scélérats de Bordeaux, qui avaient alimenté l'horrible Vendée aux dépens des habitans des campagnes de ces contrées. (*C'est la vérité*, s'écrie-t-on de toutes parts.) Le peuple a été réduit pendant long-temps à un quart de ration de pain par jour, et il voyait ses ennemis qui avaient livré Bordeaux aux Anglais, nageant dans une coupable abondance et jouissant sans obstacle de leur liberté, tandis qu'ils auraient dû tomber sous le glaive de la loi. Qu'il nous dise donc ce qu'il entend, ce qu'entendent ses compagnons par la justice? Cette justice, suivant eux, n'est-elle que la protection accordée aux accapareurs, aux modérés, aux aristocrates et à tous les dilapidateurs qui composent le fameux million dont on nous parle? Pour mieux réussir dans ses projets et s'investir de la confiance de ce bon peuple, afin de pouvoir assouvir sa fureur sur les meilleurs patriotes, ne se serait-il pas prêté un assassin?'[1] (Applaudissemens.) 'Le peuple ne sera pas la dupe de cette ruse; tremblez, perfides, tremblez; vous apprendrez enfin ce que peut son énergie.

Si notre sommeil se prolonge, c'en est fait de la liberté, et nous tombons avec elle. Notre gouvernement proposerait-il la paix? Les brigands coalisés ne voudraient jamais y consentir: l'extérieur ne cesse de s'appuyer de l'intérieur, et de puiser en lui l'espoir de soumettre la France et d'abord cet espoir est fondé sur l'effrayante mortalité qui règne dans les hospices.'

L'opinant développe ensuite quelques réflexions sur les abus affreux qui existent dans les hôpitaux militaires, et il termine ainsi: 'Je demande que la société fasse une adresse à la Convention, et que nous nous prononcions d'une manière digne d'un peuple libre. Si nous périssons en combattant les ennemis de la liberté, du moins notre mort sera-t-elle glorieuse pour nous et instructive pour nos descendans: nous l'avons juré, la liberté, l'égalité ou la mort: tenons notre serment; qui craint le trépas, n'en est que plutôt atteint; qui n'a point l'audace d'affronter le danger, y succombe; montrons-nous toujours supérieurs à lui, nous triompherons, et nous vivrons pour faire le bonheur des générations, qui déjà se lèvent pour nous admirer et nous vanter.' (Applaudissemens.)

(*Buchez*, XXXVI, 143–5)

(182) Police report for 30 *pluviôse an* III 18 February 1795

Esprit public. Groupes et cafés.—Les différents cafés ont été moins fréquentés hier que de coutume. Dans les groupes, quoique peu nombreux, à cause de la rigueur du froid, l'on murmurait beaucoup contre la Commission des subsistances, que l'on accuse d'être la cause du renchérissement de toutes les denrées; on est étonné aussi que les autorités constituées ne prennent aucune mesure pour remédier au discrédit

[1] An attempt was made on Tallien's life on 23 *fructidor*.

des assignats, et notamment dans les départements où les fermiers refusent de vendre leurs grains, à moins qu'on ne les paie en numéraire ou à un prix excessif en assignats.

Dans d'autres groupes, des ouvriers se plaignent de ce que les charbons n'arrivent pas et craignent, après un hiver aussi long et aussi rude, d'être plongés dans la dernière misère; ils espèrent que la Convention ouvrira les yeux sur ces calamités.

L'on rapporte que les assemblées de sections ont été très orageuses, notamment celles du faubourg du Nord, des Gravilliers, Bon-Conseil, le Muséum et autres, qu'on n'y est parvenu qu'avec peine à y rétablir le calme, et qu'à celle de la Butte-des-Moulins on y a fait lecture d'une liste assez étendue des ci-devant Jacobins, depuis 1793, et autres qui ont été tous traités de dilapidateurs, de terroristes et d'hommes de sang. . . .

(*Réaction thermidorienne*, I, 490)

(183) 1 *prairial* in the Convention

. . . Le tumulte recommence.—On recommence à crier au président: *A bas! à bas!*—Il est de nouveau couché en joue. On retient ceux qui dirigent leurs fusils contre lui.—Une tête est apportée au bout d'une pique . . . c'est celle du malheureux Féraud. L'homme qui la porte s'arrête devant le président. La multitude rit et applaudit long-temps.

Lorsque le calme est un peu rétabli, le président veut prendre la parole:

Vous êtes ici depuis ce matin, dit-il, et vous avez empêché la Convention de s'occuper de vos subsistances (*La foule*: Du pain! du pain dans la minute!)

Le bruit augmente: Le président termine en disant que bientôt on aura du pain.

On crie: *La liberté des patriotes.*—Une femme, les bras nus, s'agite violemment à la tribune. Les hommes qui occupent le bureau écrivent sur des papiers qu'ils jettent au milieu de la multitude; on se les arrache pour les lire. On crie: *La liberté des patriotes*: *à bas les coquins.*—*L'arrestation des députés.*—*L'arrestation de tous.*

Il est sept heures un quart; on est parvenu à obtenir un peu de silence.

Vernier. Malheureusement les farines n'arrivent souvent que la nuit. (Des cris.) N'exposez pas le peuple à manquer de pain, dans deux jours on aura de quoi fournir à tous vos besoins . . . (*Du pain! du pain!*) Écoutez-moi . . . (Bruit.—c'est de la tactique cela.—Depuis trois mois, on nous endort ainsi.)

Une voix. L'appel nominal des députés afin que nous sachions ceux que nous devons arrêter.

Un homme des tribunes. On demande que la Convention décrète la permanence des sections. (Quelques applaudissemens.) Des visites domiciliaires pour les subsistances. (*Oui, oui.*) L'arrestation de tous les émigrés. (*Oui, oui.*) La mise en liberté de tous les patriotes. (*Oui, oui.*) L'activité de la constitution de 93. (*Oui, oui.*)

Plusieurs voix. La rentrée des députés patriotes. (Bruit.)

Un homme. Nous voulons une municipalité à Paris.

Un autre. Nous demandons que les députés qui nous ont mis hors la loi soient eux-mêmes mis hors la loi.

Un troisième. L'arrestation des députés qui ne sont pas à leur poste.

Un quatrième. L'arrestation des coquins et des lâches. (Celui-ci répète ces mêmes mots par intervalles pendant une demiheure.)

Un grand nombre de voix. Vive la Montagne! La liberté des patriotes! —Vivent les Jacobins!

Un homme. Le peuple vient vous dénoncer les membres du gouvernement; il vous demande leur arrestation, et de mettre à leur place des hommes purs qui n'aient jamais varié. Je vous demande la liberté des patriotes; l'insurrection est le plus sacré des devoirs, mais les hommes libres n'en abuseront pas. Nous vous ferons un rempart. Nous vous demandons la Constitution de 93. (*Oui, oui.*) Le peuple va quitter cette salle, mais il n'en quittera pas les portes que vous n'ayez décrété ses propositions.

Les mêmes crimes qui ont été commis à Lyon l'ont été à Arles. (La foule se retire.) Patriotes français, républicains, que ceci ne vous porte point à des actes de vengeance; liberté des opinions; respect pour les lois et pour la Convention, parce qu'elle est composé de délégués du peuple. (*La foule*: Ce sont des coquins.) Faites siéger dans votre sein les patriotes qu'une faction liberticide en a éloignés. (Quelques applaudissemens.) Je me résume, et je dis, en parlant toujours au nom du peuple souverain, qu'il demande le détenu Soubrani pour général de l'armée parisienne. (Tumulte.)

Un autre homme. Je demande que les représentans qui sont ici se rapprochent de la tribune pour pouvoir délibérer au nom du peuple. (Des cris.)

Une femme est à la tribune où elle veut parler.—On lui crie: *A bas.*—Elle est obligée de descendre.

Un troisième individu. Mes camarades, je vous somme, au nom du peuple français, de débarrasser les bancs du bureau et les banquettes d'en bas, pour que les députés puissent s'y placer et délibérer; nous ferons un rempart des deux côtés et nous les empêcherons de sortir.

La foule obéit aux ordres qui viennent de lui être donnés; elle remonte dans la partie supérieure de la salle, en fait descendre les députés qui y étaient restés.—Ils se placent sur les banquettes inférieures; ceux qui ne peuvent pas trouver de siége se tiennent debout dans le parquet.

Plusieurs voix. L'appel nominal et l'arrestation de ceux qui ne sont pas à leur poste.

Un homme. Oui, et que la liste en soit envoyée aux quarante-huit sections.

Delahaye. On a demandé l'appel nominal, je suis loin de m'y opposer; (Bruit.) mais il me semble qu'il serait plus urgent de s'occuper des moyens de donner des subsistances aux citoyens de Paris. (*La foule*. L'appel nominal!) Où voulez-vous que les députés se placent. (On leur en fera.)

Romme. Je demande qu'à l'instant le président mette aux voix la proposition que je fais comme représentant du peuple. . . . C'est de mettre en liberté tous les patriotes. (Bruyans applaudissemens.)

Vernier occupe le fauteuil.—Il est neuf heures.

Le président. Sommes-nous en nombre suffisant pour délibérer. (*La foule*. Oui, oui.)

Un homme. Je demande que le peuple reste couvert et qu'il n'y ait que les députés qui ôtent leur chapeau en signe d'approbation ou d'improbation. (*La foule*. Oui, oui.)

Duroi. Je demande la parole pour un amendement. Je propose que le décret soit ainsi rédigé: Que tous les citoyens qui ont été mis en arrestation pour opinions politiques depuis le 9 thermidor, et contre lesquels il n'y a point d'acte d'accusation, soient mis en liberté dans toute l'étendue de la République, à la réception du décret. (Vifs applaudissemens.)

Romme. Je demande que le décret soit envoyé à l'instant par des courriers extraordinaires.

Duroi. J'ai un autre amendement à faire. Je demande qu'on restitue les armes aux citoyens qui ont été désarmés pour prétendu terrorisme. Je demande aussi la rapport de la loi désastreuse du 5 ventose.

Toutes ces propositions sont faites au milieu des cris et du bruit.

Romme. Pour arriver plus promptement à sauver la patrie, je demande le plus grand silence. Je demande la suspension de toutes les procédures commencées contre les patriotes incarcérés.

Vernier demande si l'on est de cet avis. Quelques chapeaux sont levés.—La foule crie: *Oui, oui.*

Duroi. Nous ne pouvons pas nous dissimuler que depuis le 9 thermidor les ennemis de la patrie ont usé de réaction contre les patriotes. Ils ont mis la vengeance à la place de la justice. Rappelez-vous ce qui s'est passé ici les 12 et 16 germinal. Je vous demande si nos collègues qui ont été incarcérés l'ont été légalement. (*La foule.* Non, non.) Je demande que la liberté soit rendue à ces réprésentans sauf à examiner leur conduite s'ils sont accusés d'avoir fait quelque chose contre l'intérêt de la patrie; mais je demande qu'ils soient mis provisoirement en liberté, et que le décret soit envoyé par des courriers extraordinaires aux différentes bastilles où ils sont détenus. (Applaudissemens.—On lève les chapeaux.)

Romme. Après ce décret, il faut nous occuper de fournir du pain au peuple. (*La foule*: Ah! c'est bien heureux!) Il est temps de faire cesser le scandale qui a lieu depuis quelque temps relativement aux subsistances; l'abondance règne pour ceux qui ont beaucoup d'assignats, tandis que l'indigence est obligée de mourir de faim. Nous sommes tous pressés par le besoin. (*La foule.* Il y a long-temps que vous le savez.) Je propose que dès ce moment il n'y ait qu'une seule espèce de pain. (*Oui, oui.*) En conséquence, je demande qu'il soit défendu aux traiteurs et pâtissiers de cuire des brioches et des pâtés, (Applaudissemens.) et qu'il soit fait à l'instant des visites domiciliaires pour rechercher les farines. (Applaudissemens.)

Vernier demande si l'on est de cet avis. Des chapeaux sont levés.

La foule. Les assignats en pain.

Garnier de Saintes. La mesure la plus urgente à prendre est de faire en sorte que demain il y ait une abondante distribution de pain.

Je demande que pour y parvenir les commissaires de sections . . . (*La foule.* Il n'en faut pas, l'abolition des commissaires.) je demande que les commissaires des sections se rendent chez les pâtissiers, traiteurs, restaurateurs, et les invitent, au nom du salut du peuple, à donner, moyennant le remboursement de ce qu'elles auront coûté, les farines qu'ils pourront avoir, afin que l'on puisse cuire cette nuit.

Romme. Il ne suffit pas de rendre des décrets salutaires, il faut s'assurer des moyens de les faire exécuter.

Je demande la convocation des sections de Paris, leur permanence. (Vifs applaudissemens.—*La foule*: Et la municipalité.)

Je demande de plus que les citoyens reprennent leurs droits, qu'ils nomment dans chaque section des commissaires pour les subsistances,

(*La foule*: Et la municipalité.) et que les comités civils de chaque section soient renouvelés au gré du peuple. (Vifs applaudissemens.—Les chapeaux sont levés.)

Romme. Je demande que le décret qui vient d'être rendu ne soit exécuté qu'aprés que les patriotes incarcérés auront été mis en liberté. (Vifs applaudissemens.—Les chapeaux sont levés.)

Duroi lit la rédaction de ces propositions. Il y ajoute: La liberté aux députés qui se sont soustraits au décret d'arrestation prononcé contre eux le 12 germinal et jours suivans. Il les met tous deux sous la sauvegarde des autorités constituées et des bons citoyens.—(Les chapeaux sont levés.)

Goujon. Il ne faut pas que le réveil du peuple ait été inutile; il faut éclairer les départemens et les armées: car nos ennemis ne manqueront pas de dénaturer les événemens. Je propose de faire un appel aux patriotes opprimés, et une proclamation pour les instruire des causes de ce mouvement. (Vifs applaudissemens.) La Convention vient de décréter de bonnes mesures; mais il faut des personnes qui soient chargées de les exécuter. Nous ne savons point ce que font les comités de gouvernement; ils ne délibèrent point, ils ne marchent point. Il faut donc une autorité qui se porte d'intention à exécuter nos décrets. Je demande que la Convention nomme une commission extraordinaire pour faire exécuter les décrets qu'elle vient de rendre. (Applaudissemens, —*Du pain! du pain!*) Les patriotes ont été persécutés non-seulement ici, mais dans les départemens. Il faut que les autorités soient seules responsables de l'inexécution de nos décrets. Je demande que la Convention rappelle tous les représentans du peuple dans les départemens. (Vifs applaudissemens.—Les chapeaux sont levés.) . . .

Duroi. Je demande que les trois comités de gouvernement soient tenus de nous envoyer sur-le-champ des commissaires pour nous rendre compte de leurs opérations, et qu'on procède de suite à l'appel nominal pour l'élection d'une commission de vingt membres qui les remplacera.

Les chapeaux sont levés.

Goujon. Depuis long-temps on a répandu dans les départemens des soupçons contre les citoyens de Paris, on en a même semé parmi les troupes qui nous entourent. Il faut prendre garde que quelque autorité, existante avant le moment actuel, n'ait ordonné à ces troupes de faire des mouvemens. (La foule se récrie.) Je demande que les comités de gouvernement soient à l'instant renouvelés. (Vifs applaudissemens.)

On demande l'ordre du jour.—Les chapeaux sont levés.

La foule. Le rapport du décret sur l'argent.[1]

N . . . Il est essentiel qu'il n'y ait en place aucun individu qui ait des vengeances à exercer. Je demande, en conséquence, que tous les citoyens qui ont été incarcérés avant le 9 thermidor, et qui depuis ont été placés dans les autorités constituées soient changés. (Vifs applaudissemens.—Les chapeaux sont levés.

Forestier. La suspension des comités de gouvernement pourrait être funeste à la chose publique, ils ne peuvent pas aller contre les décrets que vous venez de rendre; ainsi, je demande qu'ils restent en place, et qu'ils rendent compte de leurs opérations. (*La foule:* Non, non.)

Albitte aîné. Vous êtes des hommes, et vous n'agissez comme ça que parce que vous êtes des hommes, j'en suis persuadé.

Je demande que la délibération prenne de l'ordre, que le bureau soit formé; il n'y a pas de secrétaire ici.

Je demande que les représentans du peuple qui ont été aux armées en fassent fonction. Vous décrets se succèdent avec une rapidité incroyable; vous n'êtes pas faits pour tromper le peuple, et le peuple n'est pas fait pour vous tromper; ne fournissez pas de prétexte pour qu'on vous calomnie.

Je demande que le bureau soit composé par les anciens membres qui ont été aux armées. (*La foule:* Oui, oui.)

Thirion prend place au bureau. . . .

Un membre de l'extrémité gauche. Je demande que pour compléter cette journée on abolisse la peine de mort.

La foule. Non, non.

N . . . La proposition qui vient d'être faite prouve que ce ne sont point des buveurs de sang et des terroristes qui remplissent la Convention. J'appuie la proposition, mais je demande qu'il soit fait une exception pour les émigrés et les fabricateurs de faux assignats.

Les chapeaux sont levés.

N . . . Je demande que les barrières soient fermées. (*La foule.* Oui, oui.—Les chapeaux sont levés.)

Duquesnoi. Je demande que le comité de sûreté générale soit cassé et renouvelé à l'instant; que quatre de nos collègues soient nommés pour s'emparer de ses papiers, et qu'ils procèdent à la suspension des membres qui le composent actuellement. Si nous ne prenons pas cette

[1] Le décret contre lequel la foule réclamait avait été porté le 25 avril (6 floréal. Il consistait dans le rapport de la loi qui déclarait que le numéraire en or et en argent n'était pas marchandise, et dans un autre article pour la récouverture des lieux connus sous le nom de Bourse. (*Note des auteurs.*)

mesure aujourd'hui, on fera demain ce qu'on a fait dans la nuit du 12 germinal. Je demande que le comité soit en même temps commission extraordinaire.

Les chapeaux sont levés, en signe d'approbation de la proposition de Duquesnoi.

Duquesnoi, Prieur de la Marne, Bourbotte et Duroi sont nommés pour composer cette commission.

Boissy prend le fauteuil à la place de Vernier.

Duroi. Quelque pénibles et difficiles que soient les fonctions que la Convention vient de me confier, je saurai les remplir avec courage.

Duquesnoy et Bourbotte font la même déclaration.

Legendre et Delecloy montent à la tribune. Ils demandent la parole au nom du comité de sûreté générale; ils sont repoussés et maltraités; ils ne parviennent à se faire entendre qu'au milieu des cris et du bruit.

Legendre. Vos comités de gouvernement nous députent, Delecloy et moi, pour vous inviter à rester fermes à votre poste, pour inviter en même temps les citoyens qui sont dans l'enceinte de la salle à en sortir pour que la Convention puisse délibérer. (Bruit.)

Le président se couvre.—La foule crie: *A bas! à bas!*—Les huées se prolongent long-temps, enfin Legendre et son collègue sont obligés de se retirer.

Duquesnoy. Vous voyez que les comités de gouvernement sont contraires à vos décrets; j'insiste donc sur la proposition déjà faite qu'ils soient à l'instant suspendus. Je demande que les quatre membres qui viennent d'être nommés au comité de sûreté générale s'emparent de tous les papiers, et que si les membres refusent de les livrer, ils soient mis en arrestation. (Les chapeaux sont levés.)

Soubrany. J'invite mes collègues qui viennent d'être nommés au comité de sûreté générale, à se réunir sur-le-champ et à prendre toutes les mesures nécessaires pour empêcher que les tyrans du 12 germinal ne fassent encore une pareille journée.

Il est minuit.—Les quatre membres partent; ils sont rencontrés par un détachement de bons citoyens à la tête desquels se trouvent Legendre, Auguis, Kervelégon, Chénier et Bergouin.

Prieur de la Marne demande à Raffet, qui commande cette force, s'il a l'ordre du président d'entrer dans la Convention.

Raffet. Je ne te dois aucun compte.

Prieur se tournant du côté de la foule. A moi, sans-culottes, à moi! (Bruit.)

La multitude est sommée de se retirer.—Elle s'y refuse.—Le président le lui commande au nom de la loi.—Cris et mouvement de résistance.—La force armée avance la baïonnette au bout du fusil. Un combat s'engage.—La foule des révoltés prend la fuite.—Une partie revient à la charge et obtient un succès momentané.—Bourbotte, Peysiard, Edouard, Gaston et plusieurs autres membres qui siégent ordinairement à l'extrémité gauche, crient *victoire!* du haut de la tribune et de leurs bancs.

Le pas de charge, de nombreux cris de *vive la Convention! a bas les Jacobins!* se font entendre dans le vestiaire, à l'extrémité droite de la salle. Ce bruit s'approche. Une force armée considérable entre dans la salle, et force d'en sortir la multitude qui y était encore.—Les uns se précipitent aux portes, les autres dans les tribunes, d'autres s'échappent par les fenêtres.—La force armée s'empare de tous les points de la salle.—Les députés qui avaient fait les propositions adoptées par la multitude sont investis; les représentans reprennent leur place. La Convention, rendue à la liberté, est bientôt complètement réunie.—*A bas les Jacobins! à bas les assassins!* s'écrient unanimement tous les citoyens dans le sein de la Convention; *vive la Convention nationale! vive la République*[1]

Legendre. Les bons citoyens qui sont ici sont venus rendre à la Convention nationale la liberté qu'on lui avait ravie. (Applaudissemens.) Eh bien! que vous reste-t-il à faire? C'est de leur prouver qu'en effet nous sommes libres, en reprenant le cours de nos délibérations;...

(*Buchez*, XXXVI, 342–51)

(184) Police report for 1er *prairial an* III—20 May 1795

Esprit public.—Les événements de la journée d'hier, très connus, laissent des souvenirs trop douloureux pour en retracer l'image. Ceux qui nous menacent aujourd'hui en sont la suite; ils nous font concevoir les plus tristes présages. Il paraît, suivant les rapports que nous avons sous les yeux, que les têtes sont toujours très échauffées, et, d'après les particularités que nous avons pu recueillir, nous sommes fondés à croire que la pénurie des subsistances a été le prétexte, malheureusement trop plausible, dont se sont servis les agitateurs pour égarer les citoyens crédules, mais que la cause du mouvement populaire, organisé depuis longtemps, provient de la faction des anciens meneurs, qui font demander aujourd'hui par le peuple, avec du pain, le rétablisse-

[1] L'attaque dirigée à onze heures et demie du soir contre les insurgés eut lieu sur trois colonnes formées des bataillons la Fontaine-de-Grenelle et la Butte-des Moulins. Raffet commandait ce dernier bataillon. (*Note des auteurs.*)

ment de la Commune, la Constitution de 1793, la mise en liberté de tous les députés Montagnards et de tous les membres des anciens Comités révolutionnaires. Les inspecteurs ont remarqué, presque dans toutes les sections, que la proclamation faite hier au soir de la loi rendue contre les mouvements avait excité le plus grand mécontentement et provoqué les cris de la sédition et d'une révolte décidée contre la Convention, notamment contre les représentants connus par leurs principes de justice. . . .

(*Réaction thermidorienne*, I, 733)

(185) Barras' verdict on the *journée* of 1er *prairial*

La Convention nationale avait payé cher la victoire remportée sur des républicains qui avaient cru n'être que les défenseurs de la liberté et de l'égalité attaquées. La consternation était générale parmi les patriotes. Je regrettai beaucoup d'être arrivé si tard: il me semblait que si j'avais été présent, j'aurais pu contribuer à prévenir les malheurs de ce funeste mois de Prairial. C'était bien le peuple qui, accablé de privations et d'insultes, s'était rassemblé pour demander un terme au plus grand des malheurs, la famine, à laquelle il était en proie, lorsqu'en même temps les fabriques étaient supprimées, le commerce éteint, et les travaux publics interrompus; mais il est très vrai aussi que ses réclamations avaient été présentées par les organes de la violence. La Montagne avait cru devoir apaiser ce tumulte en appuyant, quoi qu'on puisse dire, ces justes prétentions, et en raison de ce système elle avait proposé quelques décrets populaires, qu'une partie de la droite, intimidée à l'aspect des insurgés, avait votés; et cependant les comités avaient fait avancer des troupes pour débloquer la Convention. . . . Ceux qui s'étaient opposés à ce que le peuple fût entendu, et ceux même qui avaient voté par frayeur avec la Montagne, soutenus maintenant par des bataillons à leur dévotion, accusèrent les Montagnards, c'est à dire les républicains, d'avoir opprimé l'assemblée; et, en conséquence, les décrets rendus furent rapportés.

La Convention était redevenue semblable à une arène de gladiateurs, où l'on devait s'égorger, comme avant le 9 Thermidor. Les députés de la Montagne qui avaient pris la parole furent accusés et arrêtés inhumainement, et traduits devant une commission arbitraire qui les condamna à mort. Les bourreaux des députés furent encouragés cette fois encore par la violence d'autres députés!

Quel noble caractère et quel héroïque courage déployèrent ceux qui furent conduits à l'échafaud, et ceux qui, avec un petit couteau passé de main en main, se tuèrent dans la prison! Ils moururent en exprimant leur vœu pour le triomphe de la République. Parmi ceux qui succombèrent, on remarquait des hommes illustres par leur science comme par leurs vertus: ils étaient les vrais fondateurs de la République, ils la chérissaient avec l'enthousiasme que produit chez les âmes élevées l'amour de la liberté et de l'égalité. Un historien moderne s'est exprimé ainsi sur ce moment déplorable: 'C'était le temps où, lancés à l'échafaud par les crimes de la réaction post-thermidorienne, succombaient les Gracques de Prairial! Tombez, héros de la liberté mourante, non moins victimes de la Tyrannie que les plus illustres martyrs de la Révolution. Votre place dans l'histoire n'est point à côté des héros de la Grèce ou de Rome, elle est au-dessus, elle est unique! Votre sang généreux sème la résurrection de Vendémiaire!'

(*Barras*, I, 231–2)

(186) Police report for 10 *vendémiaire an* IV—2 October 1795

Esprit public. Sections.—Enfin, la section Le Peletier a levé le masque, et, par un arrêté dicté par la sédition et l'anarchie, que le royalisme colporte dans les autres assemblées primaires, elle les engage à envoyer leurs électeurs au Théâtre-Français. Quel peut être le motif de ce rassemblement d'électeurs, encore sans qualité jusqu'à l'époque de leur convocation légale et la vérification de leurs pouvoirs? Quelques sections ont ajourné cet arrêté pour le discuter mûrement; d'autres étaient assemblées dans la matinée et semblaient se disposer à se rendre dans la salle du ci-devant Théâtre-Français.

La permanence est devenue le système favori de la majorité des assemblées primaires.

Voilà le moment d'en imposer par une contenance ferme et des mesures hardies, surtout à la veille des assemblées électorales, qui seraient trop fortes de l'impunité des bureaux des assemblées primaires.

Cette réflexion n'est pas (*sic*) la conséquence et le résultat tout à la fois des opinions recueillies dans les groupes composés de citoyens sensés et paisibles, qui s'effrayeraient des mesures des sections de Paris, si leur espoir n'était tout autre dans le courage et la fermeté des Comités de gouvernement.

Surveillance extérieure.—Cette partie de la police ne peut offrir que le spectacle déchirant de vieillards, de pauvres rentiers et de malheureux réduits à la nécessité de vendre leurs effets pour se procurer de quoi subsister; d'un autre côté, la dureté et l'avarice du détaillant, des revendeuses qui mettent à leurs denrées le prix que le pauvre ne peut atteindre.

Partie politique. Groupes.—Le désir et la nécessité d'avoir un gouvernement bien solidement et promptement établi, qui ne puisse être en butte aux secousses de la malveillance ou de l'étourderie sans une prompte et salutaire répression, amènent naturellement les conversations sur le décret qui fixe au 5 brumaire l'ouverture des séances du Corps législatif.[1]

Cette époque semble devoir être celle du retour de la paix et de l'abondance, de la répression de l'infâme agiotage, du nettoyement de ces latrines infectées, appelées le jardin du Palais-Égalité; on s'en entretenait avec joie, on se prononçait même fortement contre les opérations des sections et leurs mesures mutines et irréfléchies. Mais l'anarchie, qui sans cesse rôde et cherche à dévorer tout ce qui respire l'ordre et le bien public, disait que la section des Quinze-Vingts avait reçu 1,500,000 livres pour émettre son vœu en faveur des décrets des 5 et 13 fructidor;[2] que le gouvernement faisait distribuer de l'argent, du vin et de l'eau-de-vie aux troupes qui sont à Paris. . . .

(*Réaction thermidorienne*, II, 286–7)

(187) Police report for 13 *vendémiaire an* IV—5 October 1795

Esprit public.—Le voile épais que la malveillance, le royalisme et l'anarchie avaient mis sur les yeux de toutes les classes des citoyens est enfin déchiré. La catastrophe d'hier, en excitant des plaintes et des regrets, a excité aussi les murmures de l'indignation contre les sections révoltées, notamment celles de Le Peletier, Brutus, Butte-des-Moulins et Théâtre-Français. On plaint la Convention d'avoir été obligée d'employer tant de rigueur; on s'indigne contre les sections d'en avoir provoqué la mesure.

Cependant, ce matin encore et toute la nuit, la presque totalité des sections était assemblée, les citoyens sous les armes; on battait des rappels; dans quelques-unes, des sentinelles placées dans les environs du lieu de l'assemblée craient: *Qui vive?* sur les citoyens qui rentraient; quelques-unes ce matin ont arrêté des hussards isolés et les ont désarmés et conduits à leur assemblée.

[1] Par décret du 1er vendémiaire an IV, la Convention avait fixé au 15 brumaire la réunion du Corps législatif. Le 10 vendémiaire, elle revint sur ce décret, et fixa définitivement au 5 brumaire l'ouverture des séances du Corps législatif.

[2] Seule des quarante-huit sections de Paris, celle des Quinze-Vingts (faubourg Saint-Antoine) avait approuvé les décrets de fructidor à la majorité de 433 voix contre 139. Voir dans Zivy, p. 24, 25, un tableau des votes des sections de Paris. [*Aulard's note.*]

Les esprits consternés et abattus redoutent encore cette journée. Quelques sections sont encore échauffées. En général, les sections n'ont pas pour elles la masse des citoyens, et les gens sages et sensés faisaient des vœux pour que la Convention l'emportât sur les sections insurgées.

On s'attend à voir les sections de Paris désarmées, les postes occupés par les troupes de ligne, les meneurs des sections révoltées arrêtés, l'agiotage confondu, et les agioteurs mis en déroute. On compte enfin sur les mesures les plus rigoureuses et même sur la punition des affameurs du peuple.

Il résulte de cette masse d'opinions que la majorité des habitants de Paris n'est pas pour les sections de Le Peletier et de la Butte-des-Moulins, car c'est du sein de ces deux arrondissements que sortent tous les agioteurs qui, au Palais-Égalité, font le trafic le plus infâme, au détriment de la fortune publique et des fortunes privées.

D'après les conversations, il est difficile de savoir ce qui a donné lieu au premier coup de canon; il est plus difficile encore de savoir au juste combien ont été blessés: ce qui paraît le plus constant et le plus général, c'est l'opiniâtre résistance et tout à la fois inconsidérée de la section Le Peletier. Un rapport d'un officier de paix nous annonce que le bruit se répand que la section Le Peletier s'est rendue. On ajoute que l'état-major de la section Le Peletier est arrêté, et que l'on recherche les intrigants et les meneurs de cette section, qui seuls ont soufflé le feu de la guerre civile et ont précipité dans l'erreur et le malheur les autres sections.

Que les assemblées de sections soient fermées, que les citoyens rentrent chez eux, que la Convention use du pouvoir qui lui est confié, apporte cette sévérité calme qui effraie le méchant et rassure l'homme bien intentionné, et tout rentrera dans l'ordre, qui seul peut faire oublier la rigoureuse . . .[1] dans laquelle elle s'est trouvée . . .

(*Réaction thermidorienne*, II, 299–300)

E. THE CONSTITUTION OF THE YEAR III

(188) The *Commission des onze*, from the memoirs of Larevellière-Lépaux

Depuis ma rentrée dans la Convention, ce qui me semblait toujours le plus pressant était de sortir promptement d'un état provisoire dont la prolongation nous exposait sans cesse aux plus cruels déchirements et même à l'anéantissement du corps politique. J'étais si pénétré de cette

[1] Un mot illisible. [*Aulard's note.*]

nécessité que je ne cessais, dans mes opinions à la tribune, dans mes entretiens avec mes collègues, d'en faire l'objet de mes sollicitations et même de mes importunités. J'ai, du reste, toujours été surpris qu'un certain nombre de députés, hommes d'un sens profond, et dirigés uniquement par l'amour du bien public, aient eu besoin d'être stimulés pour agir à cet égard. Quoi qu'il en soit, ils ne tardèrent pas à sentir la nécessité d'en finir, et leur zèle, une fois excité, fut constant. Bientôt nous parvînmes à pénétrer la majorité de la Convention de cette idée. Mais l'état des esprits était tel encore, que, si l'on eût proposé directement de préparer le plan d'une constitution, il y aurait eu un soulèvement du peuple dans Paris. Ceux du 12 germinal et du 1er prairial, qui eurent lieu plus tard, furent en grande partie déterminés par ce qu'on savait du travail de la commission des Onze, dont je parlerai ci-après, et qui avait mis tout à fait de côté le chiffon de 93. Si donc, je le répète, on avait proposé directement d'en venir là, c'était de fait s'exposer à la mort. Dans cette position on changea les termes. La Convention créa d'abord une commission chargée de préparer les lois organiques de la constitution de 1793. Dans cette commission furent appelés, entre autres, Sieyès et Cambacérès. Mais ces deux hommes-là, qui en étaient les membres les plus influents, n'étaient pas d'humeur à se compromettre avec le faubourg Saint-Antoine, qui n'entendait pas raillerie sur son merveilleux code de 93. Le danger était très-réel, car ce serait une erreur de croire, comme quelques-uns ont paru le penser, que si ceux qui, par leur prépondérance, pouvaient diriger les délibérations de la Convention, eussent déclaré qu'ils ne voulaient faire à la constitution de 1793 que quelques changements qui leur semblaient indispensables, les chefs des jacobins et les anciens terroristes, satisfaits de cette déclaration, seraient restés fort tranquilles et auraient marché d'accord avec la majorité. Ces gens-là ne voulaient rien que l'anarchie; ils ne voulaient pas même de leur code de 93, qu'ils avaient toujours laissé de côté. Jugez si on pouvait les réconcilier avec l'idée d'un gouvernement plus solide, qui les aurait encore réduits à une plus grande nullité. Outre la crainte de compromettre sa vie, Cambacérès pouvait avoir un autre motif pour prolonger l'état provisoire, qui laissait plus de chance aux Bourbons, s'il est vrai toutefois, comme je l'ai toujours cru avec bien d'autres, qu'il eût fait des conventions avec leurs agents, ou qu'il voulût se ménager les moyens de se rapprocher d'eux.

Quoi qu'il en soit de cette dernière conjecture, en quoi consista la mesure présentée à la Convention par cette première commission, dont Cambacérès était président? C'est qu'il serait nommé une commission de Onze membres, chargée de présenter des projets de lois organiques pour faire marcher la constitution de 93, ce qui était précisément l'objet de la formation de la première commission. Mais Cambacérès fit ajouter à ce second décret que ceux des membres de cette commission qui feraient partie de celle des Onze seraient obligés d'opter. Or, le prudent Sieyès et le circonspect Cambacérès étaient membres du comité du salut public. Aussi, nommés tous les deux membres de la commission des Onze, ils ne manquèrent pas de se servir du moyen qu'ils s'étaient créé pour l'esquiver. Ils optèrent pour rester au comité de salut public. Les onze membres définitivement nommés furent: Daunou, Creuzé-Latouche, Baudin (des Ardennes), Lanjuinais, Boissy d'Anglas, Jean-Baptiste Louvet, Berlier, Thibaudeau, Durand de Maillanne, Lesage (d'Eure-et-Loir) et moi.

Dès le premier jour de notre réunion, nous convînmes, à la presque unanimité, qu'il ne devait être question entre nous ni de lois organiques, ni de constitution de 93, mais de préparer le plan d'une constitution raisonnable, aussi promptement qu'il serait possible, sans nuire à la perfection que nous étions capables de lui donner. . . .

D'après le règlement que nous fîmes, nos séances s'ouvraient à huit heures du matin et duraient jusqu'à cinq heures du soir, sans désemparer. Baudin (des Ardennes), Daunou, Creuzé-Latouche et moi, nous ne manquâmes jamais l'heure; Lanjuinais et Lesage étaient assez assidus; les autres l'étaient beaucoup moins. Baudin, Lesage, Creuzé, Lanjuinais, Daunou et moi, nous marchions sur la même ligne, et, après une discussion toujours de bonne foi, les avis passaient généralement à l'unanimité de notre part. Louvet votait communément avec nous. Thibaudeau émit souvent des opinions différentes des nôtres sur des points très-importants. . . .

Durand de Maillanne, effrayé des suites que pouvait avoir notre détermination de laisser dans l'oubli la constitution de 93, qu'il appelait la constitution du faubourg Saint-Antoine, n'apportait dans la discussion que l'expression de ses angoisses et des supplications pour nous détourner d'une si téméraire entreprise. Il fut tellement épouvanté de l'insurrection du 1er prairial qu'il ne parut plus à la commission.

Berlier, petit montagnard obscur, croyant faire de l'esprit et de l'éloquence lorsqu'il ne faisait que du pédantisme, affectait alors un patriotisme exagéré. Devenu sous Bonaparte l'un de ses plus dévoués serviteurs, en sa qualité de conseiller d'État, il fut l'un de ses plus insolents suppôts vis-à-vis du Corps législatif et du Tribunat, lorsqu'il fut chargé d'y soutenir les propositions du gouvernement. Dans la commission, Berlier, sur chaque proposition faite, quand il y était présent, ne manquait pas d'émettre, *pour l'intérêt du peuple*, un avis différent du nôtre, avis prononcé avec une pédantesque élégance, et souvent entrecoupé d'un: *Citoyens*, *mes collègues*, dont l'articulation emphatique était tout à fait plaisante.

Boissy d'Anglas n'avait joué aucun rôle dans l'Assemblée constituante, ni dans la Convention jusqu'après le 9 thermidor. Sans s'être fait précisément montagnard, il encensa, pendant la Terreur, Robespierre, dont il compara l'éloquente voix à celle d'Orphée et à ses divins accords. Je ne sais plus quel titre portait l'écrit dans lequel il avait inséré ces honteuses flatteries. Robespierre mort, il fut des plus acharnés contre sa mémoire; il devint réacteur et persécuteur ardent. Il s'attacha à détruire tout ce que la Convention avait fait de bien et de mal, avec une passion qu'il ne cherchait pas à déguiser. Cependant, il eut . . . le plus beau moment, lors de l'insurrection du 1er prairial,[1] et, depuis qu'il est entré dans la Chambre des pairs, il a toujours soutenu, et soutenu avec talent et avec force, les opinions libérales. Il a de plus, en toute occasion, prêté généreusement son appui à tous les libéraux persécutés. Mais enfin, à l'époque dont je parle, il montra un esprit de parti bien décidé et une résolution qui ne l'était pas moins de ramener la royauté des Bourbons. . . .

On voit que Boissy d'Anglas n'eut à peu près point de part au projet de constitution rédigé par la commission, quoique nous l'eussions chargé de le présenter à la Convention, ce qui peut étonner. Mais nous ne voulûmes pas sacrifier l'intérêt de la liberté et le bien de la France à l'amour-propre. . . . Nous le chargeâmes donc de faire le discours de présentation, en faisant valoir cette déférence de manière qu'il n'en fût pas médiocrement flatté. Mais, comme on le voit par les détails des séances qui se trouvent dans les journaux de ce temps-là, le vrai et seul rapporteur fut Daunou. Il montra, à la tribune et dans le sein de la commission, des connaissances d'une profondeur et d'une étendue qui nous surprirent. Les parties les plus minutieuses de l'organisation sociale lui étaient familières, ainsi que les objets d'un ordre supérieur. Doué d'une clarté parfaite dans la pensée comme dans l'expression, et possédant au plus haut point le talent de l'analyse, il avait saisi et comparé avec la plus grande netteté les idées émises dans la commission, de manière à amener notre travail à un tout bien conçu et bien lié. . . .

Beaucoup de penseurs français et étrangers ont regardé la constitu-

[1] He occupied the *président*'s chair and displayed courage; the scene was the subject of numerous paintings.

tion de l'an III comme la meilleure qui existe, quant au plan. Sa courte durée est due principalement aux circonstances qui ont accompagné sa naissance, telles que je viens de les détailler, et qui ont empêché son perfectionnement. Avant d'avoir pu atteindre un certain degré de stabilité, que le temps seul peut donner aux institutions politiques, elle a été assaillie par les factions du dedans et par les intrigues du dehors avec la dernière violence. L'Europe en armes était liguée contre elle, et tous les moyens de gouverner au sein de cette affreuse tourmente étaient encore à créer. A cela, il en faut convenir, se sont joints des vices qu'il eût été essentiel de corriger. Le pouvoir exécutif était trop faible; il n'avait aucun moyen de défense légale. Aussi le Corps législatif pouvait, comme il l'a fait, démolir pièce à pièce la constitution, et soumettre ou même anéantir le Directoire exécutif, sans que celui-ci pût résister avec des formes légales. Pour défendre la constitution et se défendre lui-même, il fallait qu'il employât la force, comme au 18 fructidor, et par cela même la constitution était violée, et perdait la plus grande partie de la sienne. Autrement, il était obligé de se soumettre à des décrets inconstitutionnels et illégaux, comme au 30 prairial an VII, lorsqu'il laissa Treilhard sortir de son sein. Alors la puissance exécutive était subordonnée aux volontés despotiques du Corps législatif et bientôt anéantie.

Les membres du Directoire exécutif n'avaient pas entrée dans les conseils législatifs, et cela était bien; mais ce qui ne l'était pas, à mon avis, c'est que les ministres ne l'eussent pas, car seuls ils pouvaient éclairer les conseils sur le véritable état des choses. Souvent, faute de le connaître, les députés les mieux intentionnés pouvaient proposer et faire passer des mesures contraires à l'intérêt public. Pour prévenir de si grands inconvénients, Daunou et Lanjuinais proposèrent d'accorder le *veto* au Directoire exécutif. Mais, je l'ai déjà dit, l'exagération exaltait encore trop les têtes; on s'opposa à cette salutaire mesure, et j'ai à me reprocher d'avoir été du nombre des opposants.

(*Larevellière-Lépaux*, I, 227–38)

(189) Thibaudeau on the divisions in the *Commission des onze* as reflected in the Constitution

Il y avait dans la commission des onze un parti monarchique. Il se composait de Lesage d'Eure-et-Loir, Boissy-d'Anglas et Lanjuinais. Je ne parle pas du vieux Durand-Maillane dont l'opinion ne comptait pas. Mais ils n'étaient pas pour cela Bourbonniens. Boissy-d'Anglas fut cependant l'objet de quelques soupçons. Je ne les partageais pas. Les événemens postérieurs les ont éclaircis. Les autres membres de la commission étaient de bonne foi républicains.

La commission décida unanimement de mettre de côté la constitution de 1793. Elle fut donc prise plutôt comme point de départ que comme base du travail. Beaucoup de publicistes, ou soi-disant tels, apportèrent leurs idées et leurs projets, Rœderer fut distingué de la foule et admis aux séances. Les discussions furent amicales et les délibérations calmes. On cherchait une voie moyenne entre la royauté et la démagogie. Mon dessein n'est point de faire ici le journal des séances de la commission. Des choses, qui paraissaient graves alors et qui l'étaient en effet, présenteraient aujourd'hui bien peu d'intérêt. La constitution républicaine a péri, et quand un habit est hors de service, on s'inquiète fort peu de la façon dont il a été fait. Je ne rappellerai donc que quelques articles principaux propres à faire connaître nos opinions et nos vues qui furent d'ailleurs modifiées en plusieurs points par la Convention.

Déclaration des droits. Lesage d'Eure-et-Loir et Creuzé-Latouche n'en voulaient pas, parce qu'elle donnerait lieu à de fausses interprétations, et qu'elle serait une source de troubles et d'agitations anarchiques. Ces motifs ne prévalurent pas. On crut remédier à ces inconvéniens par une sorte de commentaire ou de contre-poison, sous le nom de *Déclaration des devoirs.*

Pour ne pas remettre en délibération dans les assemblées primaires la forme de gouvernement, la république, on adopta cette rédaction: *La république française est une et indivisible*, au lieu de celle-ci, qui avait été proposée: *Le peuple français se constitue en république.*

Division du territoire. On éleva la question de savoir si la législature aurait le droit de l'agrandir ou de le démembrer. C'était un point d'un haut intérêt. Les uns ne voulaient donner ce droit qu'à une Convention, les autres qu'au peuple même. On rappela tous les crimes dont la soif des conquêtes avait souillé le nom romain et les coups funestes qu'elle avait portés à la liberté de Rome. On semblait craindre qu'un jour la même cause ne produisît les mêmes effets en France. La majorité de la commission voulait prévenir ce fléau. Toute faible qu'était une barrière constitutionnelle, c'était cependant quelque chose. Mais alors la Belgique était déjà réunie à la France; on ne pouvait pas, on ne voulait pas l'abandonner. Nous voulions au contraire consacrer cette réunion par la constitution. Nous convoitions la rive gauche du Rhin, et le système des limites naturelles avait de nombreux partisans dans la Convention. On laissa donc cette grande question indécise, et on prit les choses dans l'état où elles étaient, sans s'occuper davantage de l'avenir.

On conserva la division en départemens, et l'on substitua aux *districts* de grandes municipalités ou administrations municipales, presque par la seule raison donnée par Boissy, que les administrations départementales avaient toujours été *pour* le maintien de l'ordre établi, et les administrations de district *contre*. Il cita le 20 juin 1792, le 31 mai 1793. Il ajouta que les administrateurs de district avaient été agens de la terreur. Quoique le fait fût vrai, la conséquence n'en était pas moins mauvaise.

Exercice des droits politiques. Les uns, tels que Lesage et Lanjuinais, voulaient le subordonner à la condition de payer une contribution; Baudin à celle de savoir lire et écrire; les autres, laisser à l'égalité sa plus grande latitude. Cet avis prévalut.

Législature. L'Assemblée constituante, en rejetant l'établissement de deux chambres, avait fait une innovation contraire aux doctrines des plus grands publicistes, consacrées par l'exemple de l'Angleterre, et celui plus récent encore des États-Unis d'Amérique. Cet essai avait été malheureux, car on ne pouvait méconnaître qu'il n'eût contribué à précipiter le renversement de la monarchie. La commission n'avait pas la prétention d'être plus sage que les fondateurs de la république américaine: la Convention était éclairée par sa propre expérience; le système des deux chambres fut donc adopté presque unanimement. Berlier seul ne fut pas de cet avis. On les nomma sénat et chambre des représentans. Le mot *sénat* ayant un son aristocratique, la Convention appela les chambres, l'une *Conseil des cinq cents*, du nombre des membres dont il se composait, et l'autre *Conseil des anciens*, à cause de l'âge requis pour y entrer. Toute condition de propriété ou de contribution fut rejetée; il n'y eut d'autre distinction que celle de l'âge, que l'on regarda comme une garantie suffisante de maturité et de sagesse: car il n'entrait, dans cette division de la législature, aucune idée de suprématie ou d'aristocratie. Baudin dit que la chambre des représentans serait *l'imagination*, et le sénat la *raison* de la nation. Il ne voulait que quarante membres pour représenter cette raison. On opposa que ce nombre n'aurait ni assez de dignité, ni assez de force. On décida que les deux chambres seraient composées de sept cent cinquante membres, malgré Lesage et Lanjuinais qui trouvaient ce nombre trop grand. C'était juste celui des membres de la Convention.

Pouvoir exécutif. Baudin et Daunou voulaient *deux* magistrats suprêmes ou consuls biennaux, dont l'un gouvernerait pendant la première année, et l'autre pendant la seconde. Lesage, Lanjuinais et Durand-Maillane *un* président annuel; les autres, un conseil d'au moins *trois* membres. On finit par en adopter *cinq*. Chacun se décida pour tel ou tel nombre, suivant qu'il était plus ou moins effrayé de tout ce qui pouvait rappeler la royauté. Le mode de nomination du pouvoir exécutif fut l'objet des plus sérieuses méditations. Il n'y avait guère à opter qu'entre deux partis: le choix médiat ou immédiat du peuple, ou celui de la législature. Le dernier l'emporta. Louvet craignait qu'autrement les assemblées primaires ou leurs délégués pour l'élection, ne nommassent un jour un Bourbon. La majorité se détermina par la crainte que le pouvoir exécutif ne fût trop puissant s'il sortait de l'élection populaire. On s'occupa ensuite de lui donner des garanties. Lesage proposa qu'il fût inviolable. C'était une idée inconciliable avec la nature du gouvernement républicain. Elle ne fut point appuyée. Mais on environna la responsabilité de formes protectrices, du moins on en eut l'intention; d'un autre côté, on écarta le pouvoir exécutif de tout concours à la confection des lois, et on attribua au peuple la nomination des administrateurs de départemens. Plusieurs membres de la commission trouvaient que c'était un contre-sens; mais le peuple avait joui de ce droit; on n'osa pas l'en priver. On examina sérieusement si les séances des administrations ne seraient pas publiques, et, en rejetant cette publicité, on décida qu'un double du registre de leurs arrêtés serait ouvert à tous les citoyens.

Résidence de la législature. Pour assurer son indépendance on proposa de l'établir hors Paris. J'étais de cet avis. L'expérience faisait justement craindre l'influence de la capitale; on opposait que les mouvemens qui l'avaient agitée appartenaient à un temps de révolution, et qu'un gouvernement constitutionnel saurait les prévenir; qu'on anéantirait Paris, que sa population diminuerait, que les arts en souffriraient, qu'abandonner cette ville ce serait une faiblesse, que la chouanerie s'en emparerait, etc. Ces motifs ne me paraissaient pas très-concluans. Je répondais que, sous un régime constitutionnel, la police aurait encore moins de force que sous le gouvernement révolutionnaire pour prévenir les mouvemens d'une grande population toujours facile à remuer; qu'outre les agitations inhérentes aux républiques, la France serait encore longtemps exposée aux combats des factions que la révolution y avait créées, et travaillée par les manœuvres du royalisme et de la démagogie; que celle-ci aurait des auxiliaires dangereux dans les faubourgs, et celui-là dans les salons où l'aristocratie corrompait les mœurs républicaines par ses maximes, son luxe et tous les genres de séduction; que la capitale, privée de la présence d'un gouvernement sans faste, ne perdrait pas grand'chose, qu'elle avait bien prospéré sous le gouvernement royal qui n'y résidait pas; que, dût-on établir la législature seulement à Versailles et laisser le pouvoir exécutif à Paris, c'en serait assez pour que la représentation nationale ne fût pas surprise, envahie et dissoute de fait, comme cela était arrivé plusieurs fois à la Convention; enfin que, lorsque cet arrangement mettrait un terme à l'agrandissement toujours croissant de la capitale, et le ferait même rétrograder, je n'y verrais qu'un résultat heureux pour le reste de la France. La question resta indécise. On convint qu'il n'en serait plus parlé. On donna seulement au conseil des anciens le droit de transférer où il le jugerait convenable le siége de la législature.

Boissy, rapporteur de la commission des onze, présenta le 5 messidor le projet de constitution à la Convention.

(*Thibaudeau*, I, 179–86)

(190) The Constitution of the year III [promulgated 1er *vendémiaire an IV*—23 September 1795]

DÉCLARATION

DES DROITS ET DES DEVOIRS DE L'HOMME ET DU CITOYEN

Le peuple français proclame, en présence de l'Etre suprême, la déclaration suivante des droits et des devoirs de l'homme et du citoyen.

Droits.

ART. 1er. Les droits de l'homme en société sont la liberté, l'égalité, la sûreté, la propriété.

2. La liberté consiste à pouvoir faire ce qui ne nuit pas aux droits d'autrui.

3. L'égalité consiste en ce que la loi est la même pour tous, soit qu'elle protège, soit qu'elle punisse.

L'égalité n'admet aucune distinction de naissance, aucune hérédité de pouvoirs.

4. La sûreté résulte du concours de tous pour assurer les droits de chacun.

5. La propriété est le droit de jouir et de disposer de ses biens, de ses revenus, du fruit de son travail et de son industrie.

6. La loi est la volonté générale, exprimée par la majorité ou des citoyens ou de leurs représentans.

7 Ce qui n'est pas défendu par la loi ne peut être empêché.

Nul ne peut être contraint à faire ce qu'elle n'ordonne pas.

8. Nul ne peut être appelé en justice, accusé, arrêté ni détenu que

dans les cas déterminés par la loi, et selon les formes qu'elle a prescrites.

9. Ceux qui sollicitent, expédient, signent, exécutent ou font exécuter des actes arbitraires sont coupables, et doivent être punis.

10. Toute rigueur qui ne serait pas nécessaire pour s'assurer de la personne d'un prévenu doit être sévèrement réprimée par la loi.

11. Nul ne peut être jugé qu'après avoir été entendu ou légalement appelé.

12. La loi ne doit décerner que des peines strictement nécessaires et proportionnées au délit.

13. Tout traitement qui aggrave la peine déterminée par la loi est un crime.

14. Aucune loi, ni criminelle, ni civile, ne peut avoir d'effet rétroactif.

15. Tout homme peut engager son temps et ses services, mais il ne peut se vendre ni être vendu; sa personne n'est pas une propriété aliénable.

16. Toute contribution est établie pour l'utilité générale; elle doit être répartie entre les contribuables en raison de leurs facultés.

17. La souveraineté réside essentiellement dans l'universalité des citoyens.

18. Nul individu, nulle réunion partielle de citoyens ne peut s'attribuer la souveraineté.

19. Nul ne peut, sans une délégation légale, exercer aucune autorité ni remplir aucune fonction publique.

20. Chaque citoyen a un droit égal de concourir, immédiatement ou médiatement, à la formation de la loi, à la nomination des représentans du peuple et des fonctionnaires publics.

21. Les fonctions publiques ne peuvent devenir la propriété de ceux qui les exercent.

22. La garantie sociale ne peut exister si la division des pouvoirs n'est pas établie, si leurs limites ne sont pas fixées, et si la responsabilité des fonctionnaires publics n'est pas assurée.

Devoirs.

ART. 1er. La Déclaration des Droits contient les obligations des législateurs: le maintien de la société demande que ceux qui la composent connaissent et remplissent également leurs devoirs.

2. Tous les devoirs de l'homme et du citoyen dérivent de ces deux principes, gravés par la nature dans tous les cœurs:

Ne faites pas à autrui ce que vous ne voudriez pas qu'on vous fît.

Faites constamment aux autres le bien que vous voudriez en recevoir.

5. Les obligations de chacun envers la société consistent à la défendre, à la servir, à vivre soumis aux lois, et à respecter ceux qui en sont les organes.

4. Nul n'est bon citoyen s'il n'est bon fils, bon père, bon frère, bon ami, bon époux.

5. Nul n'est homme de bien s'il n'est franchement et religieusement observateur des lois.

6. Celui qui viole ouvertement les lois se déclare en état de guerre avec la société.

7. Celui qui, sans enfreindre ouvertement les lois, les élude par ruse ou par adresse, blesse les intérêts de tous; il se rend indigne de leur bienveillance et de leur estime.

8. C'est sur le maintien des propriétés que reposent la culture des terres, toutes les productions, tout moyen de travail, et tout l'ordre social.

9. Tout citoyen doit ses services à la patrie et au maintien de la liberté, de l'égalité et de la propriété, toutes les fois que la loi l'appelle à les défendre.

CONSTITUTION

ART. 1er. La République française est une et indivisible.

2. L'universalité des citoyens français est le souverain.

TITRE 1er.—*Division du territoire.*

. . .

TITRE II.—*État politique des citoyens.*

8. Tout homme né et résidant en France qui, âgé de vingt et un ans accomplis, s'est fait inscrire sur le registre civique de son canton, qui a demeuré depuis pendant une année sur le territoire de la République, et qui paie une contribution directe, foncière ou personnelle, est citoyen français.

9. Sont citoyens, sans aucune condition de contribution, les Français qui auront fait une ou plusieurs campagnes pour l'établissement de la République. . . .

TITRE IV.—*Assemblées électorales.*

33. Chaque assemblée primaire nomme un électeur à raison de deux cents citoyens, présens ou absens, ayant droit de voter dans ladite assemblée.

Jusqu'au nombre de trois cents citoyens inclusivement il n'est nommé qu'un électeur, etc. . . .

35. Nul ne pourra être nommé électeur s'il n'a vingt-cinq ans accomplis, et s'il ne réunit aux qualités nécessaires pour exercer les droits de citoyen français l'une des conditions suivantes, savoir:

Dans les communes au-dessus de six mille habitans, celle d'être propriétaire ou usufruitier d'un bien évalué à un revenu égal à la valeur locale de deux cents journées de travail, ou d'être locataire soit d'une habitation évaluée à un revenu égal à la valeur de cent cinquante journées de travail, soit d'un bien rural évalué à deux cents journées de travail;

Dans les communes au-dessous de six mille habitans, celle d'être propriétaire ou usufruitier d'un bien évalué à un revenu égal à la valeur locale de cent cinquante journées de travail, ou d'être locataire soit d'une habitation évaluée à un revenu égal à la valeur de cent journées de travail, soit d'un bien rural évalué à cent journées de travail;

Et dans les campagnes, celle d'être propriétaire ou usufruitier d'un bien évalué à un revenu égal à la valeur locale de cent cinquante journées de travail, ou d'être fermier ou métayer de biens évalués à la valeur de deux cents journées de travail.

A l'égard de ceux qui seront en même temps propriétaires ou usufruitiers d'une part, et locataires, fermiers ou métayers de l'autre, leurs facultés à ces divers titres seront cumulées jusqu'au taux nécessaire pour établir leur éligibilité.

36. L'assemblée électorale de chaque département se réunit le 20 germinal de chaque année, et termine en une seule session de dix jours au plus et sans pouvoir s'ajourner, toutes les élections qui se trouvent à faire; après quoi elle est dissoute de plein droit.

37. Les assemblées électorales ne peuvent s'occuper d'aucun objet étranger aux élections dont elles sont chargées; elles ne peuvent envoyer ni recevoir aucune adresse, aucune pétition, aucune députation.

38. Les assemblées électorales ne peuvent correspondre entre elles.

39. Aucun citoyen ayant été membre d'une assemblée électorale ne peut prendre le titre d'électeur, ni se réunir en cette qualité à ceux qui ont été avec lui membres de cette même assemblée.

La contravention au présent article est un attentat à la sûreté générale.

. . .

41. Les assemblées électorales élisent, selon qu'il y a lieu:

1° Les membres du corps législatif, savoir, les membres du conseil des anciens, ensuite les membres du conseil des cinq-cents.

2° Les membres du tribunal de cassation;

3° Les hauts-jurés;

4° Les administrateurs de département;

5° Les président, accusateur public et greffier du tribunal criminel;

6° Les juges des tribunaux civils. . . .

43. Le commissaire du directoire exécutif près l'administration de chaque département est tenu, sous peine de destitution, d'informer le directoire de l'ouverture et de la clôture des assemblées électorales. Ce commissaire n'en peut arrêter ni suspendre les opérations, ni entrer dans le lieu des séances; mais il a droit de demander communication du procès-verbal de chaque séance dans les vingt-quatre heures qui la suivent, et il est tenu de dénoncer au directoire les infractions qui seraient faites à l'acte constitutionnel.

Dans tous les cas le corps législatif prononce seul sur la validité des opérations des assemblées électorales.

TITRE V.—*Pouvoir législatif.*

Dispositions générales.

44. Le corps législatif est composé d'un conseil des anciens et d'un conseil des cinq-cents.

45. En aucun cas le corps législatif ne peut déléguer à un ou plusieurs de ses membres, ni a qui que ce soit, aucune des fonctions qui lui sont attribuées par la présente Constitution.

46. Il ne peut exercer par lui-même, ni par des délégués, le pouvoir exécutif ni le pouvoir judiciaire.

47. Il y a incompatibilité entre la qualité de membre du corps législatif et l'exercice d'une autre fonction publique, excepté celle d'archiviste de la République. . . .

49. Chaque département concourt, à raison de sa population seulement, à la nomination des membres du conseil des anciens et des membres du conseil des cinq-cents. . . .

52. Les membres du corps législatif ne sont pas représentans du département qui les a nommés, mais de la nation entière, et il ne peut leur être donné aucun mandat.

53. L'un et l'autre conseil est renouvelé tous les ans par tiers.

54. Les membres sortans après trois années peuvent être immédiatement réélus pour les trois années suivantes, après quoi il faudra un intervalle de deux ans pour qu'ils puissent être élus de nouveau.

55. Nul, en aucun cas, ne peut être membre du corps législatif durant plus de six années consécutives.

56. Si, par des circonstances extraordinaires, l'un des deux conseils se trouve réduit à moins des deux tiers de ses membres, il en donne avis au directoire exécutif, lequel est tenu de convoquer sans délai les assemblées primaires des départemens qui ont des membres du corps législatif à remplacer par l'effet de ces circonstances. Les assemblées primaires nomment sur-le-champ les électeurs, qui procèdent aux remplacemens nécessaires.

57. Les membres nouvellement élus pour l'un et pour l'autre conseil se réunissent, le premier prairial de chaque année, dans la commune qui a été indiquée par le corps législatif précédent, ou dans la commune même où il a tenu ses dernières séances s'il n'en a pas désigné une autre.

58. Les deux conseils résident toujours dans la même commune.

59. Le corps législatif est permanent; il peut néanmoins s'ajourner à des termes qu'il désigne.

60. En aucun cas les deux conseils ne peuvent se réunir dans une même salle.

61. Les fonctions de président et de secrétaire ne peuvent excéder la durée d'un mois, ni dans le conseil des anciens ni dans celui des cinq-cents.

62. Les deux conseils ont respectivement le droit de police dans le lieu de leurs séances, et dans l'enceinte extérieure qu'ils ont déterminée.

63. Ils ont respectivement le droit de police sur leurs membres; mais ils ne peuvent prononcer de peine plus forte que la censure, les arrêts pour huit jours, et la prison pour trois.

64. Les séances de l'un et de l'autre conseil sont publiques; les assistans ne peuvent excéder en nombre la moitié des membres respectifs de chaque conseil.

Les procès-verbaux des séances sont imprimés.

65. Toute déliberation se prend par assis et levé; en cas de doute il se fait un appel nominal, mais alors les votes sont secrets.

66. Sur la demande de cent de ses membres, chaque conseil peut se former en comité général et secret, mais seulement pour discuter, et non pour délibérer.

67. Ni l'un ni l'autre conseil ne peut créer dans son sein aucun comité permanent.

Seulement chaque conseil a la faculté, lorsqu'une matière lui paraît susceptible d'un examen préparatoire, de nommer parmi ses membres une commission spéciale, qui se renferme uniquement dans l'objet de sa formation.

Cette commission est dissoute aussitôt que le conseil a statué sur l'objet dont elle était chargée.

68. Les membres du corps législatif reçoivent une indemnité annuelle; elle est, dans l'un et l'autre conseil, fixée à la valeur de trois mille myriagrammes de froment (six cent treize quintaux trente-deux livres).

69. Le directoire exécutif ne peut faire passer ou séjourner aucun corps de troupes dans la distance de six myriamètres (douze lieues moyennes) de la commune où le corps législatif tient ses séances, si ce n'est sur sa réquisition ou avec son autorisation.

70. Il y a près du corps législatif une garde de citoyens pris dans la garde nationale sédentaire de tous les départemens, et choisis par leurs frères d'armes.

Cette garde ne peut être au-dessous de quinze cents hommes en activité de service.

71. Le corps législatif détermine le mode de ce service et sa durée.

72. Le corps législatif n'assiste à aucune cérémonie publique, et n'y envoie point de députation.

CONSEIL DES CINQ-CENTS.

73. Le conseil des cinq cents est invariablement fixé à ce nombre.

74. Pour être élu membre du conseil des cinq-cents il faut être âgé de trente ans accomplis, et avoir été domicilié sur le territoire de la République pendant les dix années qui auront immédiatement précédé l'élection.

La condition de l'âge de trente ans ne sera point exigible avant l'an septième de la République; jusqu'à cette époque l'âge de vingt-cinq ans accomplis sera suffisant.

75. Le conseil des cinq-cents ne peut délibérer si la séance n'est composée de deux cents membres au moins.

76. La proposition des lois appartient exclusivement au conseil des cinq-cents. . . .

79. Les propositions adoptées par le conseil des cinq-cents s'appellent *résolutions*. . . .

CONSEIL DES ANCIENS.

82. Le conseil des anciens est composé de deux cent cinquante membres.

83. Nul ne peut être élu membre du conseil des anciens,

S'il n'est âgé de quarante ans accomplis;

Si de plus il n'est pas marié ou veuf;

Et s'il n'a pas été domicilié sur le territoire de la République pendant les quinze années qui auront immédiatement précédé l'élection. . . .

86. Il appartient exclusivement au conseil des anciens d'approuver ou de rejeter les résolutions du conseil des cinq-cents. . . .

89. Si la proposition a été déclarée urgente par le conseil des cinq-cents, le conseil des anciens délibère pour approuver ou rejeter l'acte d'urgence.

90. Si le conseil des anciens rejette l'acte d'urgence, il ne délibère point sur le fond de la résolution.

91. Si la résolution n'est pas précédée d'un acte d'urgence, il en est fait trois lectures: l'intervalle entre deux de ces lectures ne peut être moindre de cinq jours. . . .

92. Les résolutions du conseil des cinq-cents, adoptées par le conseil des anciens, s'appellent *lois*. . . .

96. L'approbation du conseil des anciens est exprimée sur chaque proposition de loi par cette formule, signée du président et des secrétaires: *le conseil des anciens approuve*.

97. Le refus d'adopter pour cause d'omission des formes indiquées dans l'article soixante-dix-sept est exprimé par cette formule, signée du président et des secrétaires: *la Constitution annulle*.

98. Le refus d'approuver le fond de la loi proposée est exprimé par cette formule, signée du président et des secrétaires: *le conseil des anciens ne peut adopter*.

99. Dans le cas du précédent article, le projet de loi rejeté ne peut plus être présenté par le conseil des cinq-cents qu'après une année révolue.

100. Le conseil des cinq cents peut néanmoins présenter, à quelque époque que ce soit, un projet de loi qui contienne des articles faisant partie d'un projet qui a été rejeté.

101. Le conseil des anciens envoie dans le jour les lois qu'il a adoptées, tant au conseil des cinq-cents qu'au directoire exécutif.

102. Le conseil des anciens peut changer la résidence du corps législatif; il indique en ce cas un nouveau lieu et l'époque à laquelle les deux conseils sont tenus de s'y rendre.

Le décret du conseil des anciens sur cet objet est irrévocable.

103. Le jour même de ce décret ni l'un ni l'autre des conseils ne peuvent plus délibérer dans la commune où ils ont résidé jusqu'alors.

Les membres qui y continueraient leurs fonctions se rendraient coupables d'attentat contre la sûreté de la République.

104. Les membres du directoire exécutif qui retarderaient ou refuseraient de sceller, promulguer et envoyer le décret de translation du corps législatif seraient coupables du même délit.

105. Si, dans les vingt jours après celui fixé par le conseil des anciens, la majorité de chacun des deux conseils n'a pas fait connaître à la République son arrivée au nouveau lieu indiqué ou sa réunion dans un autre lieu quelconque, les administrateurs de département, ou à leur défaut les tribunaux civils de département, convoquent les assemblées primaires pour nommer des électeurs, qui procèdent aussitôt à la formation d'un nouveau corps législatif par l'élection de deux cent cinquante députés pour le conseil des anciens, et de cinq-cents pour l'autre conseil.

106. Les administrateurs de département qui, dans le cas de l'article précédent, seraient en retard de convoquer les assemblées primaires, se rendraient coupables de haute trahison et d'attentat contre la sûreté de la République.

107. Sont déclarés coupables du même délit tous citoyens qui mettraient obstacle à la convocation des assemblées primaires et électorales dans le cas de l'article cent six.

108. Les membres du nouveau corps législatif se rassemblent dans le lieu où le conseil des anciens avaient transféré les séances.

S'ils ne peuvent se réunir dans ce lieu, en quelque endroit qu'ils se trouvent en majorité là est le corps législatif.

109. Excepté dans les cas de l'article cent deux, aucune proposition de loi ne peut prendre naissance dans le conseil des anciens. . . .

TITRE VI.—*Pouvoir exécutif.*

132. Le pouvoir exécutif est délégué à un directoire de cinq membres, nommés par le corps législatif, faisant alors les fonctions d'assemblée électorale au nom de la nation.

133. Le conseil des cinq cents forme au scrutin secret une liste décuple du nombre des membres du directoire qui sont à nommer, et la présente au conseil des anciens, qui choisit, aussi au scrutin secret, dans cette liste.

134. Les membres du directoire doivent être âgés de quarante ans au moins.

135. Ils ne peuvent être pris que parmi les citoyens qui ont été membres du corps législatif ou ministres.

La disposition du présent article ne sera observée qu'à commencer de l'an neuvième de la République.

136. A compter du premier jour de l'an cinquième de la République, les membres du corps législatif ne pourront être élus membres du directoire ministres, soit pendant la durée de leurs fonctions législatives, soit pendant la première année après l'expiration de ces mêmes fonctions.

137. Le directoire est partiellement renouvelé par l'élection d'un nouveau membre chaque année.

Le sort décidera pendant les quatre premières années de la sortie successive de ceux qui auront été nommés la première fois.

138. Aucun des membres sortans ne peut être réélu qu'après un intervalle de cinq ans.

139. L'ascendant et le descendant en ligne directe, les frères, l'oncle et le neveu, les cousins au premier degré, et les alliés à ces divers degrés, ne peuvent être en même temps membres du directoire, ni s'y succéder, qu'après un intervalle de cinq ans. . . .

141. Chaque membre du directoire le préside à son tour, durant trois mois seulement.

Le président a la signature et la garde du sceau.

Les lois et les actes du corps législatif sont adressés au directoire en la personne de son président.

142. Le directoire exécutif ne peut délibérer s'il n'y a trois membres présens au moins.

143. Il se choisit hors de son sein un secrétaire, qui contre-signe les expéditions, et rédige les délibérations sur un registre où chaque membre a le droit de faire inscrire son avis motivé. . . .

144. Le directoire pourvoit d'après les lois à la sûreté extérieure ou intérieure de la République.

Il peut faire des proclamations conformes aux lois et pour leur exécution.

Il dispose de la force armée, sans qu'en aucun cas le directoire, collectivement, ni aucun de ses membres, puissent la commander, ni pendant le temps de ses fonctions, ni pendant les deux années qui suivent immédiatement l'expiration de ces mêmes fonctions.

145. Si le directoire est informé qu'il se trame quelque conspiration contre la sûreté extérieure ou intérieure de l'état, il peut décerner des mandats d'amener et des mandats d'arrêt contre ceux qui en sont présumés les auteurs ou les complices; il peut les interroger; mais il est obligé, sous les peines portées contre le crime de détention arbitraire, de les renvoyer par-devant l'officier de police dans le délai de deux jours, pour procéder suivant les lois.

146. Le directoire nomme les généraux en chef; il ne peut les choisir parmi les parens ou alliés de ses membres dans les degrés exprimés par l'article cent trente-neuf.

147. Il surveille et assure l'exécution des lois dans les administrations et tribunaux par des commissaires à sa nomination.

148. Il nomme hors de son sein les ministres, et les révoque lorsqu'il le juge convenable.

Il ne peut les choisir au-dessous de l'âge de trente ans, ni parmi les parens ou alliés de ses membres aux degrés énoncés dans l'article cent trente-neuf.

149. Les ministres correspondent immédiatement avec les autorités qui leur sont subordonnées.

150. Le corps législatif détermine les attributions et le nombre des ministres.

Ce nombre est de six au moins, et de huit au plus.

151. Les ministres ne forment point un conseil.

152. Les ministres sont respectivement responsables, tant de l'inexécution des lois que del 'inexécution des arrêtés du directoire. . .

160. Hors les cas des articles cent six-neuf et cent-vingt,[1] le directoire, ni aucun de ses membres, ne peut être appelé ni par le conseil des cinq-cents ni par le conseil des anciens.

161. Les comptes et les éclaircissemens demandés par l'un ou l'autre conseil au directoire sont fournis par écrit.

162. Le directoire est tenu chaque année de présenter par écrit, à l'un et à l'autre conseil, l'aperçu des dépenses, la situation des finances, l'état des pensions existantes, ainsi que le projet de celles qu'il croit convenable d'établir.

Il doit indiquer les abus qui sont à sa connaissance.

163. Le directoire peut en tout temps inviter par écrit le conseil des cinq-cents à prendre un objet en considération; il peut lui proposer des mesures, mais non des projets rédigés en forme de lois.

164. Aucun membre du directoire ne peut s'absenter plus de cinq jours, ni s'éloigner au-delà de quatre myriamètres (huit lieues moyennes) du lieu de la résidence du directoire, sans l'autorisation du corps législatif.

165. Les membres du directoire ne peuvent paraître dans l'exercice de leurs fonctions, soit au-dehors, soit dans l'intérieur de leurs maisons, que revêtus du costume qui leur est propre.

166. Le directoire a sa garde habituelle, et soldée aux frais de la

[1] Dealing with 'Common Law' offences.

République, composée de cent vingt hommes à pied et de cent vingt hommes à cheval.

167. Le directoire est accompagné de sa garde dans les cérémonies et marches publiques, où il a toujours le premier rang.

168. Chaque membre du directoire se fait accompagner au dehors de deux gardes. . . .

173. Le traitement de chacun d'eux est fixé pour chaque année à la valeur de cinquante mille myriagrammes de froment (dix mille deux cent vingt-deux quintaux). . . .

(*Buchez*, XXXVI, 485–517)

(191) Decree on the uniform of officials 3 brumaire an IV—25 October 1795

La Convention nationale, après avoir entendu le rapport de son comité d'instruction publique, décrète:

Art. 1. Toutes les matières ou étoffes employées aux costumes des fonctionnaires seront du crû du territoire de la République ou de fabrique nationale.

2. Le costume des fonctionnaires publics est réglé ainsi qu'il suit:

CORPS LÉGISLATIF.

Conseil des Cinq-Cents.—La robe longue et blanche, la ceinture bleue, le manteau écarlate (le tout en laine), la toque de velours bleu.

Conseil des anciens.—Même forme de vêtemens; la robe en bleu-violet, la ceinture écarlate, le manteau blanc (le tout en laine), la toque de velours, même couleur que la robe.

Ces deux vêtemens ornés de broderies de couleur.

DIRECTOIRE EXÉCUTIF.

Le directoire exécutif aura deux costumes, l'un pour ses fonctions ordinaires, l'autre pour les représentations dans les fêtes nationales, etc.

Costume ordinaire.—Habit-manteau à revers et à manches, couleur nacarat, doublé de blanc, richement brodé en or sur l'extérieur et les revers; veste longue et croisée, blanche, et brodée d'or; l'écharpe en ceinture bleue à franges d'or; le pantalon blanc (le tout en soie); le chapeau noir, rond, retroussé d'un côté, et orné d'un panache tricolor; l'épée portée en baudrier sur la veste; la couleur du baudrier nacarat.

Grand costume. L'habit-manteau bleu, et par-dessus un manteau nacarat.

Secrétaire du directoire exécutif.

Même forme de vêtement que celui du directoire exécutif dans son costume ordinaire; tout en noir; le panache noir avec une seule plume rouge; un cachet suspendu en sautoir sur la poitrine.

Ministres.

Même forme de vêtement que celui du directoire exécutif; le dessus noir; doublure, revers, veste et pantalon ponceau: l'écharpe en ceinture blanche (le tout de soie et orné de broderies en soie de couleur); le chapeau noir, surmonté d'un panache ponceau; le baudrier noir. . . .

(*Buchez*, XXXVI, 517–21)

CHAPTER V

Continuities

A. THE REVOLUTIONARY STYLE

(192) Extract from Durand-Maillane's memoirs

Dans tout le cours de la révolution, où l'on a formé un idiôme nouveau adapté à toutes les circonstances nouvelles, soit naturelles, soit factices, on a personnifié le peuple pour en faire la partie principale et motrice de tous les actes de ce grand procès national. Ce peuple, ainsi qualifié, n'était, depuis la suppression du marc d'argent, que la partie la plus infime et la plus dépravée de la société.

(*Durand-Maillane*, 66–7)

(193) Circular of the Jacobin Club to the affiliated Clubs, 5 April 1793

Amis, nous sommes trahis! Aux armes! Aux armes! Voici l'heure terrible où les défenseurs de la patrie doivent vaincre ou s'ensevelir sous les décombres sanglants de la République. Français, jamais votre liberté ne fut en un si grand péril! Nos ennemis ont enfin mis le sceau à leur noire perfidie, et, pour la consommer, Dumouriez, leur complice, marche sur Paris. Les trahisons manifestes des généraux coalisés avec lui ne laissent pas douter que ce plan de rébellion et cette insolente audace ne soient dirigés par la criminelle faction qui l'a maintenu, déifié, ainsi que La Fayette, et qui nous a trompés jusqu'au moment décisif sur la conduite, les menées, les défaites et les attentats de ce traître, de cet impie, qui vient de faire mettre en état d'arrestation les quatre commissaires de la Convention et qui prétend la dissoudre. Trois membres de notre Société, commissaires du Conseil exécutif, les avaient précédés; ce sont eux qui, en risquant leur existence, ont déchiré le voile et fait décider l'infâme Dumouriez.

Mais, Frères, ce ne sont pas là tous vos dangers! . . . Il faut vous convaincre d'une vérité douloureuse! Vos plus grands ennemis sont au milieu de vous, ils dirigent vos opérations. O vengeance!!! Ils conduisent vos moyens de défense! . . .

Oui, Frères et amis, oui, c'est dans le Sénat que de parricides mains déchirent vos entrailles! Oui, la contre-révolution est dans le gouvernement . . ., dans la Convention nationale! C'est là, c'est au centre de votre sûreté et de vos espérances que de criminels délégués tiennent les fils de la trame qu'ils ont ourdie avec la horde des despotes qui viennent nous égorger! . . .C'est là qu'une cabale sacrilège dirigée par la cour d'Angleterre . . . et autres . . .

Mais, déjà l'indignation enflamme votre courageux civisme. Allons, républicains, armons-nous! Et, sans nous laisser amollir par de vaines terreurs sur nos calamités, que notre sagesse s'arrête sur les moyens de salut qui nous restent; les voici:

Levons-nous! Oui, levons-nous tous! Mettons en état d'arrestation tous les ennemis de notre révolution et toutes les personnes suspectes. Exterminons sans pitié tous les conspirateurs, si nous ne voulons être exterminés nous-mêmes. Et, pour rendre à la Convention nationale, qui seule peut nous sauver, pour lui rendre sa force et son énergie, que les députés patriotes qui sont en mission dans les quatre-vingt-trois départements soient renvoyés à leur poste, qu'ils y reviennent le plus promptement possible; et, à l'exemple des généreux Marseillais, que de nouveaux apôtres de la liberté, choisis par vous, au milieu de vous, remplacent ces commissaires; qu'ils soient envoyés dans les villes et dans les campagnes, soit pour faciliter le plus prompt recrutement, soit pour échauffer le civisme et signaler les traitres.

Que les départements, les districts, les municipalités, que toutes les Sociétés populaires, s'unissent et s'accordent à réclamer auprès de la Convention, à y envoyer, à y faire pleuvoir des pétitions qui manifestent le vœu formel du rappel instant de tous les membres infidèles qui ont trahi leur devoir en ne voulant pas la mort du tyran, et surtout contre ceux qui ont égaré un si grand nombre de leurs collègues. De tels délégués sont des traitres, des royalistes ou des hommes ineptes. La République réprouve les amis des rois! Ce sont eux qui la morcellent, la ruinent, et ont juré de l'anéantir. Oui, citoyens, ce sont eux qui ont formé cette faction criminelle et désastreuse. Avec eux, c'en est fait de votre liberté! Et par leur prompte expulsion, la patrie est sauvée!!!

Que tous s'unissent également pour demander que le tonnerre des décrets d'accusation soit lancé, et sur les généraux traîtres à la République, et sur les ministres prévaricateurs, et sur les administrateurs des postes, et sur tous les agents infidèles du gouvernement. Voilà nos plus salutaires moyens de défense; mais repoussons les traîtres et les tyrans.

Le foyer de leur conspiration est ici: c'est à Paris que nos perfides ennemis veulent consommer leur crime. Paris, le berceau, le boulevard de la liberté, est, n'en doutez pas, le lieu où ils ont juré d'anéantir sous les cadavres des patriotes la cause sainte de l'humanité.

C'est sur Paris que Dumouriez dirige ses vengeances, en ralliant à son parti tous les royalistes, les feuillants, les modérés et tous les lâches ennemis de notre liberté. C'est donc à Paris que nous devons tous la défendre! Et pénétrez-vous bien de cette vérité, que Paris, sans vous, ne peut sauver la République. Déjà les intrépides Marseillais sont debout, et c'est pour prévenir leur arrivée que la cabale scélérate presse l'accomplissement des forfaits du traître Dumouriez.

Français! La patrie est menacée du plus grand danger! Dumouriez déclare la guerre au peuple, et, devenue tout à coup l'avant-garde des féroces ennemis de la France, une partie de son armée, séduite par ce grand criminel, marche sur Paris pour rétablir la royauté et dissoudre la Convention nationale.

Aux armes, républicains! Volez à Paris; c'est là le rendez-vous de la France; Paris doit être le quartier général de la République.

Aux armes! Aux armes! . . . Point de délibération, point de délai, ou la liberté est perdue! Tous moyens d'accélérer votre marche doivent être mis en usage. Si nous sommes attaqués avant votre arrivée, nous saurons combattre et mourir, et nous ne livrerons Paris que réduit en cendres!!!

Signé: Marat, député, président; Dubuisson, vice-président; Jay, Duquesnoy, députés, Coindre, Dupeiret, Champertois, Prieur, secrétaires.

(*Aulard*, V, 126–8)

(194) The opening of Chaumette's speech at the bar of the Convention, 5 September 1793

Citoyens législateurs,

Les citoyens de Paris, las de voir leurs destinées trop longtemps incertaines et flottantes, veulent enfin les fixer invariablement. Les tyrans de l'Europe, les ennemis domestiques de l'État persistent avec atrocité dans leur affreux système d'affamer le peuple français pour le vaincre et le forcer à échanger honteusement sa liberté, sa souveraineté, contre un morceau de pain, ce qui ne sera assurément jamais.

De nouveaux seigneurs, non moins cruels, non moins avides, non moins insolents que les anciens, se sont élevés sur les ruines de la féodalité; ils ont affermé ou acheté les propriétés de leur anciens maîtres et continuent à marcher dans les sentiers battus par le crime, à spéculer sur la misère publique, à tarir les sources de l'abondance et à tyranniser les destructeurs de la tyrannie.

Une autre classe, aussi avide, aussi criminelle que la première, s'est emparée des denrées de première nécessité. Vous l'avez frappée, mais vous ne l'avez qu'étourdie, et, à l'ombre même des lois, elle continue ses brigandages.

Vous avez fait des lois sages; elles promettent le bonheur, mais elles ne sont pas exécutées, parce que la force exécutrice manque; et si vous ne la créez promptement, elles courent risque d'être frappées de vétusté le moment d'après leur naissance.

Les ennemis de la patrie lèvent contre elle, en ce moment, leurs couteaux déjà teints de son propre sang. Vous commandez aux arts, les arts obéissent et les métaux, sous les mains républicaines, se changent en armes tyrannicides; mais où est le bras qui doit tourner ces armes contre la poitrine des traîtres?

Les ennemis cachés de l'intérieur, avec le mot de *liberté* sur les lèvres, arrêtent la circulation de la vie; malgré vos lois bienfaisantes, ils ferment les greniers, soumettent froidement à un calcul atroce combien leur rapportera une disette, une émeute, un massacre. Votre âme se brise à cette idée. Vous remettez aux administrations les clefs des greniers et le livre infernal du calcul de ces monstres; mais où est le poignet robuste qui tournera avec vigueur cette clef fatale aux traîtres? Où est l'être fier, impassible, inaccessible à toute espèce d'intrigue et de corruption, qui déchirera les feuillets du livre écrits avec le sang du peuple et qui en fera aussitôt l'arrêt de mort des affameurs?

Tous les jours, nous apprenons de nouvelles trahisons, de nouveaux forfaits; tous les jours, nous sommes inquiétés par la découverte et la renaissance de nouveaux complots: tous les jours, de nouveaux troubles agitent la République et sont prêts à l'entraîner dans leurs tourbillons orageux et à la précipiter dans l'abîme insondé des siècles à venir. Mais où est l'être puissant dont le cri terrible réveillera la justice assoupie, ou plutôt paralysée, étourdie par les clameurs des partis, et la forcera enfin à frapper les têtes criminelles? Où est-il, l'être fort qui écrasera tous ces reptiles qui corrompent tout ce qu'ils touchent et dont les piqûres venimeuses agitent nos concitoyens, changent leurs assemblées politiques en arènes de gladiateurs, où chaque passion, chaque intérêt trouve des apologistes et une armée?

Il est temps, législateurs, de faire cesser la lutte impie qui dure depuis 1789 entre les enfants de la nature et ceux qui l'ont abandonnée. Votre sort et le nôtre sont liés à un établissement invariable de la République. Il faut que nous détruisions ses ennemis, ou qu'ils nous détruisent. Ils ont jeté le gant au milieu du peuple: le peuple l'a ramassé.

Ils ont excité des mouvements; ils ont voulu séparer, diviser la masse des citoyens pour la briser et éviter par là d'en être brisés eux-mêmes. Aujourd'hui, la masse du peuple doit les écraser sans ressource de son poids et de sa volonté.

Et vous, Montagne à jamais célèbre dans les pages de l'histoire, soyez le Sinaï des Français; lancez, au milieu des foudres, des décrets éternels de la justice et de la volonté du peuple. Inébranlable au milieu des orages amoncelés de l'aristocratie, agitez-vous et tressaillez à la voix du peuple. Assez longtemps le feu concentré de l'amour du bien public a bouillonné dans vos flancs; qu'il fasse une irruption violente! Montagne sainte, devenez un volcan dont les laves brûlantes détruisent à jamais l'espoir du méchant et calcinent les cœurs où se trouve encore l'idée de la royauté.

Plus de quartier, plus de miséricorde aux traîtres! Si nous ne les devançons pas, ils nous devanceront; jetons entre eux et nous la barrière de l'éternité.

Les patriotes de tous les départements, et le peuple de Paris en particulier, ont jusqu'ici montré assez de patience; on s'en est joué; le jour de la justice et de la colère est arrivé.

Législateurs, l'immense rassemblement des citoyens réunis hier et ce matin sur la place et dans l'intérieur de la Maison commune n'a formé qu'un vœu; une députation vous l'apporte, le voici: Des subsistances, et, pour en avoir, force à la loi! . . .

(*Mautouchet*, 187–9)

(195) *Arrêté* of the *représentants* Châles and Isoré creating an *armée révolutionnaire* in the Nord, 13 *brumaire an* II—3 November 1793

Au nom du salut public, les représentants du peuple envoyés près l'armée du Nord, convaincus qu'il existe, au mépris des volontés de la nature, des cœurs vils et noirs de corruption, nageant dans un sang impur et palpitant du désir de démentir la raison et les lois humaines, que les préjugés inventés par le charlatanisme d'une légion d'hommes ambitieux, cachés dans les ténèbres de l'hypocrisie, qui, prêchant la chasteté et la sobriété, cultivent en secret des passions pour semer dans l'ignorance la superstition et faire germer dans les cœurs faibles une terreur à la honte du ciel même; voulant que la Déclaration des Droits de l'homme, fondement de la République française, soit le seul livre révolutionnaire de la religion et du gouvernement, et que nul individu résidant en France ne conserve la hardiesse d'insulter aux lois du pays sans être puni, à l'heure même où son infidélité sera reconnue; arrêtons qu'il y aura, dans le département du Nord, une armée révolutionnaire commandée par le citoyen Dufresse; que cette armée, habillée à la demi-hussard et coiffée du bonnet de la liberté, se transportera dans tous les lieux où les ennemis intérieurs attaqueront l'égalité, la liberté, l'humanité, les mœurs et la vertu. Cette armée sera suivie d'un tribunal pour juger les ennemis des sociétés populaires, les faux patriotes, les fanatiques, les accapareurs et les banqueroutiers. Ses règlements organisateurs seront publiés et affichés dans le plus bref délai.

(*Mautouchet*, 112)

(196) Circular letter of the Committee of Public Safety to the *sociétés populaires*, 23 *brumaire an* II—13 November 1793

L'intrigue a succédé au fédéralisme: ainsi, c'est toujours le sordide intérêt personnel qui, sous des formes diverses, se montre avec confiance, qui décrie avec audace et qui menace d'usurper les fonctions publiques.

L'ambition des places est la compagne ordinaire de la médiocrité; le véritable talent est modeste; il s'agit de le rechercher, de le découvrir et de l'employer de la manière la plus propre à opérer le bien commun et individuel.

Les fonctionnaires publics qui sont à la tête du gouvernement révolutionnaire ne peuvent connaître tous les hommes vertueux, tous les patriotes éclairés, tous les citoyens instruits qui se trouvent répandus dans l'étendue de la République. Ils chargent souvent un citoyen d'un genre de travail qui serait mieux fait par un autre; quelquefois ils déplacent d'autres citoyens pour leur donner des missions pour lesquelles ils sont peu propres, tandis qu'il en est, sur les lieux mêmes, qui s'en acquitteraient de la manière la plus honorable et la plus utile.

Il est temps que le mérite soit connu, que les véritables talents soient discernés, que le patriotisme pur et désintéressé soit employé. Il est nécessaire au succès de la Révolution que les citoyens soient mis à leur place: c'est le seul moyen de parvenir à avoir des autorités constituées bien organisées, des fonctionnaires publics respectés et une administration nationale bien réglée.

Le Comité de salut public s'occupe avec sollicitude de cet objet. Il sent le besoin de la République pour les commissions des subsistances, pour l'amélioration de l'esprit public démocratique, pour l'apostolat révolutionnaire, pour les places administratives, pour les fabrications d'armes, pour les consulats maritimes, pour les relations extérieures, pour le commerce et pour l'amélioration du premier des arts, l'agriculture.

Ce besoin d'hommes est pressant, c'est la dette de la patrie que nous devons acquitter. Mais c'est surtout au patriotisme à indiquer ceux que le patriotisme distingue: car des lumières sans républicanisme ne serviraient qu'à égarer le peuple, qu'à perdre la nation. L'esprit républicain et l'amour bien prononcé de la patrie sont la première condition de l'emploi ou de la désignation des citoyens pour les fonctions publiques de tout genre.

Éloignez de ces listes indicatives tous ces hommes froids, égoïstes ou indifférents à la révolution républicaine. La loi d'Athènes les eût frappés de mort; l'opinion nationale les frappe parmi nous de mort politique.

Éloignez de ces tableaux civiques, formés par l'opinion, ces hommes qui ont incliné vers le fédéralisme et qui ont donné le plus léger regret à la royauté. La République une et indivisible ne peut être bien servie, bien défendue, bien administrée que par ceux qui l'aiment avec autant de chaleur que de constance.

Mais que les passions personnelles, que les rivalités odieuses, que des complaisances funestes, qu'une facilité dangereuse ne dirigent pas le choix que nous vous demandons. C'est la patrie qui vous interroge: que la vérité lui réponde.

Nous désirerions avoir la liste des citoyens qui sont le plus propres à remplir les fonctions publiques dans tous les genres.

Voici le modèle qui peut être employé pour former cette liste des républicains utiles, qui sont destinés à former l'espérance de la patrie:

TABLEAU DES CITOYENS

qui, dans le district de . . . peuvent dignement exercer des fonctions publiques.

Ce tableau renferme les titres suivants, rangés par colonnes:

Prénoms.—Nom.—Age.—Demeure.—État avant la Révolution.—État depuis la Révolution.—Actions civiques.—Caractère moral.—Caractère physique.—Ouvrages de sa composition.—Quelles fonctions il peut exercer.—Observations.

Le Comité espère que vous voudrez bien concourir à ses vues, en lui procurant dans le plus court délai l'état nominatif des citoyens qui, dans votre arrondissement, paraissent les plus capables de servir utilement leur patrie.

(*Mautouchet*, 204–6)

(197) Changing the names of inns at Pierrefonds (Oise)

Le 24 Brumaire, L'an second de la République française une et indivisible, la Municipalité de Pierrefond ensemble le Conseil Général, et le détachement de l'armée révolutionnaire cantonnée audit Lieu, après délibération prise d'hier conjointement, le peuple *appellé*, il a été planté proche la porte de la Maison Commune l'arbre de réunion, dont la cérémonie a été faite avec la pompe et le chant des hymnes Républicains et Militaires, auquel arbre a été ajouté les Rubans tricolores le Drapeau et Bonnet de liberté.

Et sur le champ il a été procédé au Renouvellement des Enseignes des auberges, et pour ne laisser subsister aucuns signes de féodalité, La Municipalité a délibéré conjointement avec ledit détachement de l'armée Révolutionnaire que l'auberge ci devant dénommée sous l'Ecu d'Orléans, serait maintenant nommé *A la réunion des Sans-culottes*;

2° Que celle ci-devant nommée Saint-Louis, serait nommée *A L'égalité*;

3° Que celle ci-devant nommée L'Enfer, serait nommée *A La République*;

4° Que celle ci-dev. nommée La Croix d'Or serait nommée *A l'armée révolutionnaire*;

5° Et celle nommée Billare, serait nommée *A la fraternité*;

6° Et celle de Palenne, *Aux droits de l'homme*.

Que toute autre auberge qui sera dans le cas de s'établir ne pourra prendre aucune dénomination que celle que lui donnera la Municipalité. Et avons signé tous les membres présens les même jour et an que dessus.

Et à la suite, il a été délibéré que le citoyen Charlemagne Le Roy porterait dorénavant le nom de Le Père de la Patrie.

(*AHRF*, 1924, 168–9)

(198) Mortuary laws at Honfleur in the year II (probably *nivôse*)

Moyen de faire les obsèques des citoyens d'une manière honorable et décente et de faire oublier les cérémonies ridicules que la vanité et la superstition faisaient pratiquer ci-devant en pareil cas.

La commune fera la dépense de six manteaux de serge noire (de grandeur moyenne pour servir à toutes les tailles) et de six grands crêpes; les six plus proches parents du décédé se vêtiront chacun d'un de ces manteaux et attacheront ce grand crêpe au bord d'un chapeau rond sur un chapeau à trois cornes entièrement détroussé; ils placeront ce chapeau sur leur tête de manière que le crêpe, qui aura au moins un pied de largeur, leur cache le dos et descende un peu plus bas que la ceinture, observant de n'avoir leurs cheveux ni poudrés, ni attachés. La famille du décédé devra avoir l'attention d'inviter préalablement tous ses amis et connaissances, par des cartes ou verbalement, d'assister aux funérailles de leur parent en indiquant le jour et l'heure; oublier en pareil cas de faire ces invitations serait une incivilité; ne pas y répondre en serait encore une plus grande.

Un demi-quart d'heure avant le départ du convoi, les six proches parents endosseront leurs manteaux et se placeront devant la porte du décédé pour y recevoir les amis qui doivent s'y rendre, qui s'abstiendront de tous compliments de condoléance. Les six hommes en manteaux noirs ne répondront aux saluts que par des inclinations (*sic*) sans se découvrir la tête, et le silence doit seul exprimer le deuil.

Tous les citoyens qui doivent former le convoi funèbre étant rassemblés, ils se rangeront deux à deux, proche l'un de l'autre et iront dans cet ordre, en silence et d'un pas réglé, précédés des six hommes en manteaux noirs qui doivent suivre immédiatement le corps jusqu'au lieu de la sépulture, d'où ils reviendront de même jusqu'à la porte du décédé, toujours les six manteaux noirs à la tête; là, ils se placeront tous les six de front devant la maison du défunt, la face du côté de la rue, tenant pour lors leur chapeau à deux mains devant leur estomac, la crêpe flottant en dehors, et la tête nue; ils feront en signes de remerciements des inclinations à tous les citoyens qui les ont accompagnés, qui doivent défiler devant eux deux à deux, et de qui ils recevront sans doute des salutations.

Ainsi devra se terminer la cérémonie, et chacun devra se retirer sur-le-champ, sans chercher à entrer dans la maison du décédé ni s'arrêter dans la rue pour y faire de vains compliments, sauf à ceux qui sont fort liés dans la maison à faire leurs visites dans un autre moment, si bon leur semble. Pour les enfants depuis leur naissance jusqu'à quatorze ans, deux parents en manteaux noirs et cinq à six accompagnants doivent suffire.

Ce mode, n'entraînant à aucune dépense, peut sans difficultés être suivi par tous les citoyens indistinctement, et, comme, on fait des inhumations à Honfleur à deux cimetières, il conviendrait qu'il y eût douze manteaux de serge et douze crêpes, six pour chaque section, et qu'ils fussent tous déposés chez le concierge de la maison commune, où on irait au besoin les emprunter et les reporter aussitôt après la cérémonie.

(*RF*, 46, 545–6)

(199) From Robespierre's speech in the Convention denouncing the 'factions', 17 *pluviôse an* II—5 February 1794

Nous voulons substituer dans notre pays la morale à l'égoisme, la probité à l'honneur, les principes aux usages, les devoirs aux bienséances, l'empire de la raison à la tyrannie de la mode, le mépris du vice au mépris du malheur, la fierté à l'insolence, la grandeur d'âme à la vanité, l'amour de la gloire à l'amour de l'argent, les bonnes gens à la bonne compagnie, le mérite à l'intrigue, le génie au bel esprit, la vérité à l'éclat, le charme du bonheur aux ennuis de la volupté, la grandeur de l'homme à la petitesse des grands, un peuple magnanime, puissant, heureux, à un peuple aimable, frivole et misérable, c'est-à-dire, toutes les vertus et tous les miracles de la république, à tous les vices et à tous les ridicules de la monarchie (*Applaudissements*).

(*AP*, LXXXIV, 331)

(200) *Arrêté* of the *représentants* Saliceti and Moltedo, Marseille, 18 *pluviôse an* II—6 February 1794

Les conventionnels, considérant que les noms des vaisseaux ne doivent pas éveiller des idées mercantiles dont l'égoïsme et le modérantisme sont les suites mais au contraire exciter dans le cœur des citoyens qui les montent la mémoire des événements qui ont fondé la liberté, arrêtent que le vaisseau: Le *Commerce de Bordeaux*, actuellement mouillé dans le port de la Montagne s'appellera désormais le *Bonnet rouge*.

(*AHRF*, 1925, 268)

B. RELIGIOUS MATTERS

(201) Religion and the Girondin press: from no. MCCIII of the *Patriote français*, November 1792

Frères et amis, je vous dénonce les imbéciles et les fripons qui font dresser et peindre tout à neuf un beau crucifix de dix pieds de haut sur le pont de Sèvres. Puisque chacun a le droit de prêcher pour son saint, je demande place pour un Mahomet, un Confucius, un Zoroastre, etc., car, sans cela, les Turcs, les Chinois, les Persans, les Indiens, allant et venant sur le pont, auraient le droit de se plaindre.

Je dénonce les imbéciles ou les fripons qui promènent leur bon-dieu dans la rue Montmartre, et qui vont gravement bénir les soldats du corps de garde . . . Frères et amis, ne souffrez pas plus long-temps de pareilles badauderies.

(*Buchez*, XXI, 4)

(202) The *Patriote français* on the midnight mass of Christmas 1792

Les agitateurs ont profité, pour exciter des troubles, de l'arrêté par lequel le conseil-général de la Commune avait ordonné la clôture des églises pendant la nuit. L'arrêté n'a pas été exécuté dans plusieurs paroisses; il s'y est formé des attroupemens; ils ont été chercher les prêtres et les ont forcés de faire l'office. Nous avons voulu voir par nous-mêmes ce que nous pensions d'abord n'être que des insurrections de dévotes; mais nous nous sommes convaincus que la religion n'est pour rien dans ce tumulte. A Saint-Eustache, l'attroupement était composé de filles publiques, de jeunes gens; nous y avons retrouvé plusieurs des motionnaires et des applaudisseurs des tribunes de la terrasse des Feuillans; nous avons fait ensuite la même observation à Saint-Germain-l'Auxerrois, et nous y avons vu plusieurs des individus qui échauffaient les esprits un moment auparavant à Saint-Eustache. Au reste, comme la garde était doublée, cette émeute maratico-religieuse n'a pas eu de suites. Nous ne devons pas terminer sans observer que les agitateurs et les prêtres marchent souvent de front, parce qu'ils ont à combattre les mêmes ennemis, les philosophes; telle était aussi la marche des prêtres sous l'ancien régime; ils étaient les auxiliaires des despotes. (*Patriote français*, n. MCCXXXIII.)

(*Buchez*, XXII, 339–40)

(203) The Revolutionary Calendar, decreed 5 October 1793

Art. 1er.

L'ère des Français compte de la fondation de la République, qui a eu lieu le 22 septembre 1792 de l'ère vulgaire, jour où le soleil est arrivé à l'équinoxe vrai d'automne, en entrant dans le signe de la balance à 9 h. 18 m. 30 s. du matin, pour l'observatoire de Paris.

Art. 2.

L'ère vulgaire est abolie pour les usages civils.

Art. 3.

Le commencement de chaque année est fixé à minuit commençant le jour où tombe l'équinoxe vrai d'automne pour l'observatoire de Paris.

Art. 4.

La première année de la République française a commencé à minuit 22 septembre 1792, et a fini à minuit séparant le 21 du 22 septembre 1793.

Art. 5.

La deuxième année a commencé le 22 septembre 1793 à minuit, l'équinoxe vrai d'automne étant arrivé pour l'observatoire de Paris à 3 h. 7 m. 19 s. du soir.

Art. 6.

Le décret qui fixait le commencement de la seconde année au 1er janvier 1793, est rapporté; tous les actes datés l'an II de la République, passés dans le courant du 1er janvier au 22 septembre exclusivement, sont regardés comme appartenant à la première année de la République.

Art. 7.

L'année est divisée en douze mois égaux de trente jours chacun, après lesquels suivent cinq jours pour compléter l'année ordinaire et qui n'appartiennent à aucun mois. Ils sont appelés les *jours complémentaires*.

Art. 8.

Chaque mois est divisé en trois parties égales, de dix jours chacune, et qui sont appelées *décades*, distinguées entre elles par première, seconde et troisième.

Art. 9.

Les mois, les jours de la décade, les jours complémentaires, sont désignés par les dénominations ordinales, premier, second, troisième, etc., mois de l'année; premier, second, troisième, etc., jour de la décade; premier, second, troisième, etc., jour complémentaire.[1]

Art. 10.

En mémoire de la Révolution qui, après quatre ans, a conduit la France au gouvernement républicain, la période bissextile de quatre ans est appeleé *la Franciade*.

Le jour intercalaire qui doit terminer cette période est appelé le *jour de la Révolution*. Ce jour est placé après les cinq complémentaires.

Art. 11.

Le jour, de minuit à minuit, est divisé en dix parties, chaque partie en dix autres, ainsi de suite, jusqu'à la plus petite portion commensurable de la durée. Cet article ne sera de rigueur pour les actes publics, qu'à

[1] Later they were given names.

compter du premier jour du premier mois de la treizième année de la République.

Art. 12.

Le comité d'instruction publique est chargé de faire imprimer en différents formats le nouveau calendrier, avec une instruction simple pour en expliquer les principes et les usages les plus familiers.

Art. 13.

Le nouveau calendrier, ainsi que l'instruction, seront envoyés aux corps administratifs, aux municipalités, aux tribunaux, aux juges de paix et à tous les officiers publics, aux instituteurs et professeurs, aux armées et aux sociétés populaires. Le conseil exécutif provisoire le fera passer aux ministres, consuls et autres agents de France dans les pays étrangers.

Art. 14.

Tous les actes publics seront datés suivant la nouvelle organisation de l'année.

Art. 15.

Les professeurs, les instituteurs et institutrices, les pères et mères de familles, et tous ceux qui dirigent l'éducation des enfants de la République, s'empresseront de leur expliquer le nouveau calendrier, conformément à l'instruction qui y est annexée.

Art. 16.

Tous les quatre ans, ou toutes les Franciades, au jour de la Révolution, il sera célébré des jeux républicains, en mémoire de la Révolution française.

(*AP*, LXVI, 120–1)

(204) Durand-Maillane on de-Christianization

Le changement du calendrier fut le prélude de l'abolition du christianisme. La commune vint proposer cet acte d'impiété à la Convention, qui s'en rendit complice, et remplaça par un décret *le culte catholique par le culte de la raison*. Ce déplorable scandale, des adresses en l'honneur de l'athéisme, des abjurations indécentes, et dont la plupart étaient forcées, figurèrent dans le procès-verbal qu'on envoya aux autorités et aux armées. Le poëte Chénier composa un hymne, où, en fidèle disciple de Voltaire, il fit une guerre ouverte à la religion de Jésus-Christ.

La Convention décréta qu'on se porterait à l'église métropolitaine, pour y chanter l'hymne de Chénier, et y célébrer la nouvelle déesse de la raison. On jugera du reste de l'hymne par cette première strophe:

Descends, ô Liberté! fille de la nature.
Le peuple a reconquis son pouvoir immortel
Sur les pompeux débris de l'antique imposture;
Ses mains relèvent ton autel.

Je n'assistai point aux scènes plus que scandaleuses qui se passèrent dans l'église Notre-Dame, où une actrice d'opéra fut encensée comme une divinité, et je dois dire que la moitié au moins des conventionnels refusa d'y assister. Un grand nombre d'entre eux ne se rendit même plus aux séances de l'Assemblée, depuis le jour où l'on traîna l'évêque de Paris à sa barre, pour y déclarer qu'il n'avait jamais été qu'un imposteur, et que le peuple rejetait le christianisme. Son exemple ayant été imité par les prêtres et les ministres protestans conventionnels, qui montèrent à la tribune pour y abdiquer leur état religieux, plusieurs députés furent saisis d'un tel dégoût et d'une telle indignation, qu'ils ne parurent plus dans la Convention ainsi souillée. Mais les montagnards s'aperçurent de leur absence, et les forcèrent de retourner et d'entendre chaque jour les plus scandaleuses adresses, et le récit des profanations dont se rendaient coupables les émules de la commune dans les départemens.

(*Durand-Maillane*, 181–3)

(205) The start of Fouché's de-Christianizing campaign at Nevers: *arrêté* of 10 October 1793

Au nom du peuple français, le représentant du peuple près les départements du Centre et de l'Ouest, considérant que le peuple français ne peut reconnaitre d'autres signes privilégiés que ceux de la loi, de la justice et de la liberté, d'autre culte que celui de la morale universelle, d'autre dogme que celui de sa souveraineté et de sa toute-puissance; considérant que si, au moment où la République vient de déclarer solennellement qu'elle accorde une protection égale à l'exercice du culte de toutes les religions, il était permis à tous les sectaires d'établir sur les places publiques, sur les routes et dans les rues, les enseignes de leurs sectes particulières, d'y célébrer leurs cérémonies religieuses, il s'ensuivrait de la confusion et du désordre dans la ville, arrête ce qui suit:

Article premier.—Tous les cultes des diverses religions ne pourront être exercés que dans leurs temples respectifs. . . .

Art. 4.—Dans chaque municipalité, tous les citoyens morts, de quelque secte qu'ils soient, seront conduits, vingt-quatre heures après le décès, et quarante-huit en cas de mort subite, au lieu désigné pour la sépulture commune, couverts d'un voile funèbre, sur lequel sera peint le sommeil, accompagné d'un officier public, entourés de leurs amis revêtus de deuil et d'un détachement de leurs frères d'armes.

Art. 5.—Le lieu commun où leurs cendres reposeront sera isolé de toute habitation, planté d'arbres, sous l'ombre desquels s'élèvera une statue représentant le sommeil. Tous les autres signes seront détruits.

Art. 8.—On lira sur la porte de ce champ, consacré par un respect religieux aux mânes des morts, cette inscription: *La mort est un sommeil éternel.*

Art. 9.—Le présent arrêté sera imprimé, lu, publié et affiché dans toute l'étendue du département, adressé à tous les districts qui le feront parvenir à tous les conseils généraux des communes, et aux curés qui seront responsables du défaut d'exécution.

(*RF*, 13, 147–9)

(206) A *sans-culottes* paternoster

Notre Père, qui êtes dans les Cieux, d'où vous protégez d'une manière si admirable la République Française et les Sans-Culottes, ses plus ardents défenseurs; que votre nom soit sanctifié et béni parmi nous, comme il l'a toujours été; que votre Volonté constante de faire vivre les Hommes libres, égaux et heureux, soit respectée sur la Terre comme elle l'est dans le Ciel. Conservez-nous le pain que nous mangeons tous les jours en dépit des vains efforts des Pitt, des Cobourg et de tous les Tyrans coalisés pour nous affamer. Pardonnez-nous les fautes que nous avons commises, en supportant si long-temps les Tyrans dont nous avons purgé la France, comme nous pardonnons aux Nations Esclaves, quand elles nous auront imités. Ne permettez point qu'elles tardent plus long-temps à rompre les fers qui les accablent et dont elles sont violemment tentées de se débarrasser; mais qu'elles se délivrent, ainsi que nous, des Nobles, des Prêtres et des Rois. Ainsi soit-il.

(*AHRF*, 1936, 69)

(207) De-Christianization in Lorraine, 27 *brumaire an* II—17 November 1793

Les citoyens de Laître sous Amance de tous âge, de tous sexe et de toute croyance, assemblés dans le lieu du culte sur l'invitation de la Municipalité, le citoyen François Bouchon, curé d'Amance et de Laitre a paru en leur présence en habit national et en bonnet rouge, et s'adressant aux maire et officiers municipaux rangés autour d'un bureau dressé au milieu de l'assemblée les a instruit de ce qui venait de se passer dans le chef-lieu du canton au sujet de l'abolition des anciens préjugés religieux. Invité à monter à la tribune pour dessiller les yeux des gens faibles et crédules, il y est monté, et prenant la parole, il a rappelé à l'auditoire que depuis plus de deux ans, il n'avait cessé de tonner contre l'imposture dont ses prédécesseurs avaient abusé le peuple toujours si lent à se corriger de ses erreurs, qu'il n'avait pu, sans s'exposer à tourner contre lui-même les armes du fanatisme, lever plus tôt le voile qui dérobait depuis tant de siècles la vérité se levant enfin sur la France. Il était temps d'ouvrir les yeux à la lumière, de rentrer en soi-même et d'écouter en silence la voix de cette raison éternelle où l'Etre suprême a gravé en caractère ineffaçable ce que l'évangile a de plus sublime, cette maxime que la constitution a consacré, à laquelle le législateur des chrétiens réduit la loi et les prophêtes, *ne fais pas à un autre ce que tu ne veux pas qui te soit fait*, que les Juifs et les gentils appelés les premiers au christianisme avaient dénaturé par leurs préjugés religieux la simplicité d'un culte qui n'exige que l'adoration en esprit et en vérité: que les cérémonies du Lévitique et les superstitions de l'idolâtrie s'étaient glissées dans l'exercice du culte à la faveur de la crédulité des premiers fidèles, qu'elles s'étaient maintenues par la tyrannie, fortifiée dans les siècles d'ignorance; que les réclamations ont été étouffées par le despotisme de la cour de Rome et par un système d'oppression de la part des princes séculiers et ecclésiastiques. Que les mêmes ombres dont s'est enveloppé Moïse avaient pendant trois siècles entouré le berceau du christianisme, enseveli dans les caveaux, les souterrains, les catacombes; que, rendant hommage à sa morale il était disposé à n'enseigner que ce qu'elle dit au cœur de tous les hommes qui doivent se conduire non d'après ce qu'ils ignorent mais d'après leur connaissance bien certaine et bien dirigée, etc. (*sic*).

Ensuite ledit curé s'est transporté au tabernacle, en a tiré un ciboire, et, prenant une hostie à la main, il a demandé de périr sur l'heure si cette hostie renfermait la divinité; il a invité ses ennemis, au cas qu'il en eut dans l'assemblée à réunir leurs vœux pour attirer sur sa tête avant sa sortie du temple les vengeances exercées sur Ona, Coré, Dathan et Abiron, s'il était profanateur.

Personne n'a été témoin d'aucun prodige ni d'aucun miracle. Alors plusieurs des citoyens présents ont consommé les hosties, les ont partagé avec le curé au milieu du plus grand calme et de la fraternité la plus entière.

La municipalité a invité tous les individus présents à certifier ce qu'ils avaient vu et entendu et à s'embrasser républicainement.

Il a été arrêté que les livres servant au cidevant culte seraient envoyés au District pour aider à faire des cartouches, de même que l'argenterie du Temple et le cuivre pour servir à la défense de la République.

Qu'une expédition du présent procès verbal serait envoyé à la Convention nationale, une autre au district et une autre à la société populaire de Nancy.

Rédigé, fait, lu et signé à Laitre le jour et an avant dit

Bongard maire.

Petitjean officier municipal

Bouchon curé.

Suivent 81 signatures.[1]

(*AHRF*, 1926, 78–80)

(208) The Section des Gravilliers before the Convention

ensuite la section des Gravilliers a été introduite. La marche s'est ouverte par les sapeurs, les orphelins des défenseurs de la patrie de la société des jeunes français élèves de Leonard Bourdon, membre de la Convention Nationale, suivis de 48 compagnies qui composent la force armée de cette section.

chacun de ces citoyens était affublé d'une partie des ornemens des églises de leur arondissement, dépouilles enlevées à la superstitieuse crédulité de nos pères et reconquises par la raison des hommes libres.

Sous un dais superbe étoit porté le buste de l'immortel Marat; sur sa teste un orphelin de la patrie posoit une couronne.

pendant la marche la musique des orphelins executoit des airs consacrés par les pretres aux cérémonies funèbres.

Mais à peine les citoyens ont été introduits qu'ils ont repris la gravité qui convenoit au sanctuaire de la loi, et se sont empressé de se dépouiller du ridicule costume avec lequel les pretres en imposoient à la simplicité publique.

Le président de la section a obtenu la parole.

Pères de la Patrie,

Le peuple immense de la section des Gravilliers desabusé des Pretres et des Saints, a fait choix pour vous apporter son voeu, d'un orphelin de la patrie. Les oreilles de cet enfant n'ont point encore entendu de

[1] Laître sous Amance had about 150 inhabitants in 1793.

mensonges, il n'a appris qu'une chose: la déclaration de ses droits. Le peuple a pensé que les sublimes accens de la raison sortiroient mieux de la bouche pure de l'innocence.

Paulin, l'un des orphelins de la Patrie, agé de 7^{ans}, prend la parole.

Représentans,

enfin le peuple français est mur à la liberté; en terrassant des Despotes, il n'avoit fait que ce que d'autres peuples avoient fait avant lui, mais en terrassant l'hydre de la superstition et du fanatisme, il s'est élevé au-dessus de tous les peuples de la terre.

La Section des Gravilliers a fait fermer toutes ses Eglises, ces repaires habités par des animaux immondes qui dévoroient la subsistance de nos familles, qui portoient la discorde et la désolation dans nos ménages! leurs bases étoient portées par des crânes humains! Leurs pierres n'étoient cimentées que du sang de nos Pères! ces repaires sont détruits! Leur enceinte, à jamais consacrée à la Vérité, ne retentira plus que de la voix des Républicains qui instruiront leurs frères, que des mâles accens du patriotisme honorant la raison.

Auguste Montagne, ce triomphe t'est du, le peuple a voulu s'élever à ta hauteur; il est bien maintenant souverain, car il a remporté une grande victoire sur lui-même.

Notre argenterie étoit immense: elle a été portée sans faste à la monnoye. Quant aux mascarades de nos Prêtres, elles ont servi à égayer notre marche de sans-culottes.

(*Markov & Soboul*, No. 48)

(209) Circular letter of the Committee of Public Safety to the *Sociétés populaires*, November 1793

Des troubles religieux ont éclaté; c'est à vous à en atténuer les effets; à vous, sociétés populaires, qui êtes les foyers où l'opinion se forge, s'agrandit et s'épure.

Vous avez tout fait pour la patrie, elle attend tout de vous. Elle vous appelle à être en quelque sorte les professeurs d'une nouvelle instruction. L'instruction forme l'opinion. C'est le flambeau de l'opinion qui a brûlé le masque des conspirateurs, c'est le flambeau de l'opinion qui éclairera les hommes faibles, égarés et qui les a garantis des pièges semés sous leurs pas.

Que le glaive de la justice venge l'humanité des malheurs que ces hommes pervers attireraient sur elle, et des maux plus grands encore qu'ils voudraient lui préparer; mais en même temps ramenons à la vérité, par le langage de la raison, cette multitude qui n'est livrée à l'erreur et aux suggestions de l'intrigue que parce qu'elle manque de lumières.

Plus les convulsions du fanatisme expirant sont violentes, plus nous avons de ménagements à garder. Ne lui redonnons pas des armes en substituant la violence à l'instruction

Pénétrez-vous de cette vérité, qu'on ne commande point aux consciences. Il est des superstitieux de bonne foi, parce qu'il existe des esprits faibles, parce que dans le passage rapide de la superstition à la vérité, ce sont ceux qui ont médité et franchi tous les préjugés qui les premiers se trouvent au niveau. Le surplus, resté en arrière, exige des encouragements pour avancer à son tour. L'effrayer, c'est vouloir qu'il rétrograde. Ce sont des malades qu'il faut préparer à la guérison en les rassurant, et qu'on rendrait fanatiques par une cure forcée.

Circulaire signée: ROBESPIERRE, CARNOT, COUTHON, R. LINDET, C.-A. PRIEUR, BARÈRE, BILLAUD-VARENNE, J.-.B ST-ANDRÉ, COLLOT D'HERBOIS.

(*Robespierre*, CCLVIII)

(210) Extract from Robespierre's reply to Hébert and Momoro in the Jacobin Club, 1 *frimaire an* II, 21 November 1793

Est-il vrai encore que la principale cause de nos maux soit le fanatisme? le fanatisme! il expire; je pourrais même dire qu'il est mort. En dirigeant depuis quelques jours toute notre attention contre lui, ne la détourne-t-on pas de nos véritable dangers? Vous craignez, dites-vous, les prêtres! Les prêtres craignent bien davantage les progrès de la lumière. Vous avez peur des prêtres! et ils s'empressent d'abdiquer leurs titres, pour les échanger contre ceux de municipaux, d'administrateurs et même de présidents de Sociétés populaires. Croyez seulement à leur amour pour la patrie, sur la foi de leur abjuration subite, et ils seront très contents de vous. . . . Vous ne le serez peut-être pas également d'eux. Avez-vous peur de ces évêques, qui naguère étaient très attachés à leur bénéfice constitutionnel, qui leur rapportait 70,000 livres de rentes, et qui en ont fait le sacrifice dès qu'il était réduit à 6,000 livres; de ces évêques qui ajourd'hui en sollicitent et en ont peut-être obtenu l'indemnité? Oui, craignez, non pas leur fanatisme, mais leur ambition; non pas l'habit qu'ils portaient, mais la peau nouvelle dont ils se sont revêtus. Au reste, ceci ne s'applique point à tous les prêtres; je respecte les exceptions, mais je m'obstine à croire qu'elles sont rares. Non, ce n'est point le fanatisme qui doit être aujourd'hui le principal objet de nos inquiétudes. Cinq ans d'une Révolution qui a frappé sur les prêtres déposent de son impuissance. La Vendée même, son dernier asile, ne prouve point du tout son pouvoir. C'est la politique, c'est l'ambition, ce sont les trahisons de ceux qui gouvernaient jadis qui ont créé la Vendée; c'étaient des hommes sans honneur, comme sans religion, qui traînaient des brigands étrangers ou français au pillage, et non aux pieds des autels. Encore la force de la République et le zèle du gouvernement actuel les ont-ils frappés à mort, malgré tant d'obstacles et de crimes; car ils ont perdu leurs places d'armes, leurs magasins, la plus grande partie de leur force; il ne leur reste qu'une horde fugitive, dont l'existence ne pourrait être prolongée que par la malveillance et par l'ineptie. Je ne vois plus qu'un seul moyen de réveiller parmi nous le fanatisme, c'est d'affecter de croire à sa puissance. Le fanatisme est un animal féroce et capricieux; il fuyait devant la raison; poursuivez-le avec de grands cris, il retournera sur ses pas!

Et quels autres effets peut produire cette chaleur extraordinaire et subite, ce zèle exagéré et fastueux, avec lequel on semble lui faire la guerre depuis quelque temps? Je l'ai déjà dit à la Convention, et je le répète ici: il est une infinité de choses que le bon esprit du peuple a tournées au profit de la liberté, et que nos ennemis n'avaient imaginées que pour la perdre.

[*Robespierre* dit que des citoyens ont le droit d'offrir à la patrie les 'monuments pompeux de la superstition', ou de renoncer aux cérémonies catholiques. Mais il n'admet pas que 'des hommes inconnus jusqu'ici dans la carrière de la Révolution' veuillent 'troubler la liberté des cultes'.]

On a supposé qu'en accueillant des offrandes civiques la Convention avait proscrit le culte catholique. Non, la Convention n'a point fait cette démarche téméraire, la Convention ne la fera jamais. Son intention est de maintenir la liberté des cultes qu'elle a proclamée, et de réprimer en même temps tous ceux qui en abuseraient pour troubler l'ordre public; elle ne permettra pas qu'on persécute les ministres paisibles du culte; et elle les punira avec sévérité, toutes les fois qu'ils oseront se prévaloir de leurs fonctions pour tromper les citoyens et pour armer les préjugés ou le royalisme contre la République. On a dénoncé des prêtres pour avoir dit la messe: ils la diront plus longtemps, si on les empêche de la dire. Celui qui veut les empêcher est plus fanatique que celui qui dit la messe.

Il est des hommes qui veulent aller plus loin; qui, sous le prétexte de détruire la superstition, veulent faire une sorte de religion de l'athéisme lui-même. Tout philosophe, tout individu, peut adopter là-dessus l'opinion qu'il lui plaira. Quiconque voudrait lui en faire un crime est un insensé; mais l'homme public, mais le législateur serait cent fois plus insensé, qui adopterait un pareil système. La Convention nationale l'abhorre. La Convention n'est point un faiseur de livres, un auteur de systèmes métaphysiques; c'est un corps politique et populaire, chargé de faire respecter non-seulement les droits, mais le caractère du peuple français. Ce n'est point en vain qu'elle a proclamé la déclaration des droits de l'homme en présence de l'Etre suprême. On dira peut-être que je suis un esprit étroit, un homme à préjugés; que sais-je? un fanatique. J'ai déjà dit que je ne parlais, ni comme un individu, ni comme un philosophe systématique, mais comme un représentant du peuple. L'athéisme est aristocratique; l'idée d'un grand Etre, qui veille sur l'innocence opprimée, et qui punit le crime triomphant, est toute populaire. (*Vifs applaudissements.*) Le peuple, les malheureux m'applaudissent; si je trouvais des censeurs, ce serait parmi les riches et parmi les coupables. J'ai été, dès le collège, un assez mauvais catholique; je n'ai jamais été ni un ami froid, ni un défenseur infidèle de l'humanité. Je n'en suis que plus attaché aux idées morales et politiques que je viens de vous exposer. Si Dieu n'existait pas, il faudrait l'inventer.

Je parle dans une tribune où l'imprudent Guadet osa me faire un crime d'avoir prononcé le mot de *Providence*. Et dans quel temps? lorsque le cœur ulcéré de tous les crimes dont nous étions les témoins et les victimes; lorsque, versant des larmes amères et impuissantes sur la misère du peuple, éternellement trahi, éternellement opprimé, je cherchais à m'élever au-dessus de la tourbe impure des conspirateurs dont j'étais environné, en invoquant contre eux la vengeance céleste, au défaut de la foudre populaire!

[Après un éloge de la croyance en Dieu, Robespierre continue ainsi:]

Je le répète: nous n'avons plus d'autre fanatisme à craindre que celui des hommes immoraux, soudoyés par les cours étrangères pour réveiller le fanatisme et pour donner à notre Révolution le vernis de l'immoralité, qui est le caractère de nos lâches et féroces ennemis.

(*Aulard*, V, 527–9)

(211) Decree on *liberté du culte*, 16 *frimaire an* II—6 December 1793

Un membre du comité de Salut public [Maximilien ROBESPIERRE] propose le décret suivant, qui est adopté:

La Convention nationale, considérant ce qu'exigent d'elle les principes qu'elle a proclamés au nom du peuple français, et le maintien de la tranquillité publique, décrète:

Art. 1er.

Défend toutes violences ou mesures contraires à la liberté des cultes.

Art. 2.

La surveillance des autorités constituées et l'action de la force publique se renfermeront, à cet égard, chacune pour ce qui les concerne, dans les mesures de police et sûreté publique.

Art. 3.

La Convention, par les dispositions précédentes, n'entend déroger, en aucune manière, aux lois répressives, ni aux précautions de salut public contre les prêtres réfractaires ou turbulents, et contre tous ceux qui tenteraient d'abuser du prétexte de la religion, pour compromettre la cause de la liberté.

Elle n'entend pas non plus fournir, à qui que ce soit, aucun prétexte d'inquiéter le patriotisme, et de ralentir l'essor de l'esprit public.

La Convention invite tous les bons citoyens, au nom de la patrie, à s'abstenir de toutes disputes théologiques ou étrangères aux grands intérêts du peuple français, pour concourir de tous leurs moyens au triomphe de la République et à la ruine de ses ennemis.

L'adresse, en forme de réponse aux manifestes des rois ligués contre la République, décrétée par la Convention nationale le 15 frimaire, sera réimprimée par les ordres des administrations de district, pour être répandue et affichée dans l'étendue de chaque district. Elle sera lue, ainsi que le présent décret, au plus prochain jour de décadi, dans les assemblées de commune ou de section, par les officiers municipaux ou par les présidents des sections.

(*AP*, LXXXI, 30)

(212) The *représentant* Roux-Fazillac to the Committee of Public Safety, Périgueux, 7 *nivôse an* II—27 December 1793

Citoyens mes collègues,

Dans ma dernière je vous disais qu'il eût été à désirer que dans ce département tous les curés eussent abandonné leurs fonctions, ou qu'aucun ne les eût abandonnées. Je dis aujourd'hui la même chose en d'autres termes: je suis fâché que le nouveau décret sur la liberté des cultes n'ait pas paru ou un mois plus tôt, ou un mois plus tard; s'il eût paru un mois plus tôt, aucun prêtre n'eût ici abandonné ses fonctions curiales; et, un mois plus tard, il n'aurait trouvé aucun curé dans ses fonctions. Mais, dans l'état actuel des choses, une partie des paroisses se trouvent sans curé tandis que les autres ont conservé le leur; de là une fanatique jalousie entre les unes et les autres, et entre les prêtres démis et non démis une haine presque semblable à celle qui existe entre les prêtres constitutionnels et les anti-constitutionnels. Ceux qui ont temporisé triomphent, tandis que les autres, se croyant pris pour dupes, n'osant rentrer d'eux-mêmes dans leurs fonctions après leur abdication solennelle, intriguent à leur manière pour se faire réclamer par leurs anciens paroissiens, qu'ils mettent ainsi aux prises et en opposition avec les municipalités. La nouvelle loi qui consacre la liberté de tous les cultes n'est pas encore arrivée ici officiellement, et cependant elle a été répandue dans les campagnes avec la rapidité de l'éclair; les cultivateurs en réclament hautement l'exécution; ils accompagnent leurs réclamations d'insultes et de menaces contre les municipalités, et, comme l'aristocratie se mêle à tous les troubles dont elle espère profiter, on trompe le peuple au point de lui faire demander pour curé des prêtres réfractaires qui sont en état d'arrestation.

Ce qui aigrit encore plus les prêtres qui ont abdiqué leurs fonctions, c'est qu'ils regardent comme illusoire la promesse qu'on leur a faite d'une pension de 8 à 1,200 livres, et à la question qu'on a faite à plusieurs d'entre eux dans la Société populaire, qu'on épure ici à l'instar de celle des Jacobins: 'Quelle est ta fortune aujourd'hui?' tous ont répondu: une pension de 800 livres, *si elle m'est conservée.*

Le temps dans lequel nous nous trouvons, les fêtes de Noël, l'approche de l'*Epiphanie* favorisent beaucoup ces troubles, dont le germe paraît être semé dans plusieurs communes de ce département. Par un mauvais temps, par de très mauvais chemins des habitants des campagnes qui n'ont plus de curé ont fait trois lieues pour aller à la messe de minuit dans les paroisses voisines. Les villes sont loin, il est vrai, de cet esprit de superstition; cependant voulant faire préparer un local propre à réunir les citoyens les jours de décade, à Périgueux même, les ouvriers ont répugné à travailler le jour de Noël, et ce n'est pas un petit tour de force en ce genre que de leur avoir fait abattre ce jour-là des saints de bois dans une église.

Après nous avoir exposé l'état des choses et vous avoir fait connaître l'agitation des esprits, qui est telle que le tocsin a sonné dans quelques endroits, je dois vous dire ce que j'ai fait pour arrêter ces troubles partiels et pour en prévenir de plus grands; je vous exposerai ensuite mes idées sur ce que je pense que doit faire la Convention nationale.

Vainement voudrait-on employer la force pour empêcher des hommes égarés, *affligés* même de n'avoir plus de prêtre, de demander l'exécution de la loi qui tolère tous les cultes; la force n'agirait pas, et même dût-elle, pût-elle agir, il serait aussi injuste, aussi cruel que dangereux, d'en faire usage. Mais il est possible de faire sortir du lieu de leur résidence habituelle les prêtres qui ont abdiqué, et qui sont les premiers auteurs de ces troubles, et, cependant sans les mettre en état d'arrestation, de les obliger à rester dans un lieu désigné, où l'on pourra observer et surveiller leur conduite. C'est ce que j'ai fait, c'est ce que je continuerai de faire. J'ai aussi fait traduire devant moi et mis en état d'arrestation les chefs des émeutes, et, afin que ma surveillance se porte sur tous les points de ce département, je viens d'appeler auprès de moi, dans le point central où je suis, un membre de chaque administration des districts, avec lesquels je vais établir une correspondance de tous les jours et de tous les moments.

Mais c'est de la Convention nationale, c'est du Comité de salut public que doivent émaner les grandes mesures de tranquillité générale. Tout ce qui vient de ce sanctuaire politique est sacré pour le peuple; hâtez-vous donc, citoyens mes collègues, de prendre ces mesures, et prévenez les maux que semble préparer la crise sacerdotale dans laquelle se trouve ce département et peut-être quelques autres. Voilà les observations que je soumets à votre sagesse.

Peut-on dire que tous les cultes soient également libres, également protégés par un gouvernement, lorsqu'un seul est salarié par lui, quand la nation fournit des temples exclusivement pour ce culte, et des habitations pour les ministres qui l'exercent? Non, sans doute, et cette protection pour ce seul culte est un acte d'intolérance pour les autres. Il faut donc subvenir aux frais de tous, ou ne faire les frais d'aucun; le choix n'est pas douteux. Que désormais aucun culte ne soit salarié par la nation, que les temples et les presbytères deviennent des propriétés nationales, et qu'ils soient vendus ou employés à des établissements utiles, tels que l'instruction publique et des manufactures.

Les prêtres qui ont abandonné leurs fonctions craignent que la Convention nationale ne remplisse pas les engagements qu'elle a contractés à leur égard: rassurez-les, donnez-leur même un gage qui leur permette de transformer le fonds de leur traitement en acquisition de domaines nationaux; que ce bienfait soit applicable et à ceux qui ont abdiqué et à ceux qui sont encore dans leurs presbytères; et je ne doute pas qu'avec des mesures simples et faciles vous n'éteigniez le feu du fanatisme qui semble vouloir s'allumer dans ce département; *et si vous faites décréter ces mesures, envoyez-moi aussitôt le décret par un courrier extraordinaire.*

(*RF*, 29, 376–9)

(213) Religious life in the Jura as described by a priest in June 1794

Je ne m'étonnai pas, en parcourant des montagnes, de trouver partout de la piété. C'était la fleur des catholiques qui venaient à moi et la persécution ajoutait à leur ferveur. Mais ce qui m'étonna, ce fut l'instruction que je trouvais toujours à côté de cette piété, et le ton de cette piété elle-même. Elle n'avait aucun des défauts de ce que le monde appelle dévotion. Elle avait des pratiques sans doute, mais ces pratiques n'étaient que des accessoires. Le zèle pour l'observation de la loi de Dieu en était l'âme et le fond; et, dans l'un et l'autre sexe, c'était par des mœurs pures et irréprochables qu'on y prouvait son attachement à l'ancienne foi. Chaque chef était devenu, depuis la déportation, le prêtre, ou, suivant l'expression de saint Augustin, l'évêque de la famille. Toutes les prières se faisaient en commun, et, comme dans tous les temps, c'était le maître de la maison qui les faisait. Les fêtes, quand la prudence le permettait, on rassemblait les parents et les amis pour prier ensemble et faire de la religion le lien de la famille; le plus ancien ou, à son défaut, celui qui lisait le mieux, récitait à haute voix les prières de la messe. Le soir, on psalmodiait les vêpres à voix basse; on disait le chapelet, on lisait ensuite un chapitre des *Instructions pour les jeunes gens* ou des *Pensées sur les vérités de la religion* (deux livres connus dans le diocèse de Besançon). On interrogeait les enfants sur le catéchisme et on finissait par s'entre-exhorter à demeurer fermes dans la foi. Quand, dans ces sortes d'assemblées, on avait un prêtre, la joie était au comble, mais on avait rarement ce bonheur. Les prêtres n'osaient se montrer dans les mauvaises paroisses que quand ils étaient appelés par le danger pressant de quelque fidèle; et les bonnes étaient trop surveillées pour qu'ils crussent prudent d'y paraître avec cette sorte de publicité. Ils n'osaient y venir et s'y tenir cachés que de loin en loin. Ces fervents catholiques savaient profiter de ce mal même pour mener une vie plus pure et plus sainte. Je n'ai vu nulle part une image plus vraie de la ferveur qui honora le berceau du christianisme. . . .

(*Latreille*, I, 178–9)

C. THE REVOLUTION AND THE LAND

[In the first six extracts below the words are Lefebvre's paraphrases except the portions in inverted commas]

(214) Memorandum of the municipality of Saint-Léger-Sous-Beuvray (Saône-et-Loire), 5 May 1790

Elle expose les abus reprochés au fermier: il oblige le métayer à payer les journées de couvreurs, à livrer quantité de fil, de beurre, de chapons et de poulets; en passant bail pour six ou neuf ans, il garde deux ou trois journaux que le métayer doit labourer pour lui qui fournit seulement les semences; le fermier exige encore quatre ou cinq chariots de foin; s'il n'y a pas de foin, il faut le fournir quand même; il se fait verser de 100 à 250 livres soi-disant en échange d'une menue récolte de châtaignes, pommes, poires ou noix; il a des basses-cours que le laboureur est obligé de lui constituer en lui livrant ses couvées; à la fin du bail, le fermier vient avec un notaire chez le paysan pour lui imposer ses conditions; les visites, confiées à des bourgeois étrangers, coûtent très cher; elles devraient être faites par des fermiers et trois jours au moins avant le départ. En outre, le laboureur ne devrait être expulsé que pour de bonnes raisons. La municipalité demande donc la suppression des fermiers et aussi des marchands de grains. Les uns et les autres font augmenter les prix. Celui qui récolte doit porter directement au marché. 'Sans cela le peuple sera toujours malheureux'.

Le 4 mai dernier, il y a eu conflit entre le menu peuple d'une part et de l'autre les bourgeois et les fermiers, qui se sont armés de pistolets, de fusils et d'un sabre; l'un a déchargé cinq coups de pistolets sur le peuple; un homme a été blessé; un autre armé d'un sabre 's'est mis à trancher au travers le peuple' qui s'est 'revangé' et lui a cassé son sabre. 'Les uns de ces messieurs menacent de famine et les autres menacent de tuer.'

La municipalité est entièrement formée de laboureurs et d'ouvriers.

(*Lefebvre*, 205)

(215) Memorandum of Forestier, *administrateur* of the Haute-Garonne *département*, 12 December 1790

Il s'agit de remédier à la misère. 'L'auguste Assemblée n'a encore rien fait pour la classe indigente; elle ne s'est occupée que du propriétaire et du capitaliste'.

'Il y aura une grande quantité de biens nationaux qui ne seront point vendus, parce qu'il faut payer comptant le douzième du prix; le pauvre ne pourra en obtenir. Pourquoi ne point lui vendre à crédit, payable dans 99 ans, une petite portion de ces mêmes biens? Je les aurais tous vendus de la sorte; il y aurait eu des non-valeurs, mais aussi on aurait retiré cinq fois plus qu'on ne fera. On n'aurait pas eu besoin des assignats; on aurait eu des effets qui auraient été baillés aux créanciers de l'Etat, qu'ils auraient pris plus volontiers parce qu'ils auraient porté un intérêt, car, après le remboursement ou l'extinction des rentes viagères, on ne saura que faire du numéraire, ou l'Etat se trouvera avoir le fonds de moins dans la circulation'.

Il étudie ensuite la question du partage des communaux. Ce dernier souffrira de grandes difficultés. A son avis, il faut les diviser en autant de portions qu'on pourra et les mettre aux enchères, payables en 20, 30, 40 ou 99 ans à 5% d'intérêt; le prix en sera versé à la nation pour éteindre la dette, et l'intérêt viendra au profit de la commune en décharge de la foncière pour un tiers et des charges personnelles pour un autre tiers; le dernier tiers alimentera un atelier de charité. On ne pourra obtenir une portion que si on est domicilié depuis cinq ans ou si, étant forain, on a un métayer dans la commune. On ne recevra une seconde portion que si tous les amateurs ont été pourvus. S'il reste ensuite des portions, elles seront données aux plus pauvres, par tête et non par ménage, sans aucune autre redevance que le paiement de l'impôt. 'S'il reste des biens nationaux invendus, ils devraient être distribués de la même manière'.

(*Lefebvre*, 160–1)

(216) Petition of the inhabitants of Brey (Eure), 17 October 1792

La suppression de la dîme ne profite qu'aux laboureurs qui, à présent, détiennent tout le blé et tout le fourrage. Les autres ne peuvent plus nourrir une vache. Ne pourrait-on autoriser la municipalité à tenir registre de la récolte et à les obliger à fournir à chacun suivant son besoin la paille provenant de la dîme, à un prix juste et raisonnable? Un laboureur qui a 60 acres par saison aurait livré 11 à 1200 gerbes pour la dîme; le décimateur aurait employé un batteur; aujourd'hui, tout cela est dans la grange du laboureur, qui n'emploie pas un batteur de plus et n'envoie pas le blé au marché.

Si les fermes étaient bornées à 25 acres par sole, il y aurait moins d'abus; ils en ont 30 à 40 et plus par saison. Dans certaines paroisses, il y en a qui ont deux ou trois fermes ou peut-être même davantage; s'il y a une pièce d'un acre ou deux à louer, ils s'en emparent. Seuls, ils ont des équipages: le pauvre doit les implorer pour qu'ils viennent lui faire ses labours; ils n'y consentent qu'à leurs moments perdus et à un prix exorbitant; ils en profitent pour rogner le champ du petit et se refusent à l'arpentage.

On observe qu'à quelques laboureurs près, tous les citoyens de la commune ont signé, soit 30 sur 38. Parmi les signatures, le maire, le procureur, des notables, un laboureur de 60 acres par sole.

(*Lefebvre*, 157)

(217) Letter of an elector at Gipcy (Allier), 23 October 1792

Les propriétaires et les colons ne s'entendent pas sur la dîme et l'impôt. Le colon dit, tous les jours, que la loi a entendu lui faire du bien comme à son propriétaire, quand elle a aboli la dîme sans indemnité; le propriétaire interprète à son intérêt, de manière qu'il entend profiter dans son entier et le laboureur ne l'entend point du tout: il dit qu'il a toujours cultivé les biens à moitié dont il a toujours fourni les ferrements nécessaires à la culture à son compte, payé les impôts à moitié et que c'est lui qui a toujours eu le plus de peine . . . La dîme est générale parmi tous les colons et que c'est tous des mécontents à qui l'on voit dire tous les jours entre eux que si l'ennemi mettait le pied en France, qu'ils seraient les premiers à lui donner des forces. J'atteste, cher citoyen, que les émigrés en ont connaissance et que c'est de conséquence plus qu'on ne croit.

(*Lefebvre*, 140)

(218) Memorandum of Morize, Associate of the Agricultural Societies of Evreux and Auch, 9 *ventôse an* II—27 February 1794

'Réflexions affligeantes sur les terres': Si la Convention ne rend pas les municipalités responsables en les menaçant de dix ans de fers, 'les misérables jachères' vont rester incultes 'parce que les gros laboureurs, prétendant être libres de labourer pour qui bon leur semble, refusent absolument de labourer les terres des petits cultivateurs qui manquent de chevaux, en disant qu'ils n'ont pas le temps'.—Rappelle son mémoire du 23 février 1793 sur le malheureux sort des journaliers des campagnes et la nécessité de diviser les grandes fermes en fermes de 30 à 40 acres.

Transmis par le Comité de salut public à la Commission des subsistances.—Instructions de cette dernière pour la rédaction de la réponse: 'Observer qu'il y a des lois qui obligent les administrations à mettre en valeur tous les terrains qui en sont susceptibles: citer les lois. Le moment n'est pas venu encore de mettre à exécution tous les projets de perfectionnement qui le seront dans un temps plus calme. On peut s'en rapporter à la sagesse de la Convention et à l'amour du bien public qui l'enflamme. L'imagination de Morize s'enflamme mal à propos lorsqu'il présente la famine et la guerre prêtes à dévorer la République. On l'engage à continuer à prendre intérêt à la prospérité nationale et avoir plus de confiance dans les mesures de salut public prises par la Convention'.

La minute de la réponse (6 germinal) est d'un ton plus sévère:

'Peut-être aurais-tu dû méditer plus longuement et surtout ne pas livrer ton imagination à des terreurs chimériques et mal fondées. Tu prétends que les jachères sont restées incultes par l'engourdissement et la négligence des municipalités.—Si dans tes environs tu connais quelques corps administratifs qui se sont rendus coupables de ce délit, ton devoir est de les dénoncer. Mais qui t'a dit que tous le sont? Il existe une loi du 16 septembre . . . Cette loi a tout prévu . . . Pourquoi avances-tu qu'elle n'est point exécutée? Nous avons les preuves du contraire. Quelles sont les tiennes?'

(*Lefebvre*, 156)

(219) The poor of the *Commune* of Manvieux (Calvados) to the Convention, 11 *vendémiaire an* III—2 October 1794

La commune n'a jamais eu de biens communaux; comme biens nationaux, il ne s'y est trouvé que quatre arpents, provenant du Saint-Sépulcre de Caen; l'acquéreur les fait valoir. 'La classe indigente de cette commune ne subsistait qu'au moyen de l'exploitation de quelques portions de terres situées dans les communes environnantes qui appartenaient à la fabrique et aux abbayes ci-devant Saint-Etienne de Caen et Mont Saint-Michel; mais ces terres ont été également acquises par des propriétaires cultivateurs et presque tous ceux qui les tenaient à ferme en détail viennent de faire leur dernière récolte; ils sont réduits à vendre tout ou partie de leurs bestiaux et ils vont perdre en même temps la seule ressource qui les faisait subsister. Représentants du peuple, il est un moyen de leur subvenir et, déjà, ce moyen vous a été proposé par différentes autres communes: c'est celui de diviser les grandes fermes'. Il y a, à Manvieux, 570 acres de terre: le citoyen Dhermy en possède une partie; il fait valoir ce qu'il lui faut pour ses besoins et a divisé le reste en plusieurs fermes; mais les héritiers Massieux ont au moins 350 acres qu'ils louent en deux fermes seulement dont l'une de 200 acres. Si ces deux fermes étaient réduites à 100 ou 120 acres chacune et le reste loué en détail, cent chefs de famille pourraient vivre avec un, un et demi ou deux acres chacun. Le revenu n'en serait qu'augmenté. La municipalité a appuyé leur pétition et s'est adressé au district; mais faute de loi, celui-ci, tout en reconnaissant le bien-fondé de leurs plaintes, s'est déclaré impuissant.

(*Lefebvre*, 147)

(220) Revolutionary life in a rural community: from the proceedings of the Commune of Challignac (Charente)

[The footnotes are those of the contributor in 1899]

1° ÉPURATION DE L'AGENT NATIONAL PRÈS DE LA MUNICIPALITÉ, EN PLUVIOSE AN II.

Aujourd'hui, le dixième jour du mois de pluviôse, an II de la République une et indivisible, les citoyens actifs de la commune de Challignac s'étant assemblés, sur la réquisition à eux faite par leur municipalité, dans leur temple de la Raison, à l'effet de passer au scrutin épuratoire l'agent national provisoire, conformément au décret du 14 frimaire dernier, en conséquence l'assemblée s'étant premièrement occupée de la nomination des président, secrétaire et scrutateurs, le tout à la pluralité relative des suffrages, lesquels ont été élus: pour le président, Louis Sarrazin, maire; et pour le secrétaire, Jean Rousseau, et les scrutateurs Pierre Jollit, Jean Got et Jean Vignon, qui ont tous accepté; l'Assemblée s'étant de suite consultée pour savoir si elle procéderait à cet épurement par la voix du scrutin en billet ou si elle ferait par la distinction de fèves et de monjettes, cette observation faite, l'Assemblée a unanimement accueilli l'épuration par fèves et monjettes, parce que, attendu que la majorité des membres ne sachant pas écrire eux-mêmes leurs vœux sur des billets, ils pourraient être trompés, au lieu que par fèves et monjettes, ils seraient sûrs que leur opinion ne serait pas changée. Le président ayant de suite annoncé à l'Assemblée qu'il fallait passer à l'épuration du citoyen Broussaud, agent national provisoire, en observant aux citoyens que ceux qui seraient d'avis que ledit citoyen Broussaud fût renommé à la place d'agent national émettraient leur vœu par une monjette, et que ceux qui seraient dans le cas contraire qu'il ne fût pas renommé, le manifesteraient en mettant une fève. Le citoyen président s'étant ensuite fait apporté une petite boîte trouée par dessus pour recevoir le vœu de chaque citoyen, alors le résultat de tous ces vœux ayant été que, sur 131 votants, le citoyen Broussaud, agent national provisoire, en a réuni le nombre de soixante-neuf, ce qui fait la moitié plus quatre, et par conséquent a été proclamé pour agent national de ladite commune de Challignac, lequel dit Broussaud a accepté, et de suite prêté le serment de remplir de son pouvoir les devoirs que la loi lui impose, et a prononcé un discours digne d'un vrai sans-culotte et républicain. Dont et de tout ce que dessus, l'Assemblée en a fait le clos et présent procès-verbal et arrêté que copie d'icelui serait, sans délai, envoyée aux administrateurs du district de Barbezieux.

2º FÊTE DE LA RAISON.

Aujourd'hui, le 10 ventôse, l'an II de la République française une et indivisible, nous, maire, officiers municipaux et membres du conseil général de la commune de Challignac, étant assemblés en notre temple de la Raison, avec tous les citoyens et les citoyennes de ladite commune, y convoqués à l'effet de dédier notre dit temple à la Raison, et de nommer ensuite, parmi les citoyennes, une pour représenter la Raison, en conséquence, y avons procédé par scrutin, de manière que la pluralité des suffrages ont été en faveur de la citoyenne Marie Ph. . .,[1] demeurant au village de Chez-Vajot, présente commune, fille sage et tranquille. Le résultat de cette opération lui ayant été présenté, elle l'a accueilli et remercié l'Assemblée par un discours satisfaisant et admirable. Laquelle a ensuite été conduite par le maire de notre dite commune sur l'autel de la Raison, au bruit des applaudissements et des cris de: Vive la Nation, vive la Convention, vive la Montagne! La cérémonie ayant été accompagnée des chants, des hymnes patriotiques et républicains, dont le détail nous en avons fait.

3º INSTRUCTION PUBLIQUE.

Aujourd'hui, le 9 floréal, an II, nous maire, officiers municipaux et membres du conseil général de la commune de Challignac, nous étant assemblés en notre temple de la Raison, à l'effet de vérifier le registre, par nous ouvert le trente pluviôse dernier, destiné à inscrire le nom des citoyens et citoyennes qui voudront se vouer à l'instruction publique, conformément à la loi du 29 frimaire dernier, et de mettre en activité, le plus promptement possible, cette loi sublime pour former les jeunes gens aux principes et aux mœurs républicaines; en conséquence, après vérification faite dudit registre, nous y avons trouvé inscrites les personnes du citoyen Jean Broussaud, agent national, et Jeanne Broussaud,[2] les deux de notre dite commune. Le premier ayant déclaré vouloir enseigner les arts de lire, écrire, l'arithmétique, ainsi que tous les principes d'arpentage et quelque peu de géométrie, et ladite Jeanne Broussaud ayant déclaré vouloir enseigner à lire, écrire et les quatre premières règles d'arithmétique, lesquels dits Jean et Jeanne Broussaud ayant en même temps comparu devant nous, munis de chacun leur certificat de

[1] Les descendants de la famille Ph . . . habitent encore la commune. Ce sont de petits propriétaires, qui ne se souviennent pas de ce fait. Ils sont estimés de la population.

[2] Femme du précédent. C'est Broussaud qui, à cette date, rédigeait les délibérations de la commune.

civisme rempli des formalités requises par la loi; ils nous ont en même temps requis de vouloir bien les accepter pour instituteur et institutrice dans ladite commune de Challignac, ce que nous leur avons octroyé sous les conditions qu'ils se conformeront en tout point à la loi du 29 frimaire dernier, ce qu'ils nous ont promis et juré d'employer tous les moyens qui sont en leur pouvoir et pourront se procurer à la suite à former les élèves qui leur seront confiés aux principes et aux mœurs républicaines, qui sont à jamais les bases de notre bonheur commun.

4° SALPÊTRE.

Aujourd'hui 29 germinal, deuxième année républicaine, nous maire, officiers municipaux, notables et membres de la Société populaire et républicaine de la commune de Challignac, nous étant assemblés dans notre chambre commune à l'effet de prendre des renseignements sur les manières de construire le salpêtre, et d'autant qu'il ne se trouve parmi nous aucun citoyen dans le cas de connaître la terre propre à construire cette arme républicaine, il a été arrêté parmi nous qu'il serait nommé deux sans-culottes, pris dans notre sein, pour se transporter de suite à Barbezieux, afin d'y prendre tous les renseignements nécessaires à cette construction. Et les sans-culottes nommés ont été les citoyens Pierre Buffeteau et Jean Barbot, lesquels, en bons républicains, ont accepté la commission et promis de s'en acquitter du mieux de leur pouvoir et dans le plus bref délai.

5 floréal an II.—Citoyens maire et officiers municipaux,[1] je viens de recevoir le rapport de vos commissaires que vous avez envoyés à Barbezieux pour prendre les renseignements sur la manière de connaître la terre propre à construire le salpêtre; il paraît, par ce rapport, que ces commissaires sont à la portée de ce grand travail. C'est en conséquence que vous ayez à vous occuper de suite de mettre en réquisition des citoyens capables de former l'atelier, de bêcher la terre et de la conduire à l'endroit que vous désignerez, ainsi que tous les autres objets nécessaires à cette grande opération, soit en cuves et en barriques. Cet ouvrage est de la plus grande importance, il mérite la plus grande célérité. Et j'aime à me persuader que vous ne négligerez rien de ce qui sera propre à sa construction.[2]

[1] C'est sans doute l'agent national qui parle.

[2] Douze personnes, sept barriques, une cuve ont été réquisitionnés. La terre a été conduite dans la grange ci-devant duriale.

5° Rationnement.

25 floréal, 2e année.—Citoyens maire et officiers municipaux de Challignac, vous devez à vos commettants toute la justice que vous imposent votre fonction et votre devoir; vous devez les faire jouir tous collectivement, comme chacun individuellement, de tous les avantages de la société; vous devez sentir que l'égalité de consommation des subsistances entre les citoyens travaillants est un de vos premiers devoirs. Cependant cette régularité est souvent méconnue, et il arrive assez fréquemment que plusieurs des citoyens qui ont des subsistances au delà de leur consommation, d'après la taxe faite par le citoyen Romme, représentant du peuple, se refusent à livrer du grain à leurs concitoyens, quoique munis de bons en forme de votre commissaire, sous prétexte que ladite taxe n'est pas suffisante pour leur consommation; cette maxime égoïste ne peut longtemps exister; elle sera sans doute par votre prudence anéantie; vous montrerez à tous les citoyens qu'ils sont des frères, quelle que soit leur opinion, et que toutes les subsistances qui existent dans la République doivent être communes entre eux, et partagées comme telles. Il faut sans doute que tous les citoyens travaillent. Mais en même temps, il faut qu'ils vivent. Vous avez encore un grand abus à détruire: c'est que tous les citoyens qui ont des subsistances au-dessus de leur consommation sont dans la simplicité de croire qu'ils ne doivent subir aucune taxe, et qu'il ne doit y avoir de taxe que pour les citoyens qui les achètent; voilà sans doute la source d'où vient qu'ils refusent de remplir les bons qui leur sont présentés. Il est encore une juste observation à faire: c'est qu'il se trouve, parmi les citoyens, un nombre qui n'ont pas une grande quantité de grains disponibles, et, par ce moyen, ne peuvent pas remplir les bons qui leur sont adressés, quoique leur volonté soit vraiment fraternelle. En conséquence, pour reconnaître la volonté des bons et l'égoïsme des méchants, et pour que tous les citoyens jouissent en même temps des fruits de votre justice et de votre sagesse, je vous propose qu'il soit sans délai fait un tableau de la consommation de chaque famille particulière à compter depuis le jour que les commissaires envoyés par le représentant Romme ont fait le recensement jusqu'au dernier jour de messidor prochain, d'après les propositions de la taxe faite par ledit citoyen Romme, et qu'après ce tableau formé, vous ayez à nommer dans votre sein un nombre suffisant de commissaires pour se transporter chez tous les citoyens de ladite commune, et faire le mesurage de leur consommation et l'excédent être ensuite mis dans des sacs, pesé, cacheté et mis en réquisition

pour servir au premier besoin; nonobstant ils resteront déposés chez eux, dont ils en seront rendus responsables jusqu'à l'enlèvement, Cette opération sage et économique étant faite, et d'après le tableau énonciatif de l'excédent formé, il sera facile de connaître la véritable situation de ladite commune et d'adresser directement les bons aux citoyens qui posséderont ces excédents. J'ose bien me persuader, citoyens, que vous ne perdrez pas de vue cette opération économique, et que vous ne négligerez rien pour la mettre le plus tôt possible à exécution.[1]

(*RF*, XXXVI, 549–54)

D. FOREIGN POLICY

(221) Dundas to Gower, London, 17 August 1792

Dans l'absence de lord Grenville, j'ai reçu et mis sous les yeux du Roi vos dernières dépêches.

Sa Majesté, en apprenant l'étendue des troubles qu'il y a eu à Paris, et leurs suites déplorables, en a ressenti la plus vive affliction, tant à cause de l'attachement qu'Elle a constamment eu pour les personnes de Leurs Majestés très chrétiennes et de l'intérêt qu'elle n'a cessé de prendre à leur bien-être, qu'à cause des vœux qu'elle fait pour la tranquillité et la prospérité d'un royaume, avec lequel elle est de bonne intelligence.

Comme il parait que, dans la situation actuelle des choses, l'exercice du pouvoir exécutif a été retiré des mains de Sa Majesté très chrétienne, les lettres de créance qui ont servi jusqu'à présent à Votre Excellence ne peuvent plus être valables; Sa Majesté a jugé que vous ne deviez plus rester à Paris, tant par cette raison que parce que cette démarche lui paraît la plus conforme aux principes de neutralité qu'elle a observés jusqu'aujourd'hui. La volonté de Sa Majesté est donc que vous quittiez cette ville pour retourner en Angleterre aussitôt que vous pourrez [vous] procurer les passeports nécessaires à cet effet.

Dans toutes les conversations que vous pourrez avoir avant votre départ, vous aurez soin de vous exprimer d'une manière conforme aux sentiments qui vous sont ici communiqués, et surtout vous ne négligerez aucune occasion de déclarer qu'en même temps que Sa Majesté a le dessein d'observer les principes de neutralité en tout ce qui regarde

[1] A la suite d'une délibération, les grains ont été pesés et mesurés. On en a laissé la quantité nécessaire aux possesseurs, à raison d'une livre pour chaque travailleur et d'une demi-livre pour tout citoyen ne travaillant pas—et cela jusqu'au 13 messidor prochain.

l'arrangement du gouvernement intérieur de la France, elle ne croit pas du tout s'écarter de ces mêmes principes en manifestant par tous les moyens possibles sa sollicitude pour la situation personnelle de Leurs Majestés très chrétiennes et leur famille royale. Elle s'attend, avec le désir le plus vif que ses espérances ne seront point trompées à cet égard, qu'elles seront à l'abri de tout acte de violence qui ne manquerait pas d'exciter un sentiment d'indignation universelle dans tous les pays de l'Europe.

J'ai l'honneur d'être, etc.

(*RF*, 12, 636–7)

(222) Chauvelin to Lebrun, London, 28 August 1792

Monsieur,

J'ai eu l'honneur de vous faire parvenir par une personne tierce qui mérite également votre confiance et la mienne des détails intéressants sur ce qui concerne le rappel de lord Gower. L'événement doit vous avoir déjà montré, Monsieur, que ce rappel tient uniquement à ces raisons d'étiquette et de bienséance aisées à concevoir depuis les derniers événements, et ne saurait influer en rien sur les relations futures entre les deux États; car le ministre avait ordre de laisser, avant de partir, une déclaration par laquelle, en témoignant le plus vif intérêt pour la personne du Roi et de sa famille, la Cour de Londres réitère solennellement les assurances qu'elles a déjà données de n'intervenir ni dans la guerre, ni dans notre politique intérieure. . . .

En général, si l'on réfléchit à la conduite de l'Angleterre envers la France depuis le commencement de notre Révolution, à l'attention qu'elle a eue à ne point se prévaloir des sujets de plaintes que lui avait donnés le gouvernement français dans l'affaire de Tabago, à l'époque qu'elle avait choisie pour nous envoyer en la personne de lord Gower un ambassadeur extraordinaire, au refus constant qu'elle a fait d'accéder à la convention de Pilnitz, aux déclarations que fit faire l'électeur de Hanovre dans la Diète germanique, lorsqu'il y fut fait mention pour la première fois de l'affaire des princes possessionnés, à la neutralité que l'Angleterre a hautement professée dans le temps même où nos troupes entraient dans les Pays-Bas; si, à toutes ces considérations de fait, on ajoute des réflexions sur sa situation intérieure, sur son commerce, sur ses finances, on ne saurait supposer que cette puissance en veuille réellement à la France, on ne peut pas davantage imaginer qu'elle voulût descendre au rang de puissance de second ordre, comme elle le ferait en favorisant les vues d'une ligue dont elle voit assez qu'il serait hors de son pouvoir de modifier les prétentions et encore moins de diriger les mouvements.

Tout ce qu'elle veut, c'est qu'on la respecte, c'est qu'on la ménage, c'est qu'on la laisse jouir en paix des fruits de son industrie et de son commerce, et si les circonstances ne sont pas en ce moment favorables à la formation d'une liaison intime avec elle, si, d'un côté, la situation actuelle du roi et l'intérêt qu'elle prend à son sort, si, de l'autre, l'inquiétude que cette même Cour a toujours eue sur l'intention qu'on pouvait avoir de fomenter dans la Grande-Bretagne ou en Irlande des mécontentements et des divisions lui inspirent aujourd'hui quelque réserve, si la crainte de quelque révolution subite et inattendue lui fait prendre une attitude qui ressemble à de la défiance, je crois, Monsieur, ne pouvoir trop le répéter, nous ne devons point pour cela regarder nos relations avec elle comme rompues. Fermons pour quelque temps les yeux sur l'espèce de suspension que ces relations éprouvent, et tandis que nous épierons avec soin le moment favorable pour les reprendre, gardons-nous de toute résolution téméraire ou précipitée, et s'il est possible, attachons-nous à calmer (comme on paraît l'avoir voulu faire dans le projet de note que vous m'avez envoyé, mais plus efficacement encore) les inquiétudes que le zèle propagandiste a généralement inspirées dans ce pays aux amis les plus éclairés de notre révolution. . . .

Le ministre plénipotentiaire de France,

F. Chauvelin.

(*RF*, 12, 648–55)

(223) Opening the Scheldt: deliberations of the Provisional Executive Council, 16 November 1792

Le Conseil, délibérant sur la conduite des armées françaises dans les pays qu'elles occupent, spécialement dans la Belgique, un de ses membres a observé:

1° Que les gênes et entraves que jusqu'à présent la navigation et le commerce ont souffertes tant sur l'Escaut que sur la Meuse sont directement contraires aux principes fondamentaux du droit naturel que tous les Français ont juré de maintenir;

2° que le cours des fleuves est la propriété commune et inaliénable des habitants de toutes les contrées arrosées par leurs eaux: qu'une nation ne saurait sans injustice prétendre au droit d'occuper exclusivement le canal d'une rivière et d'empêcher que les peuples voisins, qui bordent les rivages supérieurs, ne jouissent du même avantage; qu'un tel droit est un reste des servitudes féodales, ou du moins un monopole odieux qui n'a pu être établi que par la force, ni consenti que par l'impuissance; qu'il est conséquemment révocable dans tous les momens et malgré toutes les conventions, parce que la nature ne reconnaît pas plus de peuples que d'individus privilégiés et que les droits de l'homme sont imprescriptibles;

3° que la gloire de la République française veut que, partout où s'étend la protection de ses armées, la liberté soit rétablie et la tyrannie renversée;

4° que lorsqu'aux avantages procurés au peuple belge par les armées françaises se joindra la navigation libre des fleuves et l'affranchissement du commerce de ces provinces, non seulement ce peuple n'aura plus lieu de craindre pour sa propre indépendance ni de douter du désintéressement qui dirige la République, mais même que toutes les nations de l'Europe ne pourront dès lors refuser de reconnaître que la destruction de toutes les tyrannies et le triomphe des droits de l'homme sont la seule ambition du peuple français.

Le Conseil, frappé de ces puissantes considérations, arrête que le général commandant en chef les armées françaises dans l'expédition de la Belgique sera tenu de prendre les mesures les plus précises et d'employer tous les moyens qui sont à sa disposition pour assurer la liberté de la navigation et des transports dans tout le cours de l'Escaut et de la Meuse.

(*Godechot*, II, 707–8)

(224) Decree, 19 November 1792

Un membre annonce à l'Assemblée le vœu du peuple de Deux-Ponts pour la liberté et pour la réunion à la Nation française; il fait en même temps le tableau des vengeances exercées par le duc de Deux-Ponts contre tous ceux qui s'occupent des moyens de briser leurs fers.

'La Convention nationale décrète que le ministre des Affaires étrangères lui donnera des renseignements sur la conduite de l'agent de France auprès du duc de Deux-Ponts.

La Convention nationale déclare, au nom de la Nation française, qu'elle accordera fraternité et secours à tous les peuples qui voudront recouvrer leur liberté, et charge le Pouvoir exécutif de donner aux généraux les ordres nécessaires pour porter secours à ces peuples, et défendre les citoyens qui auraient été vexés ou qui pourraient l'être pour la cause de la liberté.

La Convention nationale décrète que le Pouvoir exécutif donnera ordre aux généraux de la République française de faire imprimer et proclamer le décret précédent, en diverses langues, dans toutes les contrées qu'ils parcourront avec les Armées de la République.'

(*Godechot*, II, 701–2)

(225) Brissot to Servan, 26 November 1792

Je reprends ma lettre d'hier, mon cher Servan;[1] Le Brun m'a paru opposé au système d'attaquer l'Espagne. Il y est confirmé par les nouvelles qu'il reçoit de ce pays: la Cour est dans le dernier embarras et ne demande pas mieux que de reconnaître la République française; elle a d'ailleurs suspendu ses préparatifs. Ces faits et ces idées ne m'ont point fait changer d'opinion. Je tiens que notre liberté ne sera jamais tranquille tant qu'il restera un Bourbon sur le trône. Point de paix avec les Bourbons, et dès lors il faut songer à l'expédition pour l'Espagne. Je ne cesse de le prêcher aux ministres, j'ai fait plus: bien convaincu qu'il fallait frapper l'Espagne dans toutes ses parties sensibles, j'ai cru qu'il fallait songer à faire soulever l'Amérique espagnole, et quel homme plus propre à ce rôle que Miranda! J'ai donc pressé, conjuré tout le Conseil de se hâter de rappeler Miranda, de lui donner le gouvernement de Saint-Domingue avec toutes les forces qu'il a dans sa main et qu'il semble que la Providence ait envoyées exprès dans ce pays. Avec son courage, son génie, son nom, il peut aisément faire tomber les chaînes données par les Pizarre et les Cortez; mais, mon ami, je ne trouve point chez les autres, excepté chez Clavière, l'activité qui est dans ma tête. On convient de tout et on ne fait rien; et Miranda est encore avec Dumouriez.

Autre chose. Nous engageons un combat à mort avec le colosse germanique, et il me semble qu'on ne va pas assez droit au but, qu'on use encore de quelque tempérament. Nous ne pouvons être tranquilles que lorsque l'Europe, et toute l'Europe, sera en feu. Que cette inertie dans les esprits ne vous arrête pas. Il faut aller en avant, il faut former votre armée; il faut écrire en français, écrire en espagnol, électriser tous les esprits, les uns pour faire la Révolution, les autres pour y consentir. Il faut démontrer au midi de la France qu'il recueillera des avantages immenses de la révolution de l'Espagne; il faut démontrer à l'Espagne que sa résurrection politique est dans la révolution. Si nous reculons

[1] Servan, ministre de la guerre, avait donné sa démission par une lettre du 25 septembre, adressée au Président de la Convention; le même jour, le Conseil exécutif le nommait lieutenant-général, puis, le 30 septembre, l'envoyait comme général en chef à l'armée des Pyrénées (Aulard, *Salut Public*, t. I, p. 71–6). [Perroud's note.]

nos barrières jusqu'au Rhin, si les Pyrénées ne séparent plus que des peuples libres, notre liberté est assise.

(*Brissot Corr.*, 312–13)

(226) Brissot to Dumouriez, 28 November 1792

Je ne vous féliciterai point, mon cher Dumouriez, de vos conquêtes; vous n'êtes point encore au terme, et je dis de vous, comme on disait de César: *nil actum reputans si quid superesset agendum*. Je l'ai dit aux députés de Francfort; c'est un combat à mort entre la liberté et la tyrannie, entre la vieille constitution germanique et la nôtre; il faut qu'elle meure, elle est à l'agonie, et il vous est réservé de l'achever. Quel sera ensuite le sort de cette partie de l'Europe? Que deviendront les Cercles? Avec les pamphlets allemands et vos baïonnettes, tout s'arrangera. Encore une fois, mon ami, vous êtes prédestiné à aller planter partout l'arbre de la liberté, et c'est une belle mission, tandis que nous languissons ici, en étant obligés de suivre pas à pas ces misérables anarchistes. . . .

Ah! mon cher, qu'est-ce que Alberoni, Richelieu, qu'on a tant vantés? Qu'est-ce que leurs projets mesquins, comparés à ces soulèvements du globe, à ces grandes révolutions que nous sommes appelés à faire? Mais il ne faut pas laisser les esprits se tiédir, et il faut que rien ne nous arrête: j'aime à croire que la révolution de la Hollande ne s'arrêtera pas devant le fantôme d'*illuminés*, . . . Ne nous occupons plus, mon ami, de ces projets d'alliance de la Prusse, de l'Angleterre: misérables échafaudages, tout cela doit disparaître. *Novus rerum nascitur ordo*. Je vous dirai qu'une opinion se répand assez ici: c'est que la République française ne doit avoir pour bornes que le Rhin. Les esprits sont-ils disposés de votre côté à cette réunion? Il faut les y préparer. On nous parle d'une députation des Etats. Elle sera éconduite, la Savoie sera réunie aujourd'hui. . . .

(*Brissot Corr.*, 314–7)

(227) Brissot to Miranda, 10 January 1793

. . . la guerre prochaine avec l'Angleterre attire tous les regards et absorbe toute l'attention. Tout paraît la rendre certaine; cependant, quand on considère qu'au fond il n'y a nul motif raisonnable, et que de l'autre on voit l'argent immense que gagne cette nation pendant que nous nous battons, on est tout surpris de cette extravagance du cabinet de Saint-James. Quel que soit son projet, il faut lui faire face, et l'on s'y prépare; . . .

(*Brissot Corr.*, 335)

(228) General instructions for diplomatic agents [these instructions were drafted by the Girondin foreign minister Lebrun on 1 June 1793 when he was in hiding; they were ratified by the 'first' Committee of Public Safety on 7 June]

Pour rendre plus utiles les missions des agents politiques en pays étrangers, et pour les faire concourir tous au même but, il a paru essentiel de déterminer d'une manière uniforme la conduite qu'ils ont à tenir et le travail dont ils sont chargés, afin que, d'un seul coup d'œil, l'administration puisse connaître les dispositions et les ressources des différentes puissances avec lesquelles la République est en relation. Il leur est enjoint de ne pas perdre de vue les instructions suivantes.

I

Les agents politiques de la nation française en pays étranger auront soin de maintenir dans toutes les occasions la dignité de la République et celle de leur caractère personnel. En se respectant eux-mêmes, il leur sera facile d'inspirer le même sentiment à ceux avec lesquels ils se trouveront en relation.

II

Ce n'est ni par une représentation fastueuse ni par des discussions oiseuses sur l'étiquette qu'ils songeront à maintenir la dignité de la République; c'est par une conduite sage et prudente, c'est en donnant l'exemple des vertus qui appartiennent au vrai républicain.

III

Quant aux disputes qui ont tant occupé l'ancienne diplomatie, les agents politiques de la nation déclareront hautement que le peuple français voit dans tous les peuples des frères et des égaux, et qu'il désire écarter toute idée de suprématie et de préséance; mais que si quelque État, méconnaissant la généralité de ces principes, prétendait à quelques distinctions particulières et se mettait en mesure de les obtenir par des démarches directes ou indirectes, le peuple français réclamerait alors toutes les prérogatives dont il a joui dans tous les temps. Lorsque ces discussions absurdes deviendront inévitables, les agents politiques observeront que ce n'est pas en leur qualité de monarques, mais comme chefs d'une grande nation, que les anciens rois de France ont joui de certains droits de préséance que la République est prête à abandonner, pourvu que les autres puissances renoncent également à leurs prétentions à cet égard.

IV

La conduite des agents politiques sera toujours, à l'égard des émigrés, très sévère. Les trahisons dont ces hommes se sont rendus coupables envers leur patrie les en a détachés pour toujours. Ils ne se permettront cependant, contre les émigrés, aucune mesure qui puisse blesser les lois sous la protection desquelles ils vivent en pays étranger.

V

Ils observeront, à l'égard des ministres des puissances ennemies de la République un maintien circonspect, mesuré, mais fier. Ils leur feront sentir dans toutes les occasions qu'ils sont loin de les craindre; mais ils s'abstiendront aussi de les provoquer. Quant aux ministres des puissances amies ou neutres, la conduite des agents de la République sera amicale et franche. Ils formeront avec eux des liaisons aussi intimes que les intérêts de la République et le caractère de ces ministres pourront le permettre.

VI

Pendant quelque temps encore, les représentants de la nation en pays étranger auront à lutter contre les insinuations perfides, artificieusement répandues au dehors, concernant notre situation intérieure, nos ressources, nos vues et toutes les circonstances qui ont accompagné notre révolution. Ils ne négligeront rien pour éclairer les nations sur l'état véritable de la République: par leur conduite, ils feront l'éloge de nos principes; par leurs discours, ils en développeront les avantages sans cependant se permettre des comparaisons qui pourraient faire revivre les soupçons et les défiances. Ils prouveront que le gouvernement que la France s'est donné est celui qui convient le plus à ses habitants, et ils insisteront fortement sur le principe que toutes les nations ont le droit imprescriptible de se donner la constitution qui leur paraît la plus propre à assurer le bonheur général. Ils ajouteront que le peuple français est tellement convaincu de cette vérité que ses représentants l'ont solennellement reconnue en décrétant que la République ne s'immiscera jamais dans le gouvernement intérieur d'une autre puissance; mais qu'elle ne souffrira pas non plus qu'un peuple étranger s'arroge le droit de contrôler le gouvernement intérieur de la nation française. Enfin ils feront tout ce qui dépendra d'eux pour donner de leur nation une impression avantageuse, soit par leurs discours, soit par la voie des gazettes, soit enfin par la distribution des écrits propres à faire connaître favorablement les principes, les ressources et la conduite de la nation.

VII

Dans le pays où il se trouvera différents partis dans le gouvernement, les agents de la République observeront l'impartialité la plus scrupuleuse, et ne se permettront jamais de se prononcer, soit directement, soit indirectement, en faveur de l'un ou de l'autre parti. Lorsque les intérêts de la République exigeront qu'ils prennent part à ces divisions, ils recevront des instructions particulières qui les guideront à cet égard.

VIII

Les agents de la République prêteront le secours de leurs bons offices à tous les citoyens français qui auront recours à eux et dont la conduite sera irréprochable. Mais cette protection ne doit contrarier dans aucun cas les lois du pays dans lequel ils résident; et elle ne doit pas s'étendre sur des émigrés, des gens sans aveu ou bannis de leur patrie, ou sur des citoyens qui tiendraient une conduite répréhensible. Ce serait avilir la République que de protéger des hommes qui en sont indignes.

IX

Le tort incalculable qui résulte pour la patrie de la fabrication de faux assignats, ou de fausse monnaie, doit exciter particulièrement la surveillance des agents de la République en pays étranger. Ils feront en conséquence tout ce qui dépendra d'eux pour découvrir les coupables, les faire arrêter et livrer aux tribunaux de leur nation.

X

Pour éviter la confusion dans les rapports qui nous seront faits par les agents politiques de la nation, et pour ne pas grossir par des détails peu importants une correspondance qui doit être instructive pour le ministre des affaires étrangères, il leur est expressément enjoint d'observer dans leur travail un ordre méthodique.

[XI–XVI prescribe different kinds of despatches]

XVII

Au bout de chaque année, à compter du jour de leur arrivée, les agents politiques seront tenus d'adresser au ministre des affaires étrangères un mémoire détaillé sur la situation du pays dans lequel ils résident; ce mémoire renfermera des renseignements exacts et circonstanciés sur les objets suivants:

1° La population et les dispositions générales du peuple, ses vertus, ses vices, ses progrès dans la civilisation.

2° L'agriculture, l'industrie, le commerce, tableau des importations et exportations dans tous les pays étrangers.

3° Les revenus de l'État, les dépenses, les dettes publiques, le crédit et en général les ressources de finance.

4° Les forces de terre et de mer; la milice, l'état des ports et des fortifications.

5° Réflexions générales sur le Gouvernement, ses défauts ou ses perfections.

6° Caractère du chef et des principaux officiers du gouvernement.

7° Ses rapports avec les pays étrangers, ses négociations, ses liaisons avec les ministres étrangers, caractère de ces derniers.

8° Résumé général de toutes nos négociations pendant l'année; détails sur les moyens qui ont été employés pour les faire réussir.

9° Situation de notre commerce, état général de nos importations et de nos exportations relativement au pays.

10° Vues et projets concernant les moyens d'étendre notre influence politique et notre commerce.

Pour faciliter la comparaison entre les différentsmémoires qui seront envoyés par les agents politiques de la République, il leur est enjoint de se conformer strictement à la série des questions posées ci-dessus et de diviser leur travail en autant de chapitres, en laissant en blanc les questions qu'ils ne pourront pas résoudre, et en réservant d'y répondre dans la suite.

XIX

Les mémoires ne pourront êre envoyés que par des occasions dont les agents politiques seront responsables.

XX

Tous les papiers déposés aux archives des légations seront numérotés et classés par ordre de matières. Il en sera tenu des tables alphabétiques pour faciliter les recherches. A chaque mutation les agents politiques remettront à leurs successeurs un état exact de tous les papiers, et en prendront un reçu qui sera déposé par eux au bureau de la division des affaires étrangères dans le ressort de laquelle se trouve la légation. On exprimera pour chaque liasse le nombre de pièces qui y sont renfermées.

Écrit ce 1er juin, l'an II de la République française.

Le ministre des affaires étrangères: LE BRUN.

(*RF*, 13, 68–73)

(229) F. Noël to Danton, Baden, 25 May 1793

J'ai attendu jusqu'à présent à vous écrire, mon cher Danton, jusqu'à ce que j'eusse pu recueillir quelque chose de positif sur l'état et les dispositions de ce pays.

J'ai eu occasion de me convaincre, soit dans mes conversations avec des gens éclairés sur les véritables intérêts de la Suisse, soit d'après ce que m'a dit notre ambassadeur, qu'en général les dispositions sont telles que nous pouvons le désirer. Le canton de Berne, un des prépondérants, travaillé justement par nos ennemis, nous a été longtemps peu favorable. Mais enfin la sagesse de Zurich et la prudence du citoyen Barthélemy ont triomphé de tous les obstacles. Berne a reconnu la République française. Il ne reste plus que quelques petits cantons catholiques où l'ignorance, la superstition, une belle passion pour le pape et les menées fanatiques de nos prêtres déportés l'emportent encore sur les considérations de l'intérêt personnel. Mais, outre que le sentiment de ces petits cantons pris isolément a peu d'importance relativement à nous, il est vraisemblable que l'exemple des cantons prépondérants ne tardera pas à les décider.

Je n'ai pas besoin d'insister auprès de vous sur la nécessité de conserver la Suisse. Sa neutralité est pour nous une véritable alliance, une alliance vraiment active, puisqu'elle nous défend soixante-dix lieues de terrain et nous épargne dix forteresses et trois armées, et qu'en outre, c'est en ce moment la seule porte par où l'on puisse sortir de France et recevoir des secours de grains, d'armes et de bestiaux; et, à cette occasion, je ne puis trop vous exhorter à laisser Barthélemy dans ce poste important. Il jouit ici d'une considération générale et méritée, et on fait honneur à sa prudence de la continuation de la paix.

Beaucoup de causes ont contribué à ramener la Suisse à des dispositions plus favorables. Mais la plus forte, à ce qu'il paraît, est le partage de la Pologne. J'ai trouvé dans tous les esprits une profonde impression de terreur, que je crois partagée par tous les États libres et toutes les puissances secondaires de l'Europe. Je suis bien informé que la Hollande est extrêmement inquiète, que l'Angleterre même n'a pu voir sans une sorte de jalousie cet agrandissement monstreux. Pitt n'a pu s'empêcher d'en parler avec humeur en plein Parlement.

Pour la Suisse, elle se trouve, ainsi que l'Italie, personnellement intéressée aux succès de la France. Déjà cernée aux trois quarts par la maison d'Autriche, elle voit avec effroi s'approcher cet échange de la Bavière que les politiques prévoient depuis longtemps, comme ils ont prévu le partage de la Pologne, longtemps avant qu'il eût lieu, et qui rapprocherait encore les possessions de la maison d'Autriche et donnerait à la Suisse de nouvelles inquiétudes. . . .

Les circonstances sont donc extrêmement favorables à l'ancien, au véritable système politique de la France, celui de l'alliance avec les États libres et les puissances du second ordre. Le partage de la Pologne leur annonce le sort qui les attend: la refonte du corps germanique suivant les vues des maisons d'Autriche et de Brandebourg, la sécularisation des puissances ecclésiastiques, la suppression des petites principautés qui viendront se perdre dans ces deux gouffres, comme les ruisseaux dans un grand fleuve, l'oppression du reste de l'Italie, etc. . . .

Je le répète, voilà le moment d'agir; mais, pour présenter à l'Europe, consternée à l'aspect de la tyrannie qui s'avance et se prépare à l'envelopper d'un vaste filet, un point d'appui et un centre de ralliement, il faut se hâter d'avoir un gouvernement. Je vous adjure, mon ami, au nom de cette liberté que vous avez si bien servie, de travailler de toutes vos forces à ce grand ouvrage. Il n'y a pas un moment à perdre. La France peut encore ressaisir et régler les destinées de l'Europe. Soyez sûr, mon ami, que le jour où l'on vous verra vous prononcer avec l'énergie qui vous caractérise en faveur d'un gouvernement, toute la France se ralliera autour de vous. Ce jour-là vous aurez pour vous la toute-puissance de la raison et la dictature de la nécessité. J'ai parcouru plusieurs départements: l'esprit en est excellent, on y veut bien la liberté; mais on désire un gouvernement, on y est affligé des divisions qui règnent dans la Convention, et cependant on est partout plein de respect pour ses décrets. Un peu moins d'orages et de personnel, et sa force est incommensurable.

Dans l'étranger, l'impression de peine et d'anxiété est plus forte. Je n'omets rien pour éclairer et rassurer les esprits, et leur présenter les objets sous leur véritable point de vue, et je crois avoir eu quelque succès.

J'ai demandé à notre ambassadeur s'il y avait moyen de tirer des bœufs de la Suisse, comme vous l'aviez désiré. Il lui paraît que c'est une transaction qui ne peut prendre le cours diplomatique, mais qu'il faut livrer à l'industrie particulière, parce que sur-le-champ le ministre de l'empereur réclamerait la neutralité et qu'alors les cantons se verraient, contre leur gré, dans la nécessité de faire une défense qui nous serait très préjudiciable. Il en faut dire autant des grains, des riz et des armes. Tous ces objets sont susceptibles de la même application. Aussi tâchez que la municipalité de Strasbourg, qui s'est brouillée à cet égard avec le canton de Bâle, raisonne un peu mieux la position des Suisses, et en même temps tâchez que vos commissaires ne détruisent pas en détail les mesures sages qu'a prises le Comité de salut public pour contenter les Suisses. Cela est de toute nécessité.

En attendant la création d'un gouvernement, il est important de conserver le Comité de salut public. Sa formation a été du meilleur effet dans l'étranger. On y a vu au moins un principe d'action et un centre d'opérations plus sûres. Seulement on est fâché que le renouvellement s'en fasse à de si courtes époques. On rit des craintes puériles que certaines personnes ont affecté d'en concevoir, et l'on sent bien que la connaissance des affaires ne s'acquiert pas dans un mois. Ce serait le tonneau des Danaïdes, ou la toile de Pénélope.

Il paraît décidé que Dumouriez va à Vienne. Est-ce librement? Je l'ignore. Ce qu'il y a de sûr, c'est qu'il n'eût pas été reçu ici et que le magistrat et le peuple se seraient réunis pour lui refuser un asile.

Adieu, mon cher Danton, donnez-nous un gouvernement et vous donnerez la liberté et la paix à la France et à l'Europe, et c'est alors qu'il vous sera permis de vous reposer.

Je vous embrasse cordialement,

F. NOEL,

Ministre plénipotentiaire de la République française à Venise.

P.-S.—Faites donc décider par Cambon les traitements des ministres en pays étranger. Imaginez que 20,000 livres produisent ici 10,000. Il est incroyable quel mauvais effet cela produit et combien nos agents ont l'air pauvre et souffreteux. *Addio.*

(*RF*, 24, 448–51)

(230) France and England: from No. 7 of *Le Vieux Cordelier*

Et moi,[1] je te pardonne ton amour aveugle et paternel pour la révolution. Tu as eu tant de part à sa naissance! Je ne grondois point ton enfant; je n'étois point en colère; je demande seulement, à la République naissante, s'il n'est pas permis de lui faire les très humbles remontrances que souffrait quelquefois la monarchie. Tu prétends que Barère aime la liberté indéfinie de la presse, on ne lui en demande pas tant; qu'il aime seulement la liberté des opinions dans l'assemblée nationale. Mais oserois-tu dire cette vérité qui est pourtant incontestable, que Barère, par son fameux rapport sur la destruction de Carthage[2] a véritablement fait le miracle de ressusciter Pitt que tout le monde jugeoit mort depuis

[1] No. VII takes the form of a dialogue between Desmoulins and a *vieux Cordelier*, who now speaks.

[2] Allusion to Barère's speech of 13 *pluviôse*.

la prise de Toulon, et qu'il devoit arriver immanquablement, qu'à son arrivée à Londres, ce beau rapport feroit remonter le ministre aux nues, et lui ouvriroit toutes les bourses des Carthaginois. Que Xavier Audouin et quelques patriotes à vue courte aient déclamé aux Jacobins le *Delenda Carthago*, cela étoit sans conséquence, et pouvoit passer pour l'effet de l'indignation du patriotisme dans ses foyers. *Tel fiert qui ne tue pas*. Mais qu'à la tribune de la Convention, un membre du comité de salut public ait dit qu'il falloit aller détruire le gouvernement anglais et raser Carthage. Qu'un autre membre du comité de salut public, à vue moins courte que Barère, ait enchéri aux Jacobins sur cette opinion; qu'il ait dit que pour lui, c'était la guerre, non seulement au gouvernement, mais au peuple anglais, et une guerre à mort qu'il lui prétendait faire à moins qu'il ne se démocratisât;[1] en vérité, voilà ce qui est inconcevable. Quoi! dans le même temps que Shéridan s'écriait dans la chambre des communes: '*La conduite des Français manifeste qu'ils n'avoient point à cœur la guerre avec le peuple anglais*; *ils ont détruit le parti de Brissot qui avoit voulu cette guerre*: *je pense qu'ils seroient disposés à conclure avec nous la paix dans des termes honorables et avantageux à la République. J'appuie mon raisonnement sur la foi des décrets de la Convention*, *qui déclarent que la République a renoncé à la pensée de répandre sa doctrine au dehors*, *et que son seul but est d'établir un gouvernement intérieur*, *tel qu'il a été adopté par le peuple français*.' Quoi! c'est dans le même temps que Robespierre, par son discours aux jacobins, prend sans s'en apercevoir le rôle de Brissot, de nationaliser la guerre! C'est Robespierre qui s'est tant moqué de Cloots voulant municipaliser l'Europe, qui se charge de son apostolat et veut démocratiser le peuple anglais! Car enfin, tout peuple, dans ce cas, et surtout une nation fière comme l'Angleterre, quelques soient les vices de sa constitution, dit comme la femme de Sganarelle à M. Robert: *Et moi je veux qu'il me batte*. Et c'est Robespierre, qui oubliait ainsi le discours profondément politique, entraînant, irréfutable qu'il prononça au mois de décembre 1791, lorsque presque seul avec toi, il opinait si fortement contre la guerre: c'est Robespierre qui oublie ce mot énergique qu'il disait alors: *Est-ce quand le feu est à notre maison qu'il faut aller l'éteindre chez les autres!* qui oublie cette grande vérité qu'il proclamait et développait si bien alors, que la guerre fut toujours la ressource du despotisme, qui, par sa nature n'a de force que dans les armes et ne peut rien gagner qu'à la pointe de l'épée, au lieu que la liberté n'a pas besoin de canons et ne fait jamais plus de conquêtes que par la paix, puisqu'elle ne règne point par la

[1] Allusion to Robespierre's speech in the Jacobin Club of 9 *pluviôse*.

terreur, mais par ses charmes; elle n'a pas besoin de se cacher derrière des retranchemens pour prendre des villes; mais dès qu'on peut la voir on en est épris et on court au devant d'elle. Mais oserais-tu bien faire de semblables rapprochemens et par ces contradictions rendre à Robespierre le ridicule qu'il verse sur toi à pleines mains depuis quelque temps. Pitt a dû bien rire en voyant que cet homme qui l'appelait lui Pitt, un imbécile et une bête à la séance du 10 pluviôse aux Jacobins est celui-là même, Robespierre, qui s'y prend si bien pour l'affermir dans le ministère, et donner un pied de nez à Fox, à Shéridan et à Stanhope. Qui ne voit qu'à la réception de ce discours et du rapport de Barère, on a dû se dire à Londres: '*Eh! bien, puisque Londres est Carthage, ayons le courage des Carthaginois, fesons plutôt, comme eux, des cables avec nos cheveux, et levons-nous en masse.*'

(*Calvet*, 218–20)

(231) Anonymous note of deliberations in the Committee of Public Safety (year II)

Est-il de l'avantage de la France de conclure une paix générale?

Situation respective des puissances belligérantes.

Elle doit continuer la guerre avec l'Angleterre, la Hollande et l'Espagne.

Digression sur la situation de la France à la paix.

1° Grand nombre de militaires et d'hommes inquiets.

2° Utilité des colonies pour les employer.

3° Danger de voir tomber notre marine: utilité d'une marine pour un pays libre.

4° Danger d'un fédéralisme réel sous l'unité nominale; exemple des États-Unis après la guerre.

Une guerre maritime remédierait à ces inconvénients.

1° Acquisitions à faire: Louisiane, partie espagnole de Saint-Domingue, cap de Bonne-Espérance.

2° Révolutions—: en Irlande, dans l'Inde, peut-être dans l'Amérique espagnole; ne pas perdre de vue l'Égypte.

3° Faire un acte de navigation.

4° La guerre donnerait un avantage prodigieux aux États-Unis. Pays bien important, qui nous sera un jour de la plus grande utilité.

Parallèle entre notre situation et celle de Louis XIV.

Siècle de la République succède à celui de Louis le Grand.

Angleterre sortant des guerres civiles.

Hollande sortant des guerres civiles. (*RF*, 14, 1111–2)

(232) Minutes of a meeting of the Committee of Public Safety [probably dating from the summer of the year II]

I

PUISSANCES ENNEMIES

ANGLETERRE.—*But:* à exterminer.—*Moyens à employer:* Faire proposer au parlement une déclaration des droits de l'homme. Négocier à la fois en Irlande et en Ecosse, en offrant notre alliance, dans le cas d'un soulèvement contre le gouvernement.

Envoyer une ambassade à Tippo-Saïb. Engager les Américains libres à rompre avec l'Angleterre.

Faire une descente bien combinée.

Attaquer Sainte-Hélène.

Observation.—Cette expédition aurait le plus grand succès, si après avoir pris l'île de Sainte-Hélène on laissait flotter le pavillon anglais. Tous les vaisseaux de l'Inde tomberaient successivement entre nos mains.

Négocier en Allemagne la séparation de la dignité électorale d'Hanovre de la couronne d'Angleterre.

Attaquer directement le commerce de l'Angleterre dans l'Inde. Encourager le commerce de toutes les puissances neutres qui se trouvent en concurrence avec l'Angleterre.

AUTRICHE.—*But:* à exterminer. *Moyens à employer:* Engager les Turcs à attaquer les possessions de l'Autriche, agir à la fois contre la Belgique et le Milanais, et, dans le cas d'une soumission de la part du roi de Sardaigne, le faire agir lui-même contre le Milanais.

Détacher successivement de la coalition les petits princes d'Allemagne; faire passer la couronne impériale à un autre prince allemand.

PRUSSE.—*But:* à combattre et à vaincre. *Moyens à employer:* Les moyens dépendent de nos généraux et de la fortune.—*Observations:* Le moment n'est pas bien éloigné où la Prusse songera à se rapprocher de nous. Le parti qu'on prendra à son égard dépendra alors des circonstances.—S'il était prouvé que le grand but de terrasser l'Autriche ne peut être atteint plus facilement que par la coopération du roi de Prusse, les intérêts réciproques établiraient peut-être un concert entre la République et lui.

ESPAGNE.—*But:* Maison de Bourbon à renverser. *Moyens à employer:*

Faire germer en Espagne l'idée de la convocation des Cortès.—Engager les Américains libres à tomber sur la Louisiane.—Essayer une expédition contre le Pérou et le Mexique, et tâcher de faire secouer le joug espagnol aux peuples de ces contrées. Donner à nos colons à Saint-Dominique les moyens d'attaquer la partie espagnole de cette colonie, et leur laisser la propriété des terres qu'ils auront conquises.

Hollande.—*But:* A ruiner.—*Moyens à employer:* Exciter contre le stathouder le parti des patriotes. Exécuter rigoureusement l'acte de navigation. Confisquer au profit de la nation tous les fonds hollandais en France. Tenter une expédition au cap de Bonne-Espérance.—*Observations:* Quelles que soient les dispositions de la Hollande, nous ne devons nous rapprocher d'elle que lorsque nous aurons fait la paix avec l'Angleterre.

Russie.—*But:* A observer.—*Moyens à employer:* Lui susciter des embarras du côté de la Suède, du Danemark et de la Pologne pour laisser le Divan en pleine liberté d'attaquer l'Autriche.—*Observations:* La Russie nous sert indirectement en épuisant nos ennemis par une guerre ruineuse, et en semant la discorde entre les différents cabinets de l'Europe.

Portugal.—*But:* A intimider et à contenir.—*Moyens à employer:* Engager les Algériens à rompre la trève avec les Portugais. Tenter une expédition au Brésil; déclarer de bonne prise tous les bâtiments portugais arrêtés par nos corsaires.—Ne faire la paix avec le Portugal qu'après avoir fait la paix avec l'Angleterre.—*Observations:* Le Portugal emploie dix mille hommes aux Pyrénées; il a fourni à nos ennemis des vaisseaux, des vivres et des munitions.

Naples.—*But:* A intimider et à contenir.—*Moyens à employer:* Lui demander des approvisionnements et la promesse faite à Latouche. N'entendre à aucun arrangement avec le roi de Naples qu'il ne nous ait cédé ses droits sur Malte.

Sardaigne.—*But:* A intimider et à contenir.—*Moyens à employer:* En cas de soumission, lui donner un dédommagement dans le Milanais pour la perte du mont Blanc. La mettre tellement dans la dépendance de la République, qu'elle ne puisse former aucune liaison politique sans notre consentement.—*Observations:* Il nous importe de placer entre nous et l'Autriche un prince faible, entièrement dévoué à la France. Le roi de Sardaigne remplirait parfaitement cet objet.

PAPE.—*But:* A intimider et à contenir.—*Moyens à employer:* Demander une satisfaction éclatante de toutes ses insultes et nommément du massacre de notre chargé d'affaires. Exciter le peuple de Rome à se former, sous notre protection, en République indépendante.

FLORENCE.—*But:* A intimider et à contenir.—*Moyens à employer:* Lui demander des approvisionnements. Y parler avec fermeté, mais la traiter avec indulgence si elle fait des soumissions.—*Observations:* C'est évidemment malgré elle que Florence a été entraînée dans la coalition. Un décret pareil à celui qui a été rendu pour les Génois serait digne de la générosité française.

SAXE, PALATINAT, BAVIÈRE, MECKLEMBOURG, WURTEMBERG, AUTRES PRINCES D'ALLEMAGNE.—*But:* A intimider et à contenir.—*Moyens à employer:* Les travailler de manière à faire revivre la Ligue protestante que la France a dirigée depuis le traité de Westphalie. Faire germer l'idée de mettre la couronne impériale sur une autre tête.—Châtier les petits princes voisins de la France, mais les rétablir dans leurs possessions sous des conditions qui nous soient avantageuses. Ne pas consentir à la réunion des Électorats ecclésiastiques à la monarchie prussienne. Négocier en même temps la séparation de la dignité électorale du Hanovre de la couronne d'Angleterre.

Engager les petits états d'Allemagne à retirer leurs contingents des armées coalisées.

Commencer par le duc de Wurtemberg qui peut nous être très utile en nous faisant passer des subsistances à travers la Suisse.

VILLES HANSÉATIQUES—*But:* A intimider et à contenir, *Moyens à employer:* Favoriser seulement leurs importations sous pavillons danois, suédois et américain.

Les considérer comme forcées, malgré leur intérêt et leurs dispositions, à contribuer à la guerre.

L'extension de leur commerce fera un tort considérable à celui des Anglais dans la politique.—*Observations:* il est de notre intérêt de mettre le commerce direct des villes hanséatiques à la place de celui des Hollandais.

DIPLOMATIE DE LA RÉPUBLIQUE A L'ÉGARD DES PUISSANCES NEUTRES.

SUÈDE.—*But:* Neutralité armée.—*Moyens à employer:* Envoyer sur le champ en Suède un plénipotentiaire chargé de négocier la conclusion du dernier projet de convention.—Faire construire des vaisseaux en

Suède.—*Observations:* Dans le cas où cette neutralité promettrait quelque succès, il faudrait agir en même temps à Venise, à Gênes et près les Etats-Unis de l'Amérique. Ces derniers ont déjà ordonné l'armement de trente frégates.

DANEMARK.—*But:* Neutralité armée.—*Moyens à employer:* Proposer au Danemark une convention semblable et laisser à Bernstorff le soin de concourir à nos négociations en Suède.— Donner au Danemark quelques avantages commerciaux dont il est très jaloux.—*Observations:* Sous les rapports des approvisionnements et des munitions de guerre, le Danemark nous est de la plus grande utilité. Il occupera insensiblement de concert avec les Américains la place des Hollandais pour notre cabotage.

ETATS-UNIS.—*But:* Alliance politique.—*Moyens à employer:* Proposer à Philadelphie, en Suisse, à Gênes; à Venise et à Genève, une ligue défensive pour le soutien de la liberté politique de ces différents Etats.—Garantir aux États-Unis la possession du Canada et de la Louisiane dans le cas où ils parviendraient à s'en emparer.—Leur accorder pour toujours le commerce libre de nos possessions à l'est du cap de Bonne-Espérance.—Faire construire en Amérique des corvettes et des frégates.—Etablir pendant la guerre des paquebots américains pour la facilité de la correspondance.—Faire jouir les navires américains de la protection la plus complète et profiter de leurs démêlés avec l'Angleterre pour les attirer presque exclusivement dans nos ports.—*Observations:* Le ministre de la marine a déjà pris quelques mesures pour cet objet.

SUISSE.—*But:* Alliance politique.—*Moyens à employer:* Outre la garantie réciproque de la liberté politique maintenir entre les deux pays un commerce entièrement libre.—*Observations:* Dans ce moment sa neutralité nous est plus avantageuse que son alliance. Par la seule force de son inertie, elle couvre soixante lieues de nos frontières. C'est la seule porte qui nous reste par terre pour les approvisionnements qui, en grande partie, nous viennent de l'Autriche même.

GÊNES.—*But:* Alliance politique.—*Moyens à employer:* Offrir aux Gênois un arrondissement qui puisse être à leur convenance, aux dépens de l'Autriche et du roi de Sardaigne.—Liberté entière de commerce entre les deux nations.—Etablir à Gênes le centre de nos négociations avec les petits Etats d'Italie et les attirer tous dans notre alliance.

VENISE.—*But:* Alliance politique.—*Moyens à employer:* Offrir aux Vénitiens un accroissement de territoire du côté du Milanais.—Les engager à concourir avec la Porte ottomane pour attaquer l'Autriche, et à se concerter avec nous sur les moyens de secourir le Divan.—Faire valoir la nécessité de se concerter avec la Suisse pour établir l'indépendance des Grisons.—*Observations:* Il est instant de remplacer notre ministre actuel à Venise.

GENÈVE.—*But:* Alliance politique. *Moyens à employer:* Tous les moyens sont bons à l'égard d'un Etat qui a tout à craindre et tout à espérer de notre conduite envers lui.

PORTE OTTOMANE.—*But:* Liaisons militaires et commerciales.—*Moyens à employer:* Engager le Divan à attaquer l'Autriche, pendant qu'elle est affaiblie par la guerre qu'elle nous fait.—Combiner cette mesure avec les Polonais mécontents, la Suède et le Danemark, afin que la Russie soit tellement occupée au Nord qu'elle ne puisse protéger l'Autriche.—*Observations:* L'ambassade de Iussuf-Effendi à Londres doit donner de grandes inquiétudes à la Russie; mais elle n'a rien d'alarmant pour nous. Il paraît tout simple qu'avant la reprise de Toulon, la Porte ait songé à se ménager contre la Russie des défenseurs, mais nos derniers succès doivent avoir entièrement changé la façon de penser du Divan à l'égard de l'Angleterre.

BARBARESQUE.—*But:* Liaisons militaires et commerciales.—*Moyens à employer:* Négocier avec Alger de concert avec un commissaire américain pour protéger les bâtiments des États-Unis, et rompre, s'il se peut, la trève conclue avec le Portugal.—Maintenir les anciens traités et en conclure de nouveaux entièrement relatifs aux subsistances et aux matières premières.

(*RF*, 14, 1112–7)

(233) The Powers and Robespierre, from the *Mémoires du prince Hardenberg*

La paix, ou tout au moins une trève avec la France, entrait réellement dans les combinaisons du cabinet impérial. D'après les informations secrètes qu'on y recevait de Paris, on s'attendait à un nouvel ordre de choses en France, c'est-à-dire que le pouvoir divisé y tomberait dans une seule main. Robespierre était ce prochain dictateur: se montrant disposé à mettre un terme aux excès révolutionnaires et au règne de la terreur, il était, aux yeux des cabinets de Vienne et de Londres, le seul avec lequel il fût possible de traiter. Ne s'était-il pas opposé à la guerre dès son origine, et depuis n'avait-il pas anéanti la faction de Brissot, qui, en l'allumant, avait lancé contre l'Europe la propagande? n'avait il pas abattu plus récemment les factions anarchiques qui prêchaient le nivellement de tous les rangs et de toutes les fortunes, et qui, en abolissant le culte chrétien, avaient nationalisé l'athéisme? Dans un rapport sur la morale publique, il avait tonné lui-même contre l'athéisme et les profanations: nommé président de la Convention, il avait fait proclamer l'existence de l'Etre-Suprême et de l'immortalité de l'âme. Le gouvernement de Robespierre commençait pour ainsi dire sous les auspices de cette déclaration religieuse, comme étant la source de toute morale publique, premier principe de toutes les lois; il promettait aussi la liberté à tous les cultes. N'était-il pas évident qu'il aspirait à ramener les choses à un état d'ordre qu'on pût supporter, et qui pût être durable? Telle était l'idée qu'on s'était formée de ce chef de la révolution, non-seulement à Vienne et à Londres, mais encore à Rome, à Turin, à Madrid, où l'on pensait avec raison que le pouvoir finirait par appartenir à celui au nom duquel l'ordre public pourrait se rétablir en France.

(*Buchez*, XXXII, 389–90)

(234) *Tutoiment* and diplomacy in the year III

La Commission des relations extérieures à la Commission des Administrations civile, police et tribunaux.

Paris, 14 germinal an III.

Notre ambassadeur en Suisse, citoyens, nous donne avis que l'agent national d'un district frontière de la Suisse, ayant eu quelque communication à donner à un magistrat du pays de Vaud, lui a écrit dans notre style républicain en le tutoyant, que ce magistrat, en répondant favorablement sur le fond de la demande à ce district, s'est excusé de répondre à l'agent national et de garder sa lettre à cause des formes dans lesquelles elle est conçue, dans la crainte que son Etat ne le désapprouvât.

Cet agent national, en instruisant le citoyen Barthélemy de cette circonstance, a paru conclure de là que le magistrat et le gouvernement du pays de Vaud voient de mauvais œil notre système.

Cette manière de juger nous paraît, comme à l'ambassadeur, très vicieuse, car nos formes sont pour nous et pour les étrangers qui veulent les adopter; mais si une autorité constituée en pays étranger ne juge pas à propos de s'y soumettre, aucun Français raisonnable ne voudra s'en formaliser.

Vous sentirez, citoyens, ainsi que nous, combien il serait convenable d'éviter de blesser en rien les formes et les usages reçus chez nos alliés et chez les puissances neutres, et nous ne doutons pas de votre empressement à inviter les administrations de frontières à ne point, à l'avenir, employer le tutoiement vis-à-vis les membres des gouvernements étrangers.

Salut et fraternité.

(*RF*, 58, 63–4)

(235) Secret articles from the Treaty of Bâle with Prussia, 16 *germinal an* III—5 April 1795

Art. Ier. Sa Majesté le roi de Prusse ne formera aucune entreprise hostile sur les Provinces-Unies et sur tous les autres pays occupés par les troupes françaises.

Art. II. Si, à la pacification générale entre l'Empire germanique et la France, la rive gauche du Rhin reste à la France, Sa Majesté le roi de Prusse s'entendra avec la République française sur le mode de la cession des États prussiens situés sur la rive gauche de ce fleuve, contre telle indemnisation territoriale dont on conviendra. Dans ce cas, le roi acceptera la garantie que la République lui offre de cette indemnisation.

Art. III. Afin d'éloigner le théâtre de la guerre des frontières des États de Sa Majesté le roi de Prusse, de conserver le repos du nord de l'Allemagne et de rétablir la liberté entière du commerce entre cette partie de l'Empire et la France, comme avant la guerre, la République française consent à ne pas pousser les opérations de la guerre, ni faire entrer ses troupes soit par terre soit par mer, dans les pays et États situés au delà de la ligne de démarcation suivante: . . .

La République française regardera comme pays et États neutres tous ceux qui sont situés derrière cette ligne, à condition que Sa Majesté le roi de Prusse s'engage à leur faire observer une stricte neutralité, dont le premier point serait de rappeler leurs contingens et de ne contracter aucun nouvel engagement qui pût les autoriser à fournir des troupes aux puissances en guerre avec la France. Le roi se charge de la garantie qu'aucunes troupes ennemies de la France ne passent cette ligne ou ne sortent des pays qui y sont compris, pour combattre les armées françaises; et à cet effet les deux parties contractantes entretiendront sur les points essentiels, après s'être concertées entre elles, des corps d'observation suffisans pour faire respecter cette neutralité. . . .

Art. V. La République française désirant contribuer, en tout ce qui dépend d'elle, à l'affermissement et au bien-être de la Prusse, avec laquelle elle reconnaît avoir une grande identité d'intérêt, consent, pour le cas où la France étendrait, à la paix future avec l'Empire germanique, ses limites jusqu'au Rhin, et resterait ainsi en possession des États du duc de Deux-Ponts, à se charger de la garantie de la somme de quinze cent mille rixdalers prêtés par le roi à ce prince, après que les titres de cette créance auront été produits, et sa légitimité reconnue. . . .

(*Fain*, 393–5)

(236) Secret clause in the convention of 28 *floréal* between France and Prussia

Art. Ier. Dans le cas que le gouvernement de Hanovre se refusât à la neutralité, Sa Majesté le roi de Prusse s'engage à prendre l'électorat de Hanovre en dépôt, afin de garantir d'autant plus efficacement la République française de toute entreprise hostile de la part de ce gouvernement.

(*Fain*, 400)

(237) Satellite status: peace treaty and alliance between France and the Dutch Republic, The Hague, 27 *floréal an* III—16 May 1795

Art. Ier. La République française reconnaît la République des Provinces-Unies comme puissance libre et indépendante, lui garantit sa liberté, son indépendance et l'abolition du stathoudérat, décrétée par les États-Généraux et par chaque province en particulier. . . .

Art. III. Il y aura entre les deux Républiques, jusqu'à la fin de la guerre, alliance offensive et défensive contre tous leurs ennemis sans distinction.

Art. IV. Cette alliance offensive et défensive aura toujours lieu contre l'Angleterre, dans tous les cas où l'une des deux Républiques sera en guerre avec elle. . . .

Art. VII. La République des Provinces-Unies fournira pour son contingent, pendant cette campagne, 12 vaisseaux de ligne et 18 frégates, pour être employés principalement dans les mers d'Allemagne, du Nord et de la Baltique.

Ces forces seront augmentées pour la campagne prochaine s'il y a lieu.

La République des Provinces-Unies fournira en outre, si elle en est requise, la moitié au moins des troupes de terre qu'elle aura sur pied.

Art. VIII. Les forces de terre et de mer des Provinces-Unies qui seront expressément destinées à agir avec celles de la République française, seront sous les ordres des généraux français.

Art. IX. Les opérations militaires combinées seront arrêtées par les deux gouvernemens. Pour cet effet, un député des États-Généraux aura séance et voix délibérative dans le comité français chargé de cette direction....

Art. XII. Sont réservés par la République française, comme une juste indemnité des villes et pays conquis restitués par l'article précédent:

1°. La Flandre hollandaise, y compris tout le territoire qui est sur la rive gauche du Hondt;

2°. Maestricht, Venloo et leurs dépendances, ainsi que les autres enclaves et possessions des Provinces-Unies situées au sud de Venloo, de l'un et l'autre côté de la Meuse.

Art. XIII. Il y aura dans la place et le port de Flessingue garnison française, exclusivement, soit en paix, soit en guerre, jusqu'à ce qu'il en soit stipulé autrement entre les deux nations....

Art. XVII. La République française continuera d'occuper militairement, mais par un nombre de troupes déterminé et convenu entre les deux nations, pendant la présente guerre seulement, les places et positions qu'il sera utile de garder pour la défense du pays.

Art XVIII. La navigation du Rhin, de la Meuse, de l'Escaut, du Hondt et de toutes leurs branches jusqu'à la mer, sera libre aux deux nations française et batave; les vaisseaux français et des Provinces-Unies seront indistinctement reçus et aux mêmes conditions....

Art. XX. La République des Provinces-Unies paiera à la République française, à titre d'indemnité et de dédommagement des frais de la guerre, cent millions de florins, argent courant de Hollande, soit en numéraire, soit en bonnes lettres de change sur l'étranger, conformément au mode de paiement convenu entre les deux Républiques....

Articles séparés et secrets.

Art. Ier. La République des Provinces-Unies offre à la République française en pur prêt, et pour toute la durée de la guerre, trois vaisseaux de ligne et quatre frégates, pour agir soit avec l'escadre des Provinces-Unies, soit séparément, seulement dans les mers d'Allemagne, du Nord et de la Baltique.

Ces vaisseaux et ces frégates seront prêtés tout gréés, armés et en état de tenir la mer pour cette campagne, en même temps que l'escadre des Provinces-Unies. Le gouvernement français les approvisionnera, et les fera monter en officiers et matelots.

A la fin de la présente guerre, ils seront rendus à la république des Provinces-Unies....

Art. III. Un mois après l'échange des ratifications du présent traité, l'armée française, dans les Provinces-Unies, sera réduite, en exécution de l'art. 17 du traité patent, à vingt-cinq mille hommes, qui seront soldés en numéraire, équipés et habillés, tant sains que malades, par la République des Provinces-Unies sur le pied de guerre, conformément au règlement qui sera convenu entre les deux gouvernemens. Cette armée sera laissée en tout ou en partie, après la paix, à la république des Provinces-Unies tout le temps qu'elle le désirera, et elle sera entretenue sur le pied qui sera réglé à cet effet....

(*Fain*, 401–6 and 409–13).

(238) Secret clauses in the treaty with Spain, 4 *thermidor an* III—22 July 1795

Art. Ier. La République française pourra pendant l'espace de cinq années consécutives, à dater de la ratification du présent traité, faire extraire d'Espagne des jumens et étalons andaloux, de même que des brebis et béliers mérinos, jusqu'à la concurrence de cinquante étalons cent cinquante jumens, mille brebis, et cent béliers par an.

Art. II. La République française, en considération de l'intérêt que le roi d'Espagne lui a témoigné prendre au sort de la fille de Louis XVI, consent à la lui remettre dans le cas où la cour de Vienne n'accepterait pas la proposition qui lui a été faite au sujet de la remise de cet enfant par le Gouvernement français.

Si à l'époque de la ratification du présent traité, la cour de Vienne ne s'est pas encore expliquée sur l'échange qui lui a été proposé par la France, S. M. C. s'adressera à l'empereur pour apprendre de lui si positivement il est dans l'intention de refuser d'accéder à cet arrangement, et dans le cas d'une réponse affirmative, la République française fera remettre cet enfant à S.M.C.[1]

(*Fain*, 419–20)

E. THE COUNTER-REVOLUTION

(239) Thibaudeau on the émigrés

La terreur fut plus funeste aux amis de la liberté qu'à ses ennemis. Ceux-ci avaient émigré par un faux point d'honneur, par haine de la révolution ou pour leur sûreté. Ceux-là, forts de leur conscience et de leur patriotisme, restaient fidèles au sol de la patrie qui les dévorait.

[1] i.e. Sa Majesté Catholique.

Dans cette grande hécatombe, il périt moins de prêtres et de nobles que de plébéiens. Après la terreur, la mémoire des premiers trouva une foule de vengeurs officieux, les mânes des derniers n'obtinrent, pour toute consolation, que des pleurs secrets et des regrets silencieux. On proscrivit, pour fédéralisme et modérantisme, des patriotes qu'on ne pouvait accuser comme aristocrates ou royalistes. La plupart des administrateurs et des citoyens, qui avaient improuvé la fatale journée du 31 mai, payèrent de leur tête cette généreuse résolution. En voyant ces listes de proscription, les émigrés s'en réjouissaient comme d'une victoire; la communauté de malheur ne touchait point les royalistes. Dans les prisons où la terreur, confondant tous les rangs, entassait pêle-mêle ses victimes, l'orgueil nobilaire s'obstinait encore à conserver des distinctions; et jusque sur l'échafaud, le royaliste était souvent moins sensible à la mort qu'à l'humiliation de périr en même temps que des patriotes, avec lesquels il n'aurait pu se résoudre à vivre.

Le royalisme s'empara de l'insurrection de Lyon et de Marseille, patriotique dans son principe. Dès ce moment la cause des insurgés fut perdue; quand ils furent battus, les chefs royalistes se sauvèrent par la fuite, et les citoyens amis ou ennemis de la liberté, qui ne purent ou ne voulurent pas émigrer, furent impitoyablement mitraillés sans distinction. Le petit nombre d'entre eux, qui se réfugièrent à l'étranger, y furent repoussés avec fureur par les émigrés, et tolérés à peine par les gouvernemens. Du reste, les émigrés étaient même entre eux presque aussi intolérans: au lieu de tendre les bras à tous ceux que le malheur jetait sur les terres étrangères, ils tarifaient le mérite de l'émigration d'après ses motifs et son époque.

(*Thibaudeau*, I, 50–1)

(240) Extract from an anonymous émigré pamphlet

. . . Elle [la noblesse française] était là [à Coblentz] où son devoir l'appelait: elle avait fui une terre où Louis la vouait à la mort, sans utilité pour le trône, où il lui défendait de se rassembler pour accourir à sa défense; elle croyait revenir victorieuse auprès de son Roi, elle espérait trouver partout des compagnons d'armes. Quelle croisade eût été si pure, si légitime! Elle ne pouvait se croire étrangère à la Noblesse de tous les pays. Les peuples peuvent être divisés par nations, être vraiment étrangers l'un à l'autre; mais la Noblesse est une: nulle nuance de climat, de langage, de mœurs, ne peut la diviser: elle existe par-tout sur les mêmes bases, sur le même pivot, par les mêmes privilèges, et quand ses bases sont attaquées dans un païs elles le sont également dans un autre. Ce n'était pas ici une guerre de commerce, de frontières, de prééminence: c'était une guerre déclarée à tous les éléments de la domination, de la royauté, de la religion, de la morale, de la hiérarchie des rangs, des privilèges, et de la propriété; tous les Souverains, tous les Nobles, tous les Propriétaires ont le même intérêt de l'étouffer.

(*AHRF*, 1958, 67)

(241) Anti-*Sans-Culottes* Song

Rhabillez-vous, Peuple français,
Ne donnez plus dans les excès
De nos faux patriotes (*bis*)
Ne croyez pas que le cul nu
Soit une preuve de vertu,
Remettez vos culottes (*bis*).

N'écoutez pas ces intrigans,
Vêtant le costume indigent
De nos faux patriotes (*bis*)
Ne poussez plus la liberté
Au point d'être déculotté.
Remettez vos culottes (*bis*).

Distinguez donc l'homme de bien
Des paresseux ou des vauriens
Et des faux patriotes (*bis*).
Gens honnêtes et laborieux,
Ne vous déguisez plus en gueux,
Remettez vos culottes (*bis*).

Français, ne jugez à l'habit
Du sot ou de l'homme d'esprit,
Ou du vrai patriote (*bis*);
Bourgeois, rentiers, riches marchands
Feraient périr cent mille gens,
S'ils allaient sans culottes (*bis*);

N'imitez plus, il en est temps
Ces populaires charlatans
Pillant les patriotes (*bis*);
Dieu fit l'industrie et les mains
Pour faire vivre les humains
Et gagner des culottes (*bis*).

De l'homme défendez les droits,
Surtout obéissez aux lois,
Comme bons patriotes (*bis*).
Concitoyens, sans vous fâcher,
Cachez ce que devez cacher:
Remettez vos culottes (*bis*).

(*AHRF*, 1936, 255–6)

(242) Oath to be taken at Confirmation, widely distributed in the Vienne *département*

Afin de ne point m'écarter de la foi de mes pères, mais de vivre dans leur religion jusqu'à la mort, je serai inviolablement attaché et soumis à N.S. Père le Pape, vicaire de Jésus-Christ, successeur de saint Pierre, et par conséquent chef de cette religion sainte, à Mgr d'Aviau, archevêque de Vienne et à ses successeurs légitimes; je ne connaîtrai aucun prêtre qui ne tienne d'eux sa mission et ses pouvoirs; c'est pourquoi je continuerai de fuir dans les choses de la religion tous ceux qui, par leur serment à la Constitution civile du clergé, le refus qu'ils ont fait de le rétracter dans le temps, la témérité qu'ils ont eue de reprende leurs fonctions malgré la défense du Pape, se sont retirés de sa communion; jamais je n'irai à leur messe; jamais je ne recevrai d'eux les sacrements; jamais en un mot je ne communiquerai avec eux pour les choses spirituelles.

(*Latreille*, I, 217)

(243) Vaudreuil to d'Antraigues, 7 July 1792

Enfin Froment va partir, et j'ajoute un mot à cette énorme lettre. Nassau est arrivé de Russie le même jour que M. le duc de Brunswick est arrivé à Coblence. Nassau nous a apporté 700,000 francs et la certitude qu'au mois d'octobre nous aurons 15,000 Russes en France. M. le duc de Brunswick a eu des formes parfaites avec nos Princes, et sous tous les rapports son arrivée est le signal de notre bonheur. Il a dit à nos Princes que les deux cours qui lui ont confié le commandement de leurs armées voulaient que les Princes et la noblesse jouassent le rôle brillant qui leur convient, et qu'il ne se serait pas chargé de cette grande entreprise sous d'autres conditions. La parole d'un grand homme est pour moi plus positive que tous les contrats et que tous les serments.

Je vais vous parler avec confiance, mais pour vous seul, de ce que je prévois pour l'avenir. Je ne crois pas que le baron de Breteuil tire profit pour lui de toutes ses intrigues; il est démasqué, méprisé, décrié et reconnu incapable; mais Calonne ne sera sûrement pas l'homme qu'on mettra à la tête des affaires. La haine de la Reine est implacable, et il serait nuisible même aux affaires de lutter contre ces préventions indestructibles. Les agents de Breteuil ont même indisposé contre lui toutes les cours, sans avoir rien opéré en faveur de Breteuil. Qui tirera donc à lui la couverture? Qui? Celui même que le Roi avait fait l'intermédiaire entre les Princes et Breteuil, le maréchal de Castries.[1] Voilà ce que je vous prédis, mon cher comte. C'est un homme probe, et c'est beaucoup; mais est-ce assez? L'avenir nous l'expliquera, car cela sera comme je vous l'annonce.

Pour mon compte, tout m'est parfaitement égal, car j'ai bien positivement renoncé à tout, même à ma patrie, que je n'habiterai jamais. J'irai la reconquérir pour la quitter bien vite, après avoir fait tout ce que m'auront dicté le devoir et l'honneur.

Adieu, mon cher comte. Vous qui avez les grands talents qu'il faut pour se lancer dans la carrière, ne la quittez pas, et souvenez-vous toujours d'un ami bien tendre.

(*Pingaud*, II, 104–5)

(244) Letter of the Comte de Provence to Charles IV of Spain, Hamm, 3 June 1793

Le régent de France croit devoir à Sa Majesté Catholique et se devoir à lui-même un compte exact des motifs qui ont dirigé sa conduite depuis l'époque de sa sortie de France. Les intérêts qui unissent les deux empires, les liens du sang qui doivent rendre indissolubles ceux des deux monarchies, enfin les sentiments personnels du régent pour Sa Majesté Catholique, tout lui fait un devoir de prouver que les faits mêmes, que sa conduite, n'ont démenti en rien ses sentiments.

Sa Majesté a été instruite dans le temps que le régent n'est sorti du royaume qu'à l'époque où l'infortuné Louis XVI a voulu recouvrer enfin sa liberté. Moins malheureux que lui, le régent put échapper aux bourreaux de la dynsatie royale.

Le régent eut recours dès lors à toutes les puissances pour venger son malheureux frère, sa famille, et briser leurs fers. Le comte d'Artois, pénétré des mêmes sentiments, n'avait cessé depuis sa sortie du royaume de démontrer à toute l'Europe qu'elle avait à s'armer contre des factieux dont les coupables projets ne se bornaient pas à la France seulement, enfin que la cause de Louis XVI était celle de tous les rois. On

[1] Castries was *ministre de la Marine*, 1780–87.

put s'apercevoir alors que la prospérité de la France avait plus frappé l'Europe que son utilité réelle dans la balance politique.

L'exemple du roi outragé, dépouillé par ses sujets, n'avait pas également donné à tous les souverains la volonté de le venger; il fallait qu'ils craignissent le même sort, pour croire aux avis que le comte d'Artois n'avait cessé de leur donner.

Le régent savait que Sa Majesté Catholique employait ses bons offices pour engager les puissances en guerre à faire la paix et pour les réunir contre des ennemis plus réels et plus dangereux; il n'ignorait pas les préparatifs qui se faisaient en Espagne, il respecta les motifs et la marche politique de Sa Majesté. Enfin, il avait préjugé d'avance ce que sa déclaration à l'empereur lui a confirmé depuis.

Ces motifs décidèrent le régent à ne pas demander d'aller de sa personne en Espagne, où sa présence n'aurait pu être qu'un obstacle aux vues de Sa Majesté Catholique et à se borner, de concert avec le comte d'Artois, à solliciter des secours. Sa Majesté parut disposée à accorder deux millions, qui furent dans la suite réduits à un.

La campagne de 1792 fixa toute l'attention du régent; le duc d'Havré, envoyé par lui en Espagne pour instruire Sa Majesté de la situation des affaires politiques et militaires, n'a sûrement rien omis de ce qu'il a été possible de lui faire passer.

Le régent et le comte d'Artois avaient sollicité et obtenu des puissances des secours pour réunir les émigrés français et les faire vivre, mais ces secours, très insuffisants pour alimenter vingt mille personnes et les mettre sur un pied de guerre, leur ont fait contracter des dettes, et les ont forcés de prendre des engagements qui paraissaient alors avoir d'autant moins d'inconvénients, qu'on entrait en France avec une armée formidable, et que les dispositions étaient telles qu'il n'eût fallu que vouloir combattre pour assurer la défection de l'armée des rebelles, dont une grande partie n'attendait que le moment d'abandonner les chefs coupables qu'elle servait plutôt par crainte que par attachement.

Les vives sollicitations du régent et du comte d'Artois n'ont pu empêcher une retraite dont les motifs n'ont point été expliqués. . .

Sa Majesté a été instruite de la dissolution des corps d'émigrés, après la campagne de 1792, de la malheureuse position où se sont trouvés tous les Français fidèles à leur Dieu et au roi et commandés par les frères de ce malheureux prince.

Le roi de Prusse conseilla, en rentrant en Allemagne, au régent d'aller en Espagne, et au comte d'Artois d'aller à Pétersbourg. Le régent, par respect pour la politique de Sa Majesté Catholique, crut devoir attendre que les circonstances lui permissent de ne plus la dissimuler, et le comte d'Artois que l'agrément de l'impératrice lui fût parvenu pour se rendre à Pétersbourg.

Ce voyage a eu lieu, et tout annonçait le succès le plus complet.

L'impératrice, persuadée que ses traités d'alliance et de commerce avec la Grande-Bretagne, joints aux dispositions favorables qui lui ont sans doute été confiées par le roi d'Angleterre faciliteraient la négociation, en a chargé le comte d'Artois et l'a fait partir de ses États sur une frégate pour se rendre directement à Londres. La lettre de l'impératrice au roi d'Angleterre renfermait la proposition d'un corps de 12.000 hommes à la condition d'un subside de 12.000.000 l.s. destiné aux princes pour grossir les 12.000 hommes de tous les émigrés, le tout aux ordres du comte d'Artois. Les 12.000.000 devaient d'ailleurs être imputés pour dette remboursable par la France à l'Angleterre.

Le comte d'Artois, qui croyait qu'un emprunt sur lequel on avait cru pouvoir compter, aurait liquidé 2.500.000 francs de dettes exigibles, qu'il savait fort bien donner aux créanciers le droit de le faire arrêter dans tous les pays où la loi est au-dessus du souverain, n'a pas hésité à se charger d'une mission dont la nécessité était de le mettre en état de venir à l'appui du parti contre-révolutionnaire qui prospère en France; mais comme malheureusement les 2.500.000 livres n'ont pas pu être liquidées parce que l'emprunt a manqué et que les dispositions du cabinet de Saint-James n'ont pas été favorables aux propositions généreuses de l'impératrice, le comte d'Artois se trouve en ce moment dans l'embarras de trouver un asile où il puisse se fixer, au moins pendant quelque temps, pour y attendre ce qui doit résulter des nouvelles dispositions que pourra faire l'impératrice.

Le régent ne prétend pas inférer du refus du cabinet de Saint-James qu'il ait de mauvaises intentions; il croit au contraire lui rendre justice, en attribuant à une politique intérieure la résolution de se refuser aux propositions de l'impératrice.

Le gouvernement britannique peut se croire obligé à des ménagements à cause du parti de l'opposition, tout discrédité qu'il paraît être dans ce moment-ci. Il ne se dissimule pas que ce parti a pour lui tous les mauvais sujets de l'Angleterre, que le sentiment le plus général de la nation a forcés au silence, mais un trop grand intérêt démontré en faveur de la France pourrait faire perdre au parti du roi sa popularité, et il est possible que le moyen le plus sûr de le conserver soit que la nation croie bien qu'on ne fait la guerre que pour elle. Enfin, le régent aime à se flatter que le gouvernement britannique est bien persuadé qu'il ne lui faut pas moins qu'une rivale comme la France pour distraire sa nation des idées d'innovation et de changement qui le perdraient.

Mais l'état des choses apporte nécessairement des changements dans les dispositions. La Convention nationale est au moment de sa chute, l'esprit français semble rentrer dans ses droits dans toutes les parties du royaume, et il ne faut que le seconder et armer les honnêtes gens contre les scélérats pour les soumettre. Les provinces méridionales ont un motif de plus de secouer le joug des factieux que la religion a rendus doublement ennemis des royalistes, et plusieurs raisons font désirer plus particulièrement au régent de s'y trouver de sa personne avec les armées de Sa Majesté Catholique: 1° sa présence ne peut contrarier en rien la politique de Sa Majesté du moment qu'elle a cru devoir la faire connaître; 2° comme régent et oncle du roi, il est plus que probable que le bon parti s'attachera à sa personne et qu'il pourra même contribuer, si ce n'est à écarter entièrement les malheurs, au moins à prévenir une partie de ceux qui sont inséparables d'une guerre civile et de religion en même temps; 3° que s'il peut parvenir à faire rentrer dans l'obéissance le midi, il acquerra plus de moyens, étant soutenu par Sa Majesté Catholique, pour s'opposer aux vues ambitieuses des puissances, car on n'en voit véritablement qu'une qui soit intéressée au démembrement de la France.

Sa Majesté Catholique connaît le vœu du régent sur le rôle qu'il croit devoir jouer. Mais elle ne lui supposera certainement pas la volonté d'en jouer un autre que celui qu'elle jugera dans sa sagesse devoir lui convenir. Elle ne supposera pas davantage qu'il ait le projet de conserver la régence si la reine devenue libre a pour elle un codicille de feu le roi qui l'y appelle, et si le codicille n'existe pas, l'amitié dont la reine a toujours honoré le régent, celle qu'il lui porte, doivent rassurer sur toutes les discussions comme sur toutes les prétentions qui pourraient naître.

Voilà tous les motifs qui font désirer au régent de se rendre en Espagne, et le moment n'en saurait être trop prompt pour ne rien perdre des dispositions du royaume et de l'effet que doit produire l'intérêt que Sa Majesté Catholique paraîtra lui accorder.

Le régent doit encore rendre compte à Sa Majesté de sa conduite avec la cour de Rome: elle a eu pour objet de ne pas fournir prétextes à de mauvaises intentions s'il y en a.

D'après les succès des armées autrichiennes sur la frontière du Hainaut, on peut croire que cette frontière sera soumise du moment qu'on aura forcé une ou deux places à ouvrir les portes.

Il n'a pas paru convenable au régent de s'éloigner d'une frontière soumise sans faire les démarches convenables pour y venir prendre la place qui lui appartient; il a en conséquence écrit à l'Empereur la lettre jointe à ce mémoire; mais d'après les dispositions bien connues du cabinet de Vienne, il éprouvera un refus, ou, ce qui sera la même chose, une réponse dilatoire. Aussi, Sa Majesté Catholique ne doit voir la démarche du régent que comme une précaution qui peut n'être pas inutile politiquement.

Enfin, le régent compte trop sur l'intérêt de Sa Majesté Catholique pour ne pas se flatter qu'elle voudra bien lui fournir dans le moindre délai possible les moyens de transport pour se rapprocher de sa personne, prendre ses ordres et lui témoigner combien il désire acquérir des droits à ses bontés, comme il en a de tout acquis à son intérêt pour la cause qu'il sert et qui est commune avec Sa Majesté.

Le régent charge le duc d'Havré de prendre les ordres de Sa Majesté sur le voyage et de lui proposer la direction qu'il croit la plus convenable, parce qu'elle le sépare moins des affaires et des nouvelles qui peuvent à chaque moment devenir plus intéressantes.

(*RF*, 38, 556–61)

(245) Extract from Charles IV's reply to the preceding letter, 22 July 1793

L'état actuel des choses en Europe, la crise de l'intérieur de la France, le peu de dispositions qui se montre dans les provinces limitrophes de l'Espagne, et le plus de probabilités qu'il y a du côté de la Bretagne pour s'y promettre une stabilité plus durable, sont autant de circonstances qui m'empêchent de voir dans votre projet la nécessité, encore moins l'utilité que vous croyez y trouver . . .

(*RF*, 38, 556)

(246) From a letter of Artois to Vaudreuil, Hamm, 27 October 1793

Monsieur adresse à Las Casas[1] la copie des lettres qu'il a reçues du duc d'Havré,[2] mais comme l'Espagne a recommandé le plus absolu secret, il est possible, il est même probable qu'il ne t'en parle pas, ni à Jules non plus. Mais je connais mes amis et leur discrétion; ainsi je te confie que l'Espagne approuve que Monsieur aille à Toulon y exercer la régence; qu'il faut qu'il ait l'air de prendre son parti de lui-même; enfin, qu'il faut qu'il n'en prévienne les cours d'Angleterre, de Vienne et de

[1] Spanish ambassador at Venice.

[2] Envoy of the Princes at Madrid.

Berlin qu'au moment où il partira pour aller s'embarquer à Gênes. Tout cela est excellent, mais doit rester dans le plus grand secret. . . .

(*Pingaud*, II, 156–7)

(247) Castries and Calonne: from a letter of Vaudreuil to d'Antraigues, 20 November 1793

Enfin, mon cher comte, nos lettres arrivent à leur destination, grâce à notre dieu tutélaire.[1] Je pense relativement à lui comme vous pensez vous-même. Tel est l'homme qu'il nous faudrait pour notre entière restauration, et pourquoi ne le prendrait-on pas de préférence à tout autre? J'ai déjà fait germer cette idée dans l'esprit de mon idole; mais il ne pourra qu'influer dans les décisions, et ce ne sera pas lui qui prononcera. Certes il y a une distance bien grande entre le pygmée Castries, qui domine aujourd'hui, et celui dont nous parlons. J'ai vu de près le premier; c'est un cerveau étroit, un paperassier, un barbouilleur de papier en mauvais style et en écriture illisible; encore séduit par quelques-unes des maximes redondantes et des phrases boursoufflées du charlatan génevois,[2] susceptible de prévention et n'en revenant jamais, prétendant au caractère parce qu'il a beaucoup d'entêtement, il a trouvé le point pour éloigner notre ami et ne peut le suppléer en rien. Aussi, depuis le départ dont il a été la principale cause, ressources, énergie, moyens, activité, tout a été anéanti, et la nullité a été complète.

(*Pingaud*, II, 162–3)

(248) From a letter of Vaudreuil to his cousin, Vienna, 6 January 1795

Mais en Angleterre, partout, ici comme ailleurs, on voudrait remettre la France sous l'odieux régime de la constitution, fantôme chimérique qui ne peut exister; on établit que les Français veulent cette absurde et impossible constitution. Pourquoi? Parce que cette constitution nous ferait passer de l'état de la maladie violente, de la fièvre chaude, au funeste état de la consomption, de la maladie de langueur, et voilà ce que voudraient nos prétendus protecteurs. Voilà pourquoi des Malouet, des Lally-Tollendal sont écoutés à Londres préférablement aux purs royalistes. Leurs principes flattent mieux la haine qu'on nous porte. Ils ont l'adresse d'établir que l'ancienne monarchie était odieuse; que les peuples ne quitteront la république que pour la constitution; que le passage de la république à la monarchie est impossible; que la

[1] Calonne.

[2] Necker had been instrumental in Castries' appointment as *ministre de la Marine* in 1780.

France entière veut la constitution. Et moi, je soutiens qu'il n'y a des constitutionnels que parmi les cabinets qui nous détestent, et parmi les émigrés ex-constituants de l'Assemblée constituante, la plus criminelle de toutes les législatures, celle qui a préparé tous les forfaits, qui a aiguisé le tranchant de la guillotine sous laquelle tant d'augustes victimes ont péri. Je soutiens encore (ce que la Convention a prononcé elle-même) que la France n'a que des républicains et des royalistes. Y a-t-il en France une armée de constitutionnels? Non; mais il y a une armée de royalistes. Pourquoi donc établir que la France veut la constitution? Ceux qui le disent savent d'ailleurs qu'après le crime et la licence tout ramène à l'autorité absolue, qui seule peut rétablir l'ordre.

(*Pingaud*, II, 224)

(249) Extract from an *arrêté* of the *Conseil Militaire de l'Armée Catholique et Royale de Bretagne*, 20 September 1794

Le conseil militaire de l'armée catholique et royale de Bretagne, autorisé par monseigneur comte d'Artois, lieutenant-général du royaume, en vertu des pouvoirs à lui confiés par Monsieur, régent de France, . . . arrête:

Art. Ier. Il sera établi une manufacture d'assignats, en tout semblables à ceux qui ont été émis, ou qui le seront par la suite, par la *soi-disant Convention* des rebelles. Ces assignats porteront un caractère secret de reconnoissance, pour que le remboursement en soit fait à *bureau ouvert* aussitôt que les circonstances le permettront.

Tous les fidelles sujets du roi, porteurs du papier-monnoie des *rebelles*, seront admis à en faire l'échange contre ces assignats, en affirmant que les sommes qu'ils porteront en échange leur appartiennent véritablement. . . .

III. La quantité d'assignats que produira cette fabrication devant excéder la proportion des besoins journaliers de l'armée, le surplus formera une caisse particulière, destinée à venir au secours des parens de ceux des royalistes qui auront péri dans le cours de la guerre, et à conserver des capitaux au profit de ceux qui serviront.

IV. N'importe quelle ait été l'issue de la guerre, ces capitaux seront répartis entre tous les membres de l'armée catholique et royale, ou leurs héritiers, dans la proportion qui sera réglée par le conseil.

Fait et arrêté le 20 septembre 1794, l'an II du règne de *Louis XVII*. Signé, le comte Joseph de Puisaye, *lieutenant-général des armées du roi, général en chef*; le chevalier de Tinteniac, *maréchal-de-camp*; le baron de Cormatin, *major-général*, *maréchal-de-camp*; le chevalier de Chan-

TEREAU, *lieutenant-colonel*, *aide-major-général*; LEROY, *colonel*, *aide-major-général*. Par le conseil, *signé* PERSCHAIS.

(*Charette etc.*, I, 97–9)

(250) Letter of Puisaye to the *Comité Central*, *Catholique et Royal*, 24 December 1794

Je suis dans une très-grande inquiétude sur votre compte. Malgré tous les voyages que j'ai fait faire depuis un mois, il ne m'a pas été possible qu'on parvînt à vous, et qu'on m'apportât de vos nouvelles. Ce retard en met un terrible dans toutes nos opérations: il est vrai que la route est bien mauvaise, et qu'il y arrive tous les jours des accidens effrayans. . . . Ne discontinuez pas d'agir de votre côté; étendez-vous surtout le plus que vous pourrez; multipliez les cantons où vous envoyez des jeunes gens, dont vous ferez des chefs. Je vais faire partir trois prêtres du diocèse d'Avranches, qui vous aideront à donner la main à la Normandie. Ayez surtout les yeux sur le Morbihan; il peut se faire qu'il devienne le point le plus important. Préparez-y tout; faites-le diviser et subdiviser en cantons; réunissez-y des chefs; qu'on s'assure de toute cette côte, et qu'on m'envoie un détail du pays, en embouchant la Villaine et la Loire; que l'on y répande les assignats, et que l'intérieur vers toute cette baie, soit travaillé avec le plus grand soin. Je désire que Théobald y fasse un voyage; qu'il y préside le comité, pendant son séjour; qu'il organise tout sur les mêmes bases, et qu'il m'en rende un compte scrupuleusement exact, ainsi qu'un état véridique du nombre d'hommes qui pourront agir en cette partie, au premier signal; qu'il emporte pour cette opération six millions d'assignats. Vous en recevrez dix cette fois, et à toutes les occasions davantage. Comme ils n'ont pas beaucoup de valeur dans ce pays, il en donnera le double et quadruple, s'il le faut. Vous devez avoir reçu deux mille louis en or, que j'ai prié M. de Bouillon, de vous faire passer; qu'il en emporte la moitié; qu'il fasse sonder les officiers républicains, et surtout le commandant de Lorient: toutes les promesses qu'il fera seront garanties; qu'il établisse la bonne harmonie entre les chefs. Le commandement de cette division est donné par les princes à M. de la Bourdonnaye, sous les ordres du comité, ainsi il n'y a plus de difficulté, et l'intérêt est si grand, qu'il n'y auroit dû jamais en avoir. . . .

Multipliez sur-tout les commissaires civils et les commissaires pour l'activité de la correspondance, pour la circulation des imprimés, dont je vous enverrai encore beaucoup de tous les genres, et pour la répartition des assignats, munitions, armes, habits, etc., que je vous ferai passer; souvenez-vous bien que tous ces effets, généralement quelconque, doivent être répartis également, et qu'il faut toujours de préférence donner au loin, parce que vous êtes plus à portée de recevoir.

J'espère que Théobald aura fait tous ses efforts pour faire réussir la négociation avec le général républicain: on en attend ici des nouvelles avec la plus grande impatience. S'il a été heureux, il a tout fait d'un seul coup. . . .

Je n'ai pu trouver les officiers pour qui Théobald m'a donné des lettres: ils sont employés au loin. Je vous forme ici un petit corps d'artillerie et de génie, qui vous sera d'un grand secours. Ma manufacture est bientôt en pleine activité; j'ai déjà soixante-dix ouvriers, et avant peu, vous aurez un million par jour, ensuite deux, etc. Vous voyez comme ce moyen doit être puissant sous tous les rapports: employez-les utilement. Enrichissez les campagnes, gagnez les villes, etc.

Vous recevrez par cet envois, à-peu-près dix millions, des habits, vestes, pantalons, écharpes blanches, culottes de peau, ceintures de cuir, pareilles à celle de Perschais; deux lettres imprimées de monseigneur le comte d'Artois, dont une vous est adressée, et je vous porterai l'original; (les rédingottes ne sont pas encore faites) l'habit rouge, boutonné sur la poitrine, avec l'écharpe blanche en bandoulière, la veste vert-pâle, la culotte de peau, le pantalon vert, garni de basanne, la rédingotte verte, le chapeau rond, surmonté d'une queue de renard blanc avec un panache blanc; je joins à cela encore soixante paires de bottes, et successivement vous aurez ce qu'il vous faudra. Je mets dans ce paquet quelques boutons d'uniforme; je tâcherai d'en envoyer une grand quantité, au moins afin que tous nos soldats en aient un à leur chapeau, en attendant que l'on en mette à leurs habits, que vous recevrez en gros, quand la porte sera ouverte. Demandez tout ce qui vous manque, et que je n'aurai pas prévu. Je fais faire vingt paires de pistolets à deux coups, du plus gros calibre; mais il n'y en aura que vingt, car c'est horriblement cher; vous vous les partagerez entre le Morbihan et vous, ainsi que tout le reste: sur-tout que nos amis de Fougères, Vitré, etc., reçoivent souvent quelque chose; ces petits moyens les retiendront; et l'espoir d'un plus grand effort en leur faveur, doit prémunir tout le monde contre les proclamations et les amnisties, qui sont le signe de la frayeur et de l'impuissance de la convention, contre laquelle on prépare une campagne plus forte que les autres, qu'elle n'a pas les moyens de soutenir, et que nous allons seconder vigoureusement. . . .

Le vicaire apostolique du Saint-Siége vient me trouver ici demain; je vous enverrai une lettre pastorale de lui; vous la ferez circuler: elle vous sera portée par des prêtres du pays, à qui vous donnerez des instructions; . . . Ayez soin, sur-tout, de faire payer exactement la solde; portez-la à 50 sols, et plus dans le pays où les assignats perdent davantage: peu importe. Mais qu'elle soit toujours du quart ou d'un tiers plus forte que celle des républicains. Faites payer les chefs à proportion, afin qu'il y ait plus de profit *à servir son Dieu et son Roi* que les scélérats qui l'ont bouleversé.

Je joins ici une pièce de ruban de Saint Louis, assez mal fait. On n'a pas pu faire mieux. Distribuez-le à ceux qui ont la croix; je vous en porterai encore d'autre.

Tâchez de décider les canonniers de Rennes et les gardes nationales des villes. . . . Ayez deux ou trois personnes dans chaque ville: à Châteauneuf, sur-tout à Saint-Malo: un homme par bataillon républicain seroit bien précieux: avec de l'argent et de l'esprit on fait tout, et cela ne vous manque pas.

Eloignez le jour des vengeances, et que celui qui se repentira devienne notre ami. Vous trouverez bien quelques républicains mécontens; ceux-là seront les plus utiles. Je vous enverrai la première fois une image du bienheureux Louis, martyr, et de son fils notre roi: cela fera plaisir à nos bons amis; . . .

Je fais partir demain un brave gentilhomme breton que j'ai connu ici. Il portera cette lettre à J. et me rapportera peut-être de vos nouvelles; mais encore une fois la route est abominable, et il ne parviendra pas peut-être promptement. Je vous quitte pour écrire à M. de Bouillon et nos agens, qui sont fort multipliés maintenant, et qui travaillent constamment pour vous. Je reprendrai ma lettre s'il y a quelque chose de nouveau.

(*Charette etc*, I, 113–21)

(251) Louis XVIII to Charette, Verona, 8 July 1795

J'ai reçu, monsieur, avec un plaisir que vous pouvez aisément vous figurer, le témoignage de votre attachement; celui de votre fidélité m'étoit inutile; et je ne mériterois pas d'être servi par vous et vos braves compagnons d'armes, si j'avois eu le moindre doute à cet égard.

La providence m'a placé sur le trône: le premier et le plus digne usage que je puisse faire de mon autorité, est de confier un titre légal au commandement que vous ne devez, jusqu'à présent, qu'à votre courage, à vos exploits, et à la confiance de mes braves et fidelles sujets. Je vous nomme donc général de mon armée catholique et royale. En vous obéissant, c'est à moi-même qu'elle obéira. Je n'ai pas encore pu vous apprendre que je vous avois nommé lieutenant-général au mois de juillet 1794.

Mais ce n'est pas seulement les armes à la main que vous pouvez me servir. Un de mes premiers devoirs est de parler à mes sujets, d'encourager les bons, de rassurer les timides; tel est l'objet de la déclaration que je vous envoie et que je vous charge de publier. Je ne pouvois la confier à personne qui pût y donner plus de poids que vous. Il est cependant possible que *votre trève avec les rebelles subsiste encore*,[1] lorsque cette déclaration vous parviendra; alors il seroit peut-être imprudent que vous la publiassiez vous-même; mais dans ce cas même, je pense que vous êtes toujours plus à portée que tout autre de la faire circuler dans tout mon royaume. Si, au contraire, vous avez repris les armes, rien ne doit retarder une publication aussi essentielle.

Je travaille de tout mon pouvoir à hâter le moment où, réuni avec vous, je pourrai vous montrer en moi un souverain qui fait sa gloire de sa reconnoissance envers vous; et à mes sujets, bien moins un roi qu'un père. Je me flattois que l'Angleterre alloit enfin vous amener mon frère; mais ce moment me paroît plus incertain que jamais. N'importe; plus les obstacles sont grands, plus je mettrai d'activité à les vaincre; et je les vaincrai.

Continuez, monsieur, à me servir comme vous avez servi mon prédécesseur; et croyez que si quelque chose peut m'alléger le fardeau que la providence m'ordonne de porter, c'est d'être destiné, par cette même providence, à récompenser les plus grands services qu'un roi ait jamais reçus. *Signé*, Louis.

(*Charette etc.*, I, 19–20)

[1] Votre trève! C'est de la pacification qu'il entend parler. [These captured papers were published in the year VII.]

List of Abbreviations

AHRF	*Annales historiques de la Révolution française*, Paris, 1924.
AP	*Archives parlementaires de 1787 à 1860 . . . Première série*, 2nd edn., Paris 1879–1914.
Aulard	F. A. AULARD, *La société des Jacobins*, Paris, 1889–97.
Aulard CSP	F. A. AULARD, *Receuil des actes du Comité de salut public* . . . Paris, 1889–1933.
Barbaroux	*Correspondance et mémoires de Barbaroux*, ed. C. PERROUD and A. CHABAUD, Paris, 1923.
Barère	*Mémoires de Barère de Vieuzac*, ed. H. CARNOT and DAVID D'ANGERS, Paris 1842–4.
Barras	*Mémoires de Barras*, ed. G. DURUY, Paris, 1895–6.
Brissot Corr.	*J. P. Brissot, Correspondance et Papiers*, ed. C. PERROUD, Paris, 1912.
Buchez	P. J. B. BUCHEZ & P. C. ROUX, *Histoire parlementaire de la Révolution française*, Paris, 1834–8.
Buzot	See *Pétion*.
Calvet	*Camille Desmoulins, Le Vieux Cordelier*, ed. H. CALVET, Paris, 1926.
Caron	*Le maximum général*, ed. P. CARON, Paris, 1930.
Causes Secrètes	*J. Vilate, Causes secrètes de la révolution du 9 au 10 thermidor an II*, ed BERVILLE and BARRIÈRE (Vol. 52, pp. 171–351), Paris, 1825.
Charette etc.	*Correspondance secrète de Charette, Stofflet, Puisaye et autres*, Paris, an VII–1798–9.
Chaumié	J. CHAUMIÉ, *Le réseau d'Antraigues et la contre-révolution*, 1791–3, Paris, 1965.
Choudieu	*Mémoires et notes de Choudieu*, ed. V. BARRUCAND, Paris, 1897.
Cochin	*Les actes du Gouvernement révolutionnaire* . . ., ed. A. COCHIN *et al.*, Paris, 1920–36.

Daunou — P. C. F. DAUNOU, *Mémoires pour servir à l'histoire de la Convention Nationale*, ed. M. F. BARRIÈRE, Paris, 1848.

Desmoulins — C. DESMOULINS, *Histoire des Brissotins*, Paris, 1793.

Durand-Maillane — P. T. DURAND-MAILLANE, *Histoire de la Convention Nationale*. ed. BERVILLE and BARRIÈRE, Paris, 1825.

Fain — *A. J. F. Fain, Manuscrit de l'an III* . . ., ed. A. DUPONT, Paris, 1828.

Fréron — L. S. FRÉRON, *Mémoire historique sur la réaction royale et sur les massacres du Midi*, ed. BERVILLE and BARRIÈRE, Paris, 1824.

Godechot — J. GODECHOT, *La grande nation* . . ., Paris, 1956.

Larevellière-Lépaux — *Mémoires de Larevellière-Lépaux*, re-ed. R. DAVID D'ANGERS, Paris, 1895.

Latreille — A. LATREILLE, *L'Église Catholique et la Révolution française*, Paris, 1946–50.

Lefebvre — *Questions agraires au temps de la terreur*, 2nd edn., G. LEFEBVRE, Paris, 1954.

Louvet — *J. Louvet, Mémoires*, ed. F. A. AULARD, Paris, 1889.

Markov — *Jacques Roux, Scripta et acta*, ed. W. MARKOV, Berlin, 1969.

Markov and Soboul — *Die Sansculotten von Paris, Dokumente zur Geschichte der Voksbewegung*, ed. W. MARKOV and A. SOBOUL, Berlin, 1957.

Mautouchet — *Le Gouvernement révolutionnaire* (10 *août* 1792–4 *brumaire an IV*), ed. P. MAUTOUCHET, Paris, 1912.

Moniteur — Réimpression de *l'Ancien Moniteur* . . ., Paris, 1863–70.

Pétion — *Mémoires inédites de Pétion et mémoires de Buzot et de Barbaroux*, ed. C. A. DAUBAN, Paris, 1866.

Pingaud — *Correspondance intime du Comte de Vaudreuil et du Comte d'Artois*, ed. L. PINGAUD, Paris, 1889.

Réaction thermidorienne — *Paris pendant la Réaction thermidorienne et sous le Directoire* . . ., ed. F. A. AULARD, Paris, 1898–1902.

RF — *La Révolution française*, Paris, 1889–1939.

Robespierre	*Correspondance de Maximilien et Augustin Robespierre*, ed. G. MICHON, Paris, 1926.
Roland	*Lettres de Madame Roland*, ed. C. PERROUD, Paris, 1900–1902.
Roland Mémoires	*Mémoires de Madame Roland*, ed. C. PERROUD, Paris, 1905.
Soboul	*Discours et rapports de Saint-Just*, ed. A. SOBOUL, Paris, 1957.
Thibaudeau	*A. C. Thibaudeau, Mémoires sur la Convention et le Directoire, ed.* BERVILLE and BARRIÈRE, Paris, 1824.
Thompson	*French Revolution Documents*, 1789–94, ed. J. M. THOMPSON, Repr. Oxford, 1948.
Wallon	H. WALLON, *Histoire du Tribunal révolutionnaire de Paris . . .*, Paris, 1880–82.
Wallon 31 Mai	H. WALLON, *La Révolution du 31 Mai et la fédéralisme en 1793, ou la France vaincue par la Commune de Paris*, Paris, 1886.

Index

Baudin, Pierre Charles Louis (1748–1799), deputy, member of *Commission des onze*, 334, 338
Baudot, Marc Antoine (1765–1837), deputy, 98; letter of, 152–3
Bavaria, Austrian designs on, 396
Bayle, Moïse Antoine Pierre Jean (1755–1811?), deputy, 256; Barbaroux on, 18, 19; and law of 22 *prairial*, 250
Beffroi, Louis-Etienne (1755–1825), deputy, 38
Bentabole, Pierre Louis (1756–98), deputy, 263–5; speeches of, 194–5, 261; letter of, 177
Bereytter, *sectionnaire*, denounced as terrorist, 317–18
Bergoeing, François (1750–1829), deputy, 106, 107; after 9 *thermidor*, 275, 327
Berlier, Théophile (1761–1844), deputy, member of *Commission des onze*, 334, 335, 338
Bernard, André Antoine (1751–1818), deputy, speech of, 249
Beurnonville, Pierre de Riel de (1752–1821), general, minister for war, 54
Billaud-Varenne, Jacques Nicolas (1756–1819), deputy, 214, 229, 253, 296; speeches of, 30, 34, 183, 260
Biron, Armand Louis de Gontaut *duc de* (1747–94), general, 53, 113, 115; on Bordeaux, 99
Blangy (Seine-Inférieure), 83
Bo, Jean Baptiste Jérôme (1743–1814), deputy, letter of, 179
Boissy-d'Anglas, François Antoine (1756–1826), deputy, 253, 269–78 *passim*, 327; member of *Commission des onze*, 334, 335, 336, 338, 340; and Robespierre, 335
Bolbec (Seine-Inférieure), 83
Bordeaux (Gironde), 99, 319
Bouchotte, Jean Baptiste Noël (1754–1840), minister for war, 225, 228; attacked, 112–14, 122, 193, 195–6, 199, 201, 207
Boulanger, Gervais Baudouin (1757–1794), Commander of *Garde Nationale*, 225
Bourbotte, Pierre (1763–95), deputy, 327, 328
Bourdon, Louis Jean Joseph Léonard (1754–1807), deputy, 369; speech of in Jacobins, 238
Bourdon de l'Oise, François Louis (1758–98), deputy, 122, 201, 204, 251, 253; speeches of, 64, 184, 186, 194, 195, 196, 248–50, 257, 301–2; and trial of Louis XVI, 46–7; and *journée* of 5 September, 124; attacks ministry, 184, 196; and law of 22 *prairial*, 248–50; police report on, 251–2; proposes repeal of law of 27 *germinal*, 301–2
Bourges (Cher), removal of Convention to proposed, 60, 62, 100
Bourgoing, Jean-François, *baron de* (1745–1811), diplomat, 265
Bréard, Jean Jacques (1751–1840), deputy, speech of, 262
Breteuil, Louis Charles Le Tonnellier de (1730–1807), 413–14
Brey (Eure), agrarian problems at, 379
Brissot, Jean Pierre (1754–93), deputy, 9, 53, 78, 84, 399; letters of, 7, 10, 390–1
Brochet, Pierre Désiré, juror of Revolutionary Tribunal, 225
Brune, Guillaume-Marie-Anne (1763–1815), deputy, 212
Buzot, François Nicolas Léonard (1760–94), deputy, 36, 105, 106

Cadroy, Paul (1751–1813), deputy, on mission in Midi, 281, 287
Caen (Eure), and federalist rising, 101–107 *passim*
Calendar, republican, 363–5
Calonne, Charles Alexandre de (1734–1802), ex-Controller-general, 414; compared with Castries, 419
Cambacérès, Jean Joseph Régis (1753–1824), deputy, 186, 308–11, 333
Cambon, Pierre Joseph (1756–1820),